Sociolo
Collecti
Awarded Papers from
Lu Xueyi Sociology Foundation

群学荟萃 III

（下卷）

陆学艺社会学发展基金会
"社会学优秀成果奖"
获奖论文集
（第7—8届）

中国社会科学院社会学研究所
北京市陆学艺社会学发展基金会 编

社会科学文献出版社
SOCIAL SCIENCES ACADEMIC PRESS (CHINA)

目　录┃Contents

陆学艺社会学发展基金会第八届
"社会学优秀成果奖"获奖论文

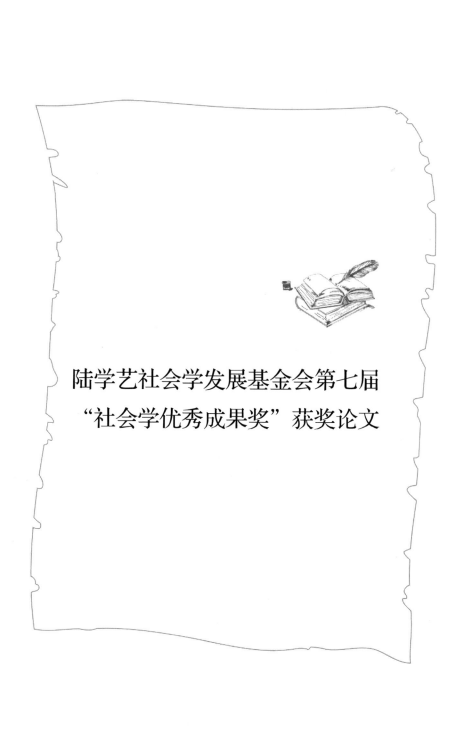

陆学艺社会学发展基金会第七届
"社会学优秀成果奖"获奖论文

中国城市基层社会的型构[*]

——1949—1954 年居委会档案研究

毛 丹

摘 要：城市基层社会是 1949 年后中国社会的独特样态之一，国家视之为基层政权辖下的居民区群众及其生活生产。分析 1949—1954 年的历史档案可以发现，城市基层社会始于国家型构街居制，有三种机制共同发生了作用，即国家迫近和组织社区的机制、社区的配合机制和社区的自我维持机制。三种机制并存，基本上确定了此后城市基层社会的运行方向、基本特征以及改革所需要解决的主要命题。

关键词：城市基层社会 居民区 国家机制 社区配合机制 社区自我 维持机制

20 世纪 50 年代定型的街道与居委会制、群团制、单位制、户籍制、工厂制以及农村的集体化与人民公社制，共同从组织、社区、社群各个层面重新架构了中国社会，并且形塑了两个独特的社会样态：一个是 20 世纪 80 年代后学界所讨论的单位制社会或单位化社会；另一个是在国家政治语言中被长期使用、在日常生活中可以被清楚感知的基层社会。在很长时间里，中国社会主要是由单位化社会和基层社会构成。前者是由党政机关、原企事业单位管理的人群。后者则是单位管理之外、由城市居委会和农村村社管理的人群。其中，城市基层社会主要由街居制支撑和约束，管理党政机

---

  * 本文原载《社会学研究》2018 年第 5 期。本文受"浙江省'万人计划'人文社科领军人才"专项计划支持。感谢匿名审稿人提出的意见与建议。感谢"中国社区展示中心"提供的便利。

关、企事业等单位之外的人群。城市基层社会在体量上比单位制社会要大。例如，在 1953 年 1 月的上海，机关企事业单位、学校管辖的人员约占居民总数的 39.2%；在里弄参加居委会组织的活动者、主要在里弄生活但不参加活动者（老人、儿童等）各占 32.9% 和 27.9%，后两类人员相加占 60.8%[①]。不仅如此，城市基层社会的发生、运行方式都与单位制社会有很大不同。

一　研究议题与研究方法

基层社会用于指代城乡社区，但在过去，城市基层社会一直指代的是街居制下的居委会辖区。1949 年以后，"基层社会"既是独特的国家与社会关系的制度安排，也是一个独特的国家术语。它不同于"底层社会""草根社会"等通俗概念或术语，后者主要是在社会地位高低意义上来使用，指代与社会上层、精英阶层相对的社会下层，或远离政府、决策者的平民群体与民间组织等。它也不同于作为语词的"社会基层"，后者大致表示家庭之上、最基本的社会层次。而社会学通常更倾向于用首属/初级群体、次属/次级群体、非正式群体与正式群体等概念来区分自下而上不同性质、规模和功能的社会群体；或者直接使用社区来指代既包含家庭、邻里等初级群体，又包含次级群体和正式组织的聚居共同体。1949 年后，我国以"基层社会"指代居委会/社区，其含义不仅在于确定它是"社会基层"，更是在于把它归于基层政权管辖之下。

新政权大规模构建城市基层社会的实践自 1949 年即已开始，不过关于基层社会的表述要略迟几年。1956 年，邓小平在中国共产党第八次代表大会上使用"社会生活"一词，用以区分"党的生活"[②]。刘少奇则进一步对"社会生活"与"社会生产"进行了区分[③]。1959 年，刘少奇又就人民公社做出表述："人民公社这种社会组织形式，在我国进入共产主义社会之后，也将是一种适当的基层社会组织形式……在组织生产的同时又组织生活，

[①] 中国社区展示中心编《中国城市街道与居民委员会档案史料选编》（第一卷）（内部资料），2011，第 53 页。

[②] 邓小平：《关于修改党的章程的报告（一九五六年九月十六日）》，载《中共中央文件选集（一九四九年十月——一九六六年五月）》第 24 册，北京：中共中央党校出版社，2013。

[③] 刘少奇：《在中国共产党第八次全国代表大会上的政治报告（一九五六年九月十五日）》，载《中共中央文件选集（一九四九年十月——一九六六年五月）》第 24 册，北京：中共中央党校出版社，2013。

实现国家在农村的基层政权机构和公社的管理机构合一"①。他的表述显现了新的农村基层社会随着基层政权进入而生成的特征。由此，城市基层社会逐渐被视为街道和居委会所管辖的城市居民区群众的生产生活领域，主要管理的是里弄中无单位的一般居民（家庭妇女、摊贩、商人、自由职业者、无业人员以及失业人员等）群体及其生产生活。

城市基层社会具有两大鲜明特性。其一，把以往的居委会辖区、现在的城市社区视为基层社会，以说明社区之下再无别的基础性社会组织层次，但其重点是强调基层社会所对应的是基层政权，处于后者的直接管理之下。这反映了我国社会管理的传统，即政府直管社会，深度进驻社区，用类社区化把单位外的人员组织管理起来，置于基层党政直接、主动管理的范围内。其二，党的基层组织在哪里，基层就在哪里。党的基层组织是党支部。党支部在 1949—1954 年设在街道并指导居民区工作，改革后也一直设在居民区/社区，居民区/社区就是基层社会。所以，基层社会体现了党领导社会的特征。就研究价值而言，要理解 1949 年以后的中国社会就不能不深入研究基层社会。改革开放以来，改革街居制、建设新型社区被提上实践与研究的议程，近年来国家数次更新城市社区建设目标，目前确定为建设和谐有序、绿色文明、创新包容、共建共享的幸福家园，并且明确采取党委领导、政府负责、居民参与、社会协同的路径。经过几十年的发展，就健全组织体系、设置正式制度、增加服务内容、增加政府资金支持、迈向城乡衔接等环节而言，我国的社区建设成就可观。但是，居民参与弱于政府推动，社区一般基础功能未充分恢复的现象仍然比较突出。这与习惯沿用办基层社会的办法建设城市社区有关。因此，要理解当今城市社会及其转型发展，也需要特别理解和研究城市基层社会。

当前，关于基层社会的研究比较薄弱。研究者们已意识到，新中国成立初期型构的城乡基层社会以及新时期实行社区制后的城乡社区是透视国家与社会关系的重要切入点②，但是关于基层社会的界定一直比较模糊。而

---

① 刘少奇：《马克思列宁主义在中国的胜利（一九五九年九月十四日）》，载《建国以来重要文献选编》第十二册，北京：中央文献出版社，1959。

② 朱健刚：《城市街区的权力变迁：强国家与强社会的模式》，《战略与管理》1997 年第 4 期；何海兵：《我国城市基层社会管理体制变迁：从单位制、街居制到社区制》，《管理世界》2003 年第 6 期；张济顺：《上海里弄：基层政治动员与国家社会一体化走向（1950—1955）》，《中国社会科学》2004 年第 2 期；李友梅：《城市基层社会的深层权力秩序》，《江苏社会科学》2003 年第 6 期。

有关城市基层社会的研究则一般是强调它是 1949 年后国家在重组社会过程中实施街居制①的结果，是单位制社会的补充；国家意图是将庞杂混乱而异质的城市社会改造成为高度实现国家意志的社会②，通过街居制构建城市基层社会，是彻底瓦解旧式社会精英和权力结构的重要组成部分；就实施结果而言，街居制为当时高度集中的政治体制、计划经济体制的实施和整个社会秩序整合提供了保证，同时也促成了所谓的"总体性社会"，社会秩序的状况完全依赖于国家控制的力度③。这些研究把城市基层社会的形成首先归因于国家实施街居制，这并无不妥，但是街居制和基层社会不一定是单位制和单位化社会的简单补充。研究认为，实施街居制的最重大结果不是国家通过居委会管住了社会所有人的所有生活，而是改变了历史上政府与民间两类组织在"基层"长期并行的格局，使之归并在国家主导基层组织这一条线。就此而言，依托街居制而形成的基层社会是史无前例的，它包括了远为精细和复杂的思虑、设计和实现机制。所谓复杂机制，首先是新政权运用国家机器实现社会统合，具体设置了指令下达、基层政权、临时工作组、积极分子、考核与控制性奖励、简化法律并双向赋予政府与居委会更多自由裁量权等"装置"，最后成效标准则看是否低成本或无成本、高稳定地控制和管理了基层社会，等等。所以，基层社会包含着新政权管理社会的全套实验方案，需要进行更细致的研究。

在既有研究中，有两项提到"基层社会"的个案研究值得特别关注。一项是朱健刚以吴街为个案所做的 1949 年至 20 世纪末期上海的街区、基层变迁过程研究。他描述新政权接管上海后"新的国家权力对基层社会的渗透是基于四种策略"，即镇压反政府的地方性力量（如帮会）、社区救济和改造、大规模社会动员以及建立正式和非正式组织网络来使权力运作到基层等④。从批评的角度说，朱文的"基层社会"主要是泛指，没有注意到

---

① 王金豹：《新中国成立初期城市居委会制度产生的历史过程及启示》，《上海党史与党建》1982 年第 5 期。

② 郭圣莉：《国家政权建设与城市基层社会管理体制的变迁》，《复旦政治学评论》2005 年第 1 期；郭圣莉：《阶级净化机制：国家政权的城市基层社会组织构建——以解放初期上海居委会的整顿与制度建设为例》，《甘肃社会科学》2007 年第 4 期；华伟：《单位制向社区制的回归——中国城市基层管理体制 50 年变迁》，《战略与管理》2000 年第 1 期；黄宗智：《华北的小农经济与社会变迁》，北京：中华书局，1986；张静：《国家与社会》，杭州：浙江人民出版社，1998。

③ 鞠正江：《我国社会管理体制的历史变迁与深化改革》，《四川行政学院学报》2009 年第 1 期。

④ 朱健刚：《国家、权力与街区空间——当代中国街区权力研究导论》，载中国社会科学院社会学研究所《中国社会学》第二卷，上海：上海人民出版社，2003。

"基层社会"对应的是基层政权。而在本文看来，1949年新中国成立后的基层社会并不是新中国成立之前的一般社会形式。另一项更值得重视的是张济顺的史学研究。张济顺主要依据上海地方档案描述1950—1955年上海街区、里弄中人群及关系的复杂性，新政权通过建立、整顿居民委员会，突出其政治功能，实现基层政治动员与国家社会的一体化。张文认为新政权通过组织和改造居委会成功实现了"基层社会的整顿"，"上海基层社会大量的无组织的'非单位人'由此而成为国家可以调控的政治力量，国家统合社会之路开始畅通"①。张文对上海居委会的性质功能的理解是准确的，对"基层社会"是管理上海"非单位人"方式的理解也是基本准确的。但是，张文也存在着一些问题，特别是：（1）未有可靠资料而暗示新中国建立前上海存在着旧式"基层社会"，也未说明所谓"基层社会"是相对于什么"非基层社会"而言的，多少忽视了基层社会是国家政权统合到街区、邻里关系层面后产生的独特社会现象；（2）强调国家通过居委会管住非单位人，"国家统合社会之路开始畅通"时，忽视了基层社会并非铁板一块由国家完全掌控，至少在基层社会形成时期并非如此；（3）某些史料的利用、分析及其支持的研究结论不够准确，例如，张文认为新政权对城市基层社会政治生活的基本安排的最初部署是单位为主、里弄为辅，单位先行、里弄后续。这个结论缺乏史料支持，而且低估了新政权从一开始就重视通过重建基层组织而建构城市基层社会的特征。当然，张文运用档案研究基层社会的办法是极具启发性的。

笔者拟采取历史档案研究的方法重新理解中国基层社会，特别是城市基层社会的发生和运行，主要集中研究了杭州市"中国社区展示中心"完成的《中国城市街道与居民委员会档案史料选编》（十卷），它包括了从全国各地陆续征集到的1949—2010年的1000余份居委会档案资料。本文先讨论1949—1954年形成的城市基层社会，提出几个初步的研究结论。（1）关于基层社会的起源，笔者认同基层社会首先是由政治统合社会而成，国家实施街居制是基层社会形成的最大制度推动力。所以，就基层社会形成的机制而言，国家一边的动因是建立强大国家，并且形成一套相应的国家统合社会和社区的机制。但是，在社会一边也存在着一个重要机制，即一般存在着社会配合国家的机制，特别是一般存在着积极分子或新的社会经纪

---

① 张济顺：《上海里弄：基层政治动员与国家社会一体化走向（1950—1955）》，《中国社会科学》2004年第2期。

人及其作用过程。在新政权重塑社会的过程中，发现、培养和聚集起来的新的居民积极分子起到了非常关键的作用。没有这种社会配合机制，街居制难以执行，基层社会是难以形成和运行的。（2）关于城市基层社会的运行，或者说它受街居制支撑和约束的程度，作者认为在一般情况下国家制度从来都很难完全刻板控制社会的每个角落，街居制等国家正式制度也未能完全控制所有社区关系和规则，基层社会在运行中实际上保留了改革后社区社会重新滋长的因子因素，这应该被解释为基层社会中仍然存在着社区的自我保存机制。（3）与上述格局有关，并非街居制改成社区制就表明基层社会消失。如同基层社会的形成是特定国家与社会关系的社区表现，基层社会的改变也是国家与社会关系调整的社区表现，因此会受到国家与社会关系更替机制的制约；如果基层社会转型是从基层社会转向更具自主运转能力和形态的常规社区，它一定是与国家对社会从统合转向规制同步的，甚至是以此为前提的。

二 居委会与国家统合意图

1949—1954 年是中国街道居委会制度从尝试到定型的五年，国家最终明晰了政权与居委会的关系要求、居委会与居民的关系要求。观察这个过程，可以发现国家对基层社会的基本定性与期望，以及 1954 年成形的基层社会在多大程度上实现了国家的逻辑和意图。

（一）启动阶段：战略上高度重视重建基层组织，策略上对保甲人员先用后换

新中国第一个居民委员会成立于 1949 年 10 月的杭州市上城区，同期在其他城区、其他城市建立的是居民小组。按照 1949 年 11 月杭州市市长江华在"杭州市第三次各区局长联席会议"上的解释，建立居委会的意图就是管理好城市人口，并且协助政府保护各种公共事业财产等①。成立居委会是杭州市政府的首创，但从基本工作方向上说，它绝不是杭州市政府的灵机一动。管理好城市一定要管理好城市人口，这在 1949 年初的中共中央高层已经达成了共识。早在 1948 年下半年解放军展开三大战役之时，中共中央

---

① 中国社区展示中心编《中国城市街道与居民委员会档案史料选编》（第二卷）（内部资料），2011，第 41 页。

已经开始面临如何进驻和管理越来越多、越来越大的城市的问题。一旦进城，如何组织、管理好城市居民区是其中重点议题之一。比较明确的认识是国民党政权建立的保甲组织要定性为"国民党反动政权的基层机构"，必须废除；一时难以明确的是废除后怎么办。中共中央客观上有两种选择。一种是从街（以及城郊的乡）到居民区等"基层"的管理，从内容到形式一并全换，一进城立即实行民主建设，在工厂、学校、居民区都实施民主普选制度，通过人民代表会议选举建立基层政权。这与国共舆论战中中国共产党倡议的新民主主义主张相吻合，但是根据在东北、石家庄等地不太成功的实践，中央对人民觉悟程度和组织程度这两方面是否具备直接民主的条件没有把握。另一种是使用把政权机关拿在手里进行改造的方式，一方面沿用基层政权、基层组织管理居民区的路径，另一方面予以改造。1949年1月，中央已经明确主张采取后一种办法，并且发出《中共中央关于处理保甲人员办法的指示》，提出策略和具体办法，解放军在新解放的城市均实施了这个办法。

第一步：命令原保甲长"看守"原保甲，为派出街干部、居民组长替代保甲长争取时间。

根据晋冀鲁豫的经验，中央指示建议，平津解放后按如下办法处理保甲长：宣布保甲制度是国民党反动统治的基层机构，保长是国民党的统治工具和帮凶；暂时利用保甲人员，除少数罪恶昭著的保长要逮捕之外，一般的在短期内予以留用以维持居民区治安。程序分两步，首先由区政府派员召集所有保长听训；然后再分区开群众大会，家家有人到会，"着令保甲人员全体到场，站立一旁，去掉他们昔日的威风"[1]。1949年1月6日，彭真在良乡对准备进入北京城的各区干部发表《掌握党的基本政策，做好入城后的工作》的讲话，专门重申了中央关于处理保长的指令[2]。就文件信息而言，首先，这个指示中不很明确的是，虽然界定了保甲组织是国民党反动政权的基层机构因而必须废除，但实际上并未取消保甲的形式框架，对原来保甲地界未予变动。这样做除了沿袭居民的地界习惯外，多少表明中共中央很重视政权的基层组织形式及其功能，但估计直接实行基层民主有阶段性困难，暂时还没有做出相应的特别清楚的新安排。其次，在基层组

---

[1] 中国社区展示中心编《中国城市街道与居民委员会档案史料选编》（第一卷）（内部资料），2011，第1页。

[2] 中国社区展示中心编《中国城市街道与居民委员会档案史料选编》（第一卷）（内部资料），2011，第4页。

织重建方面，着重处理保长群体。指示和讲话明确的是判定保甲长特别是保长普遍是国民党的爪牙、工具，要一边在政府和群众面前灭了保长的威风，令之低头夹尾，一边暂时留用，利用他们熟悉地界情况的条件，全力参加治安稳定工作，将功赎罪。这项指示不仅在平津两市执行，而且确定了 1949 年解放军进驻的所有地区处理保甲问题的总调子，包括在此前已解放的城市①。从中央到地方显示出一致的判断与意图，即大军进城后做不到一个个联系居民，必须通过基层组织；国民党建立的保甲组织作为基层组织不能依靠和使用，但是新的基层组织暂无条件通过民主制度建立，只能暂时保存保甲的壳；可派干部不够用，群众积极分子一时也无法成气候，所以对保甲人员要让他边低头夹尾边留用赎罪。

第二步：训练街道工作干部和积极分子替换原保甲人员。

根据"正确的路线确定之后，干部就是决定的因素"②的工作经验，解决问题的关键还是要派出干部取代保甲长。但是，接管城市后干部普遍不够用。各城市的保甲中，保一般设在街道以下，新训练的干部数量最多只能派到街道一级，称为街干部。而替代保甲和甲长的办法，只能是通过发现和培养积极分子担任居民小组长。所以努力培养居民积极分子就成为当务之急。沈阳市在 1949 年 2 月提出草案，采取的办法是街长暂由政府委派，下设干事 4—6 人；然后参照行政区划，划分 30 户为一居民组，设组长 1人、副组长 2 人，干部不担任居民组长，新的居民组不作为城市民主政权的一级组织，"它只是街政权的细胞组织，但仍须慎重选择组长。首先要注重阶级路线，即主要选举工人、店员、贫民军干属及某些劳苦贫民、革命知识分子和自由职业者，同时也应适当照顾正当职业者的户口比例，如在商人区可以选举部分商人充任组长或副组长。应当在干部与群众中明确宣布下列几种人不能充任组长，即官僚资本家、逃亡地主、旧统治的余孽，无正当职业者，来历不清政治面目不明者。旧甲长中个别成分好，没有或很少做过坏事，解放后表现积极，而又为群众拥护者，也可以当选为新的组长，但一般的旧保甲长，应在群众中解职，并宣布在一定时期内不能担任街组中的工作"③。其

---

① 参见《中共沈阳市委关于废除保甲建立初步的街道民主政权的指示（草案）》，1949 年 2月 27 日；中国社区展示中心编《中国城市街道与居民委员会档案史料选编》（第一卷）（内部资料），2011，第 6 页。

② 毛泽东：《中国共产党在民族战争中的地位》，《毛泽东选集》第二卷，北京：人民出版社，1991。

③ 中国社区展示中心编《中国城市街道与居民委员会档案史料选编》（第一卷）（内部资料），2011，第 6—7 页。

他城市的新政府也有类似行动，例如，1949年3月，《北平市人民政府关于废除伪保甲制度建立街乡政府初步草案》提出培养积极分子的办法，甚至提出从中选拔合适者补充到街、镇担任基层政权干部①。

（二）1949年6月后的调整：工作重心与权力上移市政府，收回跨到居民区的腿

1949年6月前，在不设保甲长但是保持基层组织这个工作理念上没有分歧，但是北方大城市在接管过程中却遇到两大问题。其一，迅速形成积极分子队伍并不容易，所以，一些城市利用保甲的时间较长，废除保甲进度不快②。其二，更重要的是开始出现"路线分歧"，是把权力向下放，把基层政权做实做大；还是把权力向上收，让政权以市政府为中心运转？由于中央强调基层组织重建的重要性，但可用干部少、培养积极分子不易，区街政府及其干部在处理街面问题上花费精力多，进度与办法不尽相同，而接管城市的其他工作（例如职工工作、生产恢复与发展等）显得很急迫。同时，一个城市中各区街政府各出其令还影响了整个城市的政令一致，居民有事多找区街政府，市政府显得脱离群众。刘少奇对此极不满意，1949年6月他严厉批评这是"政出多门""步调紊乱"。刘的批评给各大城市军管会带来了很大压力，各城市纷纷检讨。天津、北平开始强调城市与乡村不同，政权与基层建设应做出区分。城市是政治、经济、文化中心，交通、传媒都便利，主要群众又是集中的工人阶级，所以"在城市中，街一级的政权和群众组织根本就不应设立。区应设区公所，但也不应成为政权的一级。一切工作应尽量集中于市一级来进行，否则就会把应该由市政府（或市工会等）集中统一决定和进行的工作错误地加以分割，造成在工作中很混乱的现象"③。北平市经周恩来批示"原则同意"，华北局批准后，取消了街政权，设区公所，向市政府负责，并办理一部分民政事务，区公所是市政府的派出机构而不再是一级政权，同时改造和加强派出所，其中，"进行

---

① 中国社区展示中心编《中国城市街道与居民委员会档案史料选编》（第一卷）（内部资料），2011，第8—9页。

② 中国社区展示中心编《中国城市街道与居民委员会档案史料选编》（第一卷）（内部资料），2011，第19—20页。

③ 中国社区展示中心编《中国城市街道与居民委员会档案史料选编》（第一卷）（内部资料），2011，第18页。

社会调查，反映社会情况"等也列入派出所具体工作①。东北一些城市，例如安东、吉林两市的做法、提法更为激烈，且产生了全国性影响。1950年1月22日，新华社转发了《东北日报》社论《坚决改变城市政权的旧的组织形式与工作方法》。1月23日《人民日报》也报道了两市的做法与经验，基本模式就是把城市工作权力收归市政府一级，撤销区街政府，改设区公所，同时加强公安一条线在基层的工作权限。新华社、《人民日报》的报道表达的是中央高层对平津、安东、吉林调整方案的首肯态度，要求各城市在群众工作方面把重点转向抓人民代表会议，组织和建设单位的信息也极为明确和强烈。所以，调整并不限于东北，而是全国性的。全国已接管的城市基本上都参照刘少奇的批评意见和平津做法，取消了街道一级政权。

上述调整的主要成效是解决大批干部沉到区街后不利于改进城市人民代表会议、不利于把群众按生产单位和职业组织起来的问题。市政府工作、城市人民代表会议，以及按行业职业组织群众（群团工作、单位工作）从此开始得到加倍重视和推进。一些坚持要抓基层组织、管理好居民的意见，则被新华社、《人民日报》定性和批评为农村工作思维、图工作方便、怕失去"腿"。《人民日报》断言"大城市可以保留区人民政府；小城市主要经过市人民代表会议和各行业人民团体直接联系群众"②。不过，从1950年以后的情况看，这个调整的后续影响比较复杂。被《人民日报》痛批的怕政府在基层没腿、工作没抓手的担心恰恰是实际情况，政府对居民区的左右力减弱的现象随之发生，而且并不像预期的那样可以通过人民代表会议、行业或单位组织替代解决③。因此，政府在基层组织重建工作上把政府干部迈进居民区的这条腿收回来后，如果还想保持对居民区的左右力、贯彻力，势必要找到新的腿。

（三）再次布局：把区公所、居民小组结构调整为街居结构

1. 居委会、街公所制度的出现

在我国南方地区有一些城市与上述情况有所不同，在取消区政府改设区公所的过程中，组建居民组织的工作反而受到重视，希望以此弥补政府

---

① 中国社区展示中心编《中国城市街道与居民委员会档案史料选编》（第一卷）（内部资料），2011，第18页。
② 中国社区展示中心编《中国城市街道与居民委员会档案史料选编》（第一卷）（内部资料），2011，第25—27页。
③ 中国社区展示中心编《中国城市街道与居民委员会档案史料选编》（第一卷）（内部资料），2011，第27页。

工作重心上移后基层工作干部少、事务多的状况。杭州市从 1949 年 10 月至 1950 年 3 月，基本完成了全市居委会和居民小组的组建工作。上海同期建立了各种里弄居民组织，如里弄福利会、冬防队等。1950 年 10 月志愿军入朝参战后，北京一些城区纷纷组建居民抗美援朝爱国主义教育宣传队，对此《人民日报》在 1951 年 7 月予以推介。其他一些城市也将全面建立居委会作为基层政权建设的相关工作。1950 年 10 月 27 日，《福州市市区居民委员会暂行组织条例》获得省人民政府批准。这个条例是除杭州市之外比较早、比较明确规定居委会性质、职能、结构、与政府（区公所）关系的地方性条例。它申明设立居委会是"为适应市民要求，协助政府举办市民福利事业，密切政府与市民间的联系起见"；规定居委会"受市人民政府及区公所领导"并协助政府办理六类事项，即号召并组织市民参加生产，兴办改善卫生设施，举办合作社事业，办理社会救济及其他社会福利事业，向市民传达区公所指定事项，向区公所反映市民意见与要求；规定了居民区规模与居委会、居民小组选任办法等①。条例除了没有说明居委会人员的工作酬劳与经费来源之外，与后来陆续推出的居委会组织办法基本处在同一框架中，既可以被视为地方补正区公所改革后居民区工作的典型办法，又可以被看作政府收回"一条腿"之后，要在居民区把群众组织起来并贯彻政府意图的确需要居委会这类"新腿"。在杭州、福州之后，其他城市也开始实行区/街公所加居委会的新模式，并且逐渐得到中央认可。1952 年中央政务院颁布了《城市街公所组织暂行办法（草案）》和《城市居民委员会组织暂行办法（草案）》。华东军政委员会则具体提出要在 10 万人以上城市建立居委会，上海市发布了《上海市居民委员会组织暂行办法（草案）》。至此，在居民区和基层群众工作方面初步出现了明确的街公所（有的也称第×办事处，例如上海）加居委会的制度。

2. **街居制的新问题：居委会经费与居委会人员酬劳问题**

从政务院到地方，有关街居组织的新条例具有基本共同点：明确规定居委会不是基层政权，是群众性或群众自治性组织，帮政府做事，替居民服务，所以经费由政府适当补贴，其他部分按自觉自愿原则向居民募集，收支概况定期报告人民政府并向居民公布②。1953 年 11 月 8 日，《中央人民

---

① 中国社区展示中心编《中国城市街道与居民委员会档案史料选编》（第一卷）（内部资料），2011，第 31—32 页。

② 中国社区展示中心编《中国城市街道与居民委员会档案史料选编》（第一卷）（内部资料），2011，第 52 页。

政府内务部关于城市居民委员会经费问题的意见（草案）》专门明确提出补助标准①。11 月 22 日，《中央政法党组干事会关于城市街道办事处组织、居民委员会组织和经费问题的报告》向主席和中央政府提交情况调查与建议，同时附送了修改后的《城市居民委员会组织通则（修正草案）》《城市街道办事处组织通则》《内务部党组关于解决居民委员会经费问题的意见》，请求审查批准后报请国务院通过并公布执行②。此后，内务部、财政部、各地政府都密集制订方案，颁发通知提出具体补助标准③。基本办法仍然是规定政府按一定标准拨发一定数量的居委会干部酬劳和居委会工作经费（例如，大部分城市按每千人口每月补助居委会 5 万元公杂费，12 万—15 万元生活补助费用以补助工作繁重而生活困难的主要工作人员；西部几个物价高的城市补助标准相应提高），其他事项费用向居民自愿募集、禁止摊派，经费使用须接受政府与居民监督。

　　3. 解决最后一个问题：谁来当居委会干部？

　　从替换保甲人员开始，各城市除一度提倡广泛代表性之外，大都强调要从工人阶级尤其是产业工人中物色居民小组和居民委员会干部。大致从改区政府为区公所、政府工作重心上移开始，由于强调推进行业组织、单位组织建设，并以单位制度管理单位人员，原先担任居民组织工作的机关企事业单位人员不再参加居委会组织的活动，所以，居委会干部来源变成了一个从政治上、数量上、素质上都需要综合考虑解决的新问题。1952 年 12 月，内务部按照周恩来的指示，由华北行政委员会、中央政治法律委员会、中央公安部组成调查组，分赴上海、天津、北京、沈阳、武汉等地，协调当地政府有关部门，就城市街道居民的组织形式、工作任务、各地存在的问题等进行调查，提出解决意见，为中央统一提出解决问题的方案提供参考。1953 年 1 月，上海等地的调查报告纷纷建议主要由干部、职工家属（主要是妇女）充任居委会干部④。建议报告为中央提供了极为重要的决策依据。1953 年 3 月 4 日，《谢觉哉就城市居民委员会有关问题给政法委员

---

① 中国社区展示中心编《中国城市街道与居民委员会档案史料选编》（第一卷）（内部资料），2011，第 68—69 页。

② 中国社区展示中心编《中国城市街道与居民委员会档案史料选编》（第一卷）（内部资料），2011，第 69—73 页。

③ 中国社区展示中心编《中国城市街道与居民委员会档案史料选编》（第一卷）（内部资料），2011，第 68 页。

④ 中国社区展示中心编《中国城市街道与居民委员会档案史料选编》（第一卷）（内部资料），2011，第 53—58 页。

会的报告》直接大篇幅引用上海数据材料，并向政法委提出与上海一致的意见。报告还说明已经根据这次调查起草了《城市居民委员会的组织办法》及《城市街公所组织办法》，基本内容事先已取得各调查市负责干部的原则同意，一并提交政法委审核批准①。从此之后，由家庭妇女尤其是职工家属为主担任居委会、居民小组干部成为长期定规。

上述街居关系、居委会经费、居委会干部来源三大问题解决之后，实行街居制的最大问题基本解决。但是，各地城市在政府的街道机构设置上的不同办法与五花八门的叫法，诸如街政府、街公所、街办事处等，很不统一。为此，彭真于1953年向毛泽东并中共中央递交《城市应建立街道办事处和居民委员会》的报告，提出居民委员会是"群众自治组织，不是政权组织，也不是政权组织在下面的腿"，城市街道不属于一级政权，而是"市或区政府的派出机关"②。这个建议中关于居委会不是政权组织在下面的"腿"的看法显得较为理想化，在实践中则完全难以避免，但是办事处、居委会的这个划分本身是简洁明了的。彭真的建议被中央采纳后，各地政府在街道办事机构设置不统一的问题应声而解。至1954年12月31日，全国人民代表大会常务委员会第四次会议通过了《城市街道办事处组织条例》《城市居民委员会组织条例》。虽然全国的街居设置工作实际上于1956年才基本结束，但是这两个条例的通过和颁布本身表明，街居制的完整模式在1954年底已经正式获得国家法律形态。

4. 其他重要变化：居民区归约为居委会一家管理

在街居制逐渐明确、逐步推进的过程中，还有一个重要的伴生现象，即过去进入居民区活动的其他社团逐渐消失，或逐渐退出居民区，日渐形成的城市基层社会归约到居委会一家组织管理。以杭州为例，1949年下半年在废保建居过程中，居民区除了保甲还有其他组织。除了上、中、下三个城中区外，其他区还有农协会、苦力会、店员会、工人会、摊贩会等"群众团体"③及各种生产组织，选居委会时须征求这些团体的意见。此外还有各种"旧社团"，这些社团需要重新登记，在活动范围方面要遵照政府

① 中国社区展示中心编《中国城市街道与居民委员会档案史料选编》（第一卷）（内部资料），2011，第60—64页。
② 彭真：《城市应建立街道办事处和居民委员会》，载《彭真文选》，北京：人民出版社，1991。
③ 中国社区展示中心编《中国城市街道与居民委员会档案史料选编》（第二卷）（内部资料），2011，第45页。

的要求。1949 年 12 月《杭州市民政局半年来工作总结报告》提到在社会科学工作中"管理宗教、慈善、同乡会馆等社团——确定工作方针与斗争策略，自 11 月起办理登记，截至 12 月止，已登记者包括宗教团体 34 个（佛教、道教部按一个统计）、慈善机构 27 个、同乡会馆 37 个，未登记者以同乡会为多，有 20 余个，筹备组织同乡会联合整理委员会、社会福利事业联合会、祠庙管理委员会及各种宗教协会"①。1950 年《杭州市一年来民政局工作初步总结》则说："通过调查登记，做到基本上了解旧社团的一般情况，并使其接受领导，结合社救事业，发挥了一定作用——旧社团主要为福救、宗教、同乡会馆等团体，已登记福救团体五十二个，同乡会馆四十四个，宗教教会八个，教堂六百九十一座，教徒八千九百零二人"②。1950 年以后，这些文件中提及的群众团体主要汇入政府对单位组织、行业组织的管理渠道，而宗教慈善团体等"旧社团"的活动接受政府的管理并淡出了居民区。全国其他接管后的城市都开展了类似的工作。1950 年 1 月 22 日，新华社、《人民日报》转载《东北日报》1 月 7 日社论，解释这是出于政权工作更好地联系人民群众的意图："这样就将城市的人民群众，按其不同的生产与生活的需要分别组织起来了，市与区的机关，就通过这些组织联系群众。而过去通过街的一揽子的组织是无法直接联系这样多方面的群众的"③。此后，行业人员归行业、单位人员归单位，居委会独家管理无单位的居民，基本上互不交叉，即基层社会由基层政权领导、指导、掌握下的居委会独家管理。

综观居委会制度从尝试到定型的过程，可以发现国家在建设居委会、基层社会上是有明确的意图和期望的。（1）从开始就明确国民党的基层组织不能继续使用，但是基层组织必须管理城市人口，即采取基层组织建设把居民区作为基层社会管理，是国家一开始就确定并且一直坚持的主张。（2）综合考虑战争期间和战后尽快恢复和发展城市生产更重要，居民区在基本清除了敌特分子之后没有重大治安问题，公安部门有力量维护日常治安，其他行业与职业组织可更高效管理机关企事业单位人员，政府直接管理居民区日常事

---

① 中国社区展示中心编《中国城市街道与居民委员会档案史料选编》（第二卷）（内部资料），2011，第 69 页。

② 中国社区展示中心编《中国城市街道与居民委员会档案史料选编》（第二卷）（内部资料），2011，第 98 页。

③ 中国社区展示中心编《中国城市街道与居民委员会档案史料选编》（第一卷）（内部资料），2011，第 28 页。

务的成本太高等因素，政府认为干部不能把全部或主要精力放在基层社会组织管理之上，更不适合把自己的一条腿直接伸到居民区层级。（3）政府意图要贯彻到居民仍然是重要的工作，因此，尽管一般意义上可以申明居民组织不应该是政府在基层工作的腿，但是实际上需要迈出另一条由居民自己组成，并听从政府领导、指导、管理和协助政府的腿，这就是居委会。（4）居委会在法律上表述为居民群众自治组织，但至少在功能、工作和经费支持上应该不完全是自治组织；政府对居委会要管、教、放结合，居委会对居民也需管、教、服务结合。（5）以群众积极分子任职居委会；居委会干部不是政府干部，但需要给予补贴；居委会不是一级政权，但是需要给予办公经费支持。（6）除了基层政权领导、指导、掌握下的居委会组织，基层社会中不宜再有其他社会团体。（7）基层政权加居委会管理基层社会并非社会管理的唯一常规模式，它须配合群团组织制度、单位制度，等等。

在制度特征上，街居制作为替代改造保甲制、建设基层政权与基层群众民主自治的结果，一方面强调需要基层政权和基层组织，但坚决不要保甲的壳和其中的人；另一方面强调需要群众民主自治，但也不采取常规形式。所以，这项制度包含的是双间接机制，即基层群众通过居委会间接民主，国家通过居委会间接统合基层社会。它在客观上把清末以来政府主导设置和建设基层组织、新民主主义理论赞成的民众民主自治、历史上更早的郡县制中的县以下"以役代职"这三种不同的逻辑和因素糅为一体。国家期待通过从群众中民选而来的积极分子领导群众；群众通过成为积极分子或围绕着积极分子来参与社区民主；而整个半统合半自治的基层社会格局一方面用于应对居民群众自己的大量日常问题，另一方面用于生成支持政府的力量，并处在政府的领导、掌控之下。从实践结果看，实施街居制的直接成果是通过体制化的群众积极分子中间机构实现了对居民区最大限度地组织和统合，居民区迅速成为在基层政权之下用居委会、居民小组单一方式组织管理的基层社会。

三 国家统合机制与社会配合机制

街居制包含了一套国家机制。如果把机制视为一套自然生成或人工设置的装置合乎原理地依次发生作用的系统，那么，街居制中的基本国家机制大体可以描述为：国家运用领土的中央控制权力，按照低成本高效率地统合与指挥日常社会的设计方向，设置基层政权与积极分子衔接装置，通过后者的有限代理和传导而实现对居民区的调控。

国家机制采取了中间传导装置，而且其一半传导装置来自非政府、非政权性质的居委会，这意味着国家意图在传导中会有所减弱，还很可能意味着不能直达所有人和所有活动。所以，基层社会格局仅仅依赖政府一头努力以及简单制定一个街居制度，并不见得能够迅速顺利形成，即使形成也未见得能几十年不变，一定有其他的因素和机制在基层社会形成与运行过程中共同发挥作用。本文在一般意义上把来自社会方面的作用机制暂且称为社会或社区配合机制，即当国家趋近、梳理、统合社会时，社会中会出现积极接近国家权力的群体，通过争取和维持这种紧密关系而取得和保持自己在社会竞争方面的优势地位。通常国家统配社会资源的能力越强，社会配合群体就会越活跃。从这个角度看，在历史上出现的乡绅充任中间代理人处理县以下各种事务，可算作古代现象。清末以后实行保甲制下的保甲人员在某种程度上也是这类人员。在 1949—1954 年建立和实行街居制的过程中，群众积极分子也起到了类似作用，区别在于其性质上是劳动群众服务于革命政权，而不是旧式精英贴近政权。群众积极分子涌现并发挥作用，可以从以下几个方面进行观察。

（一）国家给出机会

社会配合机制发生作用的前提是国家给出机会。在 1949—1954 年以街居制形塑基层社会的过程中，之所以会出现一大批居委会工作积极分子，最重要的原因是国家有迫切需求而且给予了明确机会。

首先是因为从政治上考虑，新旧政权性质不同，在接管旧政权时除了留用业务、技术人员，基本上从上到下都需要更换干部特别是重要干部和政治干部，然而干部却根本不够用。从 1948 年下半年开始，战争胜利之快超出预期，接管城市的干部准备工作非常仓促，越向南方这一问题越突出。例如，第三野战军 1948 年 9 月攻下关内第一个省会城市济南时，还可提前两个月准备 8000 名接管城市的干部。而 1949 年 5 月 4 日第三野战军进入人口达 50 余万人的杭州市后，派入地方系统工作的"南下干部"仅 400 人，素养暂且不论，数量也属捉襟见肘。5 月 7 日成立军管会，主任谭震林在杭州市军管会成立大会上的讲话比较了接收济南时的情况，感叹敌人比我们跑得更快，"我们这次进杭州是太快了……工作上感到措手不及"①。所以，

---

① 中国社区展示中心编《中国城市街道与居民委员会档案史料选编》（第二卷）（内部资料），2011，第 8 页。

新政权接管城市除了留用改造旧机关人员外，迫切需要新的群众积极分子配合参与城市生产、生活的恢复。但是，解放初各城市群众的情况远比预想的复杂，新政权无法直接依靠群众建立各级民主政权和民主自治组织，还是得通过派干部去组织群众参与肃清敌特、维护治安、废除保甲等活动，并希望通过为积极分子涌现提供氛围和机会，从中去发现、激励和培养积极分子。

其次，新政权迫切需要群众积极分子不仅是出于缺少干部的政治考虑，而且因为新政府缺钱，无法为干部队伍急速扩张提供相应的财政支持。以北京为例，1949 年 3 月，市政府提出了一个关于基层政权干部的确定与待遇方案：新提拔任用的街乡政权工作人员和委派的街乡干部，每月待遇均暂以不超过两百斤小米为原则，其办公费应按所管户数的多少计算，但每月不得超过两百斤小米。各街、乡、镇之办公费及人员待遇米，在市未统筹以前暂由区负责，由各街、乡、镇负担，统一掌握①。到 1949 年 5 月，北京城区计划建立的 187 个街已完成 66 个街，完成 36%；郊区计划建立 270 个街乡，完成 220 个，完成 82%。各区报告中称 5 月 15 日前将全部完成②。如果按 3 月文件规定每街配备 8 人计，可知北京 457 个街乡政府单位至少需配置脱产干部 3656 人，仅干部"待遇小米"每月就需 70 多万斤。干部供给加上基层政权办公所需经费，给新政府从中央到地方都造成了极大的财政压力。市政府之所以明文规定街乡镇下设的闾、居民小组所有人员都"不脱离生产"，即不按专职干部供给小米、配置办公经费等，都与财政供给紧张有关。北京的情况很有代表性。各地普遍缺干部，但在供给保障能力上却不支持直接、迅速扩大干部队伍规模，更不允许在基层政权以下给其他基层组织大量补助，这就不得不更多地动员和依靠财政成本较小的群众积极分子来参与、支援国家建设和政权建设。居民区里日常事务多，就宣传鼓励居民事居民办，通过居民群众积极分子领导居民群众办，这不仅是出于政治策略考虑，而且也是受财政能力限制而不得不为之举。

（二）居民积极分子积极性看涨

从社会方面看，居民区为什么会出现新积极分子？

---

① 中国社区展示中心编《中国城市街道与居民委员会档案史料选编》（第一卷）（内部资料），2011，第 9 页。
② 中国社区展示中心编《中国城市街道与居民委员会档案史料选编》（第一卷）（内部资料），2011，第 14 页。

首先，有基础。一般是因为旧社会中一直存在着底层积怨，保甲长负责要粮、要丁、摊派，有的保甲长又仗势欺负普通居民。有些居民积怨多年，趁新政府开展废除保甲制的宣传、动员会议的合法机会，诉苦诉怨，既响应了政府号召，又释放了愤怒。很多居民直接针对人进行清算，甚至出现"吊打恐怖"，以致"引起全体伪保甲人员的普遍恐慌"。所以，沈阳、北京市政府都明确提出不要打人，政府的主张是斗争可以作为居民诉苦、表达革命情感的起点，但是要教育他们提高觉悟，把注意力集中到反对旧制度上①。在编排居民小组时，曾出现"无标准的提出挤坏人等不恰当的口号"②，被挤出来的大多数都不是政治上的坏人，而是与居民关系紧张的人，或者居民看不起的人，如娼妓等。所以，沈阳市委特意要求不得挤坏人，不要针对私人、个人搞打击，斗争矛头要指向保甲制度，斗恶霸则事先要经过区委讨论、市委批准，以免造成不必要的紧张；要一律禁止打人；对保长、甲长要有区别，应当着重斗最坏的保长，而不应过多地斗争甲长；等等③。北京、沈阳两地政府郑重作出上述规定，说明居民群众在做积极分子过程中释放对旧社会日常生活、对往日直接压迫者的怨气大致是普遍现象，而不是北京、沈阳独有的现象④。

其次，有更好的待遇、地位和机会。在废除保甲制度过程中，群众普遍将信将疑，有所顾虑，积极分子面对政府说新制度好处时还有些言不由衷，但是随着居委会、居委小组等普遍建立并开展活动以后，群众积极分子还真是获得和感受到了做积极分子参与新制度、新居民区建设带来的各种好处。由积极分子而成为居委会干部，其社会、政治地位同步得到提升。1949 年 12 月 10 日，杭州市上城区分所《取消保甲制建立居民委员会工作总结（五）》中列举了一些"群众反映"和工作经验教训时说，群众的主要特征是一开始还需要动员参与选举⑤，一旦进入居民委员会选举环节以后，选上的受到羡慕；原来的穷苦居民更容易受到激发；而小商人则一般比较计较花时间在居委会去做统计户数，组织居民合作社生产、消防、卫生、防匪、防特、救济等事不合算，不太情愿①。总体上，居民群众努力成为积极分子的热情是呈上升趋势的。1949 年杭州市新政府开始工作后的大半年时间，以恢复秩序和稳定城市生产生活为第一考虑，对社会"各界"的政策包容度较高，阶级政策和缓，不独强调劳资两利，工商资本权益较受尊重，而且地主阶层也未成为斗争对象，处在人民之列②。因此，这一时期一般群众的社会地位提升感还不够明显。随着 1950 年 1 月 24 日中共中央发出指示，开始在新解放区实行土改运动的准备工作，形势就发生了重大变化，阶级斗争从斗保甲向其他层面传递。杭州市以往的有钱人尤其是地主的地位感显著下降，而群众积极分子的社会、政治地位上升感变得越来越明显，进入居委会的人更加受一般居民羡慕，愿意做积极分子的人变得越来越多。所以，当政府要求加强机关企事业单位建设，干部、职工在单位参加活动而不参加居民区活动、居委会干部主要从职工家属中选择时，居民区里妇女参与来源甚广，整个转换工作毫不困难。

尽管政府财政弱小，无力大规模扩张干部队伍，但是对积极加入居民组织、想要成为居委会干部的群众积极分子，还是尽可能提供了一些补助。居委会自己还在里弄组织开展生产的任务和机会，具有一定的资源调配权力。政府也认为在里弄内组织生产很有必要③。1951 年 2 月 20 日，华东局召开华东民政会议，"城市组"对城市居民区人员及其生产要求作出反应和判断："1. 居民是哪些人？①贫苦劳动人民——无固定职业，临时出卖劳动力做苦力。②半商业性的——临时做摊贩、卖开水等。③失业过久的人员——工人、知识分子。④家眷——职业在本市。⑤殷实富户——业主地主，歇业资本家。⑥退残农员。⑦游民散兵。根据这些成分，第四种人可培养为骨干。2. 组织起来干什么？他们大约是要求解决职业、救济、市政□□等问题，组织后可以解决这些切身问题。此外对坏分子要管理教育，对殷实富

---

① 中国社区展示中心编《中国城市街道与居民委员会档案史料选编》（第二卷）（内部资料），2011，第 62 页。

② 中国社区展示中心编《中国城市街道与居民委员会档案史料选编》（第二卷）（内部资料），2011，第 41 页。

③ 中国社区展示中心编《中国城市街道与居民委员会档案史料选编》（第二卷）（内部资料），2011，第 145 页。

户要贯彻税负劝募等任务"①。所以，由居委会来组织居民区的一些生产、救济工作，是政府和居民的共同愿望。华东地区基本上是在废保甲、建立居委会过程的一开始就开展这项工作。在全国其他城市，居委会组织里弄居民办生产合作社、小作坊、小工厂的情况也很普遍。虽然在目前已收集的档案材料中未见居委会如何具体在里弄生产中进行资源调配、分配的细节，但大致可以推想组织者和分配者的社会地位总是高于一般居民群众，大致可以推断出居委会的生产组织调配力提升过程也是居民群众做积极分子的热情同步提升的过程。

（三）哪些人可以成为积极分子？

各市在建立居委会组织的过程中，一开始就比较注重积极分子的条件、资格审核。以杭州为例，1949 年 11 月 21 日，在《艮山区分局对组织"人民居民委员会"的工作计划》中就明确提出，要了解积极分子"他的成份（分）出身，社会关系，表现态度"②。1949 年 12 月 12 日，《杭州市上城区公所取消保甲制度建立居民委员会半年工作总结》中提出，"委员和组长的条件：委员会必须以工人阶级领导有各阶层参加，委员和组长在地区上也分布普遍，此外本人尚须具备下列几个条件：①政治条件：认识清楚，没有反动行为，重视劳动人民；②出身成分：以工人阶级为主，并须有小手工业者、小商人、知识分子、开明士绅参加；③群众印象：为人积极热心，公正，没有贪污行为，没有做过对不起群众事情"③。按照以上标准，杭州市的第一批居委会干部、居民小组长中，自然就以工人为主④。不过，这里需要留意两个问题：其一，1953 年 1 月以后，各地根据内务部组织调查并向中央提出建议以后，居民区干部转向以职工尤其是先进职工的家属为主担任，政治标准则同此前并无二致；其二，如下文将要讨论的，随着在实际工作中居委会向"腿"的方向转变，居民区的群众积极分子开始出现由积极分子向半职业型中间人转变的趋势。

---

① 中国社区展示中心编《中国城市街道与居民委员会档案史料选编》（第二卷）（内部资料），2011，第 145 页。
② 中国社区展示中心编《中国城市街道与居民委员会档案史料选编》（第二卷）（内部资料），2011，第 45 页。
③ 中国社区展示中心编《中国城市街道与居民委员会档案史料选编》（第二卷）（内部资料），2011，第 64 页。
④ 中国社区展示中心编《中国城市街道与居民委员会档案史料选编》（第二卷）（内部资料），2011，第 76—78 页。

四　基层社会中的社区自我维持机制

在城市基层社会，由群众积极分子组成的居委会除帮助居民区肃清敌特，还帮助政府管理很多具体事务，其中很多事务属于协助政府管理基层社会。虽然各城市由于财政供给紧张，一般强调居民组织不是一级政权、人员不脱产，如果确需脱产或补贴的则要报市政府统一审核批准，但是下达给居民组织要做的事却很多很细，以至于有些城市甚至考虑过给居委会干部采取薪金制①。这种情况一直延续到全国人大1954年推出街居组织的法规后也未能改变，而且实际上归到居委会处理的事务也越来越多。1952年《上海市江宁区崇安里居民委员会工作任务》曾列举过居委会的日常工作清单，有40多项，内容包括组织漫画大字报、里弄调解等②。到1961年3月，由上海里弄出具的证明就包括财贸方面30项、文教卫生9项、政法6项、交通公用事业14项、其他方面3项，共计62大项，内容细到了管理居民婚丧"申请小菜"、婴儿缺奶申请奶糕奶粉、买饭碗买洋钉的程度③。由此说明，居委会对基层社会生产生活的管理是全方位的。

然而，居民区生活作为社区生活的内容远不止上述事项。尽管居委会要管的事甚多甚细，但是，居民区生活、生产面毕竟太大、太多样，居委会是管不过来的。因此，如果要问得到社会配合而形成的基层社会是否由街居制和居委会实现了全控制，居委会是否管住了居民区所有事、所有人的所有活动和行为，答案显然不是。就一般机理而言，这主要是因为社区具有特殊性，它居于家庭与社会之间的层面，有共同体属性，并不适合进行过于严密的组织管理。而政府固然愿意尽量梳理清楚社会情况，能管的都直接管，但是管得越多越细，相应需要支付的成本也就越高，直到无法承受。配合国家的居民积极分子固然能够赢得更高的政治、经济、社会地位，但是他们也不愿意或无能力以尽义务的方式做一切事。因此，剩下的居民区内的事务和关系仍然只能由居民按社会、社区的惯习自行处理。这

---

① 中国社区展示中心编《中国城市街道与居民委员会档案史料选编》（第二卷）（内部资料），2011，第32页。

② 中国社区展示中心编《中国城市街道与居民委员会档案史料选编》（第一卷）（内部资料），2011，第41—43页。

③ 中国社区展示中心编《中国城市街道与居民委员会档案史料选编》（第一卷）（内部资料），2011，第165—166页。

些在社区生活中出现的具体事务、关系具备日常生活的经常性，会反复出现，属于社会生活中规模大、分布广、高管理成本、低政治价值、反复生成的事务，通常会令政府衡量后不予干预或不经常干预，通过居民积极分子中介代理也不能完全有效干预。对于这种社区通过反复生成、规模大、分布广、高管理成本、低政治价值的领域、事务、关系和行为，促使政府不直接进入而听由社区按习惯方式去处理的状况，本文将其视为社区的自我维持机制。

在基层社会型构时期，社区自我维持机制是通过积极和消极两种方式呈现出来的。积极形态是指在居民区内只要是国家、居委会不处理的事，居民会自行按熟人规则、社区习惯来处理，使得社区生活在居民区、在基层社会中得以延续。在这个过程中，居民区仍然发挥社区的基础功能，即社区居民间的交往、互助功能，以及在交往、互助过程中执行对社区成员的社会化功能。而消极形态则是通过居委会干部的半职业中间人化方式呈现出来的。所谓半职业中间人，首先是指居委会机构中的干部群体是半职业性的；其次是指它处在国家干部与居民群众之间、官与民之间，具有某种非官非民的政治、经济、社会地位；同时还是指由此塑造出的、特定的角色期待，以及角色担当者的特定的、模式化的心理取向与行动选择。一般而言，中间人在关系结构上处于一种有弹性的中间地位，需要依据交往交换的另外两方的地位和力量的变化，调整自己以保障实现双方交换的同时也实现自身利益的最大化①。在 1949—1954 年基层社会型构时期，可能是因为政府方面给予的任务多而重，给予的福利待遇总体上较低，居委会积极分子一方面听从政府指令，但是一般也不会整天围着政府转；另一方面作为居民选出来的干部需要考虑居民的需要，但是一般也不认为自己可以像政府干部那样管理群众。所以，如果说后来居委会干部中间人化的突出表现为不是干部而像干部，是群众又不像群众，即主要不像群众，那么这个特征还是在 1954 年后逐渐显现的。在 1949—1954 年情况有所不同，主要特征是居委会积极分子既不像干部，也不像群众，即主要不像干部，在基层社会中发挥的作用不强，因而居民们自行处理生产生活和交往的自由度也就更大一些，主要表现在以下几个方面。

（1）积极分子不够积极。在建立街居制和基层社会的过程中，政府频

---

① 毛丹、陈佳俊：《制度、行动者与行动选择——A 市妇联观察》，《社会学研究》2017 年第 5 期。

繁召开各种会议，占用工作时间多，群众积极分子又没有工作补贴或补贴抵不上工作收入损失，所以，不仅前文所述的一些小商小贩不愿多参加居民区活动，一些积极分子包括居委会干部也变得积极性不高，工作热情下降。北京市很早就出现了这个问题①。杭州市在1949年11月也要求"注重打破群众的几个顾虑：①做事情影响生活；②开会多麻烦；③不识字，工作无力胜任；④没有声望，人家不理睬；⑤怕将来抽丁"②。可见，群众和群众积极分子都怕开会影响生活，这不是个别城市的现象。面对这个情况，有不少城市曾经认为工人出身的居民觉悟更高，一度主张主要从工人中物色居委会干部。但是，工人和其他职员的工余时间更少，反而没有太多热情担任居民小组干部。直到1953年初以后比较明确给予居委会补贴，并且开始以职工家属、家庭妇女为主担任居委会干部，这个问题才得到缓解。但是，这时又遇到了下面的问题。

（2）积极分子文化低，工作能力和影响力有限。1951年1月7日，《人民日报》发表《北京市第七区组织居民宣传队的经验》，提醒要对有关人员及时加强教育："宣传队员的工作情绪一般都很高，但对时事、政策所知很少，文化水平也较低（文盲半文盲占28%；粗通文字和小学程度的占63%；文化程度较高的只占9%），因此必须组织他们进行学习"③。

（3）积极分子不一定是真的。1949年12月1日，在"杭州市第四次各区局长联席会议"上中城区区长汇报说："积极分子必须要在运动中去发现培养，通过合作运动组织居委会，不通过运动的积极分子不一定是真的，靠不住的"④。

居委会积极分子中的这些问题，多少影响了居委会对居民群众日常生活的干预力。当然，居委会不能更强势地发挥作用还有一些客观限制，这些限制问题更不是居委会干部和其他群众积极分子能够轻易解决的。

首先，原来保甲制下保的规模不小，有些合二、三保为一个居委会管理的居民区更大，人不熟，居委会选举变得很困难，直接进行细密管控性

① 中国社区展示中心编《中国城市街道与居民委员会档案史料选编》（第一卷）（内部资料），2011，第15页。
② 中国社区展示中心编《中国城市街道与居民委员会档案史料选编》（第二卷）（内部资料），2011，第51—52页。
③ 中国社区展示中心编《中国城市街道与居民委员会档案史料选编》（第一卷）（内部资料），2011，第33—34页。
④ 中国社区展示中心编《中国城市街道与居民委员会档案史料选编》（第二卷）（内部资料），2011，第56页。

工作变得更困难，只能通过居民小组去开展工作，工作下放到居民小组则无法避免放松要求、降低标准。以1949年10月杭州上城区第一个居委会为例，区公所曾报告说："这个居民委员会的区域打破了旧保甲的界限，依照街道自然的形态划定，共有居民二千余户，选出了九个居民委员，其中有工人、手工业者、小商人、知识分子、公务员、工厂经理，包括各阶层的分子，因此，它的基础是很广大的。居民委员会之下分划四十个小组，每组约有居民五十户左右。"区公所承认："最大的困难有两点：①居民多互不认识，选举困难。城市中的居民，职业上的关系多，而邻居之间很少往来。所以虽近在咫尺，也不知道你的名字职业，重门深闺的人家自更不用说了。因此在小组座谈提对象的时候大家都有些困难。②还有些居民对于居民委员会的认识不够，或者工作忙怕麻烦，因此对应选居民委员或小组长尚有若干顾虑。居民是散漫的，他们有不同职业，不同的成分，多样的性格。"① 第一个居委会显得太大，后来不得不进行调整。全国城市在试验过程中，对各个居委会下辖户数、人数都做了原则规定，一般在五百户至一两千户居多，再后来又考虑到居委会成本、与街道和派出所对接方便，因此并不按居民熟悉程度为标准设置居民区和居委会。总的来看，居民区偏大，在设置上照顾到基层组织标准多于照顾到社区交往方便标准，居民太多，相互之间熟悉程度较低。面对一个个庞大的居民区，居委会工作面临很多困难。

其次，居委会安排单位外人员生产就业的能力有限，摊贩和其他自谋临时职业者就有大量存在的余地。1949年5月，北京市相关部门总结工作时曾说："整理摊贩与交通管制，过去我们虽曾注意，也召集过有关部门讨论，唯因缺乏有经验的干部，致这一工作拖延至今未加整理，汽车肇祸日有所闻。三轮车、自行车的登记工作根本未办，摊贩满街阻塞交通，亦无人管。造成上述严重现象的原因：第一，进城以后，对上项业务究属何部专责，未有公布明文法规；第二，旧警察和路警的消极怠工，或怕管理，抱着不得罪人的态度放弃管理；第三，从老解放区来的同志，无管理大城市的经验；第四，市民利用局区间及各局间之罅隙，自图私利，而不顾全大体"②。由此可见，居委会组织虽然把组织居民区生产、发展福利作为当

① 中国社区展示中心编《中国城市街道与居民委员会档案史料选编》（第二卷）（内部资料），2011，第37—38页。

② 中国社区展示中心编《中国城市街道与居民委员会档案史料选编》（第一卷）（内部资料），2011，第16页。

然工作，但是在解决就业方面的能力毕竟有限，不要说为自谋生路的临时就业人员提供其他就业机会，他们就连自己的稳定就业都还是问题。在这种情况下，居委会对上述人员的管束能力相对有限，这些人员听从、配合居委会工作的程度也较低。

最后，居委会管了太多的事，不仅没时间、没力量管理更多的事务，而且因为居民间差异很大，居委会统一开展的活动未必都能得到居民应有的好评。例如，1950年春节杭州市中城区各居委会落实组织拥军优属济困工作，结果发现工作对象的反应并不一致，"烈属中周惠华得到人民银行的光荣匾额后，特别来信致谢，军属陈筱龙得到救济后，表示要将情况告知前方子女，好好为人民立功，后方政府照顾得很好。另外二家军属任宝荣、张刘氏未得到救济，由于调查时不够明确，该家属以为一定救济，除夕晚16号来区后说服教育补给他，情绪上才渐渐地转好。个别请求，失业救济，总计有十余家，其中有技术的女工好几家，对政府不能有效办法表示不满"①。上述情况的出现有其偶发性，但是其必然性在于根本不存在让每家每户、每个居民都同样满意的事以及处理这些事务的工作模式。

无论是从主观积极性看还是从客观条件看，居委会实际上管不到基层社会的方方面面。所以，1956年中华人民共和国内务部民政司编制《做好城市居民工作》小册子，比较细致地介绍了各地的经验，比较现实地规定了居委会可做的事项有哪些。这个文件并没有说"法无禁止即可行"，居委会管理事项之外的事都归居民自由行事，但是它实际上在某种程度上还是承认了基层社会作为社区存在着某种形态、程度的空地，而空地的运行规则不是国家法规、政策文件所能规定的。社区空地说到底就是日常生活的日常性特征（管理高成本、低政治意义、重复性发生等），决定了日常生活可以被政治力量严重影响但又不能被政治所高度整合。由此，社区需要、社区习惯不能不得到默认，社区关系处理在很多方面还是被习惯规则左右，虽然后来国家以文化风俗革命加以约束、干预和改造，实际上仍然很难一直特别刚性地进行约束。

五　结束语

综合来看，基层社会是由国家主导、社区配合、社区自我维持三种机

---

① 中国社区展示中心编《中国城市街道与居民委员会档案史料选编》（第二卷）（内部资料），2011，第87页。

制共同作用而形成与维系的。在 1949—1954 年的启动阶段，三种机制中第一种的作用最强，第二种显在，第三种弱隐，但是，缺少其中一种就不成基层社会。按上述方式型构的基层社会迅速替代了国民党政权的基层架构，在居民区中迅速消除了国民党政权的残余影响，对城市生活生产的恢复发挥了稳定和支撑作用。而其弱点显然是行政主导力过强，居委会协助政府办事很多而开始产生半行政化色彩，居民区作为社区的基础功能较弱，居民对社区生活的需要和兴趣与居委会的主要工作有相当的距离，等等。后来 30 年的基层社会运行以及最近 30 年逐渐建设新型社区过程中遇到的一些基本问题，也正是在这个基础上累积起来的。受历史条件和惯性规定的影响，当前和今后的基层社会改革建设中上述三种机制会继续发挥作用，但是由于基层社会中尤其需要解决社区基础功能的发育和健全问题，运用第一种、第二种机制时显然需要把促进和保持社区基础功能作为前提。

基于小农户生产的扶贫实践与理论探索[*]

——以"巢状市场小农扶贫试验"为例

叶敬忠　　贺聪志^{**}

摘　要：以市场为导向的产业扶贫方式在我国的精准扶贫工作中发挥了重要作用，但它很难全面覆盖深度贫困的小农户，也面临很多挑战。因此，需要探索和创新适合贫困小农户的多种生产扶贫方式。一项在河北省太行山区村庄开展8年的扶贫行动表明，"巢状市场小农扶贫"以"贫困小农户现在有什么"的生计资源为出发点，以健康农产品和地方特色食物产品的小农式生产为"产业"，以城市普通消费者对健康食物的需求为对接出口，以"巢状市场"为交易和互动的组织形式，通过农村贫困人口和城市人口的相互信任和共同参与，成功地将生计资源和社会资本转化为贫困人口的收入，实现精准、稳定和可持续的脱贫结果，彰显了创新、协调、绿色和共享的发展理念。

关键词：小农生产　精准扶贫　生产扶贫　巢状市场

一　贫困小农的脱贫挑战

改革开放以来，中国政府取得了巨大的扶贫成就。随着国家精准扶贫

---

*　本文原载《中国社会科学》2019年第2期。本文为国家社会科学基金重点项目"城乡一体化进程中的农村变迁研究"（13ASH007）阶段性成果。

**　叶敬忠，中国农业大学人文与发展学院教授；贺聪志，中国农业大学人文与发展学院副教授。

战略的实施，农村贫困人口在 2017 年底进一步减少到 3046 万人。[①] 当前扶贫工作的重点是深度贫困地区和深度贫困人口，且主要是小农户。根据精准扶贫政策的宏观设计，"生产扶贫"是完成脱贫目标任务最重要的举措。[②] 在实践中，生产扶贫的主要方式是发展以市场为导向的地方特色产业，通过鼓励和支持农民专业合作社或龙头企业等新型经营主体，在贫困地区开发"一乡一业"或"一村一品"，进而带动贫困户脱贫。因此，"产业扶贫"几乎成为"生产扶贫"的代名词，且绝大多数情况下，主要指农业生产和食物生产类的产业。

以往的实践表明，面对复杂的现实情况，产业扶贫在带动小农户脱贫过程中常常遇到一些瓶颈和困难。例如，产业发展的集中化、规模化和标准化常常与贫困小农户生产性资源的分散性、微型性和多样性相矛盾。而且，若不能对资源优势、市场潜力等做出科学判断，盲目推行"一乡一业"或"一村一品"式的专业化产业，很容易陷入低水平、同质化竞争和生产过剩，[③] 给本就脆弱的贫困小农户带来更多不确定性和生计风险。此外，如何保障这些贫弱、分散的小农户在面对其他强势市场主体时不被排挤，有更多的自主性、谈判能力和内生动力，在流通交换中获得更公平合理的价值分配等，也是产业扶贫中难以回避的困难和挑战。[④]

其实，扶贫方式可以多元化，不必拘泥于一种思路。基于中国人多地少的基本国情，不可能在所有地区统一实现大规模的产业化和商业化农业或食物生产。在很多贫困地区，零散地块往往更适合小农式的家庭生产。小农经济有其合理性和必要性，并没有完全过时。[⑤] 小农农业的重要性和小农户的生存发展亦受到国家的高度重视。党的十九大报告、2018 年中央农村工作会议以及 2018 年中央一号文件都将小农户发展和乡村振兴放到了显

① 《2017 年全国农村贫困人口明显减少 贫困地区农村居民收入加快增长》，2018 年 2 月 1 日，http://www. stats. gov. cn/tjsj/zxfb/201802/t20180201_1579703. html，最后访问日期：2018 年 2 月 1 日。

② 林晖：《产业扶贫助力 3000 万贫困人口"摘帽"》，2016 年 10 月 16 日，http://www. gov. cn/xinwen/2016-10/16/content _5119954. htm，最后访问日期：2017 年 10 月 16 日。

③ 郑风田、程郁：《从农业产业化到农业产业区：竞争型农业产业化发展的可行性分析》，《管理世界》2005 年第 7 期；孙兆霞：《脱嵌的产业扶贫：以贵州为案例》，《中共福建省委党校学报》2015 年第 3 期。

④ 黄宗智：《小农户与大商业资本的不平等交易：中国现代农业的特色》，《开放时代》2012 年第 3 期；艾云、周雪光：《资本缺失条件下中国农产品市场的兴起——以一个乡镇农业市场为例》，《中国社会科学》2013 年第 8 期。

⑤ 姚洋：《小农生产过时了吗？》，《北京日报》2017 年 3 月 6 日，第 18 版。

要位置，并提出要采取有针对性的措施，"促进小农户和现代农业发展有机衔接"，"帮助小农户对接市场"，"发展多样化的联合与合作，提升小农户组织化程度"，"扶持小农户发展生态农业"，"重塑城乡关系，走城乡融合发展之路"，等等。作为国家整体发展战略的一个组成部分，扶贫工作应该与乡村振兴战略有机结合，遵循中央关于小农农业和小农户发展的上述指导思想，遵循创新、协调、绿色、开放、共享五大发展理念。针对当前的贫困新特点和各地的现实情况，在"产业扶贫"难以覆盖的地区或不太适合的情况下，应该探索能够将贫困小农户的生产与现代社会需求联结起来的多元扶贫新机制。

20世纪80年代以来，国际上出现了各种重新思考和定义农业与农村发展，并尝试通过调整农业生产方式和创新市场流通机制来回应农业与食物体系危机的实践和理论探索。尤其是，作为对农业部门所遭遇的价格挤压的回应，农民尝试发展能够带来更多附加值的新的产品和服务，并在纯粹的农耕之外创新多元的生计活动，这样的地方性行动大量涌现。在理论和政策层面，这些行动常被以"多功能性"或"生计方式多样化"等概念来概括和表述。[①] 与此同时，这些开拓新的产品和服务的农民发现，进入主流市场对改善其家庭境地作用有限，因为大部分附加值被控制市场渠道的其他行动者攫取，或者其产品和服务根本就难以进入主流市场。在此背景下，这些农民另辟蹊径，与同样在寻求更健康食物的城市消费者合作，建立直接联结，从而构建起一种主流市场之外的新型市场形式。不论是在发达国家还是在发展中国家，这种现象都日益普遍。[②] 例如，荷兰的很多小农场主在农场中将牛奶加工成乳酪、酸奶和其他产品，直接销售给附近城市的消费者；巴西政府通过"联邦食品采购计划"（PAA）和"校餐计划"（PNAE）等制度化方式，直接采购小农户的农产品，以为小农户创造一个保护性的市场空间。近10年来，类似的实践探索在国内越来越多地生发出来，有的是民间草根个体或群体的自发创新（如农民个体发展特色生态农产品并通

---

① Jan Douwe van der Ploeg, Jingzhong Ye and Sergio Schneider, "Rural Development Reconsidered: Building on Comparative Perspectives from China, Brazil and the European Union," *Revista di Economia Agraria*, Vol. 65, No. 2, 2010, pp. 163-190; Elizabeth Francis, *Making a Living: Changing Livelihoods in Rural Africa*, London and New York: Routledge, 2000.

② 参见 Paul Hebinck, Jan Douwe van der Ploeg and Sergio Schneider, "The Construction of New, Nested Markets and the Role of Rural Development Policies: Some Introductory Notes," in P. Hebinck, J. D. van der Ploeg and S. Schneider, eds., *Rural Development and the Construction of New Markets*, Abingdon: Routledge, 2015, p. 1。

过社会网络构建起固定的消费者群体，返乡"新农人"带动村民将产品与城市消费者直接联结等），有的是社会组织或高校及科研机构推动下的社会试验（如中山大学在广东省和云南省推动的"绿耕"城乡互助实践，山西省永济市"蒲韩乡村社区"帮助小农户构建类似新市场等）。在对荷兰、巴西和中国等实践进行总结分析的基础上，2010 年，笔者与荷兰学者扬·杜威·范德普勒格（Jan Douwe van der Ploeg）、巴西学者塞尔吉奥·施奈德（Sergio Schneider）共同提出"巢状市场"（Nested Market）的概念，以对这种新的市场形式和农村发展实践进行总结和概括。①

类似构建巢状市场的行动一般被视为回应生态问题或食品安全问题的一种替代性实践。但事实上，这类行动的影响并不仅限于此。它们正在成为推动农业转型和农村发展的新动力。同时，这种市场形式所创造的新的经济空间和分配机制也可以成为贡献于小农户生计和农村减贫的创新路径。近年来，将类似路径应用于扶贫行动的探索越来越多，例如，一些地方政府推动的"消费扶贫"行动，四川省青神县妇联推动的"我在深山有远亲"实践（鼓励消费者与贫困农户"结对子"），河南省固始县物价局在该县平楼村推动的"贫困小菜园"行动，以及中国农业大学在河北省太行山区开展了 8 年的"巢状市场小农扶贫试验"，等等。

这些致力于将小农户与城市消费者直接联结起来，为贫困小农户构建一种特殊的"巢状市场"的理念和实践，正是立足于中国当下独特社会环境，以小农户生产为基础的扶贫与乡村发展探索。本文以生产和市场两个维度作为扶贫的切入点，以这些实践中比较具有代表性的"巢状市场小农扶贫试验"为例，呈现这一新的扶贫探索，阐述其主要特征和理论内涵，为探讨如何化解当前的扶贫困境提供一种思路，并对中央关于扶贫工作和小农户发展的重要思想进行实践具体化和理论深化。

二 贫困小农的"产业"与巢状市场小农扶贫行动

自 2010 年起，中国农业大学的一个研究团队在河北省太行山区的青林

---

① Jan Douwe van der Ploeg, Jingzhong Ye and Sergio Schneider, "Rural Development Reconsidered: Building on Comparative Perspectives from China, Brazil and the European Union," *Revista di Economia Agraria*, Vol. 65, No. 2, 2010, pp. 163 – 190; Jan Douwe van der Ploeg, Jingzhong Ye and Sergio Schneider, "Rural Development through the Construction of New, Nested, Markets: Comparative Perspectives from China, Brazil and the European Union," *The Journal of Peasant Studies*, Vol. 39, No. 1, 2012, pp. 133–173.

乡①开展"巢状市场小农扶贫试验"。目标是通过发展适合贫困小农户特征的"另一种产业"和创造将农村贫困生产者和城市普通消费者直接联结起来的"另一种市场"——"巢状市场",来探索瞄准深度贫困人口的"另一种脱贫途径"。由于贫困小农户的"另一种产业"主要指农民以小农方式开展的农产品和其他食物产品的生产,故本文将此脱贫途径称为"巢状市场小农扶贫"。

(一) 另一种产业:小农生产

从农村发展的生计理论视角来看,思考农户生计改善与收入提高的出发点应是"农户现在有什么"(以此为基础,再思考农户可以做什么),而不是"农户现在缺少什么"。② 因此,要使贫困户建立可持续的生计收入方式,应该从其可控制、可支配和可获取的生计资源入手,充分开发、动员和利用这些资源,调动农户的主体性和能动性来创造发展机会。农户的生计资源包括自然资源、物质资源、经济(或金融)资源、人力资源、社会资源和文化资源。③ 对于分布于农村地区尤其是偏远山区的贫困农户的生计发展来说,小块土地、山地、多年种植和饲养的品种(作物、蔬菜、林果、家禽、家畜等)以及水源等是其主要的自然资源;现有的劳动工具和生产设施是其主要的物质资源;少量(或几乎没有的)现金或存款以及来自政府的少量政策性补贴是其主要的经济资源;现有的家庭劳动力以及按照小农方式进行种养殖业生产的乡土知识和经验技能是其主要的人力资源;亲属邻里关系、村庄各种正式和非正式组织以及人际信任是其主要的社会资源;现有的小农式(非工业化)生产方式和乡土食品生产传统,以及这些生产方式和生产传统中所体现出的有关人与自然、人与社会、人与人之间的价值理念是其主要的文化资源。④

基于上述生计资源,贫困的小农户可以从事的生产便是在有限(相对较小)的土地或空间规模上,依靠有限(相对比较缺乏)的家庭劳动力,

---

① 本文中的乡镇和村庄均为化名。

② Ian Scoones, "Livelihoods Perspectives and Rural Development," *The Journal of Peasant Studies*, Vol. 36, No. 1, 2009, pp. 171-196.

③ A. Bebbington, "Capitals and Capabilities: A Framework for Analysing Peasant Viability, Rural Livelihoods and Poverty," *World Development*, Vol. 27, No. 12, 1999, pp. 2021-2044.

④ Diana Carney, *Sustainable Rural Livelihoods : What Contributions Can We Make?* London: Department for International Development, 1998, pp. 3-25; John Field, *Social Capital*, London: Routledge, 2003, pp. 13-14.

按照现有（相对较为传统）的生产方式和生产技艺，以有限度（相对固定）的生产规模，种植和饲养现有（相对乡土）的作物（包括蔬菜、林果等）和家畜家禽，以及加工有地方特色（相对传统）的食品。这些产品的小农式生产，是几乎所有具备一定生产能力的贫困户都可以顺利开展、没有多少生产风险的"另一种产业"。其产品便是规模比较固定的地方品种作物、畜禽产品、瓜果蔬菜和地方性的加工食品等。

（二）另一种市场：巢状市场

当前的社会环境尤其是城市的食物消费转型和日趋多元化的需求，为贫困户的上述产品提供了特定的销售契机。近年来规模化和工业化的食物生产方式，以及远距离食物流通中的化学添加与保鲜方式等带来的食物质量和环境健康问题日益显现。[①] 食品安全问题不断被媒体曝光，引发一定的公众焦虑和信任危机。在此背景下，相当一部分城市普通消费者在试图寻找主流市场之外的安全食物获取渠道。

相对于各种认证和标签，部分消费者更愿意相信自己看到的生产过程和了解的生产者。他们更青睐受工业化农业生产方式影响较小的小农生产方式，农民与其劳动对象的亲和性，以及这种产品的地方性、自然性、稳定性和文化性。他们不仅重视食物安全，也有着对环境和贫弱者的社会关切与价值认同。他们愿意以适当价格与固定的小农户直接对接，信任其产品质量，定期购买其产品，支持其小农式的乡土生产方式。这样，特定的农村生产者和特定的城市消费者就以食物为载体直接联结在一起，既满足了农村生产者的生计收入需要，也满足了城市消费者的健康食物需求。

这种在农村生产者和城市消费者之间形成的直接对接、实名、有相对固定边界以及具有一定认同和信任的"另一种市场"，被称为"巢状市场"。[②]"巢状"一词在此有两层含义：一方面，这种市场是特定人群之间所形成的有限而又相对闭合的产品、现金、信息、服务等的流通圈和交往圈，

---

① 黄旦、郭丽华：《媒体先锋：风险社会视野中的中国食品安全报道——以 2006 年"多宝鱼"事件为例》，《新闻大学》2008 年第 4 期。

② Jan Douwe van der Ploeg, Jingzhong Ye and Sergio Schneider, "Rural Development Reconsidered: Building on Comparative Perspectives from China, Brazil and the European Union," *Revista di Economia Agraria*, Vol. 65, No. 2, 2010, pp. 163-190; Jan Douwe van der Ploeg, Jingzhong Ye and Sergio Schneider, "Rural Development through the Construction of New, Nested, Markets: Comparative Perspectives from China, Brazil and the European Union," *The Journal of Peasant Studies*, Vol. 39, No. 1, 2012, pp. 133-173.

恰如在主流市场中筑入的一个个"鸟巢"，因此其本身就嵌入在主流市场之中；另一方面，它也是对这种特殊市场形式和食物供需网络的一种隐喻，强调的是生产者与消费者之间的直接而固定的联结关系和基于信任的社会网络，恰如"鸟巢"里的各个节点，生产者和消费者以各种方式紧密地团结在一起，构成一个边界相对明确的市场结构。只要某些生产者和某些消费者建立了这样的固定结构，就可以形成一个巢状市场。按此原则，一个村庄的生产者与城市的一个社区或多个社区的消费者可以建立起一个巢状市场；一个村庄的生产者也可以分成多个生产者小组，分别固定对接城市消费者，形成多个巢状市场。以此方式，在更大的范围内，如一个乡，直至一个国家，形成的将不是一个没有边界的无限大市场，而是无数个巢状市场。

（三）另一种生产扶贫方式：巢状市场小农扶贫

"巢状市场小农扶贫试验"最早在青林乡的柳村发起。在柳村的带动下，邻近的宋村后期也开展了同样的扶贫行动。下面主要以柳村的实践为例，介绍该试验的主要过程。

柳村位于河北省一个国家级贫困县的西部山区，距离北京 190 公里，地处于太行山区。2017 年，全村共 173 户 654 人，其中建档立卡贫困户 55 户（12 户为政策兜底对象），贫困人口 210 人。村庄常住人口以留守的妇女、老人和儿童为主。该村耕地 770 亩（人均约 1.2 亩），林地 1000 多亩。村庄至今保存着较为典型的小农农业形态，通过种植、养殖的结合实现人与自然的协同生产。旱地和水浇地主要产出玉米、红薯、花生、土豆和各种杂粮。林地则产出核桃、板栗、柿子、桃、李子、杏等林果。每个农户都拥有一片小菜园。家庭养殖仍以乡土方式为主，主要产出有土鸡、土鸭、柴鸡蛋、鸭蛋、农家猪、山羊等。另外，红薯粉、红薯干、烧饼、卤水豆腐、柿子饼等是该村独具特色的乡土加工食品。基于柳村的这些资源和产品，研究团队自 2010 年开始尝试在乡村和城市之间进行"搭桥"。

1. 村庄贫困小农户的组织与合作

研究团队首先与柳村村委会合作，在对村庄生产状况和贫困小农户可利用的生计资源进行调查摸底的基础上，开始动员农户参与，并推动村庄内部的组织与合作。经过筛选，20 个具备一定生产能力和良好口碑的贫困农户（大部分是贫弱的留守老人）成为生产小组的第一批成员。同时，3 位村民代表（其中一位是女性）被推选为生产小组的核心组织者，他们负责将一家一户的小农组织起来，协调和监督生产过程、把关产品质量、组织

配送、与消费者进行互动等。

目前村庄已经形成相对有序的组织分工，有 16 个农户在专门负责屠宰加工、质量把关、包装、配送以及与消费者互动等环节。经常参与的农户已达 76 户，包括几乎所有具备一定生产能力的贫困小农户。同时，按照农户生产能力和生产优势的差异，农户间形成了相对稳定的农产品供应分工。由于柳村的带动，附近的宋村自 2016 年也独立组织起来，参与农户目前已扩展至 19 户。

研究团队参与培育理念、协助村庄组织起来，并在此过程中观察组织过程，与村民一起思考如何改进和完善。在启动初期，研究团队为生产小组提供了少量的配送补贴和配送协助。2012 年后生产小组逐渐能够独立完成各种操作环节，且不再需要经费补贴等帮助。自 2014 年起，研究团队还与生产小组一起发起了保护乡土老品种的试验。

2. 城市消费者群体的动员与拓展

在城市（北京），研究团队从邀请身边的同事和亲朋好友开始，依托社会关系网络发展消费者群体。18 个家庭成为第一批消费者，之后，有过良好参与体验的消费者又不断邀请熟人亲友加入，使消费群体以"滚雪球"的方式自发拓展。截至 2017 年底，柳村已在北京建立 8 个配送点，参与的消费者超过 400 个家庭，且数量还在逐步增加。2017 年夏，柳村的生产小组又凭借其不断拓展和建立的社会网络，与河北省保定市的一个消费者群体建立联结。附近的宋村也逐渐发展起覆盖 100 个左右家庭的城市消费者群体，在北京建立了 3 个配送点。

2016 年底的一项调查①显示，参与的消费者对柳村巢状市场表达出很高的信任度：表示信任的消费者比例达 95.1%，其中 69.1% 表示通过一定时间的联结和交往，已经信任农户和村庄生产小组，26.0% 表示因信任研究团队或其他消费者，进而信任村庄。对于为什么选择参与柳村巢状市场，消费者的反馈是："有益健康"（80.2%）、"尊重自然"（76.5%）、"有助于减贫"（54.3%）、"熟人信任"（44.4%）、"定价合理"（43.4%）、"喜欢乡土性产品"（43.2%）等。

3. 乡村与城市的联结与互动

巢状市场为乡村生产者与城市消费者构建了一个联结与互动的特殊场

---

① 此次调查主要借助"问卷星"展开，调查人员将问卷的网络链接推送到柳村的各个消费者微信群中，邀请消费者自愿参与、网上作答，共收回 81 份有效问卷。

城。其中农产品的直接对接是其核心内容。2017 年，柳村全年纳入对接的农产品已达 56 种，最受欢迎的产品为土猪、土鸡和鸡蛋。这种农产品的城乡对接一直持续至今，配送活动一般保持约每 20 天一次，目前正在逐渐增加配送频率。

与此同时，现代信息技术的发展正在推动中国社会爆发一场"社交革命"，也使城市消费者和乡村生产者之间跨越空间的日常互动成为可能。目前，微信群和微信公众号是双方交流所依托的主要媒介。它们为生产者与消费者之间的信息分享、下单交易、网上支付、质量反馈、活动组织以及消费者邀请新成员加入等提供了极大便利。此外，乡村生产者与城市消费者也有很多面对面的交往与互动。村庄的每次配送都为双方提供了见面交流的机会。很多消费者在闲暇之余携家人（尤其是孩子）和亲朋好友访问村庄和对接的生产农户，既得到了休闲放松，也增进了对村庄、农户和食物生产过程的了解。这些联结和互动使得双方逐渐拉近了距离，增进了彼此间的理解和信任。

4. 价格协商、收益分配与质量监督

出于帮助贫困小农户改善生计的考虑，柳村巢状市场农产品的价格普遍高于当地市场 30%—60%，但远低于城市市场上带有"生态""有机"标签的农产品价格。在销售收入中，生产小组一般提取 10%—20% 用于必要的劳动力投入、配送、包装等组织成本，其余全部返还农户。

目前巢状市场的农产品价格对农户和消费者都有吸引力，并得到参与双方的认可。同时，由于乡村生产者和城市消费者实现了直接对接，去除了中间环节，双方都能够从中受益更多。一方面，生产农户可以获得比当地更高的出售价格，且产品有稳定销路。以鸡蛋为例，很多连走到集市都很困难的留守老人，如今在家门口就可以以 30—40 元每公斤的更高价格定期将鸡蛋售出。另一方面，相比城市市场上的"有机"产品来说，巢状市场农产品的定价更加"平民化"，适合面向城市普通收入水平的家庭。以猪肉为例，北京市场上"有机"猪肉的价格常常高达 120—200 元每公斤，而巢状市场的定价维持在 50—65 元每公斤。

此外，研究团队与生产者和消费者一起，共同构建了一系列参与式质量监督保障机制，包括：（1）可追溯产品来源和去向的实名制标签。巢状市场每份产品的标签上均详细标注生产农户和消费者的姓名与联系方式，存在质量问题时可以直接追溯到具体农户。（2）生产小组及村庄内部的熟人社会监督。生产小组对进入巢状市场的产品进行质量把关。与此同时，

在生产小组内部和整个村庄内部，每一个参与农户的生产方式和生产过程均会因熟人社会的人际传播机制而广为人知，这对产品的质量起到了很好的内部监督作用。

5. 调整与适应：从"生产—消费"不连续向连续的努力

巢状市场尝试重构"生产—消费"关系，重新联结长期被区隔的消费者与生产者、城市社会与乡村社会。这种联结需要克服不少价值、机制、制度、技术与社会环境等方面的障碍与困难。例如，发起之初，村民和消费者不理解巢状市场的理念；缺乏可供借鉴的、成熟的组织机制和经验；乡村缺少适应这种市场的检验检疫、屠宰加工、冷藏、物流等服务和设施；农民进城配送经常受到各种限制；生产小组管理能力欠缺；等等。与此同时，生产者与消费者的对接也表现为一个不断博弈和不断调整的非线性过程，存在很多不连续性。例如，在产品本身和配送环节等方面，城市消费者常常要求较高的精确性，而乡村生产者则往往表现出一定的随意性；一些消费者已经习惯于超市食物的标准化和一致性，对于乡土农产品的外观、分割和包装有时会感到不适应；等等。这也导致在巢状市场建立初期，对接失败或消费者退出的现象偶有发生。

事实上，巢状市场逐渐发展完善的过程本身就体现为不断克服这些挑战，将不连续性转化为连续性的过程。8年来，生产小组不断总结实践过程中的经验和教训，做出了多方面的努力和调整，例如，不断学习网络使用技能，完善组织环节；调整种植养殖结构和生产方式，使生产更有计划性和协调性；等等。此外，长期持续的互动也使消费者增进了对村庄和生产农户的了解。很多消费者参与出谋划策，积极帮助村庄应对产品包装、组织配送等方面的问题和挑战，例如，每个取货点都有部分消费者为村民进城配送提供分货、暂存等帮助；几位互联网行业的消费者自愿为巢状市场设计了专门的交易软件，并长期提供技术维护。

随着生产者与消费者的不断磨合、调整与适应，以及村庄组织机制的不断完善，目前巢状市场在柳村和宋村均形成了相对稳定的"生产—消费"对接关系和相对固定的消费者群体。

三　巢状市场的特点

（一）市场的多元形态

当前，主导市场认知的主要是新古典和新自由主义经济学的话语。这种视角假设市场中的行动者具有完全的理性，并在象征层面将市场抽象为根据价格水平自动调节供需平衡（即"看不见的手"）的一般性体系。各种市场形态都归属于这个体系，并由统一机制进行调节；社会则是一个与经济相分离的领域，不会影响经济秩序。然而，大量的实证研究表明，理论经济学意义上的一般性市场体系只是一种理想。这种话语忽视了多元市场的存在以及多元市场力量运作过程中的各种社会元素和关系。①

事实上，市场不只是抽象的价格、偏好、供应、需求和自动形成平衡的体系（这种纯粹的市场并不存在），市场也是特定人群之间基于特定的社会物质基础、对特定商品和服务进行交易的场所或结构。② 在市场体系之内，同时共存着缤纷多样的市场形态或市场结构，其中一些具有悠久的历史。每个具体的市场形态都有自己的运作机制，不同机制之间有着复杂的关联和互动。它们对生产者与消费者的联结方式或直接或间接，或简单明了或错综复杂。它们可能存在于地方，也可能延伸到全球。市场嵌入社会关系，这些关系可以直观可见，也可以高度匿名，它们塑造了商品和服务在市场中的流动模式。而在不同流动模式中，收益和成本（包括交易成本）在参与各方之间的分配方式也不同。③ 历史上，市场之间一般都有一定的边界，其范围取决于可利用的技术、基础设施和当地的历史与文化背景。④ 就本质而言，市场并没有善恶之分。市场会产生什么样的结果，完全取决于效率、个体行动者被赋予的空间和自由度、所创造的分配效果等。⑤

但在今天，全球农业与食物领域正越来越被各种"食物帝国"（food

---

① 参见莫洛·F.纪廉等《新经济社会学：一门新兴学科的发展》，姚伟译，北京：社会科学文献出版社，2006，第63页；马克·格兰诺维特、理查德·斯威德伯格：《经济生活中的社会学》，瞿铁鹏、姜志辉译，上海：上海人民出版社，2014，第58页。

② Teodor Shanin, "The Nature and Logic of the Peasant Economy 1: A Generalization," *The Journal of Peasant Studies*, Vol. 1, No. 1, 1973, pp. 63-80.

③ Jan Douwe van der Ploeg, "Newly Emerging, Nested Markets: A Theoretical Introduction," in P. Hebinck, J. D. van der Ploeg and S. Schneider, eds., *Rural Development and the Construction of New Markets*, Abingdon: Routledge, 2015, p. 24.

④ P. Milone and F. Ventura, "The Visible Hand in Building New Markets for Rural Economies," in P. Hebinck, J. D. van der Ploeg and S. Schneider, eds., *Rural Development and the Construction of New Markets*, Abingdon: Routledge, 2015, p. 41.

⑤ Paul Hebinck, Jan Douwe van der Ploeg and Sergio Schneider, "The Construction of New, Nested Markets and the Role of Rural Development Policies: Some Introductory Notes," in P. Hebinck, J. D. van der Ploeg and S. Schneider, eds., *Rural Development and the Construction of New Markets*, Abingdon: Routledge, 2015, p. 4.

empire)① 和其他大中间商所控制的市场秩序所主导，形成"沙漏状的食物体系"。② 包括食物帝国在内的商业力量构成一种强制性网络，对战略性的联结、节点和通过点加以控制，同时试图阻断或清除其他替代模式的存在。③ 它们主要以农业企业的模式组织食物的生产、加工与流通，不断形塑和重塑生产与消费领域，建构产品的质量标准以及消费者的需求与偏好。而对于这些农业企业来说，交换价值和利润率超越了使用价值，导致的结果是交换模式压制生产模式，市场价格等外部指标左右这些企业的生产方式和生产过程。例如，决定一头牛饲料配给量或一头猪屠宰时间的，经常是饲料原料的成本或猪肉的市场价格，而不是动物的生长过程和日常表现。可以说，在这种市场中，资源、劳动力、知识、产品、服务或者任何投入都会被转化成完全的商品，都需要按照交换价值进行严格的估价。④ 自 20世纪 80 年代开始，这一过程在加速向全球扩张和向乡村延伸。在此过程中，很多有着长期历史的地方性市场被挤压、改组或收编，多元市场的边界在逐渐消融；产品生产越来越去地方化，日趋脱离当地特殊的生态系统和社会属性，与文化和地方性资源发生了断裂。⑤ 同时，这些过程也在消耗地方自然资源，破坏农村地区社会经济和环境体系的抗逆性。

这也是一个层级化的、长链的市场。食物从土地到餐桌的过程被各种中间商层层控制，生产者与消费者被各种中间环节区隔开来。在绝大多数情况下，产品（如某种食物）的生产者和消费者都是匿名的，也不存在固定而持续的生产和购买关系。对于食物消费者来说，他们不知道购买的食物来自何处（food from nowhere），由谁生产，以及如何生产；⑥ 对于食物生产者来说，他们也同样不知道生产的食物销往何处，由谁消费。人们参与

① "食物帝国"最典型的例子莫过于四大跨国粮商，即美国阿丹米、美国邦吉、美国嘉吉和法国路易达孚。参见周立《粮食主权、粮食政治与人类可持续发展》，《世界环境》2008年第 4 期。

② 拉吉·帕特尔：《粮食战争：市场、权力和世界食物体系的隐形战争》，郭国玺、程剑峰译，北京：东方出版社，2008，第 9 页。

③ Jan Douwe van der Ploeg, *The New Peasantries*: *Struggles for Autonomy and Sustainability in an Era of Empire and Globalization*, London: Earthscan, 2008, p. 239.

④ Jan Douwe van der Ploeg, *The New Peasantries*: *Struggles for Autonomy and Sustainability in an Era of Empire and Globalization*, London: Earthscan, 2008, pp. 117, 269.

⑤ Jan Douwe van der Ploeg, *The New Peasantries*: *Struggles for Autonomy and Sustainability in an Era of Empire and Globalization*, London: Earthscan, 2008, p. 4.

⑥ Philip McMichael, *Food Regimes and Agrarian Questions*, Halifax and Winnipeg: Fernwood Publishing, 2013, p. 18.

市场的主要目的就是商品交易，经由商品交换和货币往来发生社会联系。换言之，这种市场所折射出的，更多是一种市场的关系或者商品的关系。由于存在诸多中间环节，交易成本较高，产品价值链中的绝大部分利润主要被中间环节尤其是大的工商资本所占有。个体小农常常失去直接进入市场的通路，其产品只能通过"公司+农户"或被中间商贩收购等形式，成为这些企业的原材料，或自身成为农业雇工。他们也在很大程度上失去对其产品和劳动的议价权。

上述这种伴随全球化过程兴起并扩张的主流市场，也可称为"无限市场"。"无限"一词是对其以下特点的表征：市场秩序主要由食物帝国等少数商业力量控制；发散性辐射（如作为市场出口的超市），没有明确的边界；生产者与消费者之间因各种中间环节的控制而被区隔，没有直接的互动；产品难以溯源，生产者和消费者通常是匿名的；不断向全球扩张，越来越多的人口、资源和地方性市场被纳入其秩序和规则之下；等等。随着无限市场的扩张和农业与食物生产方式的转型，环境和生态的过度损耗、农民的生存挤压、食品安全和健康风险、农村社会结构的消解等，已成为全球性问题和挑战。

面对这些问题和挑战，国际上有很多行动者都在积极采取策略进行回应。近年来，通过生产和流通领域的变革来推动建立更可持续的食物体系，并对社会和生态进行修复，已经成为"新的行动领域"。[1] 这些行动和努力已经生发出很多新的、能带来更多附加值的产品和服务，其中有些则涉及对流通和分配机制的重塑。在主流无限市场所定义的范式和规则之外，其他的市场形态也在这些过程中不断被复兴或创新出来。这些从微小开始、从角落发起的地方性行动和实践的主要目的不在于取代主流无限市场，而是弥合主流市场的"失灵"，并修复其带来的社会和生态后果。它们所带来的一系列变化，正在重塑农村发展和农业与食物体系。巢状市场便是这样的一种行动和实践，其本身也是过去和现在都存在的一种替代性市场形态。

（二）巢状市场的结构

无论是巢状市场还是无限市场，都是市场整体的一部分。两种市场之

---

[1]　参见 Norman Long, "Resistance, Agency and Counter-Work: A Theoretical Positioning," in W. Wright and G. Middendorf, eds., *The Fight over Food: Producers, Consumers, and Activists Challenge the Gobal Food System*, Pennsylvania: The Pennsylvania State University Press, 2007, pp. 69-70。

间存在复杂的互动，在现实中并非完全对立。同时，巢状市场本身也嵌入在无限市场之中，但又有别于无限市场。巢状市场象征着产品、服务、现金和信息等新的流动形式。[①] 与人们习以为常的无限市场相比，巢状市场是在哲学基础、价值伦理、逻辑过程和运行规则等方面颇为不同的另一种结构。

作为对食品安全、个体小农生存困境等问题的回应，巢状市场旨在打破主流无限市场中食物帝国等中间环节的控制，建立食物生产者与消费者的直接对接（见图1）。巢状市场代表着一种"旁路"（by-pass），[②] 旨在绕过无限商品市场通道，重新联结被区隔的生产者和消费者、被割裂的社会与生态关系，创造一种生产者与消费者共同拥有、合作互惠的地方性市场。这里的生产者一般指直接从事农业生产和产品加工的无数个个体小农，包括具有家庭劳动力的贫困农户。而消费者一般指城市普通消费者。当农村生产者和城市消费者以食物为载体、以巢状市场为机制建立起直接的联系，所有生产者与消费者都是实名的，消费者知道购买的食物来自何处（food from somewhere），由谁生产，以及如何生产；[③] 生产者也知道生产的食物销往何处，由谁消费。同时，对于不同类型的食物产品来说，生产者与消费者往往维持固定而长期的生产和购买关系。一旦一个巢状市场得以建立，其中的生产者、消费者将相对固定，即有限度的；生产者的产品种类、生产规模和产量也是有限度的。与无限市场相比，它不是发散的，而是一个相对闭合的流通圈。它与另一个巢状市场之间，也存在明显的边界。

此外，巢状市场的边界还体现在产品的特殊性和共享的价值规范两个方面。其一，巢状市场的产品以农户的生计资源为基础，由具有良好声誉的特定小农生产者群体以小农农业方式与自然协同生产。因此，产品种类丰富多样，且具有浓厚的乡土气息和鲜明的地方特色，其生产是自然的、生态的。其二，这些特定的生产者和特定的消费者共享着一套独特的价值规范和标准框架，例如，在高质量和安全食物方面，更强调与自然协同生

[①] Jan Douwe van der Ploeg, "Newly Emerging, Nested Markets: A Theoretical Introduction," in P. Hebinck, J. D. van der Ploeg and S. Schneider, eds., *Rural Development and the Construction of New Markets*, Abingdon: Routledge, 2015, p. 33.

[②] Jan Douwe van der Ploeg, Jingzhong Ye and Sergio Schneider, "Rural Development through the Construction of New, Nested, Markets: Comparative Perspectives from China, Brazil and the European Union," *Revista di Economia Agraria*, Vol. 65, No. 2, 2010, pp. 133-173.

[③] Philip McMichael, *Food Regimes and Agrarian Questions*, Halifax and Winnipeg: Fernwood Publishing, 2013, p. 18.

产出来的健康产品，并不必然要求产品具有齐一的鲜艳颜色和漂亮外形；在生产方式方面，更看重非工业化的小农模式的生产；在生态环境方面，更注重尽可能少地使用化肥、农药、人工激素等化学物质；在价格方面，既考虑农民保持可持续小农生产方式的成本和收益，也考虑城市普通消费者的承受能力；在产品数量和供应时间方面，更尊重动植物的自然生长过程，而非要求随时可得；等等。

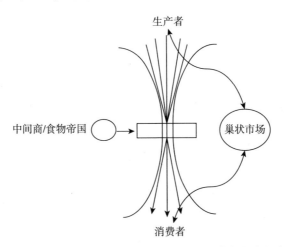

图 1　生产者与消费者在主流无限市场中的区隔和在巢状市场中的对接

注：参考了范德普勒格教授在中国农业大学讲授农业社会学课程时展示的"食物帝国"示意图，以及拉吉·帕特尔在《粮食战争：市场、权力和世界食物体系的隐形战争》（郭国玺、程剑峰译，北京：东方出版社，2008，第 9 页）中关于主流食物体系的示意图。

生产者和消费者的直接对接意味着巢状市场不再有中间环节或中间商的控制，食物价值链的收益绝大部分归个体小农所有。在巢状市场中，参与的小农既是生产者，也是销售者，能够获得比无限市场更多的产品附加值。同时，巢状市场也创造了将偏远山区和贫弱群体纳入新的经济空间，开发了这些原本被无限市场排斥的、边缘化的地区与人口的发展潜力和创收机会。这是巢状市场小农扶贫功能最显著、最直接的体现。

生产者与消费者因为具有共同的价值基础和目标定位，故而成为某种意义上的利益相关者和价值共同体。在此基础上，巢状市场产品的价格很容易由生产者和消费者商议而定，过程透明。中间商价值攫取的去除和价值共同体基础上的议价机制，意味着小农生产者能以较高的价格（相比地方性市场价格）出售产品，而消费者也能以相对较低的价格（相比市场上"有机"或"生态"产品的价格）获得自己信赖的高质量健康产品。

对于一个已经建立起来的巢状市场来说，每一个生产者都有一个建立在有限生计资源和特定生产方式基础上的生产（产品）规模上限，且其产品已经建立起了固定的对接消费者，而产品价格由上述议价机制而定。因此，在有特定生产者、特定消费者和特定生产（产品）规模的条件下，无论是在生产者之间、消费者之间还是生产者与消费者之间，都是一种人人共享价值、共享利益的关系，具有高度的包容性。再者，无论主流市场的价格如何大起大落，巢状市场的产品价格都能维持长期的相对稳定。因此，对于小农生产者来说，参与巢状市场是一种风险极低的生计策略和脱贫途径。

巢状市场中的生产者小组内部、消费者小组内部以及生产者与消费者之间都构成了一个边界明显的社会网络，这是巢状市场的另一个典型特点。在此网络中，共享的价值规范和频繁的互动交流，使得作为巢状市场中各个节点的生产者和消费者之间逐渐建立起一定的信任基础，并使得信息在网络里得以顺利传递。生产者可以自觉地保障食物的小农生产方式和健康的食物质量，不仅因为他们知道谁将消费自己生产的食物，而且因为他们与特定的消费者之间已经建立了信任。因为这样的信任，消费者对其购买的产品质量有信心，因此在议价方面会更加尊重生产者的意见和权力。可以说，信任机制对巢状市场的运行起着非常重要的作用。巢状市场的社会网络和信任机制还有助于贫困生产者之间的资源调动和互惠互助，从而使生产得以顺利开展。此外，贫困农户还可以在参加巢状市场的各种互动活动中，参与讨论，发出声音，表达观点，并认识到自己对生产健康产品的贡献和价值。这些虽不能直接提高收入，却是提高生活质量的内容，也可以激发贫困户改变自我的内在动力。这在某种意义上也意味着对农户的赋权以及农户自主性的增加。这样的社会网络以及身处其中的行动者之间的信任、信息传递和互惠互助等正是巢状市场所生产的社会资本。它是贫困农户需要的，也是一般情况下最为缺乏的重要生计资源。而社会资本的生产则可以提高生产者将资源转化为产品和收入的能力，进而借此脱离贫困，实现可持续生计。①

由此可见，巢状市场中人与人之间建立起来的主要是一种基于使用价

① L. North and J. Cameron, "Grassroots-Based Rural Development Strategies: Ecuador in Comparative Perspective," *World Development*, Vol. 28, No. 10, 2000, pp. 1751-1766; M. Woolcock, "Social Capital and Economic Development: Towards a Theoretical Synthesis and Policy Framework," *Theory and Society*, Vol. 27, No. 2, 1998, pp. 151-208.

值关系和信任关系的市场，所交易的产品也主要是基于使用价值关系和信任关系的产品。此外，在巢状市场的生产者和消费者共享的价值规范中，小农农业生产方式是重要的内容。在小农农业中，使用价值超越了交换价值和利润率，因此，生产模式主导着交换模式，一些内部指标对生产起着规范作用。例如，小农根据一头牛的生长过程和日常表现来确定最合适的饲料配给量，根据一头猪的自然生长规律来确定何时屠宰出售，等等。独特的农业与自然、社会和人类（生产者、消费者等）之间的关系是小农农业的典型特征，而产品交易也服从于这些关系。对于农业生产投入，无论是外部购买的（如种子、种畜、肥料等），还是农民自己创建的各种资源库（如农家肥、圈舍、梯田等），甚至自己的劳动力，小农都将它们作为体现自然属性的使用价值投入农业生产过程中，而不再需要按照交换价值对其进行严格的估价，不会将它们视为一定要创造更多价值的资本（即除了获得回报之外，还必须获得资本的利息等）。[①] 对于巢状市场的小农生产者来说，很多资源（尤其是公共池塘资源）、劳动力、乡土知识并未经过完全的商品化，而只是以非商品化或半商品化的形式进入农业生产过程中。可以说，一系列的关系和结构是巢状市场产品生产、加工、配送和消费过程的主要组织机制，并以此维持共享的价值规范和标准框架，保障产品的质量和安全，满足小农生产者对于生计收入和普通消费者对于健康食物的需求。

　　巢状市场的特点可以通过其与农业和食物领域的主流无限市场的对比更好地呈现出来（见表1）。当人们使用主流市场的一些概念和框架看待巢状市场时，有时会想当然地认为巢状市场规模太小，效率低下。其实，巢状市场的优势正在于规模的有限性，以及巢状市场的个数、巢状市场中生产者与消费者的人数和适合村庄资源条件的产品种类数。巢状市场的规模应该体现为一种“范围经济”（economies of scope），[②] 是一种“小而美”的模式。与此相比，无限市场则强调“规模经济”（economies of scale），追求的主要是产品专业化程度和交易量的多少，尤其是少数商品的巨大生产规模。

---

①　参见 Jan Douwe van der Ploeg, *The New Peasantries*：*Struggles for Autonomy and Sustainability in an Era of Empire and Globalization*, London：Earthscan, 2008, p. 117。

②　Flaminia Ventura and Pierluigi Milone, "Theory and Practice of Multi-Product Farms：Farm Butcheries in Umbria," *Sociologia Ruralis*, Vol. 40, No. 4, 2000, pp. 452-465.

群学荟萃Ⅲ

表1　巢状市场与主流无限市场的比较

巢状市场	无限市场（农业和食物）
生产者与消费者直接对接，重新联结生产与消费、城市与乡村、农业与地方社会	生产者与消费者之间、城乡之间被各种中间环节区隔，农业越来越脱离地方社会
有边界、有限的	无边界、无限的
实名，生产者与消费者互相知晓，且维持长期固定的生产和购买关系	匿名，生产者与消费者互不相知，其间的生产和购买关系经常是偶然的、变化的
以有着浓郁乡土气息和地方特色的产品为主	以农业工业化产品为主
短链流通，交易成本随参与人数增加而降低，依靠社会网络、可见性和透明性获得信任和声誉	长链流通，经常需要进行市场调研、市场营销，交易成本高
生产与消费的信息容易掌握，供给与消费持续互动，并趋向平衡	生产与消费的信息无法掌控、难以预测，供给与需求经常陷入周期性失衡
价值共同体基础上的议价机制，过程透明，价格相对稳定	充满价格竞争甚至操控，过程隐蔽，价格波动起伏
规模小，自然与市场风险小	规模较大，自然与市场风险很大
水平式市场结构，小农生产者参与和控制从生产到销售整个链条的各个环节，更公平的附加值分配	层级式市场结构，小农生产者往往只是廉价原材料供应者或农业雇工，位于产业链最底端，经常遭遇价格挤压和利益剥夺
生产者和消费者共享一套独特的价值规范和标准框架，相互信任，合作互惠	市场建构质量标准和消费需求，且受大资本和中间商等隐性权力控制
价值和关系导向，主要体现为关系的市场、关系的产品	利润导向，主要体现为市场的关系、商品的关系
有助于纳入边缘地区和贫弱者，具有高度的包容性和显著的扶贫功能	强势群体主导，边缘地区和贫弱者经常被排挤和淘汰
对自然和社会产生保护性、修复性效果	经常对自然和社会产生破坏性、攫取性效果

四　巢状市场小农扶贫的功能

（一）"生产扶贫"的两种方式

"生产扶贫"本身可以有多种不同的方式，包括围绕主流无限市场的"产业生产"和依托巢状市场的"小农生产"。不同的方式存在各自的优势和不足，适合不同特征的贫困群体。

小农扶贫所对应的主要是小农农业模式。小农农业模式通常以生态资本的持久利用为基础，旨在保护和改善农民生计。小农农业往往以其多功能性为显著特征，从事农业的劳动力通常来自家庭内部，或者通过互惠关系组织调用农村社区成员，土地和其他主要生产资料归家庭所有。小农会通过采取诸多精明的策略使其农业活动远离外部市场。小农农业的主要特点表现为小农将农业视为一种生活方式，带着热情和精神坚持不懈地投身于农业生产之中；小农将劳动置于舞台的中心，将劳动与自我控制的且部分自我调配的资源联结在一起，也与前途和未来联结在一起，因此是就业的重要途径；小农倚重的是人与自然的协同生产，通过精耕细作和创建资源库达到对资源的高效利用；小农基于生计资源进行内源性、地方性和多样性的产品生产；小农对劳动对象进行"精心照料"，不会用"强制"的方式影响动植物的生长过程，体现了对生物生命的尊重；小农还利用匠人工艺创造各种新奇事物；小农会利用农业的多功能性和对外部市场约定俗成的远距化来保持高度的自主性；等等。①

产业扶贫对应的主要是企业农业模式。企业农业是通过扩大规模进行生产的一种农业方式，其生产高度专门化。企业农业经营者主动委身于对主流市场的依赖之中，尤其是与农业投入相关的市场。企业农业主要建立在信贷、工业投入与技术等金融资本和工业资本的基础之上，并对劳动过程进行部分工业化改造。企业农业的主要特点表现为农业活动与已有的生态资本相剥离，自然在农业生产过程中的存在逐渐减少，那些保留下来的部分也在不断地经历着全方位"人工化"过程的"重构"；企业农业的生产目标集中在利润的创造上，它依靠现有的可用资源来生产附加值而非依赖资源库的发展，由于高度依赖市场，其自主性程度较低；农业企业往往热衷于依赖信贷资金进行规模扩张，故企业债务相对较高；企业农业依据市场关系来组织和安排劳动与生产过程，外部指标成为主要的指示标准，因此常常体现为对动植物生命的忽视；等等。②

对两种生产扶贫方式进行总体比较可以发现，"巢状市场小农扶贫"主要依赖贫困小农户的生计资源，采用小农农业的生产模式，通过巢状市场向城市消费者提供"一村多品"。"产业扶贫"则主要依赖来自村庄内部或外部的产业资源，采用企业农业的生产模式，提供的经常是高度专门化的"一村一品"。

对生产扶贫两种方式的对比可以采用政治经济学四个关键问题的分析框架。这四个问题是：谁拥有什么，谁从事什么，谁得到什么，他们用所

---

① 叶敬忠：《没有小农的世界会好吗？——兼序〈新小农阶级〉中译本》，《中国农业大学学报》2013 年第 3 期。
② 叶敬忠：《没有小农的世界会好吗？——兼序〈新小农阶级〉中译本》，《中国农业大学学报》2013 年第 3 期。

得物做什么；分别用于考察资产的社会关系、劳动分工、收益分配的社会关系、消费与积累的社会关系。① 首先，谁拥有什么？产业扶贫中食物体系的大部分联结都被企业和其他中间商所控制，而巢状市场小农扶贫中的贫困农户则控制着（或与消费者共同控制着）从生产、加工到销售的全部过程。其次，谁从事什么？产业扶贫中的贫困农户主要作为原材料或劳动力的提供者而存在（现实中以前者为主，只有少量贫困人口成为雇工）。而巢状市场小农扶贫中的贫困小农户既从事生产和加工，也从事配送和销售。再次，谁得到什么？产业扶贫的较大部分收益被企业和其他中间商所占有（某些情况下，这也是农民陷入贫困的原因之一），有时还会被村庄精英所"俘获"。而巢状市场小农扶贫中的贫困小农户能够得到更好的价格和更多的收入，除支付必要的组织成本外，并无其他中间环节攫取收益。最后，他们用所得物做什么？产业扶贫中的企业或其他中间商常常将收益用于扩大生产规模或开拓新产业，而巢状市场小农扶贫中的贫困农户将收入用于消除贫困，并在尚有多余的情况下，用于农业生产的继续改善或资源的维持及乡村性的重建等（见表2）。②

表 2　小农扶贫与产业扶贫的比较及政治经济学分析

	小农扶贫	产业扶贫
主要特点		
资源特点	生计资源	产业资源
生产模式	小农农业	企业农业
产品种类	一村多品	一村一品
政治经济学分析		
谁拥有什么	贫困小农户拥有（或与消费者共同拥有）所有联结，包括从生产、加工、配送、销售到消费的过程	大部分联结由企业及其他中间商控制，包括从生产、加工、配送、销售到消费的过程
谁从事什么	贫困小农户既从事食物的生产，也从事加工、配送和销售，并根据消费者的反馈对生产、加工和配送进行调整完善，拥有较大的自主性和内生动力	贫困小农户的角色一般是向农业企业或食物企业提供原材料，或作为企业的雇工，缺少谈判能力和内生动力

① Henry Bernstein, *Class Dynamics of Agrarian Change*, Halifax and Winnipeg: Fernwood Publishing, 2010, p. 22.

② Jan Douwe van der Ploeg, Jingzhong Ye and Sergio Schneider, "Rural Development Reconsidered: Building on Comparative Perspectives from China, Brazil and the European Union," *Revista di Economia Agraria*, Vol. 65, No. 2, 2010, pp. 163–190.

	小农扶贫	产业扶贫
谁得到什么	更公平的收益分配：贫困小农户以较高且稳定的价格出售产品，价值链中诸多环节上产生的收益均归其所有，分配份额得到极大提高，且收入机会更稳定、持续，风险较小	不平等的收益分配：生产经营的大部分收益常常被控制流通环节的企业及其他中间商获得；有些经营主体还能获得优惠政策；贫困小农户处于价值链最底端，获得较少收益，且收入机会相对不稳定，很多情况下还承担较大风险
他们用所得物做什么	改善贫困小农户的家庭生计，实现脱贫，改善生产，维护农村公共池塘资源，重建乡村性	企业和其他中间商常常将积累的财富用于规模扩张或其他产业的开发

（二）巢状市场小农扶贫的效果

8年的试验证明，巢状市场小农扶贫可以是一种更为精准的扶贫和乡村振兴模式，在带动贫困小农户脱贫增收、改善村庄生态环境和促进农村可持续发展等方面具有重要功能。

第一，以生计资源为基础，贫困户的参与很普遍，生产可持续。贫困户参与巢状市场小农扶贫的门槛非常低，只要有生产空间和劳动能力就可以成为巢状市场的生产者。在柳村，除了完全丧失劳动能力的极少数贫困户（"兜底扶贫"的对象），其他贫困户均可自愿参与巢状市场。越是贫困的农户参与巢状市场的积极性越高，尤其是那些缺少其他收入来源的妇女和老人。贫困农户参与巢状市场的产品已达56种，几乎覆盖当地能够生产的所有种类，包括利用院落、山坡、林地和河沟饲养的各种畜禽产品，各种时令蔬菜、杂粮、林果，各种地方特色食品，如红薯粉、柿子饼、豆腐、烧饼等，甚至包括山上地里采集的野菜、野蘑菇、中草药等。这种以贫困农户的生计资源为基础的生产性"产业"具有高度的可持续性，因为所利用的是贫困小农户自家的院落和土地、村庄的公共空间和公共池塘资源以及小农所掌握的生产经验和乡土知识。在柳村，有的原本属于"兜底扶贫"对象的贫困小农户也参与了巢状市场的生产。例如，患有脑卒中的空巢留守老人许某，原本已无法下地干活，2013年春季向邻居借100元购买鸡苗在自家院落饲养，通过巢状市场出售鸡蛋和鸡，当年收入2500元左右；2014年购买更多鸡苗在野外山坡饲养，当年收入超过1万元。

第二，以固定的消费者和较高的产品价格为保障，贫困户的收入稳定

而持续，脱贫效果显著。巢状市场通过建立稳定且长期固定的消费者群体，以较高的价格将贫困户生产的多种产品按一定频率出售。首先，巢状市场的每次交易都能为贫困户带来实实在在的现金收入，脱贫效果立竿见影。据柳村生产小组统计显示，2017 年参与巢状市场的农户共 76 户，其中 48 户为建档立卡贫困户，包括政策兜底的 6 户。他们每年通过巢状市场获得的收入存在一定差异，少则千元左右，多则上万元。更多的贫困老人每年通过提供鸡、鸡蛋以及各种小杂粮、南瓜、核桃、板栗等，可获得 2000—5000 元的收入。这笔收入虽然看起来离致富尚远，但已足以弥合这些农户的已有收入与贫困线之间的缺口。其次，参与农户在不同季节会生产出多样化的产品，并且可以基本不受季节限制地提供肉类、蛋类以及干果、杂粮等耐久产品和农家特色食品。同时，消费者的食物需求是长年不断的。这种供应和需求的稳定性和连续性使得巢状市场的交易得以全年进行，因此贫困户月月有进项，收入长期可持续，从而可以保证脱贫效果长期稳定。最后，巢状市场各种产品的价格总体上长期稳定，并不随着外部市场的剧烈波动而大幅调整。此外，以生计资源为基础的小农生产对来自主流市场的外部投入依赖较少，进而可以保障贫困户的稳定收益，使发展巢状市场成为一种风险极低的扶贫行动。这种扶贫行动能够充分"帮助小农户对接市场"，"发展多样化的联合与合作，提升小农户组织化程度"，体现了乡村社会和城市社会共享的发展理念。

第三，以充分的互动和信任为基础，乡城关系和谐而协调。巢状市场为农村贫困小农（生产者）和城市居民（消费者）提供一个相互了解、紧密互动和建立信任的平台。除了持续性地购买农副产品外，不少消费者为巢状市场提供协调配送和分发货物、建立和维护网络下单平台等志愿服务，自发为村庄贫困家庭捐赠衣物、儿童玩具和图书。很多消费者在闲暇之余携家人亲友访问村庄和农户，不仅为村庄带来了额外的收入（食宿），而且发挥了农业和乡村在自然教育等方面的多功能性，增进了城市消费者对农耕特点的了解和对农户的信任，带动了乡村旅游的发展。有的消费者还为到北京求医的农民提供医疗信息、挂号住院等帮助。与此同时，有的参与农户有时也会给对接的城市消费者家庭带去新采的蜂蜜或新摘的果蔬，或者捎去几句问候。这些超越纯粹产品交易的互动和关怀，符合"重塑城乡关系，走城乡融合发展之路"的发展方略，体现了和谐的乡城关系和协调的发展理念。

第四，以整体性修复为补充，乡村建设既平衡生态又富有文化。巢状市场小农扶贫行动不仅在村庄直接推动各种更加可持续的恢复乡村活力、保护生态环境、促进农民自身发展的创新活动，还在村庄诱发了一系列变化。调查发现，在巢状市场的影响下，村民自身在食物消费方面的安全意识得到明显提升。柳村越来越多的农户开始种植乡土品种、繁育本地鸡苗和猪苗，以保护地方特色动植物资源和优良品种。生产小组还将部分收入投入垃圾治理和文化活动中，带动村庄形成多元的互助与合作，也提升了村庄自身的组织能力。巢状市场小农扶贫行动所激发的这些变化，对乡村生态修复、乡土社会与乡土文化的延续和传承具有重要作用，体现了"扶持小农户发展生态农业"的发展方向和绿色的发展理念。

五　结论与讨论

以市场为导向的产业扶贫方式在我国的精准扶贫工作中发挥了重要作用，但它很难全面覆盖深度贫困的小农户，也面临很多挑战。此时，需要探索和创新适合贫困小农户的多种生产扶贫方式。为此，扶贫工作在认识和思维上需要转变。（1）扶贫方式应该是开放的、多样的。不同方式各有优势和不足，适合不同特征的贫困地区和贫困群体，没有哪种方式可以一成不变且放之四海而皆准。（2）对于深度贫困的小农户来说，扶贫行动的目标应该切实可行。作为一项社会事业，扶贫的直接目标不是致富，而是通过各种生计改善和收入提高措施，在贫困人口目前已有收入的基础上，使人均收入达到或超过设定的贫困线标准。（3）基于中国人多地少的基本国情，规模化产业生产并非适合所有地区，尤其是对于贫困地区来说，小农生产并没有过时。在规模化的产业扶贫行动难以全面覆盖贫困小农户时，他们基于零散地块的小农式家庭生产应该是生产扶贫的立足点，此时，脱贫任务的关键便是如何将其与现代社会需求联结起来，即帮助小农户对接市场。

本文基于开展8年的"巢状市场小农扶贫试验"，呈现了一种"产业扶贫"之外的、基于小农户生产的扶贫和乡村发展的实践探索和理论思考。该试验表明，以"贫困小农户现在有什么"的生计资源为出发点，以他们开展的健康农产品和地方特色食物产品的小农式生产为"产业"，以城市普通消费者对健康食物的需求为对接出口，以远离主流市场和充满信任的"巢状市场"为交易和互动的组织形式，由贫困人口和城市人口共同参与的"巢状市场小农扶贫"，可以成为一条具有高度可行性和长期稳定性的可持续生产扶贫途径。其可行性源于食物生产建立在贫困户已经拥有的各种生计资源基础上和长期实践的小农生产方式上。其稳定性源于在农村生产者和城市消费者等相关行动者之间建立起来的社会网络和互动信任，或者说社会资本。"巢状市场小农扶贫"可以成功地将农户现有的生计资源和社会资本转化为贫困人口的生计收入。这样的收入数量未必巨大，但对贫困家庭来说至关重要，且稳定可靠，风险很低，很容易弥合贫困人口已有收入与贫困线之间的缺口，从而实现精准脱贫。这样的实践模式也不同于以往扶贫实践中有时出现的一次性或短期性采购。柳村的巢状市场已经持续 8 年并一直保持良性发展，消费者的需求是长期性的，生产者也始终有产品供应，所以如果组织维护好，类似市场可以有较好的发展空间和长期持续的可能性。尤其重要的是，这一实践可以成为农户脱贫之后不再返贫的重要手段。

巢状市场的核心是重建市场嵌入社会的特征，直接联结生产者和消费者，并通过市场来重建社会信任和共享价值。巢状市场将非常异质的农村生产者和城市消费者进行对接，既实现了城乡的融合，很好地彰显了共享、协调、绿色的发展理念，也是小农户与现代社会有机衔接的一种创新和探索。

对于构建巢状市场这种基于小农户生产的扶贫机制，人们经常会有很多困惑或误解。最常见的一个误解在于人们认为贫困村庄一般偏远，与如北京这样的大城市对接存在距离上的限制。其实，县城（或县城以上城市）范围内的任何一个社区或者任何一个政府部门或企事业单位，均可以与贫困村庄实现对接，而且产品的运输和配送将更为容易。此外，有人会认为生产者的组织和消费者的发动是关键，目前没有人员能够开展这些活动。其实，每个村庄都有主要来自县城政府部门或事业单位的驻村工作队，他们是建立村庄与县城机构或城市社区对接的最佳组织者和中间人，另外，村庄社会工作者、大学生村官、村干部等也可以承担起组织者和发动者的角色。事实上，在"巢状市场小农扶贫试验"行动中，研究团队就扮演着这样一种"搭桥"和协助性角色。

如前所述，近年来，构建类似巢状市场的扶贫行动在国内各地越来越多地生发出来，一些积极效果正在显现。但是，对于这些正在大量涌现的扶贫实践，尚缺乏概念和理论上的总结和分析。本文正是对这类实践进行概念提升、学术分析和理论探讨的一种尝试。

需要指出的是，本文呈现的"巢状市场小农扶贫"探索，只是产业扶贫之外的一种扶贫思路，并非唯一的生产扶贫方式。它与各地方的社会物质基础紧密相关。不同地方在小农农业特点、基础设施状况、社区文化、人力资源等方面的不同，会导致巢状市场的发展空间和扶贫效果存在差异。因此，对这种模式的借鉴不能简单套用，而要根据各地的具体情况，选择最合适的扶贫方式。

同时，这类扶贫行动在实践中也不可能一帆风顺、完美无缺。"巢状市场小农扶贫"亦是如此。例如，在宏观层面，这种方式需要面对商品大市场的全球环境，如何确保不偏离扶贫和乡村发展的价值规范，如何在巢状市场共同体中构建共享和分享的机制，如何提高组织者的能力等，将是长期的挑战。在微观层面，8 年的实践表明，生产者和消费者组成联结并形成共享的价值规范和标准框架需要一个较长的过程，在此过程中，各种不连续性时常出现。此外，在生产者组织、消费者组织、产品质量保证、配送分发等方面也会面临一些技术问题和制度挑战。在这些方面，政府和社会各界可以提供一些帮助，来为这类市场的发展和扶贫行动创造更大的活力和空间。例如，政府部门、企业、学校和医院等的食堂或员工可以与贫困村庄进行对接，帮助发展起稳定的消费群体；村庄生产和组织环节所需的一些基本公共品，如冷藏、加工、包装、互联网和运输等方面的设施和设备，可以由地方政府或村集体提供；政府可以发挥职能，为村庄提供检验检疫、规范屠宰、小额生产周转金、打通农产品进城配送绿色通道等公共服务和政策支持。需要特别强调的是，类似巢状市场这样的互惠经济的发展尤其需要外部的扶植和内部的组织，一方面需要政府和社会各界在理念、政策和资源等方面的倡导和支持，否则将很难与资本主导的市场经济形式相竞争；另一方面需要小农户的团结合作，因此如何以合作社等方式将小农户有效地组织起来需要更多的探索。

总之，当前的精准扶贫工作应该在生产扶贫方式上突破常规思维，重新认识和分析小农农业以及小农户的特点、潜力和能动性，充分利用国家的扶贫政策和项目支持，通过贫困小农户的生产劳动和全社会的共同参与，创新真正适合贫困小农户的长效脱贫机制。

马克思主义社会学的学术地位与理论贡献[*]

刘少杰^{**}

摘　要：虽然马克思恩格斯没有用社会学概念称谓其关于社会发展变迁的思想理论，但他们确实从基本立场、方法论原则和一系列重大思想观点等方面系统创立了马克思主义社会学。马克思恩格斯在大量经验研究的基础上，以历史唯物主义名义深刻阐述了马克思主义社会学的基础理论。马克思主义社会学在俄国和中国社会主义革命实践中得到了继承与传播，并在西方社会学特别是当代西方社会学研究中产生了广泛影响。明确认识马克思主义社会学的本质特点、学术地位、历史发展和广泛影响，是继承和发展马克思主义社会学、推进和创新中国社会学研究应当认真面对的重大课题。

关键词：马克思主义社会学　基础理论　实践观点　辩证思维

近几年，国内社会学界逐渐形成了追求学术创新之共识，已有一些学者在马克思主义社会学的名义下发表了研究成果，[①] 为社会学研究展开了新的视野。应当说，这是中国社会学恢复重建以来的重要变化之一。然而，

---

   * 本文原载《中国社会科学》2019 年第 5 期。本文为中国人民大学科学研究基金（中央高校基本科研业务费专项资金资助）重大规划项目"马克思主义社会学研究"（19XNLG04）阶段性成果。

** 刘少杰，中国人民大学社会学理论与方法研究中心教授。

① 近几年中国社会学界发表了一些推进和深入开展马克思主义社会学研究的文章，例如：洪大用：《超越西方化与本土化——新时代中国社会学话语体系建设的实质与方向》，《社会学研究》2018 年第 1 期；冯刚：《马克思的"过渡"理论与"卡夫丁峡谷"之谜》，《社会学研究》2018 年第 2 期；应星：《事件社会学脉络下的阶级政治与国家自主性——马克思〈路易·波拿巴的雾月十八日〉新释》，《社会学研究》2017 年第 2 期。

究竟什么是马克思主义社会学？怎样理解马克思主义社会学同历史唯物主义的关系？怎样看待马克思主义社会学基础理论同经验研究的关系？如何评价马克思主义社会学在当代社会学研究中的地位与影响？虽然这些重大理论问题在学术史上已经被多次讨论，但至今仍然存在很多分歧。因此，在新形势下进一步讨论这些问题，仍然具有十分重要的现实意义和学术价值。

一 马克思主义社会学的概念界定

虽然马克思主义社会学是一个经常被提及的概念，但从不同角度或在不同的语境中，这个概念不仅被赋予了不同的含义，甚至有时这个概念还会受到质疑。究竟有无马克思主义社会学？什么是马克思主义社会学，它同历史唯物主义是什么关系？回答这些问题，都必须以澄清马克思主义社会学概念为前提。本文所论述的马克思主义社会学，是由马克思恩格斯创立的具有独特地位的学术传统，是在马克思恩格斯那里就已经确立了基本立场、方法原则和理论构架的思想理论体系。无论马克思主义社会学在后来的发展历程中增添了多少新的内容，马克思主义社会学都保持了自己的基本立场、传统风格和理论特点。因此，欲在新形势下推进马克思主义社会学的进一步发展，必须对马克思主义社会学有明确的概念界定，也只有在明确的概念基础上才能对其本质特点、学术地位和历史演化有清楚的认识。

究竟有没有马克思主义社会学？这似乎是一个不应当提出的问题，然而，问题并非这么简单。在马克思恩格斯的文献中，不仅没有发现他们对自己社会学概念及其社会学思想理论直接的正面阐述，反而能够看到他们对实证社会学创立者孔德的许多严厉的批判，并且批判了实证社会学的基本立场和方法原则。这个理论现象成为某些人认为马克思恩格斯既没有开展社会学研究，也没有创立马克思主义社会学的根据。我们不同意这种简单的认识，在我们看来，尽管马克思恩格斯没有直接阐述自己的社会学概念，并且严厉批判了实证社会学的基本立场和方法原则，但他们实质上为创立马克思主义社会学做了奠基性贡献。

如何看待马克思恩格斯为马克思主义社会学作出了奠基性贡献？回答这个问题，首先可以借鉴迪尔凯姆评价孟德斯鸠为社会学创立所作贡献的方法原则。像马克思恩格斯一样，孟德斯鸠也没有用社会学概念论述自己的思想观点，但迪尔凯姆在评价孟德斯鸠的学术贡献时，却十分明确地肯定了孟德斯鸠为社会学的创立作出的贡献。在《孟德斯鸠与卢梭》这部著作中，迪尔凯姆开篇就指出："不但一个名叫奥古斯特·孔德的法国人为这门科学奠定了实际的基础，区分出了其本质部分，并将它命名社会学……而且，我国 18 世纪的哲学家还推动我们对社会问题投入了现实的关注。在这个才华横溢的作家群中，孟德斯鸠占有一席之地。正是他在《论法的精神》中为这门新科学设定了原则。"①

迪尔凯姆的论述说明，他不仅承认孔德奠定了社会学的基础，揭示了社会学的本质内容，而且认为社会学的奠基人不仅是孔德，18 世纪法国启蒙主义者也为社会学的创立作出了贡献，并且，孟德斯鸠为社会学设定了基本原则，因此也应当被看成社会学的开创者或奠基人之一。可见，迪尔凯姆作为实证社会学奠基人，并没有以是否直接使用了社会学概念表达自己观点为根据，去判定孟德斯鸠是否为社会学作出了贡献，而是根据孟德斯鸠实质上确立或论述了社会学的基本原则，肯定了他为社会学作出的奠基性贡献。迪尔凯姆进一步指出："从自然法出发，孟德斯鸠严格区别了与社会有关的法则，他之所以为其赋予了一个特殊的名称，是因为我们不能通过人的本性去推断它们。这就是本书的主题，是他所要探求的真正目的：这些自然法包括国际法、民法、政治法以及所有主要的社会制度。"②

我们赞成迪尔凯姆在判断实证社会学发端时对待孟德斯鸠和孔德的原则，并且主张借鉴迪尔凯姆的原则考察和分析马克思恩格斯是否为马克思主义社会学作了奠基性贡献。可以说，马克思恩格斯为马克思主义社会学作出的贡献，要比孟德斯鸠为实证社会学作出的贡献更加明确、重要和充分。根据迪尔凯姆的原则，完全有理由认为，马克思恩格斯不仅确立了马克思主义社会学的基本原则，而且系统论述了马克思主义社会学的基本立场、基本观点和方法论原则，创立了与实证社会学、解释社会学和其他社会学传统或流派明确不同的马克思主义社会学传统。

然而，问题并非已经解决，还需进一步回答的问题是，怎样看待马克思主义社会学同历史唯物主义的关系？在马克思和恩格斯的文献中，可以被后人看作社会学思想观点的内容，大都是以历史唯物主义或唯物史观的

---

① 爱弥尔·涂尔干：《孟德斯鸠与卢梭》，李鲁宁、赵立玮、付德根译，上海：上海人民出版社，2003，第 2 页。

② 爱弥尔·涂尔干：《孟德斯鸠与卢梭》，李鲁宁、赵立玮、付德根译，上海：上海人民出版社，2003，第 18 页。

名义阐述的。进一步说，马克思恩格斯不仅没有直接论述马克思主义社会学，而且还把可以看作社会学的思想观点明确表述为历史唯物主义。因此，不得不再次面对一个已经被哲学和社会学作过大量讨论的问题：怎样看待历史唯物主义和马克思主义社会学的关系？

关于历史唯物主义与马克思主义社会学的关系，列宁的观点在马克思主义传统中具有代表性。在列宁看来，历史唯物主义的思想理论就是科学的马克思主义社会学。在批判俄国民粹主义的主观社会学时，列宁不仅提出了科学的马克思主义社会学的概念，而且论述了科学的马克思主义社会学的基本观点和方法原则。列宁认为，马克思关于经济基础发展变化推动人类社会变迁是自然历史过程的观点，是历史唯物主义的基本观点，正是这个基本观点揭示了社会发展变化的根本动力和客观规律，使人们能够正确认识社会现象，进而把社会学放在科学基础之上，社会学由此而成为真正的社会科学。列宁指出，在马克思作出这种论断之前，没有发现哪种学说能像历史唯物主义这样把社会学变成科学，因此，"唯物主义历史观始终是社会科学的同义词。"① 这就是说，列宁不仅认为历史唯物主义的基本观点把社会学置于科学基础之上，而且还认为历史唯物主义作为理论体系，本身就是社会科学亦即"科学的社会学"。②

列宁还把马克思对社会学的贡献同达尔文在生物学和人类进化论方面所作的贡献相提并论："达尔文推翻了那种把动植物物种看做彼此毫无联系的、偶然的、'神造的'、不变的东西的观点，探明了物种的变异性和承续性，第一次把生物学放在完全科学的基础之上。同样，马克思也推翻了那种把社会看做可按长官意志（或者说按社会意志和政府意志，反正都一样）随便改变的、偶然产生和变化的、机械的个人结合体的观点，探明了作为一定生产关系总和的社会经济形态这个概念，探明了这种形态的发展是自然历史过程，从而第一次把社会学放在科学的基础之上。"③

1921 年，布哈林编写出版了《历史唯物主义理论》。在这部著作中，布哈林明确指出："工人阶级有自己的、无产阶级的社会学，它的名称就是历史唯物主义。""历史唯物主义理论处于怎样的地位呢？……它是关于社会

---

① 《列宁专题文集·论辩证唯物主义和历史唯物主义》，北京：人民出版社，2009，第 163 页。
② 《列宁专题文集·论辩证唯物主义和历史唯物主义》，北京：人民出版社，2009，第 161 页。
③ 《列宁专题文集·论辩证唯物主义和历史唯物主义》，北京：人民出版社，2009，第 162—163 页。

及其发展规律的一般学说，也就是社会学。"① 布哈林的观点在斯大林时期
遭到了严厉批判，但是应当肯定，布哈林的观点同列宁是一致的，或者说
是对列宁的观点的进一步发挥，把布哈林的观点说成是篡改和反马克思主
义的是错误的。

像列宁和布哈林这样把具有较高概括性的关于社会结构或社会发展变
迁的理论观点看成社会学理论的做法，在马克思主义传统之外也不少见。
皮蒂瑞姆·索罗金的文化变迁循环论，帕森斯的社会系统论和社会发展论，
沃勒斯坦的世界体系论，吉登斯的社会构成论，鲍德里亚的符号价值消费
论，等等，都具有较高程度的理论概括，但也被西方学者看成社会学理论
加以研究。这就是说，无论马克思主义社会学还是其他流派的社会学，其
中都包含了在较高理论层面上阐述的思想观点。把具有较高概括性的思想
观点划分在社会学范畴之外，不符合社会学发展历史的实际。

更值得一提的是，在西方论述社会学理论史的各种著作中，几乎没有
不把马克思主义社会学作为一个传统置于十分重要地位的。刘易斯·A. 科
塞著的《社会思想名家》，② 乔纳森·特纳著的《社会学理论的结构》，③ 乔
治·瑞泽尔和 D.J. 古德曼著的《古典社会学理论》，④ D. P. 约翰逊著的
《社会学理论》⑤ 等社会学理论著作，都把马克思放在重要地位介绍了他的
社会学理论，连鲁思·华莱士与艾莉森·沃尔夫合著的《当代社会学理
论》，⑥ 也比较深入地介绍了马克思主义社会学的冲突理论。这充分说明，
在西方社会学研究中，马克思主义社会学都被看作十分重要的社会学传统。

中国早期马克思主义者对马克思主义社会学开展了大量研究，他们对
马克思主义社会学的理解也很值得借鉴。早在 20 世纪 20 年代，李大钊、瞿
秋白和李达等人为马克思主义社会学在中国的传播做了积极努力。李大钊
认为唯物史观或历史唯物主义把社会学研究建立在物质生产或经济结构基

① 尼·布哈林：《历史唯物主义理论》，何国贤等译，北京：人民出版社，1983，第 7 页。
② 刘易斯·A. 科塞：《社会思想名家》，石人译，上海：上海人民出版社，2007，第 37—78 页。
③ 乔纳森·特纳：《社会学理论的结构》（上），邱泽奇等译，北京：华夏出版社，2001，第 163、222 页。
④ 乔治·瑞泽尔、D.J. 古德曼：《古典社会学理论》，北京：北京大学出版社，2004，第 128—158 页。
⑤ D. P. 约翰逊：《社会学理论》，南开大学社会学系译，北京：国际文化出版公司，1988，第 147—202 页。
⑥ 鲁思·华莱士、艾莉森·沃尔夫：《当代社会学理论》，刘少杰等译，北京：中国人民大学出版社，2008，第 62—84 页。

础之上，进而不仅使社会学研究获得了坚实基础，而且也使社会学呈现了崭新的形式与内容。"社会学得到这样一个重要的法则，使研究斯学的人有所依据，俾得循此以考察复杂变动的社会现象，而易得比较真实的效果。这是唯物史观对于社会学上的绝大贡献，全与对于史学上的贡献一样伟大。"①

瞿秋白撰写了《现代社会学》和《社会科学概论》等著作，不仅传播了马克思主义社会学，而且还用历史唯物主义的基本观点考察和分析了中国社会结构和社会变迁，特别是结合革命实践论述了中国社会的经济关系、社会矛盾和阶级斗争。像李大钊一样，瞿秋白也认为历史唯物主义就是马克思主义的现代社会学，是真正科学的社会学。瞿秋白的结论是："没有一种科学足以代社会学研究总体的社会现象，亦没有一种科学足以直接运用自己的原理来解释社会现象，——因此，可以断定必须有一种科学来特别研究那解释社会现象的原理，并且综合一切分论法的社会科学所研究的对象间之关系，——就是社会学。"②

李达长期从事马克思主义社会学研究，所著的《现代社会学》被称为20世纪前期马克思主义社会学研究的最高成就。在《现代社会学》中，李达在考察各种社会学流派历史演化基础上，明确地阐述了马克思主义社会学的基本立场、本质特点、方法原则和基本原理。李达指出："历史的唯物论之社会说，在应用历史的唯物论说明社会之本质。据此说，社会非由契约而成，非由心性相感作用而起，亦非如有机体之完全受自然法则所支配，乃由加入生产关系中各个人相结合而成。"③ 也就是说，建立在历史唯物主义基础上的马克思主义社会学，既不是从契约论，也不是从心理学和生物学出发去研究社会，而是从生产关系以及从物质生产实践出发去研究社会结构和社会变迁。"本书为完成社会学真正之使命，特力辟以上三说之谬误，而主张历史的唯物论。"④

正像李达主张的那样，《现代社会学》不仅坚持了历史唯物主义的基本立场和方法原则，而且全书的基本构架和内容也清晰地展现了马克思主义经典作家阐述的历史唯物主义理论体系。可以说，李达对马克思主义社会学及其同历史唯物主义的关系的理解，与李大钊和瞿秋白基本相同。从中可以看出，李大钊、瞿秋白和李达等人对马克思主义社会学的研究和评价，

---

① 《李大钊文集》下册，北京：人民出版社，1984，第369—370页。
② 《瞿秋白文集》（政治理论编）第2卷，北京：人民出版社，1988，第409页。
③ 李达：《现代社会学》，武汉：武汉大学出版社，2007，第16页。
④ 李达：《现代社会学》，武汉：武汉大学出版社，2007，第16页。

明显受到了列宁和布哈林的影响，他们像列宁和布哈林一样把历史唯物主义看成科学的社会学，历史唯物主义的思想观点就是马克思主义社会学的基本理论。并且，他们还把唯物辩证法、社会结构和社会矛盾运动变化、阶级分析以及阶级斗争等原理，看成马克思主义社会学研究社会历史发展变迁的方法原则。

李培林曾对中国早期马克思主义社会学发展与传播做了总结，他把马克思主义社会学称为唯物史观社会学，指出："在唯物史观社会学者看来，马克思主义的唯物史观社会学，是一种'新社会学'和'现代社会学'，它与西方传统社会学的最根本区别，实际上是改造社会的道路和途径的区别，也就是'革命'和'改良'的区别。"[①] 应当说，李培林的这个总结是十分明确并且符合实际的。

令人遗憾的是，从 20 世纪 40 年代开始，直到 70 年代后期开始改革开放，不仅马克思主义社会学鲜有人提，而且其他方面的社会学研究也进入了长期的禁闭期。自 20 世纪 80 年代初期开始，中国社会学在恢复重建中逐渐走向了繁荣。重建后的中国社会学，主流是沿着实证社会学的立场和脉络发展起来的。虽然有几位学者试图推进马克思主义社会学研究，发表了一些马克思主义社会学的研究成果，但同实证社会学的发展势头相比，其影响范围和响应程度还是明显有限。[②]

在 20 世纪 80 年代中国社会学恢复重建之初，一些学者试图厘清历史唯物主义与马克思主义社会学之间的关系，发表了一些探讨二者关系的文章。1981 年，丁克全发表论文指出："马克思主义社会学或唯物史观社会学，可以分为广义的和狭义的两种：广义的，是根据马克思主义观点，尤其是唯物史观，而树立的社会学，不限定是讲的上列公式；[③] 狭义的，则是讲解上述公式而构成的社会学。"[④] 与丁克全的观点不同，费孝通认为："历史唯物

---

① 李培林：《20 世纪上半叶的唯物史观社会学》，《东岳论丛》2009 年第 1 期。
② 近年一些学者发表了试图扩展马克思主义社会学研究的文章，例如：成伯清、李林艳：《激情与社会——马克思情感社会学初探》，《社会学研究》2017 年第 4 期；张敦福、周汝静：《马克思主义经济社会学及其消费理论研究：危机与重建》，《中共福建省委党校学报》2012 年第 4 期；邹诗鹏：《唯物史观与经典社会理论》，《学术研究》2010 年第 1 期；张德琴：《马克思主义研究的社会理论视角以及社会学马克思主义——回应邹诗鹏教授》，《江苏社会科学》2012 年第 5 期。
③ 即马克思在《〈政治经济学批判〉序言》中关于唯物史观的经典论述（笔者注）。
④ 丁克全：《关于社会学内容体系的建议——兼论社会学与历史唯物主义》，《社会科学战线》1981 年第 3 期。

主义给我们提供了研究大量的长远的社会生活和社会发展的一些基本观点、基本方法、基本理论，但是历史唯物主义本身并没有也不企图代替关于社会的各方面现象的具体研究的科学。历史唯物主义的对象不等于整个社会科学的对象，也不等于社会学的对象。"① 潘允康对社会学和历史唯物主义的观点也做了深入讨论，其基本观点与费孝通相近，认为历史唯物主义对社会学具有指导意义，二者是一般与个别的关系。②

在讨论历史唯物主义同马克思主义社会学关系的同时，一些学者对国外学术界关于这方面的观点也做了考察。一般说来，西方社会学者包括反对马克思主义的学者，通常把历史唯物主义都直接看作马克思主义社会学，或者看作与实证社会学、解释社会学并列的重要社会学传统。但在苏联和东欧社会学界，在如何判断历史唯物主义和社会学的关系上却存在很多分歧。波兰社会学家魏特尔概括了苏联和东欧社会学三个方面的观点，其一，"'历史唯物主义'和'社会学'这两个术语是同义的，均指对于社会所作的科学研究。一些人因而得出结论：'历史唯物主义'这一术语应该用来表示马克思主义的社会科学，而'社会学'这一术语则应单独表示资产阶级的社会学。"其二，"'历史唯物主义'和'社会学'是两个不同的概念。历史唯物主义指对社会作哲学的和理论的分析；而社会学指的是对社会作经验的调查研究及在这一调查研究基础上所作的概括。"其三，"'历史唯物主义'，就它吸收了社会学经验研究的成果这一点而言，是与社会学交叉重叠的，然而，它比社会学更具一般性。"③

总之，在关于历史唯物主义和马克思主义社会学关系的讨论中，不同的观点都能找到自己的根据，而其中一个重要原因是：哲学与社会学都是视野广阔、没有明确边界的学科。如果历史唯物主义是追问社会发展或历史变迁的社会哲学，那么它怎能仅仅玄思远离生活的抽象概念或历史规律，而不去关心那些千变万化的现实生活或不断转换形式与内容的社会问题？如果社会学要对社会问题做出深入实际的认识并对其产生原因和演化趋势作出解释，而不具备深厚而坚实的理论基础，它怎样才能完成自己承诺的使命？因此，历史唯物主义对社会生活的密切关注，社会学对理论基础的紧密依赖，构成了二者之间不可排除的交互渗透关系。

---

① 费孝通：《关于社会学的几个问题》，《社会科学研究》1982 年第 5 期。
② 潘允康：《社会学和历史唯物主义》，《中国社会科学》1981 年第 6 期。
③ 魏特尔：《历史唯物主义和社会学的关系》，《现代外国哲学社会科学文摘》1983 年第 6 期。

二 马克思主义社会学的基础理论

通过对经典马克思主义社会学在苏联、欧洲和中国传播与发展的历史考察，可以得出一个结论：在社会学没有被排斥为资产阶级学说之前，历史唯物主义的基本理论和方法原则是被各国共产党人作为马克思主义社会学的基础理论和方法论对待的，也正是在这个意义上，马克思主义社会学在各国社会主义革命和社会主义建设中起到了理论指导的作用。可以进一步说，在历史唯物主义基本理论之外找不到马克思主义社会学的基础理论，并且，不是在这个基础理论之上开展的经验研究，也谈不上是以马克思主义为指导的社会学研究。

由马克思主义经典作家阐述的历史唯物主义基本理论，作为马克思主义社会学的基础理论，也就是在社会学研究中经常被提到的具有一般性和普遍性的元理论。事实上，无论在哪一个学科甚至在哪一个学派之中，但凡具有独特性或独创性的传统或流派，都一定有元理论层面上的基础理论和方法原则。就连对元理论、元叙事开展了激烈批判的后结构主义者德里达和利奥塔等人，也阐述了一些具有元叙事意义的元理论。德里达关于分延论、约定规则论、不确定结构论的论述，[①] 利奥塔关于人类知识新图式、话语方式、知识立法的论述，[②] 都不是指向个别社会现象的具体叙事和具体观点，而是对人类社会变迁的具有元叙事和元理论意义的普遍性论断。

从马克思主义社会学的历史发展和理论内容上看，马克思主义经典作家已经为马克思主义社会学建立了比较系统的基本理论和方法原则，形成了比较完整的基础理论体系。并且，正是因为在历史唯物主义名义下系统阐述的关于社会结构和社会变迁的基础理论，不仅使马克思主义社会学展示了与其他社会学传统或流派不同的本质特点和理论构架，而且正是这些基础理论使其在复杂的社会实践或历史变迁中，表现出旺盛的生命力和深厚的学术底蕴。

马克思主义社会学基础理论亦即历史唯物主义基本理论的建立，是一个逐渐展开的过程。从 19 世纪 40 年代初到 40 年代中期，马克思和恩格斯

---

① 莫伟民、姜宇辉、王礼平：《二十世纪法国哲学》，北京：人民出版社，2008，第 681—686 页。

② 刘少杰：《后现代西方社会学理论》，北京：北京大学出版社，2014，第 127—138 页。

以大量经验研究为基础而阐述的关于市民社会、工人阶级生活状况、私有制和资本主义社会阶级斗争等方面的观点，是马克思主义社会学的理论起点。在《1844 年经济学哲学手稿》和《神圣家族》中，市民社会、劳动本质、异化劳动、阶级斗争和人民群众创造历史等马克思主义社会学的理论观点得到了进一步阐述。而在《费尔巴哈提纲》和《德意志意识形态》等著作中关于实践观点和社会结构矛盾运动的论述，则是马克思主义社会学基础理论正式形成的标志。

在《黑格尔法哲学批判》中，马克思明确地阐述了不是国家决定市民社会和私有财产，而是市民社会、私有财产决定国家的观点，[①] 但这个观点还需要进一步深入，即市民社会和私有财产又是由什么决定的？市民社会、私有财产及其决定物的本质和运动规律如何？而这些问题就是马克思在《1844 年经济学哲学手稿》中提出和回答的问题。受恩格斯在《政治经济学批判大纲》中阐述的思想的影响，马克思对市民社会和私有制开展了政治经济学批判，形成了具有重要意义的异化劳动理论。通过对异化劳动现象的深入解剖，马克思对劳动的本质、资本主义制度对人性的扭曲和压抑、经济基础和上层建筑的关系、阶级矛盾和阶级斗争、生产实践的地位与作用、消灭私有制、实现人类彻底解放等一系列重要问题都作出了深刻论述，为系统阐述马克思主义社会学理论奠定了基础。

1844 年 8 月至 11 月，马克思同恩格斯合著了《神圣家族》，在这部具有重要意义的著作中，马克思和恩格斯深化了先前阐述的关于市民社会、资本主义私有制和异化劳动等方面的思想理论，更深入地以物质生产为基础去论述社会生活中的经济、政治和文化问题，并且明确地提出了人民群众是历史创造者的论断。虽然《神圣家族》对马克思主义社会学的基本原则和基本理论阐述得还不够系统，但在这部著作中，马克思和恩格斯已经论述了物质生产是历史的根基、人民群众创造历史等马克思主义社会学的核心观点，所以，《神圣家族》可以看作马克思主义社会学形成的一个重要环节。

---

① 马克思恩格斯早期为了批判青年黑格尔派宗教、国家和法决定市民社会的观点，在市民社会与宗教、国家、法的对立关系中，论述了市民社会决定宗教、国家和法的观点。在这些论述中，市民社会、群众的社会和社会通常在相同的含义上使用，此时社会主要是指以经济生活或物质利益为主要内容的市民社会或经济关系。但后来马克思恩格斯从整体上论述社会结构矛盾运动或社会形态的历史变迁时，国家、法和宗教是作为上层建筑包含在社会结构或社会形态之中的，社会概念就不仅指市民社会或经济关系了。

　　1845 年至 1846 年，马克思撰写了《关于费尔巴哈提纲》，并与恩格斯合著了《德意志意识形态》，这两篇被称为历史唯物主义诞生标志的著作，同时也是马克思主义社会学基本原则和基础理论全面阐述或系统创建的标志。恩格斯把马克思撰写的《关于费尔巴哈提纲》称为"包含着新世界观的天才萌芽的第一个文献"①。在这篇纲领性的文献中，马克思深刻地阐述了实践观点的基本内容，使马克思主义的世界观、社会观和个人观都建立在崭新的基础之上，为马克思主义社会学的全面阐述确立了崭新的基本原则。

　　马克思首先从一般世界观阐述他的实践观点。在马克思看来，当时他所面对的世界观主要有法国机械唯物论、费尔巴哈人本学唯物主义和以康德、黑格尔为代表的德国唯心主义哲学。虽然法国唯物论和费尔巴哈承认世界的客观性和实在性，但是他们却用机械论的形而上学的眼光看世界，所以世界在他们眼里是以静态和受动的形式存在的，他们仅仅观察了世界的直观存在形式。虽然德国唯心主义哲学用能动的眼光观察世界，把世界看成动态变化的历史过程，但是他们却把世界的现实内容抽象掉了，仅仅用思辨的概念逻辑来说明世界的运动变化。因此，唯心主义的世界观是一种抽象的、没有实在内容的世界观。②

　　马克思明确指出，应当克服机械唯物论的消极直观性和思辨唯心主义的抽象空疏性，要从感性的实践活动出发去观察、理解和解释社会生活和现实事物。马克思一再强调要把现实、事物当作人的感性活动去理解，这不仅否定了德国古典哲学的思辨抽象性，而且也克服了费尔巴哈机械唯物主义的机械直观性。因为马克思讲的感性活动，是以生产实践为主要内容的实践活动，是人们以自己的身体在特定的历史条件或社会环境中展开的可经验、可感受的物质活动。感性的实践活动不仅是人们真实具体的经验过程，而且是人们以其能动性作用于对象、改造对象的创造性过程。

　　从感性的实践活动出发去观察事物、理解现实，必然形成对人及其社会活动的新理解、新认识。从机械唯物论的眼光理解人，人是被动的生物学意义上的人；从抽象唯心论的眼光去理解人，人仅仅是在思想观念中表现出能动性的抽象的人；而从感性的实践出发去理解人，人是在特定历史条件中活动着的人，人不仅用自己的意志、情感和思想支配自己的行为，

---

① 《马克思恩格斯文集》第四卷，北京：人民出版社，2009，第 266 页。
② 参见《马克思恩格斯文集》第一卷，北京：人民出版社，2009，第 499 页。

能动地作用对象、改造世界，而且人不是抽象的精神，是受到各种条件限制，并且一定要进入各种交往关系中才能存在的社会的人。所以，马克思说："人的本质不是单个人所固有的抽象物，在其现实性上，它是一切社会关系的总和。"① 这是马克思对人的本质的崭新概括，他不仅批判了费尔巴哈抽象地讨论人的类本质的错误观点，而且否定了各种脱离实践从孤立的个人去界定人的本质的观点。

当马克思从实践观点把人的本质界定为社会关系的总和，也就说明他要从实践观点去揭示社会的本质。因为既然从实践观点观察人，发现人的本质是社会关系总和，那就说明社会关系同人们的实践活动有着本质的必然联系。事实也是如此，人们正是在实践活动中结成了各种社会关系，并且也正是实践活动展开和发展了人们的社会关系。据此，马克思说："全部社会生活在本质上是实践的。凡是把理论引向神秘主义的神秘东西，都能在人的实践中以及对这种实践的理解中得到合理的解决。"②

马克思的实践观点是马克思主义社会学形成和发展的基本原则，它不仅同直观唯物主义和抽象唯心主义划清了界限，而且也同实证社会学和解释社会学划清了界限。实证社会学奠基人迪尔凯姆明确地指出："第一条也是最基本的规则是：要把社会事实作为物来考察。"③ 这就要强调社会现象的客观性、外在性，并由此而忽视作为人的内在性的能动性；解释社会学奠基人马克斯·韦伯则强调要重视人的社会行动的主观意愿，虽然因此而重视了人的社会行动的能动性，但韦伯没有从感性的实践性来观察和思考人的主观能动性，所以他讲的人的选择行为和主观意愿仍然是抽象的；依据马克思的实践观点来观察和分析社会生活，社会生活既不是单纯的外在客观性，也不是单纯的内在主观性，而是外在与内在、客观与主观在现实的感性实践活动中的相互作用、辩证统一。

在《德意志意识形态》中，马克思恩格斯系统地阐述了马克思主义社会学的基础理论。他们首先深刻论述了人们的物质生产活动是最基本的历史活动，指出人们不仅要不断生产和再生产自己的物质生活资料，以满足人们自身生存的需要，而且还要不断再生产维持人类世代相续的人口，因此，物质生产既是维持自己生活的生产也是繁衍他人的生产。正是在这种

---

① 《马克思恩格斯文集》第一卷，北京：人民出版社，2009，第501页。
② 《马克思恩格斯文集》第一卷，北京：人民出版社，2009，第501页。
③ E.迪尔凯姆：《社会学方法的准则》，狄玉明译，北京：商务印书馆，1995，第35页。

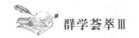

物质生产关系中，不仅发生了人与自然的关系，而且也发生了人与人的社会关系或物质关系。

马克思和恩格斯把物质关系从整个社会生活中区分出来之后，就可以清楚明确地论述精神生产及其同物质生产的矛盾关系了。他们认为，人们的精神生产最初同物质生产是直接统一的，只是到了后来由于物质生产的发展才出现了精神生产和物质生产的劳动分工，人类的精神生产有了相对独立性。但是，精神生产无论怎样都是建立在物质生产基础之上的，由生产力和生产关系统一而成的物质生产方式，是社会生活发展变迁的决定力量，任何复杂的政治现象和思想文化现象都能在物质生产方式的矛盾运动中找到根源。这就是社会存在决定社会意识的历史唯物主义基本观点，也是马克思主义社会学分析社会生活的基本原则。从事物质生产活动的人民群众是推动历史向前发展的主体，阶级斗争是历史变迁、社会进步的直接动力。这些考察社会历史变迁趋势、揭示社会结构运动规律、把握社会各种矛盾关系的一系列基本观点，后来在《〈政治经济学批判〉序言》中得到了概括性的经典表述。

> 人们在自己生活的社会生产中发生一定的、必然的、不以他们的意志为转移的关系，即同他们的物质生产力的一定发展阶段相适合的生产关系。这些生产关系的总和构成社会的经济结构，即有法律的和政治的上层建筑竖立其上并有一定的社会意识形式与之相适应的现实基础。物质生活的生产方式制约着整个社会生活、政治生活和精神生活的过程。不是人们的意识决定人们的存在，相反，是人们的社会存在决定人们的意识。社会的物质生产力发展到一定阶段，便同它们一直在其中运动的现存生产关系或财产关系（这只是生产关系的法律用语）发生矛盾。于是这些关系便由生产力的发展形式变成生产力的桎梏。那时社会革命的时代就到来了。随着经济基础的变更，全部庞大的上层建筑也或慢或快地发生变革。①

马克思的这个经典论断，通常被看成社会哲学的论述。应当承认，马克思恩格斯有很多类似具有社会哲学意义的论断，但不能把这些论断排斥在社会学范畴之外。应当说，马克思主义社会学关于社会结构、社会矛盾、

---

① 《马克思恩格斯文集》第二卷，北京：人民出版社，2009，第591—592页。

社会形态和社会发展等方面的论述，确实具有高度概括性和一般普遍性的意义，已经达到了社会哲学的理论层面，但不能认为这些上升到社会哲学层面的基础理论就不是社会学。事实上，在实证社会学和解释社会学传统中，都有一些概括程度很高的理论阐述。不仅前面提到的索罗金、帕森斯、沃勒斯坦、吉登斯和鲍德里亚等人的一些思想理论具有很高概括程度，也可以看成社会哲学层面的思想理论，而且孔德在《论实证精神》中关于实证精神的立场原则、人类精神史革命以及道德教化与社会秩序的论述，也是上升到社会哲学层面的思想观点，实证主义者从来没有把这些思想观点排斥在社会学范畴之外。

三　马克思主义社会学的经验基础

在一些强调经验原则的社会学家那里，排斥概括程度较高的思想理论的一个理由是，那些高高在上的社会哲学不是从实际出发的理论概括，而是从概念原则出发展开的逻辑推演。与哲学不同，社会学必须从经验事实出发，其理论观点一定是在经验研究基础上生成的。如果用这个原则来评价历史唯物主义思想理论，不仅不能把历史唯物主义排除在社会学之外，相反，能够更加充分地证明历史唯物主义思想理论就是马克思主义社会学的基础理论。与其他抽象的社会哲学不同，马克思恩格斯阐述的历史唯物主义思想理论，是在大量而深入的社会调查或经验研究基础上形成的，不是脱离现实的哲学思辨，而是在深入现实、观察现实和批判现实基础上的理论概括。

19 世纪 40 年代，马克思恩格斯深入社会生活实际，通过对劳动群众或工人阶级生活状况、德国和英国的经济社会问题、阶级矛盾和阶级斗争等方面的大量调查和深刻批判，形成了对现实社会问题的深刻认识，阐述了关于市民社会的思想观点，展开了马克思主义社会学研究的理论起点。

1841 年 10 月，马克思于柏林大学毕业，1842 年出任《莱茵报》编辑。他不仅积极采用具有革命民主主义倾向的稿件，而且亲自撰写了大量抨击封建专制的充满战斗激情的文章。马克思发表的文章主要有关于第六届莱茵省议会对出版自由的辩论的批评、林木盗窃法、摩塞尔河地区农民处境和政教分离等方面的文章。这些文章都是在大量的社会调查基础上写作的，马克思以充分的社会事实为根据，论述了摩塞尔农民的艰难生活状况和林木盗窃法对农民的压迫。这些文章表明，马克思开始从单纯的理论研究和

精神追求转向直接面对生活的现实批判。①

在《德法年鉴》时期，马克思发表了两篇重要文章：《论犹太人问题》和《〈黑格尔法哲学批判〉导言》，而这两篇文章也是在开展了大量社会调查基础上写成的。在 19 世纪初的德国政治生活中，犹太人遭受迫害的问题比较突出。鲍威尔等青年黑格尔派认为：犹太人的问题是宗教问题，犹太人的不平等遭遇实质上是犹太教同基督教的对立关系，在基督教处于统治地位的国家，不会允许同基督教对立的犹太教徒获得平等的权利，犹太人要想获得平等的权利，只有否定宗教、成为无神论者才能实现自己的目的。② 马克思通过对犹太人实际社会生活的考察发现，鲍威尔等人没有抓住犹太人问题的根本，不懂得只有到世俗社会中才能发现宗教问题的根源。

马克思认为，犹太人的生活是世俗的生活，犹太人的根本目的是追求实际需要、私人利益和金钱利润，并且这种追求是整个市民社会的真实追求，所以市民社会同犹太人的生活一样，都是自私自利、金钱至上，是在私有制基础上展开的物质生活。③ 正是在对底层社会问题的考察与分析中，逐渐接触到同政治领域和思想意识领域相对立的经济社会领域——市民社会。对市民社会的观察、分析与理论概括，是马克思主义社会学的理论起点。在从《莱茵报》时期到《德法年鉴》时期短短的四年时间中，马克思关于市民社会的概念在理论与实际的密切联系中得到不断深化和具体化。

在布鲁塞尔时期，马克思满腔热忱地投入革命斗争。为了了解工人阶级生活状况和他们的革命要求，马克思与侨居布鲁塞尔的德意志工人建立了密切联系。1847 年春天，马克思恩格斯加入了由德国政治流亡者成立的秘密组织——正义者同盟，并将其改造成无产阶级的第一个国际共产主义组织——共产主义者同盟。为了更深入地同工人阶级打成一片，马克思恩格斯在布鲁塞尔还建立了德意志工人协会，"白天鹅之家"餐厅成了德意志工人协会的主要活动场所。马克思恩格斯定期去那里发表演讲，甚至用组织游戏等方式使革命宣传活动变得丰富活泼。④ 在《新莱茵报》时期，马克思恩格斯更加积极地开展各种革命活动，他们投入了大量精力筹办《新莱茵报》，目的在于动员和领导无产阶级革命斗争，并且还在科伦加入了由小资产阶级民主派建立的"民主协会"，试图用无产阶级革命理论对他们进行

① 戴维·麦克莱伦：《马克思传》，王珍译，北京：中国人民大学出版社，2016，第 45 页。
② 参见《马克思恩格斯文集》第一卷，北京：人民出版社，2009，第 23 页。
③ 参见《马克思恩格斯文集》第一卷，北京：人民出版社，2009，第 31 页。
④ 潘革平：《布鲁塞尔：〈共产党宣言〉诞生的地方》，《参考消息》2018 年 5 月 1 日，第 11 版。

帮助。这是一个成分极其复杂的群众组织。它的成员除小资产者及其知识分子外，还有工人和手工业者。马克思、恩格斯在这个由工人、手工业者和知识分子组成的组织中，坚持用无产阶级立场教育引导他们，促使他们从民主革命的立场向社会主义革命转化。①

1849年，马克思来到伦敦，在这里生活了34年，完成了《资本论》写作。在伦敦的艰苦生活中，马克思孜孜不倦地研究经济、政治、历史、哲学等各个领域的思想理论，在大英博物馆中开展了大量文献考察和资料收集，实质上也是进行了视野广阔而且内容充实的间接经验研究，使《资本论》的写作建立在深厚的间接经验研究基础之上。并且，在伦敦时期，马克思还亲自参加了第一国际的大量活动，领导了第一国际的革命斗争。1871年3月巴黎公社建立后，马克思热情关心和支持巴黎公社的斗争，不仅同巴黎公社领导成员保持联系，在巴黎公社失败后还作出了深刻的经验总结。

恩格斯对社会生活开展直接的调查研究早于马克思。早在1839年匿名发表的文章《伍珀河谷来信》中，恩格斯就依据他在家乡观察到的大量事实，揭露了社会各个层面的不公正、不合理问题，对劳苦群众的艰难生活和不平等待遇表示深切同情和强烈义愤，对宗教制度的虚伪性和专横性予以尖锐批判。② 这说明恩格斯对社会生活存在的各种问题十分敏感，善于根据经验事实对各种社会制度开展批判性分析。

1842年11月，恩格斯离开德国前往英国曼彻斯特。当时曼彻斯特是仅次于伦敦的英国第二大工业中心，恩格斯在这里对工人阶级生活状况、各种经济社会问题、无产阶级同资产阶级之间的矛盾和斗争，开展了大量调查研究，不仅明确地认识到工人阶级遭受的沉重剥削，而且清楚地了解了工人阶级的斗争精神和摆脱压迫的革命要求。曼彻斯特还是英国宪章运动的中心，恩格斯通过对宪章运动的观察思考，进一步认识到工人阶级的组织能力和推进社会变革的革命理想。③

同马克思相比，恩格斯更多地从经济生活入手开展对工人阶级和资本主义社会各种问题的研究，而马克思则首先从政治、宗教现象开始对资本主义社会制度的批判，然后在国家与市民社会的关系中进一步展开社会研究的视野。因此，恩格斯对社会问题的调查研究一开始就表现出对物质利

---

① 戴维·麦克莱伦：《马克思传》，王珍译，北京：中国人民大学出版社，2016，第201—202页。

② 《马克思恩格斯全集》第二卷，北京：人民出版社，2005，第39—65页

③ 萧灼基：《恩格斯传》，北京：中国社会科学出版社，2008，第43—46页。

益、资本主义私有制、工业革命和经济关系是国家、法的基础等问题的高度重视，较早地形成了从物质生活出发批判资本主义制度和认识资本主义社会结构的基本立场，这一点在恩格斯于《德法年鉴》上发表的《政治经济学批判大纲》、《英国状况 评托马斯·卡莱尔的"过去和现在"》和《英国状况 十八世纪》等著述中有十分丰富的论述。特别是在《英国工人阶级状况》中，更能十分清楚地看到恩格斯深入实际、开展了大量调查研究。恩格斯在《致大不列颠工人阶级》的信中说："我曾经在你们当中生活过相当长的时间，对你们的境况进行了一些了解……我很想在你们家中看到你们，观察你们的日常生活，同你们谈谈你们的状况和你们的疾苦，亲眼看看你们为反抗你们的压迫者的社会统治和政治统治而进行的斗争。"①

进入 19 世纪后期，特别是 1883 年马克思逝世之后，恩格斯在总结马克思主义哲学、政治经济学和科学社会主义思想理论的同时，还肩负了领导国际共产主义运动的重任。经过几年的艰苦努力，恩格斯同李卜克内西、倍倍尔和拉法格等人创立了第二国际，开展了反对无政府主义和改良主义的斗争，使国际共产主义运动能够保持团结，继续坚持马克思主义理论的指导。

在马克思恩格斯之后，列宁和毛泽东等人对深入实际、开展社会调查和根据经验事实做出理论概括和政策决策，都予以了高度重视。1921 年，为了制定俄国粮食税政策，列宁接见了大量来访者，多次深入工厂和农村，与工人、农民们亲切交谈，倾听他们的意见和建议，直接了解第一手材料；列宁还亲自参加苏维埃第八次代表大会非党农民代表会的会议，从非党农民代表对农村生活重大问题的讨论中了解到一些情况，并把他所记录的农民发言分发给中央委员会和人民委员会，征求他们的意见。② 正是由于列宁能够深入实际进行调研，做到了对实际情况和群众意愿了如指掌，才使废除余粮收集制这个决定既符合广大人民群众的根本利益，又切实可行。

毛泽东对深入实际、开展社会调查更是高度重视，他的《中国社会各阶级分析》和《湖南农民运动考察报告》是通过开展大量社会调查，在掌握了充分的经验事实基础上完成的，并为开展马克思主义社会学调查研究

---

① 《马克思恩格斯文集》第一卷，北京：人民出版社，2009，第 382 页。
② 陈兆芬、杜超：《列宁优良作风的回顾与启示》，《武汉理工大学学报》（社会科学版）2016年第 6 期。

树立了典范。在毛泽东的其他著作中，也能清楚看到他关于分析社会形势、化解社会矛盾和推进社会发展的很多思想观点是依据经验事实作出的论断。毛泽东为中国共产党确立的实事求是的思想路线，不仅是开展社会主义革命与社会主义建设的思想路线，而且也是中国马克思主义社会学开展脚踏实地的学术研究的认识路线。

从上述考察可以发现，马克思恩格斯及其后继者系统创建和进一步发展的社会学理论，是以丰富的经验研究为起点的。他们不仅吸收了德国古典哲学的思想精华，坚持用辩证的眼光批判地思考社会问题，而且也抛弃了德国古典哲学从抽象概念出发、用理性逻辑推演社会发展规律的思辨方式，脚踏实地地观察生活、认识社会并推进社会发展，使马克思主义社会学的理论大厦建立在真实的现实基础之上。列宁和毛泽东等俄国和中国马克思主义者，也坚持不懈地从实际出发，实事求是地把自己的思想观点和战略决策建立在经验事实和革命实践的基础之上。

四　马克思主义社会学的理论特点

虽然马克思主义社会学在不同历史时期和不同历史条件中不断发展变化，其理论观点和方法原则也在不断地创新，但同实证社会学和解释社会学相比，马克思主义社会学总是保持着一些鲜明而确定的理论特点，明确认识马克思主义社会学的理论特点，对于清楚把握马克思主义社会学的历史发展和当代影响，都具有十分重要的前提意义。

在社会学的经典时期，马克思主义社会学、实证社会学和解释社会学，被并列为经典社会学的三大传统。虽然以韦伯为代表的解释社会学的创立稍晚于马克思主义社会学和实证社会学，但是基本上还应当算作同一种历史条件、同一种时代背景下产生和发展起来的社会学传统。然而，相同条件和相同背景下产生的三大社会学传统，却形成了明显区别的理论特点。

实证社会学同解释社会学的理论特点是比较容易辨析的，因为解释社会学的一些基本观点就是在同实证社会学的直接对立中阐述的。迪尔凯姆清楚地论述了实证社会学的基本立场、研究对象、思维方式、理论追求和方法原则。迪尔凯姆反复强调，实证社会学的研究对象是作为客观现象的社会事实，而社会事实必须作为外在于思想观念的物去看待，对于外在的、客观的物，社会学应当像物理学那样去观察，像数学那样去计算，亦即用科学的方法把握之，其目的在于准确地把握社会生活中作为客观规定性的

社会制度或作为客观必然性的社会规律。①

韦伯不同意迪尔凯姆对社会学做出的这些界定。在韦伯看来，社会事实是通过人的社会行动发生与构成的，而社会行动的本质特点是行动者在主观意愿上发生了联系。社会学要研究社会事实就必须研究社会行动，社会行动才是社会学的最基本的研究对象，并且，研究社会行动必须研究人们的主观意愿，因为主观意愿是社会行动的本质和根据。② 据此，韦伯反对迪尔凯姆把社会学的研究对象界定为外在于主观意识的物。韦伯主张，必须深入分析人们的主观意愿，揭示人们社会行动的理性根据，依据人们行动的主观意愿划分社会行动类型，然后根据社会行动类型把握权威类型、制度模式、社会结构乃至整个社会的现代化、理性化过程。为了达到这个目的，韦伯提出了注重主观性的理解论思维方式和研究方式，而不是简单借用物理学和数学的方法来研究具有强烈主观性的社会生活。

迪尔凯姆和韦伯的对立可以概括为以下几个方面：实证社会学从社会生活的客观性出发，把社会事实作为外在的客观物去看待，以物理学的研究方式去追求社会生活的客观规定性，试图在社会现象中揭示像自然规律一样的社会本质或社会规律；解释社会学从社会生活的主观性出发，认为社会事实的本质是人们在社会行动中的主观意愿，而不是客观的物，研究社会生活应当用可以体验和解释人们主观性的理解方法，应当在社会的发展变化中揭示出意义与价值。更明确地说，实证社会学和解释社会学是社会学研究中的对立两极：实证社会学追求客观性、外在性，张扬的是把社会生活当作自然物一样去研究的科学精神；解释社会学追求主观性、内在性，张扬的是注重社会生活的价值与意义的人文精神。

马克思主义社会学从实践出发，超越了实证社会学和解释社会学的两极对立，这是马克思主义社会学最本质的特点。立足实践、从实践出发，就要在社会生活的主观与客观、主体与客体的对立统一中把握社会现象的发展变化；不仅要研究社会生活的客观规定性，认识社会结构运动变化的客观规律，而且还要研究社会生活的主观意愿，理解人们在社会生活中的价值理想和意义追求；不仅要坚持按照科学精神去发现和揭示社会历史运动变化的客观依据，而且还要发扬人文主义精神去关心人生困苦、追求人类幸福与解放。所以，马克思主义把实证社会学和解释社会学在两极对立

---

① E. 迪尔凯姆：《社会学方法的准则》，狄玉明译，北京：商务印书馆，1995，第7页。
② 马克斯·韦伯：《经济与社会》上卷，林荣远译，北京：商务印书馆，1997，第40页。

中展开的两个方面都纳入了自己的理论视野和学术胸怀，对立中的两极由此被统一在相互转化的交互关系中。

更为重要的是，马克思主义社会学不仅要解释世界，而且还要改造世界。这是由马克思主义社会学的立足点、出发点和基本原则所决定的。马克思主义社会学立足实践，从实践这个基本原则出发去面对社会生活。这就意味着，马克思主义社会学不是以单纯客观的原则去研究社会生活。因为实践本身就是主观见之于客观的过程，是人们以其主体力量作用于客观对象、使对象按照主体需求发生变化的过程，实践的品质要求以之为立足点、出发点的研究，既不能单纯注重主观性，也不能单纯注重客观性，而且还应当在二者的相互作用、相互转化中把握面对的社会现象。并且，马克思主义社会学认为研究者不是外在于实践过程的，研究者要积极地参与社会实践，在实践中认识社会、创新理论，同时用源于实践的理论指导实践，并在实践中不断检验理论、发展理论。实践性是马克思主义社会学最基本的特点，马克思主义社会学的其他特点都是在这个基本特点的基础上派生出来的。

马克思主义社会学以实践为基本原则，这就决定了它的思维方式一定要超越实证社会学的科学思维方式和解释学的人文主义理解方式，要坚持矛盾分析的辩证思维方式。因为实践是主体与客体的相互对立、相互联系、相互作用和相互转化的运动变化过程，所以它是充满了矛盾并且不断向前发展的辩证过程。以实践为认识社会的基本原则，首先要求用辩证思维方式把握社会生活。辩证思维方式的特点是，用普遍联系和永恒发展的眼光，对事物展开动态的矛盾分析，要把各种社会事实放到特定的历史条件中开展具体分析，既要重视事物的实践过程，也要注意事物的空间位置。恩格斯说：在辩证法面前，"不存在任何最终的东西、绝对的东西、神圣的东西；它指出所有一切事物的暂时性；在它面前，除了生成和灭亡的不断过程、无止境地由低级上升到高级的不断过程，什么都不存在"①。

马克思主义社会学的辩证思维方式，决定其坚持的研究方式既不是单纯的客观描述，也不是单纯的意义阐释，而是对社会现象开展由表及里、去伪存真的批判分析。辩证思维方式不满足于对事物的简单描述，而是要透过现象看本质，并认为现象并非直接表现了本质，本质常常被假象掩盖着，所以必须对各种社会现象进行批判性分析。所谓批判分析，就是要审

---

① 《马克思恩格斯文集》第四卷，北京：人民出版社，2009，第270页。

查现存事物存在的根据，揭示其存在的合法性或被异化、被扭曲的原因，以积极的眼光否定其消极性、肯定其合理性，推进事物向健康的方向发展。因此，批判不仅是对消极现象的揭露与否定，批判还是对积极因素的支持与肯定。

马克思主义社会学的另一个鲜明特点是其价值理想性。马克思主义社会学毫不掩饰其理论的价值追求，它明确地申明自己代表广大人民群众的根本利益，它以人性或人类应当得到真正自由和彻底解放作为自己的坚定追求，抨击社会生活中的不平等、不公正。认为对社会事实的研究不仅要说明其实然性的真实存在，而且也要揭示其应然性的理想状态。主张用广阔的人文情怀关心人生，用鲜明的价值评价导引社会。

马克思主义社会学的这些特点决定了其理论视野的总体性。马克思主义社会学的经典著述和历史演化都已十分清楚地说明，它的理论视野比任何一种社会学传统或社会学流派的理论视野都要广阔，它要在个人与社会，社会与自然，现实与历史，经济、政治与文化，心理、身体和行动等各个层面开展社会结构与社会变迁的研究，它认为社会结构的运动变化是一种总体的普遍联系的过程，尽管对社会现象某一方面的专门研究是必要的，但是只有在总体联系中观察和研究社会结构的运行变化，才能达到对人类社会发展过程的完整把握。

五 马克思主义社会学的广泛影响

马克思主义社会学的基本立场、价值追求和方法原则，不仅使其在经典时期同实证社会学和解释社会学形成了明显区别和不可替代的学术地位，而且也使其在经典社会学之后的发展历史中保持了旺盛的活力和不断扩展的影响。马克思恩格斯逝世之后，马克思主义社会学在俄国、中国和东欧得到了同各国革命实践相结合的传播与发展，既扩大了马克思主义社会学的影响，也在各国的传播与发展中实现了本土化，进而构建和呈现了不同的民族特色。在俄国形成了以列宁、普列汉诺夫为代表的俄国马克思主义社会学；在中国，形成了以毛泽东、瞿秋白、李达等人为代表的中国马克思主义社会学；在欧洲，出现了卢卡奇、马尔库塞、列斐伏尔等人为代表的西方马克思主义社会学或新马克思主义社会学。

俄国马克思主义社会学主要是由列宁和普列汉诺夫阐述的。列宁在向俄国传播马克思主义的过程中，首先面临的阻力是民粹主义以及逻辑实证主义的主观社会学理论。主观社会学把社会历史的变迁动因归结为人们的主观意志，认为个体根据自己的目的开展的选择行为可以决定社会历史的发展进程。列宁认为主观社会学颠倒了社会历史的决定因素与被决定因素之间的关系，把社会历史的发展变化归结为个人主观任意的偶然事件的堆积过程，其结果只能形成对社会历史过程的错误解释。列宁明确地阐述了马克思主义社会学的基本立场和方法原则，认为只有像马克思那样，以物质生产方式的矛盾运动为基础观察和分析社会结构的发展变化，才能形成科学的社会学理论。列宁指出：历史唯物主义"第一次使人们有可能以严格的科学态度对待历史问题和社会问题的假设"。①

普列汉诺夫对唯物史观开展了十分丰富的研究，他的大量论述也是关于马克思主义社会学基本理论的阐释。普列汉诺夫关于地理环境在社会发展中作用的论述受到孟德斯鸠地理环境决定论的影响，但是普列汉诺夫认为地理环境要通过生产力的作用影响社会历史，这就克服了孟德斯鸠地理环境决定论的机械性和简单化的局限性。普列汉诺夫对社会结构的五项构成因素（即生产力、生产关系、政治制度、社会心理、思想体系）开展了十分深入的论述，② 他把社会生产力看成一个复杂系统，对其构成要素及其相互间的关系都做了丰富的具体分析，对建立在生产力之上的生产关系或经济关系开展了充分讨论，对受经济基础规定的政治制度、社会心理和思想体系即意识形态等社会结构的基本构成都开展了内容充实、具体的论述，不仅丰富和深化了对唯物史观的理解，而且他在阐述唯物史观基本理论的同时也对大量社会问题开展了广泛论述，使马克思主义社会学的思想内容在很多方面得到了更充分的展开。

马克思主义社会学在俄国传播与发展的同时，西方兴起了以卢卡奇、葛兰西和柯尔施等人为代表的西方马克思主义，其基本内容是以马克思的实践观点为基础对西方国家的社会问题做出的批判性思考，所以西方马克思主义理论的很多内容是属于社会学范畴的。卢卡奇关于阶级意识、社会生活物化等方面的论述，柯尔施关于社会生活和历史发展总体性的观点，葛兰西关于文化霸权、意识形态、市民社会和知识分子的地位与作用等方面的论述，都关系到社会学研究不可回避的重大问题，这些思想观点为马克思主义社会学增添了丰富内容。

---

① 《列宁专题文集·论辩证唯物主义和历史唯物主义》，北京：人民出版社，2009，第160页。
② 《普列汉诺夫哲学著作选集》第2卷，北京：生活·读书·新知三联书店，1961，第186页。

在西方马克思主义中，最引人注目的理论是法兰克福学派阐述的社会批判理论。"法兰克福学派理论家们的分析大多要归功于马克思，他们也强调建立在财产关系基础上的利益冲突的重要性。"[1] 以霍克海默尔、阿多尔诺、马尔库塞、哈贝马斯等人为代表的法兰克福学派，举起新马克思主义的旗帜，从社会学和哲学的综合性视野，建立了内容十分丰富的社会批判理论，西方学者亦称之为批判社会学。他们对法西斯主义、集权专制主义、工业社会异化、意识形态扭曲、科学技术统治、社会交往障碍和日常生活困境等问题的批判，形成了与实证社会学和解释社会学截然不同的思想理论和学术贡献。法兰克福学派开展的研究与著述，涉及实证社会学、解释社会学以及其他社会学流派所论及的各种方面，并且其理论视野之广阔、思想内容之丰富，是其他社会学流派难以与之相比的。所以，无论从何角度、依据何种标准，在研究或编写社会学的历史时都不应该把法兰克福学派排除在外。

在社会学的经典时期，马克思主义社会学就已经对欧洲各国的社会学研究产生了深刻影响。马克思主义社会学的影响首先在德国社会学中逐渐扩展开。滕尼斯曾经把马克思称为最引人注目的和最深刻的社会哲学家，他关于劳动力、市民社会、阶级和共产主义社会的很多讨论都可以看到马克思主义社会学的影响。[2] 与滕尼斯同为德国社会学创始人的齐美尔，更加明确地接受了马克思的影响，他关于社会是由人们的交往行为形成的思想，关于社会分化、不平等和社会冲突的思想，很多理论观点的表述都与马克思有十分直接的联系。

马克思主义社会学对德国社会学的影响，最深入地体现在韦伯的解释社会学中。虽然韦伯的一些观点与马克思不同，他甚至批评了马克思关于历史必然性和经济因素的决定作用等观点，但是这些都不能掩盖马克思对韦伯的影响。韦伯的阶层理论认为，不应当像马克思那样仅仅依据经济标准或财富占有多寡的标准划分社会阶层，而应当同时考虑政治地位和社会声望等方面的因素，但是韦伯又肯定经济差别在阶层划分中的根本性，因此，可以说韦伯是补充而不是反对马克思的阶级理论。正是在这个意义上，科塞说："已经有人指出，不仅韦伯关于意识的学说，而且他的大部分学

---

① 鲁思·华莱士、艾莉森·沃尔夫：《当代社会学理论》，刘少杰等译，北京：中国人民大学出版社，2008，第 85 页。

② 斐迪南·滕尼斯：《共同体与社会》，林荣远译，北京：商务印书馆，1999，第 15—16 页。

说，都可以视为不断与马克思交流思想。"① 并且，韦伯自己也十分明确地说："判断一个当代学者，首先是当代哲学家，是否诚实，只要看他对待尼采和马克思的态度就够了。凡是不承认没有这两人所作的贡献就没有他们自己的大部分成就的人，都是在自欺欺人。我们在其中从事学术活动的领域，在很大程度上是由马克思和尼采创造的。"②

更为重要的是，韦伯认为社会行动是社会学的研究对象，这个解释社会学的基本观点同马克思主义社会学的基本原则——实践观点的联系也是十分密切的。其实，马克思讲的实践就是社会行动，因为实践一定是社会实践，并且是有意识、有目的的社会行动，这同韦伯关于社会行动的界定都是一致的。马克思把实践作为自己观察和解释社会问题的立足点和出发点，确立了在社会生活的物质关系、政治关系和思想文化关系的总体联系中把握社会结构发展变迁的理论构架；而韦伯则从具有主观意愿的社会行动出发，在资本主义工业发展、经济增长和现代化变迁同新教伦理的宗教文化变迁的关系中把握西方社会结构的运动发展。由此可见，二者呈现了在理论构架上有紧密联系的特点。

马克思主义社会学对法国社会学的影响更加深刻。虽然法国是实证社会学的发源地，实证社会学研究的立场和原则在法国有深厚的基础，但第二次世界大战之后，在法国知识界深刻反思战败的思想文化和社会经济政治根源的潮流中，法国社会学曾在 20 世纪五六十年代发生了反对实证主义的客观主义立场和摒弃单纯事实描述原则的倾向。一些学者认为，法国在法西斯主义侵略者面前表现得软弱无能、不堪一击，与广泛流行的实证主义只讲客观现象描述和放弃价值批判直接相关，实证主义实质上为法西斯主义铺平了意识形态道路。在这个背景下，一批法国学者转向了马克思主义。

中国学者比较熟悉的布迪厄、利奥塔和鲍德里亚等法国社会学家，纷纷接受了马克思的影响。虽然他们在 20 世纪 80 年代以后发表了一些与传统马克思主义不同的思想观点，但就其基本立场和主要思想观点看，仍然能够看到马克思主义社会学对他们的影响是十分深刻的。布迪厄明确地声言自己要从实践立场超越客观主义的社会物理学和主观主义的社会建构论，要在主观和客观的统一中考察社会实践结构和实践场域，从经济、文化和

---

① 刘易斯·A. 科塞：《社会思想名家》，石人译，上海：上海人民出版社，2007，第218页。
② 转引自刘易斯·A. 科塞《社会思想名家》，石人译，上海：上海人民出版社，2007，第219页。

社会的总体关系中把握经济资本、文化资本和社会资本的生成、运行与转换。① 利奥塔关于后现代知识图景和认识方式转变的论述，鲍德里亚关于符号价值的政治经济学批判，也和马克思主义社会学保持着密切联系。

马克思主义社会学在法国的影响，更充分地表现在研究方式和价值取向上。与实证社会学的客观论原则和回避价值追求不同，布迪厄、利奥塔和鲍德里亚等人在主观和客观的统一中考察当代人类社会的深刻变化，坚持辩证分析方法，揭示社会矛盾，在对社会问题的批判论述中，表达了明确的价值追求或理想意愿。

马克思主义社会学对美国社会学也产生了十分广泛的影响。无论是在帕森斯的结构功能论、默顿的中程功能论、霍曼斯的行为交换论、布劳的交换结构论、米尔斯的权力精英论和科林斯的社会冲突论中，还是在后工业社会来临之后兴起的丹尼尔·贝尔的后工业社会论、舒尔茨的人力资本论、布坎南的公共选择论、林南和普特南的社会资本论，以及詹明信的后现代文化社会学理论中，都能够清楚地看到马克思关于社会实践、社会结构、社会矛盾和社会发展等很多思想观点对美国社会学的广泛影响。

尤其在 20 世纪后期产生重要影响的一些美国社会学研究中，马克思主义社会学的影响就更不可低估。在哈维和苏贾为代表的空间社会学研究中，马克思主义社会学的影响就更为强烈。哈维在谈到马克思主义对其开展地理空间研究的影响时说："如马克思很早之前就指出的那样，我们的任务不仅是理解世界而且是改造它。但是，把它改造成什么呢？在此，政治承诺是至关重要的问题。因此，像马克思那样，如果我相信我们必须面对的基本矛盾是资本的破坏性逻辑，那么就必须把历史—地理唯物主义视为与那种政治目标有关的一种话语环节。"② 哈维承继列斐伏尔的新马克思主义社会学传统，对美国和欧洲在 20 世纪 70 年代以来的城市改造和后工业社会变迁中的空间资源重新配置、空间价值生产、空间权利剥夺、空间矛盾冲突等问题开展了具有马克思主义传统的政治经济学批判，被看成马克思主义社会学在美国的振兴。

与哈维和苏贾有直接联系的卡斯特，代表了美国网络社会学研究。卡斯特坚持马克思主义关于生产工具革命决定生产力变革进而决定生产方式

① 布迪厄、华康德：《实践与反思》，李猛、李康译，北京：中央编译出版社，1998，第10—12 页。

② 戴维·哈维：《正义、自然和差异地理学》，胡大平译，上海：上海人民出版社，2015，第130 页。

和整个社会结构发展变化的基本观点，他指出："生产的社会关系以及生产方式，决定了剩余的占有和使用……这个过程的特征是生产的技术关系决定了发展方式。"① 在网络信息社会大规模快速发展的新形势下，卡斯特从马克思主义基本立场出发，充分论述了由互联网和新媒体技术快速发展推动的企业经营模式、市场运行方式、政治权利关系、社会认同转变、时空关系变革，以及工作方式和生活方式变化等一系列网络信息社会变迁的新现象或新问题，推动社会学研究展开了崭新的新视野。

总之，无论是在社会学的经典时期还是在社会学的当代发展中，马克思主义社会学都保持着旺盛活力和深远影响。并且，马克思主义社会学的影响不仅在于一些学术流派公开表明自己坚持了马克思主义的学术传统和思想观点，以致马克思主义社会学至今仍在世界学术之林中占有不可替代的地位和持续向前发展的活力，而且还在于一些同马克思主义社会学有明显分歧的社会学流派，也吸收或借鉴了马克思主义社会学的实践原则、辩证思维方式和矛盾分析方法，在面对当代人类社会的新现象和新问题的思考中，阐述了很多反映了马克思主义社会学深厚影响的新理论或新学说。

---

① 曼纽尔·卡斯特：《网络社会的崛起》，夏铸久、王志弘等译，北京：社会科学文献出版社，2001，第15页。

"权力—利益"与行动伦理：基层政府政策动员的多重逻辑[*]

——基于农地确权政策执行的案例分析

狄金华

摘　要：缺乏专断性权力的基层政府如何常规化地推进政策执行，是学术界有待解释的问题。本文以农地确权为例，分析在政策执行所需的财政资源匮乏的情况下，基层政府如何有效动员并促使村干部完成农地确权工作。本文发现，基层政府一方面通过权力支配和利益置换相结合形成"权力—利益之网"使村干部在政策执行时与其保持一致；另一方面则运用政治伦理和社会伦理相结合所勾连起的"公—私伦理之网"来确保村干部的行为与其预期一致。权力支配和"讲政治"的机制由于与体制相契合而更多在"前台"使用，而利益置换和"讲情理"的机制则更多在"后台"使用。

关键词：政策执行　权力支配　利益置换　行动伦理

一　问题的提出

对于乡镇政府而言，体制内的治理任务最终都要依赖村庄（特别是村

---

[*] 本文原载《社会学研究》2019 年第 4 期。本文为国家社会科学基金重点项目"乡村振兴战略实施中的地方政府行为研究"（18ASH 005）的成果。感谢周雪光、折晓叶、刘世定、周飞舟、刘玉照、张永宏、黄晓春、欧阳静、陈家建、陈那波、艾云、冯猛等师友及外审专家对本文完善提出的建议，文责自负。

干部）的配合与执行。村干部既是乡镇干部的治理对象，同时也是其在村庄中的代理人，乡镇对村干部的激励直接影响后者对前者工作的配合程度以及政令自上而下的执行绩效。

　　农村税费改革与项目下乡极大地改变了农村基层政府行为发生的外部约束条件。对中西部农业型的乡镇而言，税费改革令其从村民手中收取税费来维持运转的渠道堵塞，变成依赖上级财政转移支付，因此农村基层政权从过去的汲取型变成了与农民关系更为松散的"悬浮型"① 和"协调型"②。依理，在"悬浮"和缺乏有效动员能力的"协调"状态下，基层政权的政策动员与执行能力较税费改革前必大打折扣；然而与之相悖的是，众多研究表明，农村基层政府在其试图推进的政策领域仍然保持着相当的动员和执行能力③。虽然有学者从官僚组织内部结构的维度来解释这种动员与执行能力发生的可能④，但这种分析路径只能解释处于压力型体制下的基层政权有动力去执行政策，并不能很好地解释基层政权何以能有效执行政策。换言之，在缺乏专断性权力的情况下，农村基层政权如何有效动员村庄/村民来执行政策，仍然是值得探讨的议题。孙立平和郭于华⑤认为，在正式权力资源匮乏的情况下，基层干部会通过借用地方性知识来实现政策目标。但正如他们所分析的那样，在"软硬兼施"和"正式权力非正式运作"的过程中，基层干部与农户一对一互动时需建构出特定的情境，并在此情境中以虚拟关系进行"逼迫"。这种复杂的权力技术必然带来高昂的治理成本，因此它更多地适用于对"拔钉子"等特殊治理任务的处理。由此，在基层常规治理中，基层政府如何对村庄/村干部进行有效激励和动员，仍然是一个有待打开的黑箱。本文试图以农地确权政策的执行为例，解析在项目制运作背景下乡镇基层政权如何对村庄/村干部进行动员和激励。

① 周飞舟：《从汲取型政权到"悬浮"型政权——税费改革对国家与农民关系之影响》，《社会学研究》2006 年第 3 期。
② 付伟、焦长权：《"协调型"政权：项目制运作下的乡镇政府》，《社会学研究》2015 年第 2 期。
③ 吴毅：《小镇喧嚣：一个乡镇政治运作的演绎与阐释》，北京：生活·读书·新知三联书店，2007；田先红：《治理基层中国——桥镇信访博弈的叙事（1995—2009）》，北京：社会科学文献出版社，2012。
④ 周黎安：《转型中的地方政府：官员激励与治理》，上海：上海人民出版社，2008；王汉生、王一鸽：《目标管理责任制：农村基层政权的实践逻辑》，《社会学研究》2009 年第 2 期。
⑤ 孙立平、郭于华：《"软硬兼施"：正式权力非正式运作的过程分析——华北 B 镇收粮的个案研究》，《清华社会学评论》特辑，厦门：鹭江人民出版社，2000。

二 乡村关系中的激励与动员机制及其实践：一个文献回顾

在 20 世纪 80 年代中国所确立的"乡政村治"体制中，国家主要依靠乡镇基层政府来对农村社会进行治理。由于乡镇干部规模有限，加之其对辖区内不同村庄具体治理信息掌握不甚充分，因此乡镇必须依赖村干部来完成具体的治理，村干部也因此扮演着村庄"当家人"和乡镇"代理人"的双重角色。同时这双重角色又因国家与社会、行政权与自治权的冲突而存在张力①。在此结构下，乡镇为了确保政令落实和政策执行，必定要设置相应的机制来激励村干部。

20 世纪 80 年代初，伴随"撤社建乡""撤队建村"的行政体制改革完成，中国构建了有史以来人数最庞大的基层政府，但国家并未提供维持其运转的财政资源，而是要求乡镇政府自行统筹②。在财政激励、政绩工程等多重因素的形塑下，乡镇基层政权形成了汲取性和牟利性的特征③，而且因农村"普九"达标、计划生育政策执行等治理任务的存在，基层政权的汲取性和牟利性特征进一步强化。当乡镇政权试图向村庄/村民汲取资源时，它必须得到村庄代言人（村干部）的认同与配合，其中乡镇对村干部的激励与动员显得尤为关键。围绕这一主题，研究者大体形成了权力支配、利益交换和庇护主义三种不同的分析范式。

权力支配范式在理解乡村关系时强调村干部的"准行政性"，认为自上而下的科层权力业已渗透至村庄，并支配了村干部的行为。荣敬本等人用"压力型体制"来解析县乡政治体制时指出，这种体制的运作并未止于乡镇政权，而是进一步向下延伸到村庄，由此形塑出乡镇党委（政府）对村党支书（村主任）的权力支配关系④。虽然依照现行行政制度安排，乡镇进入

① 徐勇：《村干部的双重角色：代理人与当家人》，《二十一世纪》1997 年第 8 期。
② 李芝兰、吴理财：《"倒逼"还是"反倒逼"——农村税费改革前后中央与地方之间的互动》，《社会学研究》2005 年第 4 期；杨帅、温铁军：《经济波动、财税体制变迁与土地资源资本化——对中国改革开放以来"三次圈地"相关问题的实证分析》，《管理世界》2010 年第 4 期。
③ 杨善华、苏红：《从"代理型政权经营者"到"谋利型政权经营者"：向市场经济转型背景下的乡镇政权》，《社会学研究》2002 年第 1 期；周飞舟：《从汲取型政权到"悬浮"型政权——税费改革对国家与农民关系之影响》，《社会学研究》2006 年第 3 期。
④ 荣敬本、崔之元、王拴正、高新军、何增科、杨雪冬等：《从压力型体制向民主合作体制的转变：县乡两级政治体制改革》，北京：中央编译出版社，1998。

村庄缺乏制度依据和组织依托，但自上而下的目标管理责任制却作为一种
"责任链条"，使村委会和居民委员会与地方政府形成了"责任连带关系"①，
进而使得乡镇干部能运用科层权力自上而下地对村干部进行动员。伴随农
村税费改革的深入，村干部变成"由上级政府拨款支薪的职工，不再是由
地方社区财政自己负担的准官员"②。这种变化使村干部"准行政性"的身
份进一步强化。虽然村干部的"准行政性"身份令乡镇干部自上而下地运
用科层权力进行动员的效力有所增强，但它与完全科层制内的权力支配仍
有所差异，即乡镇（干部）在对村庄（干部）进行动员时，除了需要运用
行政指令和文件传输外，还需要其他诸多非制度化的人力作用推动③。

利益交换范式强调乡镇政府在向村庄汲取资源的同时也需向村干部进行
利益输送，从而保证村干部在扮演乡镇"代理人"角色和配合乡镇干部落实
治理任务时有足够的积极性④。贺雪峰⑤指出，乡镇为了调动村干部的积极
性，常常允许村干部搭车收费、默许村干部将村集体财产化公为私，在此过
程中乡镇干部与村干部形成了利益共同体。在张静⑥看来，乡镇要求村庄执行
任务已超出了纯行政命令的性质，它成了必须经交换才能取得配合的"商品"。

庇护主义范式强调乡镇干部与村干部间因地方社会文化而存在庇护与
被庇护的关系。这种关系在乡镇干部动员村干部参与治理任务时发挥着重
要作用。在这种庇护关系中，占据较高社会经济地位的庇护者利用其影响
力和资源向社会经济地位较低的被庇护者提供保护和利益，作为回报，被
庇护者则向庇护者提供一般性的支持和帮助⑦。戴慕珍⑧在分析集体化时期

---

① 王汉生、王一鸽：《目标管理责任制：农村基层政权的实践逻辑》，《社会学研究》2009年
　　第2期。
② 黄宗智：《集权的简约治理——中国以准官员和纠纷解决为主的半正式基层行政》，《开放
　　时代》2008年第2期。
③ 吴毅：《小镇喧嚣：一个乡镇政治运作的演绎与阐释》，北京：生活·读书·新知三联书
　　店，2007，第615页。
④ 王荣武、王思斌：《乡村干部之间的交往结构分析》，《社会学研究》1995年第3期；陈锋：
　　《分利秩序与基层治理内卷化：资源输入背景下的乡村治理逻辑》，《社会》2015年第3期。
⑤ 贺雪峰：《试论二十世纪中国乡村治理的逻辑》，载黄宗智《中国乡村研究》（第5辑），
　　福州：福建教育出版社，2007。
⑥ 张静：《行政包干的组织基础》，《社会》2014年第6期。
⑦ James C. Scott, "Patron-Client Politics and Political Change in Southeast Asia," *The American
　　Political Science Review*, 1972, 66 (1)；林南：《地方性市场社会主义：中国农村地方法团
　　主义之实际运行》，《国外社会学》1996年第5—6期。
⑧ Jean C. Oi, *State and Peasant in Contemporary China：The Political Economy of Village Govern-
　　ment*, Berkley：University of California Press, 1989.

国家与农村的关系时曾指出，国家与党得以在基层实施控制，在相当程度上是通过庇护—被庇护网络来实现的；集体化解体之后，庇护主义仍是农村政治中的关键性因素。周雪光①在分析当代官僚体制的层级分流模式时指出，基层政府存在人数众多、固守本地的"吏"同向上流动的、人数较少的最高职务的"官"在规章制度约束、职业生涯、报酬待遇和群体利益等方面分属于两个不同的职业群体。其中前者的职业生涯总是在特定的区域内发生和展开，这种对空间的依赖带来了坚韧的社会关系网络和利益连带。研究者围绕计划生育政策执行②、黑地清查③、公共物品供给④等案例细致呈现了乡镇干部同村干部及社区间的庇护—被庇护关系。虽然庇护主义范式的分析并不否认庇护者与被庇护者之间存在物质利益的交换，但在庇护主义分析者看来，庇护者与被庇护者所交换的标的物并不限于物质利益，还包括政治机会等。更为关键的是，庇护主义范式强调庇护者与被庇护者之间存在伦理关系，即当处于等级序列下位的被庇护者忠诚于处于上位的庇护者时，庇护者有道德义务给予被庇护者以帮助和反馈⑤。同样，与权力支配范式强调支配具有正式性、非个人性、有效性不同，庇护主义范式认为，在庇护机制的实践过程中，"存在着明显的弹性、主观性和个人情感性"⑥。

上述三种研究范式洞悉了乡镇政权在乡村社会中的运作机制，从不同侧面呈现了乡镇政权与乡村社会互动的图景，然而在解析乡镇政权对村干部的激励时仍存在不足之处。比如，权力支配范式将村干部作为准行政干部来分析，放大了科层体制对村干部的支配与动员能力，明显忽视了村干部作为村民"代言人"的角色及村庄结构对其行为的钳制。庇护主义范式虽强调地方性社会文化和社会结构会对乡镇干部产生影响，但其在分析中却无法有效驱逐"利益分析"这个幽灵。因为庇护主义分析者一方面认为乡镇与村庄之间存在丰富的庇护与被庇护关系，另一方面又认为个人正是

---

① 周雪光：《从"官吏分途"到"层级分流"：帝国逻辑下的中国官僚人事制度》，《社会》2016 年第 1 期。

② 艾云：《上下级政府间"考核检查"与"应对"过程的组织学分析：以 A 县"计划生育"年终考核为例》，《社会》2011 年第 3 期。

③ 朱晓阳：《黑地·病地·失地——滇池小村的地志与斯科特进路的问题》，《中国农业大学学报》（社会科学版）2008 年第 2 期。

④ 焦长权：《政权"悬浮"与市场"困局"：一种农民上访行为的解释框架——基于鄂中 G 镇农民农田水利上访行为的分析》，《开放时代》2010 年第 6 期。

⑤ 张静：《现代公共规则与乡村社会》，上海：上海书店出版社，2006，第 203 页。

⑥ 孙立平：《社会主义研究中的新制度主义》，《国外社会学》1996 年第 5—6 期。

通过这种关系来追逐自己的利益①。当庇护主义无法驱逐"利益分析"这个幽灵时，其本质上亦陷入"将精神层次的现象简单用'非精神层次'的经济、政治、文化、心理等机制来解释"的"还原论"陷阱②。利益交换的分析范式在将行为主体简化为逐利者的同时，勾画了税费改革前乡镇与村庄代言人之间的利益交换而激励后者的行为，但它显然无法解释税费改革后村干部在无法"搭便车"收费时，乡镇如何对村庄代言人进行有效激励和动员。如果说税费改革前，乡镇允许村干部搭车收费是通过当场"变现"的强激励来保障治理任务的执行，那么随着农业税费取消和财政专项转移支付，乡镇在治理实践中的行为受到了诸多约束，它们对村干部的强激励往往不能当场"变现"，在这种情况下如何重塑激励机制是一个有待深入分析的问题。这也构成了本文努力的方向，本文试图以笔者 2015 年以来对 H 省江县③农地确权政策执行的追踪调查为基础，呈现在特定资源结构和关系结构下的乡镇政权如何对村干部进行有效激励和动员。

三 农地确权政策的层层分责与逆向软预算约束

2013 年中央提出用 5 年时间基本完成农村土地确权登记工作，当年中央启动农地确权的全国试点。同年，H 省启动省内试点工作，江县作为 H 省第一批试点县，当年即着手确权工作。所谓农地确权，是对农地的承包经营权进行确权、登记和颁证，"它主要是在二轮延包的基础上解决承包地四至不清、面积不准等问题"。对于江县而言，此次农地确权工作涉及 18.5 万农户和 90 万宗田块，预计实测面积达 140 万亩。

（一）农地确权政策执行的责任划定

农地确权颁证作为自上而下推进的政策，中央对政策执行的责任主体有明确规定，即"农村土地确权主体责任在县市一级，市州承担主管责任"。在江县，县长任确权工作领导小组组长，确权领导小组办公室（县确

① 孙立平：《"关系"、社会关系与社会结构》，《社会学研究》1996 年第 5 期。
② 费孝通：《试谈扩展社会学研究的传统界限》，载《费孝通全集》第十七卷，呼和浩特：内蒙古人民出版社，2003；周飞舟：《论社会学研究的历史维度》，《江海学刊》2016 年第 1 期；周飞舟：《行动伦理与"关系社会"——社会学中国化的路径》，《社会学研究》2018 年第 1 期。
③ 按照学术规范，笔者对所涉及的地名和人名进行了匿名化处理。

权办）设在县经管局，经管局局长兼任县确权办主任。在政策执行过程中，江县政府要求各乡镇成立由书记任组长、乡镇长任第一副组长的领导小组，各行政村要成立由包村干部任第一组长、村党组织书记任组长的确权工作协调组。同时，县政府强调"县、乡镇、村三级实行工作组（指导组）组长负责制，包乡镇包村干部、部门负责人、财政专管员以一个月的工资，与所包村农地确权工作的完成情况进行绩效考核，村干部以全年工资的30%进行挂钩"。①

虽然农地确权是自上而下推行的政策，但江县政府却有借此契机解决辖区内农地纠纷的现实诉求。1998年全国推进土地二轮延包时正值H省遭遇洪灾，当时江县许多乡镇都将精力放在更重要的防洪上，而在二轮土地延包工作上"走了形式"；2004年H省完善二轮延包时，江县也因种种原因未严抓落实。长期遗留的地权模糊和四至不清等问题在2005年农业税费取消和惠农补贴加大后被不断发酵，并对地方社会治理产生影响，这构成了江县推动农地确权的内生动力。

（二）农地确权的政策分解与执行

2014年4月，H省在西县进行了确权工作整县推进试点，在此基础上提炼了"九步工作法"并在全省推广。同年9月，江县在借鉴西县"九步工作法"的基础上，在辖区内选了三个乡镇进行试点，确立了自己的"九步工作法"，即成立工作专班、制订工作方案、宣传培训、入户调查、纠纷调处、指认田块丈量测算、公示审核、签订合同颁发证书、资料整理建库。在九步流程中，前五个流程的工作任务由驻村干部独立完成，这五个流程的工作任务是整个工作中最基础和关键的部分，占总任务60%以上的工作量。后面的四个工作流程以专业测绘公司为主进行，由驻村专班和村组干部配合实施。

江县虽然出台了确权的具体流程，但这些流程具体执行仍需乡村两级来完成，各乡镇也需依据辖区内的农地状况及治理结构来适当调整工作执行步骤。以陈湾镇为例，他们将"九步工作法"中的前五个流程又进行了区分，即前三个流程为"外围工作"，主要是宣传发动、理顺确权过程中的相关手续、调解和厘清尚存纠纷农地的权属关系；第四个、第五个流程为

---

① 《江县人民政府关于印发〈江县整体推进农村土地承包经营权确权登记颁证工作实施方案〉的通知》（江政发〔2015〕4号）。

"核心工作"，主要是入户填写"家庭承包方式农户信息调查表"（简称表B）和"承包地块调查表"（简称表C），其中表B需要完整填写农户的家庭成员信息，表C则需要清晰地填明每个农户所承包的每一地块的名称、合同面积、土地用途、土地类型、是否基本农田以及地块的四至抵界。

（三）财政短缺与逆向软预算约束

政策的有效执行不仅需要组织机制的保障，同样也需要财政资源的保障，但对于江县的农地确权工作而言，财政资源紧缺却是明显的制约因素。依照中央及省的政策，此轮农地确权的工作经费由中央和地方财政共同分担，其中"财政部根据国土资源部第二次全国土地调查（以下简称国土'二调'）公布的各省农村集体耕地面积按照每亩10元的补助标准，在2014年至2018年的5年内，分年对各省安排补助资金"；[①] 同时H省财政以5元/亩的标准，通过以奖代补的方式给予县市农地确权专项经费补助，并要求不足部分由地方配套落实。

在江县，农地确权的成本远远超出上级财政的补贴，而这一差额由江县来兜底时，作为农业县的江县财政显得捉襟见肘。对江县而言，确权的成本主要包括五部分——航空摄影成本、[②] 测绘成本、数据库建设成本、组织管理与硬件购置成本、村庄进行登记及信息收集成本。[③] 对于确权成本分摊及县级财政压力，江市（江县所在的地级市）农经局的刘副局长如此解释。

> 江市是农业大市，经济基础不好，各级财政都有难度，现在市里拿不出来钱，县里也拿不出来钱，但县负有主体责任，它必须把事情做好。土地确权是政府2015年的重要工作，是中央的战略性任务。工作有轻重缓急，要抓重点工作，其他工作可以压一压、缓一缓、挤一挤。工作经费缺一些，那么想办法，在其他地方挪挪，我们政府本来就是"有条件要上，没有条件创造条件也要上"。（访谈20150724JZZ）

---

① 《中央财政农村土地承包经营权确权登记颁证补助资金管理办法》（财农〔2015〕1号）。

② 在其他县市，农地确权大多用国土"二调"的影像资料，但江县现存的"二调"航拍图有缺陷而无法利用；加之近年来江县60%的耕地都进行过整治，地形地貌都发生了重大变化，"二调"航拍影像资料已无法满足确权工作的需要。

③ 由于基层党组织权威弱化，经济报酬成为村集体动员农民最为核心且有效的手段，因此无论是村集体请调查员，还是召集村民、户长开会，村集体都得给钱。

本研究侧重探讨基层政府如何动员村庄执行确权政策，因此分析聚焦于第五项成本，即村集体请调查员、召开代表会和户表会的成本如何分担。该项成本与前四项相比，除了主要由村庄负担外，另一个重要特征是支出预算约束的软化。在前四项成本中，无论是硬件与物资（如电脑）的购买，还是技术服务（如航拍摄影等）的购买，主要是通过市场来获得，这决定了此两项成本/支出约束的硬化特征：如果政府无法提供企业所预期的报价，企业便不会介入确权过程。与前四项支出预算约束的硬化不同，第五项则有向下转嫁的可能。江县政府要求，凡是"涉及乡镇、村（居）农村确权日常工作经费由各乡镇统筹安排，原则上按不超过 10 元/亩的标准列入 2015 年乡镇财政预算"，县政府依照考核办法和上级管理模式，对乡镇、村（居）确权工作分阶段考核验收，严格按工作进度和考评质量实行以奖代补。[①]

所谓"以奖代补"是指在确权过程中先由乡镇自行筹集资金展开工作，待确权工作完成、上级验收之后，县政府再依据验收的结果对各乡镇进行"奖励"，以"补偿"乡镇在工作中的支出。"以奖代补"作为一种强激励设置，将农地确权的考核结果纳入资金分配中来：考核优秀者可以多得，考核合格者可以获得正常的资金，而考核不合格者则要在正常资金额度的基础上扣除一部分。对于乡镇而言，以奖代补就意味着在确权工作完成之前，县级财政不可能支持他们。不仅如此，以奖代补的标准也相对较低：若考核合格，规模较小的乡镇可获得 5 万元补贴，规模中等的乡镇可获得 8 万元补贴，规模较大的乡镇可获得 10 万元补贴，余下的差额则需乡镇自行筹集。当县政府将部分财政配套任务转嫁给乡镇时，乡镇也照样向村庄转嫁，这样就形成了一种独特的"逆向软预算约束"现象。之所以称这种逆向软预算约束现象具有独特性，是因为它既不完全是自上而下的权力支配[②]，也不完全是基于机会主义的上下合谋[③]，而是二者的"混合体"，即一方面上级政府要求下级必须承担这种转嫁的负担（权力的暴力机制），另一方面上级又会在其他项目或经费上予以下级利益补偿，而且下级也能明确预期这种补偿的存在（机会主义的合谋机制）。

---

① 《江县县委书记在全县农村土地承包经营权确权登记工作启动动员会上的讲话》（内部资料）。

② 周雪光：《逆向软预算约束：一个政府行为的组织分析》，《中国社会科学》2005 年第 2 期。

③ 狄金华：《通过运动进行治理：乡镇基层政权的治理策略——对中国中部的地区麦乡"植树造林"中心工作的个案研究》，《社会》2010 年第 3 期。

四　不匹配的财权与事权分配：政策执行中的权力支配

农地确权最终将由乡镇政府来完成，而乡镇执行农地确权又有赖于村庄，特别是村干部的配合。从某种意义上来讲，农地确权政策能否有效落实，关键在于乡镇能否有效动员村干部，令其积极参与确权工作，并承担其中的工作经费。对陈湾镇政府而言，动员辖区内村干部最重要同时也最直接的障碍便是工作经费的短缺。

陈湾镇约有耕地 5 万亩，按 10 元/亩的成本核算，则需 50 万元的工作经费。依照"以奖代补"政策，即便其工作突出可获 8 万元奖励，每个村再奖励 1 万元，陈湾镇 14 个村庄合计仅 14 万元，这样计算，陈湾镇总工作经费也仅为 22 万元，尚不足实际工作经费的一半。为了推动各村全力推进确权工作，陈湾镇"自掏腰包"对辖区内的各村进行了奖补。对此，陈湾镇经管站廖站长（兼财政所所长）如是说：

> 镇里这次拿出 7 万块出来奖补是因为县里前面许诺，验收合格后县里对乡镇奖补 8 万元，乡镇就是把未来的这个奖励拿出来奖励村组，镇里宁可不要奖励，只要能把事情做好就好了。（访谈 20150735SZW）

廖站长之所以有上述"无奈"，是因为作为农业乡镇的陈湾镇，其财政早已"空壳化"。从表 1 中可以看出，陈湾镇的收入主要由一般性转移支付、专项资金及其他几部分构成，其中专项资金占总收入的比例近年来都在 50% 以上。专项资金的下拨与自上而下的项目设置通常是相匹配的，当上级通过专项化和项目化的方式来进行资金分配时，事实上控制了基层政府预算资金的支出权限。这些数额庞大的资金虽然是由基层政府支出，但对陈湾镇政府而言，这些资金却"并不好用"。陈湾镇政府既不能针对项目的实际运行来灵活调整和调配资金在不同环节的使用，更不可能打通项目之间的区隔来调配资金或利用项目资金完成辖区内其他治理任务。刨除专项资金，陈湾镇所获得的一般性转移支付除了发放工资外，其余仅能保障政府正常运转。

表 1　陈湾镇的行政事业单位收入

单位：万元

收入分类		收入规模			
		2014 年	2015 年	2016 年	2017 年
一般性转移支付	工资性收入	123.63	127.4	118.28	143.89
	工作经费	60.8	158.6	120.36	120.29
	以钱养事	39.42	—	—	—
	小计	223.85	286	238.64	264.18
专项资金		979.4	893.81	1563.21	1881.63
其他		624.98	224.74	267.25	315.67
总计		1828.23	1404.55	2069.1	2461.48

与治理资源"短缺"不对等的是治理负荷的沉重。陈湾镇农地确权工作的沉重不仅体现在确权面积大、涉及农户多，它同时也与确权工作这一治理任务本身的复杂性有直接关系。对于陈湾镇而言，确权工作因两方面的原因而复杂性大增。其一是农地资源的不均衡分布使得确权工作难以推进。那些因结婚生子而带来人口增加的农户要求在调地之后再确权；然而，此轮确权在政策上并不允许村庄进行土地重新调整，因此未能调入土地的家庭对确权政策执行有较大的抵触。其二是农业税费遗留下来的问题因确权而激化。农村税费改革之前，陈湾镇的农业税费一度达到 400 元/亩，当时许多农民为了外出务工，通过与其他农户协商，自行流转了农地；现在政策变了，当时转出农地的农户反过来要收回土地。现在新一轮的农地确权因中央"农地制度长久不变"政策而使农民预期此轮确权后将不再更改，因此围绕农地权属与利益获得的矛盾增多，对农地确权政策的执行与实施形成了压力。

就此次确权而言，即便是陈湾镇将其未来的奖励提前分解给村庄，仍不能解决村庄的经费问题。对于村庄而言，由于集体经济虚弱，根本无力筹集确权资金。以陈湾镇下辖的吴家畈村为例，该村共有 1009 户，需要确权的农地面积有 3322 亩，村庄需承担的确权经费达 4 万—5 万元，除了乡镇预支的 1 万元外，仍然需要自行承担 3 万—4 万元。

对于吴家畈村的集体收入，其村书记魏伯介绍：

村虽然人多地广，但基本没有什么集体资产了。现在村集体只剩一个渔场了，一年就只能收两万元左右的租赁费，但这个钱根本"止不了渴"，村里要开销的地方太多了。（访谈20150763WDN）

村集体经济的虚弱以及上级的逆向软预算约束虽然都构成了吴家畈村完成确权工作的"障碍"，但当笔者前往该村调查时，该村的确权工作却井然有序地进行着。魏伯对村里的确权工作说明如下：

> 目前我们村（确权的）1—5阶段已经都完成了，入户调查已经结束了，表B和表C都填完了。为了配合这次确权工作，村里组织成立了一个工作专班，包括5个村干部、两个老干部和13个小组长，同时每一个小组还请了两个人，这样13个小组就有26个人，其中小组长主要负责组织与协调，小组请的24个人是入户调查，调查填写一户完整的资料给10元的报酬。（访谈20150765WDN）

据魏伯介绍，吴家畈村在确权的前五个阶段已经花费了两万多元，预计在剩下的四个阶段还得再花2万—3万元。由于村庄财力有限，这种自上而下的政策执行事实上导致了村庄债务的增加。[①]

通过上文的介绍可以发现，陈湾镇通过自身的努力有效动员了村庄接受并妥善完成了任务。虽然陈湾镇的乡镇干部能够通过召集村干部集中开会宣传、布置任务等一系列方式来彰显其对行政权力的支配能力，但毕竟村干部不隶属于行政体制，行政体制与行政权力对他们的约束力远低于乡镇干部。如此，我们不禁要追问，除了上述分析的一般性的权力支配之外，陈湾镇究竟还通过何种机制来动员和激励村庄，使其配合自身完成任务？这也是下文试图着重探讨的问题。

五 利益置换与激励动员

（一）政策执行中的利益置换

如果吴家畈村最终完成了乡镇交代的任务（哪怕因此增加了自身债

---

① 在吴家畈，由于村集体资源匮乏，村庄聘请工作人员的报酬都打着"白条"，成为村集体的债务。

务），那么从政策执行的角度来看，乡镇的动员也是成功的。这种动员中的一个重要机制就是通过利益置换来获得村干部的认同。所谓利益置换，即乡镇在确权之外的其他工作或项目建设上给予村干部私人利益，以换取村干部在农地确权工作上的配合。当然，这种利益置换并不一定都是瞬时完成的，有可能确权前乡镇已经"照顾"了村干部，因此村干部需要在确权工作上"还人情"；也有可能这种"照顾"发生在确权后，乡镇借助其他事由对村干部进行"补偿"。这种非瞬时的利益交换在乡村干部双方都形成了稳定的预期。

2015年7月上旬，陈湾镇农地确权的前五个阶段已基本完成，此时上级下来了一个有关农村公共服务运行维护机制建设试点的项目，该项目需在各村设置环境保护岗、治安巡防岗等5个公益性岗位，试点期1年，项目资金为55万元。笔者在该镇农地确权的专班会议上，听到镇党委吴书记对这些试点项目岗位设置进行了"定位"。

> 公共服务维护岗的项目资金单独拿出来做这些事，平摊到每个人身上也没几个钱，得整合资源，怎么整合？要放在村组干部身上，村组干部的待遇本来就不高，这个补上还有个样子。再说公共服务维护岗的内容很多本身就是村组干部的工作，这个打包，村组干部的待遇补起来了，他们工作的积极性才能保障。（访谈20150741WZW）

当陈湾镇政府将村庄公共服务项目的岗位"指定"给村组干部时，这一项目所带来的岗位收益大大提升了村组干部的个人福利。对吴家畈村组干部而言，他们非常清楚这一福利的增加完全是因乡镇领导的指定。作为回报，他们在乡镇交办的中心工作农地确权上也必须投入和支持，虽然这种支持最终可能增加村集体的债务。

陈湾镇政府在确权中与村干部之间的这种利益置换成为其政策执行过程中对村庄社区利益的"破壳机制"。如果村庄内部（村干部与村民）形成一致的利益共同体，那么村庄在面对自上而下、有损于村庄利益的政策时将形成一个坚硬的"保护壳"，令这些政策无法在村庄内部执行。但陈湾镇在确权过程中，通过满足村干部的个人利益而促使其在村庄利益上让步，形成了对村庄利益共同体的"破壳"。

（二）"无条件的个体性项目"：利益置换的资源基础

在陈湾镇确权过程中，乡镇干部对村干部的利益置换成为政策自上而下执行的关键因素；而这种利益置换与赢利型经纪[①]及税费改革前"乡村利益共同体"[②]格局下的乡村"利益置换"不同，后者是赋予村干部（经纪人）在村庄中自行汲取资源的权力，而前者则是以外来的项目资源为基础。正是利益的来源不同，使前者没有后者那样容易导致干群关系紧张和危及基层的治理。

项目作为一种资源分配的方式，在分税制改革后的国家资源分配中扮演着越来越重要的角色。不仅如此，项目制还溢出财政领域，成为诸多领域自上而下治理任务落实的主要方式[③]，进而成为一种新型的治理体制[④]。周雪光[⑤]曾以"专有性关系"和"参与选择权"这两个维度区分出项目制下的不同特征，而在不同的组织形态之下，不同层级间政府的博弈特点与行为选择也存在差异。与之同理，不同属性的项目给基层灵活"变通"的空间也是不同的，而这种项目"变通"空间的大小又直接影响到基层政府在治理过程进行利益置换的空间。在我们看来，"受益主体"的属性与"受益的条件性"是形塑项目运作中基层政府变通空间的两个关键要素。在这两个要素的不同组合之下，项目的属性也存在不同。

表2　项目的属性与分类

		项目受益的条件性	
		无条件	有条件
项目承受主体	个体	Ⅰ	Ⅱ
	社区	Ⅲ	Ⅳ

项目受益的条件性是指项目执行时落户对象选择的"条件性"，它是由项目设置中的"条件"所决定的，反过来又决定了在项目落户过程中基层政府自由裁量权的大小。[⑥]项目承受主体的属性则主要是指项目最终是由个

---

① 杜赞奇：《文化、权力与国家：1900—1942年的华北农村》，王福明译，南京：江苏人民出版社，1995。

② 贺雪峰：《组织起来：取消农业税后农村基层组织建设研究》，济南：山东人民出版社，2012，第198—199页。

③ 折晓叶、陈婴婴：《项目制的分级运作机制和治理逻辑——对"项目进村"案例的社会学分析》，《中国社会科学》2011年第4期；陈家建：《项目制与基层政府动员——对社会管理项目化运作的社会学考察》，《中国社会科学》2013年第2期。

④ 渠敬东：《项目制：一种新的国家治理体制》，《中国社会科学》2012年第5期。

⑤ 周雪光：《项目制：一个"控制权"理论视角》，《开放时代》2015年第2期。

⑥ 项目受益的条件性会影响基层政府的"变通"在科层体制所面临的阻力的大小。

体还是由村庄/社区来承接的。这会直接影响到基层政府"变通"时面临的阻力。表2描述了在这个维度上不同项目的类型区分。第Ⅰ类是无条件的个体项目，这类项目的承担者是个体，而对这一个体的选择并没有过多的条件限制。典型者如前文所提到的陈湾镇正在试点的安全保障员项目，其中项目的资源是投在保障员身上，项目设计中并未对保障员的选定作详细规定，而是将此裁量权交由基层政府来执行。第Ⅱ类是有条件的个体项目，这类项目的承担者虽然也是个体（或家庭），但在项目设置中对项目承担的主体属性都有限定（有条件性）。例如"粮食直补"项目，它需由财政部门确定农户种植的类别（是否种植粮食及其种植何种粮食）和规模后，再依据一定标准，通过财政系统直接将补贴落实到农户。在这种项目实施中，基层政府虽参与执行过程，但几无自由裁量权[1]。第Ⅲ类是无条件的社区项目，这类项目更多的是由政府部门依据规划而投入社区之中的项目，社区自身的条件并不是项目落户的关键，政府规划才是最为重要的因素。例如农业综合开发中的土地整治项目，它的承担者是村庄，其中项目村庄的选定主要取决于政府规划，而不是社区自身的条件。第Ⅳ类是有条件的社区项目，这类项目在落户社区的过程中对社区条件有相应要求。典型者如有财政配套要求的"一事一议"项目，该项目要"下放"到某个村庄或社区。前提是该村庄或社区自行筹集了部分资金或完成一定酬劳，只有满足了该"前提条件"，自上而下的项目才会落户到该村庄或社区。

通过上述分析可以发现，项目下乡所裹挟的资源虽然增强了基层政府对村干部的动员能力，但并不是所有的项目都能为乡镇干部进行利益置换提供相同的空间。比较而言，"无条件的个体项目"由于赋予了基层政府更多的自由裁量权，使得乡镇干部能用这些项目利益来动员村干部，令其积极地执行自上而下的政策，尽管这些政策的执行有可能以牺牲村庄的整体利益为代价。此外，由于项目的"无条件性"和"个体性"，当乡镇政府通过自由裁量权的运用来"俘获"村干部时，因其所动用的资源并未直接带来其他村民利益的损失，以这种利益"俘获"为基础的利益置换很少会诱发村民的公开反对。

需要指出的是，江县村干部之所以能在不顾及村庄和其他村民利益的前提下同乡镇干部进行利益置换，与江县特定的社会结构有关。江县所在

---

① 周雪光：《项目制：一个"控制权"理论视角》，《开放时代》2015年第2期。

区域的社会结构具有"原子化"区域的特征①，村庄内部无法形成超过联合家庭的集体行动能力，因此即便有村民对村干部牺牲村庄利益的行为有意见，也无法通过集体行动对其进行钳制。这与具有一致行动能力的宗族型村庄有极大的不同。

六 行动伦理与组织动员

在前文中，笔者呈现了陈湾镇的乡镇干部在对辖区内村干部进行政策动员时的"权力—利益"机制，在确权过程中这一机制虽然重要，但它并非全部，乡镇干部也通过将政策执行置于一定的伦理结构中来进行动员，伦理结构型构的特定伦理关系则实现了对村干部的引导和约束。

（一）讲政治：政策执行中的政治伦理动员

新中国一直有"讲政治"和"讲组织原则"的治理传统。所谓"讲政治"就是要做到"在思想上、政治上和行动上同党中央保持高度一致……保证中央的政令在各项工作中畅通无阻……在各项工作中认真贯彻执行党和国家的各项方针政策"；"想问题、办事情，要把是否符合大局作为出发点"②。而"民主集中制"作为中国共产党的根本组织原则和领导制度，与"讲政治"具有内在一致性，民主集中制中一条重要的原则便是"党员个人服从党的组织，少数服从多数，下级服从上级，全党各个组织和全部党员服从党的全国代表大会和中央委员会③"。讲政治和讲组织原则更多的是位居组织体制上端的领导对下属的约束与激励。在中国现有的行政体制与政党伦理之中，组织利益高于个人利益，为了组织利益必要时牺牲个人利益已成为一种被推崇的政治伦理。这一政治伦理对深入体制中的组织成员具有较强的约束力。也正是如此，讲政治或"讲组织原则"已成为自上而下进行政策动员的重要机制。H省副省长在全省农地确权试点工作推进会上明确强调：

农村土地承包经营权颁证工作是推动农村改革发展的基础性工作，

---

① 贺雪峰：《什么农村，什么问题》，北京：法律出版社，2008。

② 李学举：《公务员管理实务》，北京：中国社会出版社，1996，第59—60页。

③ 中共中央组织部：《中国共产党组织工作辞典》，北京：党建读物出版社，2009，第108页。

既是重要任务，又是重大机遇，事关广大农村群众切身利益和社会稳定，是当前一项重大而紧迫的政治任务。①

江县县委书记在县农地确权工作动员会上同样以"讲政治"的机制来动员基层政府。

　　这次农村土地确权颁证工作的决心之大、要求之高，前所未有，要将农地确权颁证作为深化农村改革，加快推进我国工业化、信息化、城镇化、农业现代化的顶层制度设计和基础性工程来进行安排布置，全县上下务必增强政治敏锐性、政策严肃性、工作使命感、责任感，全面深化对农地确权工作重要性、必要性和复杂性的认识，将思想、认识和行动统一到中央的决策部署上来。②

笔者在调研过程中亲历了一次陈湾镇党委领导对吴家畈村支部书记"做思想工作""讲组织原则"的场景。在会场，村支部书记反复诉苦确权工作经费少、难度大，对此，镇领导强调：

　　虽然这次确权的工作经费有些紧张，但我们要想办法落实。村支部书记要带头落实，这是原则。支部书记要讲政治，不能光看钱，现在乡镇也没有多少钱，但不是也要完成任务？这个工作是省里的重点工作，也是最复杂的工作之一。（访谈20150735SZW）

在会场，笔者清楚地看到，一旦上升到"政治任务"和组织原则时，村支部书记之前的"理直气壮"就不见了。虽然村干部未必就此轻易地信服乡镇领导的政治逻辑，但在确权动员过程中，乡镇领导通过"讲政治"将具体的确权工作上升到"政治任务"时，其实是向村支书传达了"此项任务不可推脱、必须完成"的信号，进而达到引起村支书重视的目的。虽然动员中的"政治化"过程似乎是在编织一个政治口号，但它却具有一定的威慑力，因为在中国的政治体制中，一旦上升到"政治任务"高度，就

---

① 《××同志（副省长。——笔者注）在全省农村土地承包经营权登记试点工作推进会上的讲话》（H省农业厅发文〔2014〕103号）。
② 《×××同志（县委书记。——笔者注）在全县农地确权转段工作动员会上的讲话》（2014年12月2日）。

变成了一个不讲条件、不讲代价、必须完成的工作，没有任何讨价还价的余地①。陈湾镇乡镇干部动员村支书的政治话语与其他层级官僚向下动员时一样，通过"讲政治"和"大局意识"强调政治伦理的重要性，即个体要服从组织、局部要服从大局。在这一政治伦理之中，个人和局部强调困难和特殊性便不具有正当性，个人和局部唯有积极配合大局、完成任务才具有正当性。

陈湾镇乡镇干部在确权中所运用的"讲政治"的动员机制，其实质是乡镇通过强调个人服从组织、局部服从整体的组织伦理，要求作为村庄代理人的村书记必须与上级党组织保持一致，并落实上级布置的农地确权工作。"讲政治"和"讲组织原则"背后所体现的政治机制与政治伦理强调政策落实背后是政策执行人自身的认知及其"意义宣称"，而非权力支配机制下所强调的政策执行条件。如果说权力支配机制是建立在科层组织制度规则的基础上，依照事本主义逻辑，遵循责权匹配的方式来运行；那么政治机制则是"旨在打破传统科层制的束缚，依照政治动员增加治理的灵活性，使组织或个人权威得以跨级、跨界绕过既定规则设计而产生影响力"②。在此结构下，以科层结构的局限（人力财力不足或制度限制）为由阻碍政策落实或任务实施则不具有正当性，而任何不顺应这种政治机制的个人或组织也会被认为是其认知存在问题，如政治觉悟不高、政治意识不强、不讲组织原则等，进而受到比科层组织中政策执行不力更严重的处罚。

（二）讲情面：政策执行中的社会伦理动员

如果"讲政治"是通过构建一个"公"的伦理结构并运用其中的伦理法则来进行动员，那么"讲情面"则是运用"私"的逻辑与伦理法则来促使村干部克服困难、配合其完成确权的工作。

在陈湾镇，虽然确权工作最初的动员和布置由乡镇领导通过政治动员的方式来进行，但具体的推动则是由乡镇的包村干部来完成的。陈湾镇如全国其他乡镇一样，对所辖的各行政村配备专职干部，负责联系并协助该村开展工作。包村干部代表乡镇领导、指导、督促和协助村干部完成乡镇所下达至村庄的所有行政任务③。虽然包村制实现了乡镇基层政权"自上而

---

① 狄金华：《通过运动进行治理：乡镇基层政权的治理策略——对中国中部的地区麦乡"植树造林"中心工作的个案研究》，《社会》2010年第3期。

② 折晓叶：《县域政府治理模式的新变化》，《中国社会科学》2014年第1期。

③ 欧阳静：《策略主义：桔镇运作的逻辑》，北京：中国政法大学出版社，2011。

下的压力与动员的传递"①，但包村干部对村干部的施压和动员却主要不是依靠手中的正式权力，而是靠包村干部与村干部（特别是村支书）之间的情义关系。正如陈湾镇吴家畈村的包村干部陈主任所介绍的：

> 我在吴家畈村包村已经有十多年了……这么多年下来，对村里情况比较熟悉。现在的村支书还是会计时，我们关系就很好。无论是前面的支书，还是现在的支书，我们都处得很好，都是很好的朋友。他们的事情我都放心上，帮他们考虑。一些私人的事情，我能够帮忙的就帮忙，在工作上他们也自然都配合我。（访谈20150769CJL）

从上述访谈可以看出，包村干部与村庄及村干部的稳定联系使得他们之间建立了超越工作关系的朋友关系。当二者的关系由工作中"指导与被指导"转化为朋友时，基于朋友关系所内含的社会伦理则要求彼此之间要互相帮扶、体谅。笔者在农村调查时，乡镇布置工作的落实情况在相当程度上取决于包村干部与村干部（特别是村支书）的关系如何。对此，吴家畈村的村支书讲述了自己的理解。

> 要说这次确权，确实工作难度大，不好做。你说这个工作做下来，村里要贴好几万，村里拿什么贴啊。换作别的事情，别的人，我肯定要推；但陈主任（包村干部）说了，就算他私人求我帮忙了，我们这么多年的关系，虽然他是领导，但他一直把我当朋友，我有事他总是想着帮我，他这么说了，我还能怎么说？（访谈20150763WDN）

从村书记的话语中可以看出，推动其配合乡镇展开确权工作的关键是他与包村干部的关系——既然是朋友，朋友托付的事情就不能不做。这一套朋友关系的作用机制本质上是由社会伦理所生发的，即如果作为朋友的村支书不能像包村干部帮自己一样帮他摆平事情（完成确权的工作），那么他在道义上就是不对的。这种社会伦理的约束并不能仅被视为交换关系或者互惠关系，因为前者是基于朋友的责任而必须去做，它包含着深沉的道

---

① 吴毅：《小镇喧嚣：一个乡镇政治运作的演绎与阐释》，北京：生活·读书·新知三联书店，2007，第42页。

德与情感；而后者则是基于利益的考量而应该去做。正如梁漱溟①所言，"所谓伦理者无他义，就是要人认清楚人生相关系之理，而于彼此相关系中，互以对方为重而已"。

当工作关系转化为朋友关系时，约束行动的伦理也由工作责任伦理转化为私人情义伦理。一旦乡镇干部与村干部之间建立了感情和友谊，政府对村庄的公事就转化为乡镇干部对村干部的私事②，此时原本属于两个组织之间的互动便被定格为两个具有特殊关系的、朋友之间的互动。朋友之间的伦理结构对互动双方的行为都提出了相应的伦理要求，其中村干部看到作为朋友的乡镇干部因自身村庄事务而"焦心"时必须伸出援手。正如周飞舟③所分析的那样，"某些'同事'一旦被视为朋友，则社会关系便'私人化'，同时朋友之间的伦理，如讲信用、讲义气等要求也随之而至"。从这个意义上讲，社会伦理对村干部行为的形塑并不是乡镇干部在政策执行前"临时抱佛脚"可以实现的，后者作为一种功利性的"策略"往往会被村干部"识破"，难以取得好的效果。本文所分析的社会行动伦理之所以能有效，究其根源则是乡镇干部与村干部先构建了朋友间"伦"的关系结构，只有构建了这个关系结构，处理相应行为的"理"才会随之产生。

七 政策动员中的多重逻辑与乡村关系再塑造

前文展现了乡镇在动员村庄过程中的多重逻辑，即前者一方面通过权力支配和利益置换相结合形成"权力—利益之网"使村干部与其保持一致，另一方面又通过"讲政治"与"讲情面"的方式，运用政治伦理和社会伦理相结合所勾连起的"公—私伦理之网"来约束村干部的行为。其中权力支配机制是乡镇干部依凭科层制所赋予的正式权力对村干部进行动员，它代表着一种正式的组织权威，强调以事本主义、程序性的方式来处理问题、执行政策。这一机制运行的前提是一方面政府具有行政统合权④；另一方面则是科层体制赋予了政策执行者相应的资源以保障政策的执行。利益置换

---

① 梁漱溟：《中国文化要义》，上海：学林出版社，1987。

② 吴毅：《小镇喧嚣：一个乡镇政治运作的演绎与阐释》，北京：生活·读书·新知三联书店，2007，第615页。

③ 周飞舟：《行动伦理与"关系社会"——社会学中国化的路径》，《社会学研究》2018年第1期。

④ 折晓叶：《县域政府治理模式的新变化》，《中国社会科学》2014年第1期。

机制强调乡镇干部对村干部的动员主要是村干部基于自己落实政策能够获得利益的算计。这一机制得以运行，一方面是由于乡镇干部承诺（且承诺可信）对村干部进行利益补偿，另一方面则是村干部不受村庄的钳制，能够自主地选择与乡镇干部的互动模式。"讲政治"机制的核心是乡镇党委将落实政策上升为"中心工作"后，用非常规、打破科层结构束缚的方式整合资源，克服既有制度限制与资源匮乏的局限，从事本主义上升到"党性"等组织原则层面来推进政策的执行。"讲政治"机制通过制造非程序性（特事特办）等方式保证政策执行的目标达成，主要用于由党委统筹的"中心工作"领域[1]。"讲情面"的机制则是乡镇干部同村干部在组织结构之外构建了一种新的关系——朋友关系，并将这种关系所内含的伦理要求引入正式组织结构所赋予的治理任务中，进而达成治理目标。

如图 1 所示，由于权力支配机制和"讲政治"的机制与行政体制和政治体制相契合，因而其更多地适用于前台，在公开场合实践。倘若乡镇能保障政策执行必要的资源供给，村庄则有可能按部就班地予以执行；而一旦资源供给不足，前台权力支配与政治动员机制的效用则大大降低，此时利益置换机制与"讲情面"机制的作用便浮现出来。利益置换和"讲情面"的机制之所以用于"后台"，是因为它们与公共性规则的精神实质相冲突。正如李猛等人[2]在研究单位制实践时所指出的那样，组织为了维护某些公共规则的神圣性，往往不能令一些寻求利益的行为公开化，人们为了维护表面的一致，就不能把冲突公开化，在表面维护一致，将冲突留在幕后解决。

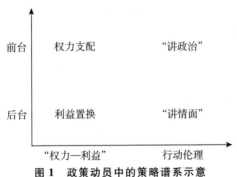

图 1　政策动员中的策略谱系示意

---

① 欧阳静：《策略主义：桔镇运作的逻辑》，北京：中国政法大学出版社，2011。

② 李猛、周飞舟、李康：《单位：制度化组织的内部机制》，载中国社会科学院社会学研究所编《中国社会学》（第二卷），上海：上海人民出版社，2003。

（一）"权力—利益"与伦理的辩证法

关于政府行为的既有研究已经广泛关注到自上而下的正式规则以及利益交换对政府行为及乡村关系所产生的影响，在这些既有的研究传统中，行为伦理要么被虚化——将"讲政治"的行为伦理视为一种口号或视为权力的再加强，要么被还原为权力与利益——将这些极具伦理意涵的东西视为"一种深谋远虑的权力和利益的交换①"。费孝通②早就指出，"从社会学角度研究人的精神世界，要避免一种简单的'还原论'的倾向，那就是试图把所有精神层次的现象和问题，都简单地用'非精神'的经济、政治、文化、心理等各种机制来解释"。通过费孝通先生的提醒，我们可以发现，虽然乡镇在动员村庄的过程中会运用权力和经济的手段，但"讲政治"和"讲情面"亦构成另一种不可替代的机制，尤其是在当前乡镇所拥有的物质性的治理资源有限时，行为伦理机制的运用则显得尤为重要。由于行为伦理的规范可以约束行动者不以纯粹的交换利益为目的而行动，因此它可以对"权力—利益"动员形成替代与补充。当然，行为伦理对村干部的约束并不仅限于乡镇治理资源匮乏的情况，即便是乡镇治理资源充沛，政治伦理与情面伦理亦会被乡镇干部所运用。这一方面是因为乡村中的诸多治理工作不能被简单地指标化测量，需要村干部"走心"去做才能取得更好的效果，而"走心"则要求村干部从认知上体会这一治理任务的重要性。陈湾镇的确权工作实践亦证明只有村干部从公的层面体味到政治任务的重要性，从私的层面认识"这是朋友托付的工作"，在落实确权的工作时才会有积极性。

伦理关系的建构与维系同样离不开"权力—利益"资源的投入。吴家畈村的村干部之所以珍视与乡镇包村干部的关系，在相当程度上是因为二者处于一定的等级结构之中。当包村干部不将村支书视为下级、不将二者关系定位为工作关系时，对于村支书而言，这就是对其身份的提升，是"给了自己情面"。从这个意义上讲，权力关系构成了乡镇干部与村干部私人关系与情面伦理构建的场域。在等级结构中处于优势地位的乡镇干部亦需要对村干部予以庇护，争取相应利益。这种关系并不是简单的"庇护—

---

① 周飞舟：《论社会学研究的历史维度》，《江海学刊》2016年第1期。
② 费孝通：《试谈扩展社会学研究的传统界限》，载《费孝通全集》第十七卷，呼和浩特：内蒙古人民出版社，2003。

被庇护"关系，其中虽然具有某种层面的交换，但在交换中掺杂了利益、情感、伦理等各种复杂的因素。

（二）前台与后台的互动

在陈湾镇确权工作中，作为权力支配和"讲政治"的前台机制与作为利益置换和"讲情面"的后台机制之间形成了明显的互补。作为"再分配体制下的制度化组织"，政府的一个重要特征便是内部各种活动强烈的仪式性色彩①，仪式性约定决定了其内部规则在表面上"神圣不可逾越"以及这些仪式性规则之外的空白和缺陷所预留的违反仪式性规范的"幕后解决"空间。在前台，行政性的照章办事与意识形态性的"讲政治"要求下级服从上级、个人服从组织，而这种服从往往需要一定的前提，如事权与财权的匹配、上级对下级的绝对性支配。但在乡村之中，村干部并不是正式的政府官员，乡镇干部对其支配程度要远远弱于官僚组织内部上级对下级的支配；加之在确权过程中，乡镇并未提供相应的治理资源，此时前台的规则便不足以有效动员村干部。相应地，后台的解决机制便会提升至重要的位置，乡镇会与村庄或村干部进行一定的利益交换，也可能乡镇干部会动用与村干部私人的交情来激励村干部，确保自上而下的政策得以执行。对于乡镇及其干部而言，无论是进行置换的利益还是私交，都是稀缺性资源，并不是任何情况下都会使用，它们只是在执行重要的政策和治理任务时才使用，对于无关紧要的治理任务，他们任凭村庄"走形式"也不会予以干涉。

前台与后台的区别不仅体现在规则的差异上，同时也体现在规则使用主体的差异上。前台的规则大多是由组织中的领导来执行的。例如，在陈湾镇确权工作中，自上而下的行政工作布置以及"讲政治"主要是由乡镇领导来完成；而进行具体的项目利益置换与"讲情面"则主要是由包村干部这样的干部来实施。周雪光②曾指出，当代官僚体制延续历史上的官吏分途而形成了层级分流的特征，其中"流动的官"更多的是依循正式制度与意识形态的话语在前台进行角色扮演，而"固守的吏"因其与地域社会的"坚韧的社会关系网络和利益连带"而采用非正式的规则在"幕后解决"。

---

① 李猛、周飞舟、李康：《单位：制度化组织的内部机制》，载中国社会科学院社会学研究所编《中国社会学》（第二卷），上海：上海人民出版社，2003。

② 周雪光：《从"官吏分途"到"层级分流"：帝国逻辑下的中国官僚人事制度》，《社会》2016 年第 1 期。

二者的分工虽然存在却不一定是割裂的，即"固有的吏"的"幕后解决"可能本身就是由"流动的官"所授意或默许。例如陈湾镇将吴家畈的公共服务项目交给村干部来执行，本身便是由镇书记所授意。

　　本文通过个案解读，考察了在财权与事权不相匹配的情况下，乡镇如何动员村庄保障政策落实，并对由此形塑出的"乡—村关系"进行了探讨。我们发现，项目制的实施，特别是无条件个体项目的存在，赋予了乡镇可与村干部置换的资源。同时，包村干部与村干部之间的私人关系同正式组织关系一并形塑出一套"公—私"的行为伦理法则来约束村干部。同时，我们亦有必要反思，当不同地区或不同时期的基层政府所占有的项目支配的自由裁量权不足时，这种利益的置换何以可能，它对"乡—村关系"又将产生何种影响？当基层官员更多地由无本地"社会关系结构和利益连带"的外来大学生充任时，仅凭"讲政治"的政治伦理是否能保障政策的有效落实？总而言之，当外部的制度环境和社会结构发生变化之后，"权力—利益"与行动伦理所勾连的基层政府动员体系又将如何变化，又将对乡村关系产生何种影响，这将有待进一步的研究与探讨。事实上，在乡村场域中所呈现的这一套运行机制并不为乡村所独有，它只是中国政府体制运作逻辑在此一场域的显现而已。

市场体制与产业优势[*]

——农业产业化地区差异形成的社会学研究

符 平

摘 要：在农业产业化的推进过程中，一些处于相同宏观制度环境的地区，虽具有相似的自然资源禀赋且采取同样的产业组织形式，却在发展结果上大相径庭。市场体制视角关注政府与其他市场行动者联结的关系模式及其影响，强调其多样性特征，有助于揭示上述现象形成的原因和社会机制。基于此视角对汀市与汉市小龙虾产业的比较分析表明，政府产业发展战略与会意机制的相互配合导致了同一产业领域市场体制的地方差异。不同的市场体制则通过建构出明显不同的产业组织过程、市场结构、政策利用机会和创新能力强有力地塑造了地方产业的竞争力，从而固化并拉大了产业发展的地区间差异。产业发展中市场体制的效用发挥具有若干前提条件，在研究和实践中都应对此予以重视。

关键词：农业产业化 市场体制 产业优势 地方政府

一 问题的提出

农业产业化是中国农业从传统经济转为现代产业的重要途径。刚迈入

---

* 本文原载《社会学研究》2018 年第 1 期。本文系全国优秀博士学位论文作者专项项目（201306）和华中师范大学中央高校基本科研业务费项目（CCNU17Z02004）的阶段性成果。本文初稿曾在"栗林论坛（2016）"（北京）、"中国青年社会学者联盟论坛"（武汉）和"纪念费孝通教授'江村调查' 80 周年"学术研讨会（吴江）等会议上宣读。刘世定、汪和建、冯仕政、吕鹏、张翔、刘成斌、尤怡文、刘子曦等师友给予过富有助益的评论和建议，匿名审稿人也提出了宝贵意见。谨致谢忱！

21 世纪，中央便要求"各级政府和有关部门要认真总结经验，采取得力措施，推进农业产业化健康发展"①。近十多年来，此项政策在中央和国家部委的重要文件中一再得到强调。在分税制背景下，地方政府既能从农业产业化中获得更多税收和上级财政专项支持，还能借此推动地方的产业升级和经济增长。因此，提高农业产业化的质量效益和竞争力几乎是所有农业地区追求的目标。然而在产业链整合、价值链提升和竞争力塑造等方面，各地差异明显。在同一产业领域，一些地区虽然处于相同的宏观制度环境中，具有相似的自然资源禀赋且采取同样的产业组织形式，却在发展水平和结果上大相径庭。有的地区表现平平，而有的地区拥有独特优势、产业不断升级提档，甚至占据行业龙头地位。这种地区间差异尤其是特定地方产业优势形成的原因并不明晰。我们试图基于市场体制视角来对此进行分析和解释。

发展优势历来是国家和地区孜孜以求的目标，但对于优势从何而来的解释却见仁见智。先发优势理论指出，先进入市场者能在技术、管理、资源、顾客锁定（消费者存在转换成本）等方面获得优势②。而后发优势理论则认为，后发者通过"搭便车"行为模仿技术和发展模式，避免错误决策和失败教训，更加明确市场需求而获得优势③。在后发优势理论基础上发展起来的新结构经济学则认为，比较优势的甄别和发展型政府的因势利导是后发优势产生的根本原因④。但鲜少被探讨的问题是：在政府存在层级差异且地方政府均有意愿成为发展型政府的背景下，为什么有些地方政府没能成为发展型政府？既有理论由于缺乏识别宏观—微观关系的因果机制，尚未能解释发展型政府形成的条件和机会问题。同时，发展型政府或政府主

① 中国共产党中央委员会、中华人民共和国国务院：《关于做好二○○○年农业和农村工作的意见（中发〔2000〕3 号）》，2000。

② M. B. Lieberman & D. B. Montgomery, "First-Mover (Dis) Advantages: Retrospective and Link with the Resource-Based View," *Strategic Management Journal*, 1998, 19 (12); R. Makadok, "Can First-Mover and Early-Mover Advantages be Sustained in an Industry with Low Barriers to Entry/Imitation?" *Strategic Management Journal*, 1998, 19 (7).

③ M. B. Lieberman & D. B. Montgomery, "First-Mover (Dis) Advantages: Retrospective and Link with the Resource-Based View," *Strategic Management Journal*, 1998, 19 (12); W. Boulding & A. Kirmani, "Sustainable Pioneering Advantage? Profit Implications of Market Entry Order," *Marketing Science*, 2003, 22 (4); 林毅夫：《后发优势与后发劣势》，《经济学》（季刊）2003 年第 4 期。

④ 林毅夫：《新结构经济学：反思经济发展与政策的理论框架》，北京：北京大学出版社，2012；迈克尔·波特：《竞争论》，高登第、李明轩译，北京：中信出版社，2012。

导型发展模式固然是刻画一种发展模式的有用概念，然而在概念的描述性功能之外，一个重要的前置性问题似乎更值得关注和研究：发展型政府对产业的扶持行为和产业政策究竟是如何作用于产业发展的结果的？这种影响得以可能的约束性条件和社会机制至关重要，但缺乏应有的关注和分析。

尽管农业产业化是一个综合性问题，却基本上被当作一个经济问题，归属到经济学和管理学领域加以研究。这两个学科的关注点集中在农业产业化的诸种组织形式及其利弊、企业内部的治理结构和管理模式以及产业政策的效益评估等方面①。已有研究虽然较充分地分析了农业产业化的经济过程、技术路径和市场策略，但悬置了市场和产业如何组织起来、如何拓展升级的政治和社会过程，甚少揭示政府和社会力量对产业发展的作用机制，结果使得农业产业化发展质量的地区间差异及其根源问题很难得到有效解释。本文舍弃将农业产业化视作纯粹经济问题的立场，以社会学视角将以往研究所缺失的分析维度带回到对上述问题的研究中。

二 市场体制视角及其分析路径

（一） 市场社会学与市场体制视角

社会学对市场现象的关注催生了一个方兴未艾的研究领域——市场社会学。相对于现代经济学，国内外社会学研究通过强调市场过程的嵌入性和社会建构而凸显出其学科特色和优势②。如果说经济学家多是在模型的理想世界里观察抽象市场，那么社会学家则多是在田野的真实世界里观察具象市场；前者更多地采取理论的逻辑去解释实践的逻辑，后者更多地强调实践逻辑与理论逻辑之间的相互映照和往复推动；前者主张市场的一致性特征，后者则强调市场形成和建构过程的多种可能性。概言之，主流经济学家所处理的是形式逻辑意义上作为经济学对象的市场，而社会学家探讨的则是具体制度环境下作为经济对象的市场。

以往的研究揭示，地方政府极大地塑造了中国基层特别是农村地区的

---

① 聂辉华：《最优农业契约与中国农业产业化模式》，《经济学》（季刊）2013 年第 1 期；程志强：《农业产业化发展与农地流转制度创新的研究》，北京：商务印书馆，2012；张丽华、林善浪、霍佳震：《农业产业化经营关键因素分析》，《管理世界》2011 年第 3 期。

② 符平：《"嵌入性"：两种取向及其分歧》，《社会学研究》2009 年第 5 期。

市场活动、产业格局和经济绩效[1]，权力结构与地方政治精英的权力特征导致了中国不同省份之间及同省内部的民营经济发展差异[2]。尽管偏向主流社会学的视角强调政府角色的重要性，但对为什么有些政府介入会成功、有些会失败的问题没有给出满意答案；而偏向主流经济学、强调有限政府和自由市场的理论也很难解释政府强介入下的成功案例。资本主义多样性研究的理论关切和分析范式，为研究政府与地区产业发展差异的关系提供了启发。

新古典社会学提出了"比较资本主义"议程，试图分析多种资本主义模式的起源、特征及其动力机制，致力于证明资本主义并非铁板一块，而是在市场的制度安排上具有较大差异，存在多种起源和多元秩序的[3]。一些比较政治经济学文献也揭示了资本主义经济发展的多种路径，国家、产业政策、地方传统和文化等因素被认为塑造了资本主义的不同发展轨迹[4]。市场多样化的协调机制及其背后不同的政治理性和社会文化观念，使得资本主义市场经济模式呈现很大差异。其中，最著名的区分莫过于盎格鲁-撒克逊模式和莱茵模式，而即便同属于莱茵模式，不同国家也有明显的差异[5]。不过，由于资本主义多样性的分析路径对诸多国家加以标签化处理和静态比较，缺乏历史的动态视角且忽视了其内部市场安排的多维复杂面向（特别是对于超大国家和经济体而言），因而无法对超大经济体或国家内部市场协调机制的多样性现象[6]形成有效解释。就中国而言，改革开放以来中国市

---

[1] 符平：《市场的社会逻辑》，上海：上海三联书店，2013；杨善华、苏红：《从代理型政权经营者到谋利型政权经营者》，《社会学研究》2002 年第 1 期；C. Bramall, *The Industrialization of Rural China*, Oxford: Oxford University Press, 2007; Jean C. Oi, *Rural China Takes Off: Institutional Foundations of Economic Reform*, Berkeley: University of California Press, 1999。

[2] 章奇、刘明兴：《权力结构、政治激励和经济增长》，上海：格致出版社，2016。

[3] M. Burawoy, "Neoclassical Sociology: From the End of Communism to the End of Class," *American Journal of Sociology*, 2001, 106 (4); G. Eyal, I. Szelenyi & E. Townsley, *Making Capitalism without Capitalists*, New York: Verso, 1998; D. Stark & L. Brusz, *Postsocialist Pathways: Transforming Politics and Property in East Central Europe*, Cambridge: Cambridge University Press, 1998.

[4] Peter A. Hall& D. Soskice (eds.), *Varieties of Capitalism: The Institutional Foundations of Comparative Advantage*, Oxford: Oxford University Press, 2001; J. Campbell, *Institutional Change and Globalization*, Princeton: Princeton University Press, 2004.

[5] B. Amable, *The Diversity of Modern Capitalism*, Oxford: Oxford University Press, 2003; W. Streeck & K. Yamamura (eds.), *The Origins of Nonliberal Capitalism: Germany and Japan in Comparison*, Ithaca: Cornell University, 2001.

[6] R. Deeg, "The Rise of Internal Capitalist Diversity? Changing Patterns of Finance and Corporate Governance in Europe," *Economy and Society*, 2009, 38 (4); C. Lane & G. Wood, "Capitalist Diversity and Diversity within Capitalism," *Economy and Society*, 2009, 38 (4).

场经济的发展模式有其自身的独特之处[1]，并未落入基于西方经验而构建出的某种特定的理想模式。前述各类西方模式的研究可提供的启发之处在于对市场经济发展中政府角色的讨论及其类型学分析方法。

可以说，中国特色社会主义市场经济的发展受自上而下与自下而上两股力量的共同驱动，既有来自顶层设计的方向指引，也有地方的先行探索实践。因而，即使宏观制度背景相同，不同地区在发展路径、速度和水平上也会呈现差异。而一旦深入产业内部去观察，会发现不仅经济活动组织起来的过程有地方差异，且地方政府参与其中的角色也很不一样。在本文中，我们试图通过市场体制（market regime）的多样性来解释不同地区产业经济发展的过程和结果的差异性。

本文中的市场体制是指由政府协调经济的行为而产生的行动者互动关系模式及市场运作方式所构成的市场形态；在多元行动主体及其互动所构成的产业市场中，政府与其他市场行动者之间形成的典型关系模式及相应的独特市场运作方式构成了特定的市场体制。也可以说，市场中不同力量之间的结合方式（包括正式和非正式的关联），产生了不同的市场体制。正是由于不同的市场有着不同的市场体制（同一市场在不同历史时期亦是如此），市场协调的途径和机制于是具备了多种可能性，呈现相当的异质性而非同构性特征。市场体制理论通过回归真实的经济世界，强调不同力量彼此组合的殊异方式及其影响，桥接宏观制度、中观结构与微观行动之间的相互作用机制，有助于分析和解释同一制度环境下和产业内部的地区发展差异现象。本文将市场体制定位为描述和分析地方层面某一特定产业的理论工具。这也意味着，同一地方的不同产业或许会体现出不同的市场体制。

市场体制理论预设并强调了市场过程对非市场治理机制的嵌入性特征，政府则是非市场治理机制的重要主体。在比较政治经济学对新兴工业化经济体的研究中，政府被当作重要的行动者来看待和分析[2]。而事实上，经济

---

[1] K. S. Tsai & B. Naughton, "Introduction: State Capitalismand the Chinese Economic Miracle," In B. Naughton & K. S. Tsai (eds.), *State Capitalism, Institutional Adaptation, and the Chinese Miracle*, New York: Cambridge University Press, 2015; V. Nee & S. Opper, *Capitalism from Below: Markets and Institutional Change in China*, Cambridge, MA: Harvard University Press, 2012.

[2] R. Stubbs, "The East Asian Developmental State and the Great Recession: Evolving Contesting Coalitions," *Contemporary Politics*, 2011, 17 (2)；查默斯·约翰逊：《通产省与日本奇迹——产业政策的成长（1925—1975）》，金毅、许鸿艳、唐吉洪译，长春：吉林出版集团，2010；斯蒂芬·哈格德：《走出边缘：新兴工业化经济体成长的政治》，陈慧荣译，长春：吉林出版集团，2009；R. C. Mascarenhas, *A Comparative Political Economy of Industrial Capitalism*, London: Palgrave Macmillan, 2002。

场域里的政府是同时作为行动者（actor）和结构性的约束条件而存在的①。市场体制可充分展现政府作为科层组织的这种双重属性。这一理论视角既观察和分析国家权力的代理者即政府究竟如何作用于产业发展，同时也关注政府作为一种约束条件如何通过塑造经济活动的组织过程，即讨论政府的双重属性如何交织在一起对产业发展施加影响。市场体制决定了政治运作机制、中央和地方政府的产业理念以何种方式渗透进农业产业化过程。而研究需要考察国家支持农业产业的制度安排产生了何种机制，与此相关的资源分配和流动机制怎样塑造地方的市场体制类型并如何影响农业产业化的过程及结果。

（二）市场体制的理想类型与分析路径

市场建构和产业组织过程的差异体现出不同的市场体制。市场体制作为产业发展中的"结构"因素，界定了市场行动者之间有差异的关联模式，决定了产业的组织过程和市场拓展策略。正如有学者所言，行动者的社会位置、策略、世界观、惯习和他们的结盟方式决定着市场的结构和逻辑②。将市场体制理论应用到对产业发展结果的分析，有必要区分产业中的市场体制属于何种层次和类型。由于本文关注的是省级以下产业发展的地区差异，且由于省级及以上政府并不直接与市场主体打交道，我们将市场体制的层级及分类限定在市县级，将省级及以上的政府与产业关系当作约束性条件或激励性的制度环境来讨论。

基于产业发展过程中地方政府与其他市场行动者之间的关系属性，可以区分出市场体制的两种理想类型：一是地方政府深度参与其中，根据产业发展需要主动改变体制机制、积极扩大职能和服务范畴，与其他市场行动者形成紧密合作关系的市场体制，可以称为"引领型市场体制"（以下简称"引领体制"）；二是地方政府较浅地参与其中，忠于科层组织原则和法定职责，除非有上级政府指令，否则几乎不增加对产业的公共服务，同其他市场行动者之间是相对独立的松散关系的市场体制，可称为"自发型市场体制"（以下简称"自发体制"）。市场行动者包括市场主体（企业、中间商、农户、合作社等）和非市场主体（政府、行业协会、技术专家、大

---

① Bai Gao, "Introduction: The Social Construction of Competitive Advantage," *China: An International Journal*, 2016, 14 (1).

② 吕鹏：《分析市场政体演化的"场域-实践"路径》，《学海》2015 年第 6 期。

学、科研机构等）两大范畴。在产品需要通过加工再进入市场的农业产业化过程中，同时联结农户和市场的企业组织扮演着至关重要的角色。而政府无论是只起到创造制度环境和在职能范围内提供服务的功能，还是作为主导者深度参与其中，都将对农业产业化的路径和绩效产生直接影响。因此政府与企业构成了农业产业化中的关键行动者，也是需要重点分析的一对关系。

我们依据"制度—结构—机制—后果"的分析思路，为市场体制塑造产业发展结果的过程建构了如图1所示的理论分析框架。基于此，市场体制作用于产业发展的分析路径可分解为三个环节的机制：（1）情景机制：制度环境如何诱导出市场体制的差异，两者又如何塑造了不同地区的发展理念（箭头 A 和 B）；（2）行动形成机制：不同理念又如何导致了市场主体与非市场主体的不同行动与互动模式及其特点（箭头 C）以及最为重要的（3）转化机制：市场行动者在产业链建构、产业政策利用、产业创新等领域中的互动模式如何造成农业产业化的地区差异（箭头 D），特别是如何创造出特定地区的产业优势/劣势。机制性解释追求的是在解释项和被解释项之间提供一种精细而紧凑的联结①，把解释的方法定位为寻找和确认"导致某种社会现象经常出现的一组以特定方式相互关联的实体与活动，特别是行动者及其行动"②。在上述三个环节中，政府和企业的行动及其互动如何产生宏观层面的结果，即微观到宏观的转换机制，无论是对经验研究还是理论研究来说都是最大障碍。而这也构成了本文比较分析的重点。

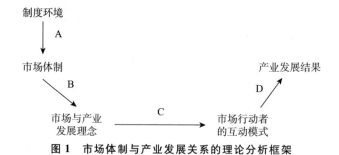

图1 市场体制与产业发展关系的理论分析框架

① P. Hedstrm & R. Swedberg, "Social Mechanisms: An Introductory Essay," In P. Hedstrm & R. Swedberg (eds.), *Social Mechanisms*, Cambridge: Cambridge University Press, 1998.

② P. Hedstrm, *Dissecting the Social: On the Principles of Analytical Sociology*, Cambridge: Cambridge University Press, 2005.

三 研究方法与案例

案例研究方法不仅能为一般性理论的建构提供素材，也可对制度与经济绩效的复杂关系提供深刻洞察[①]。社会科学在理论导向的经验研究中广泛运用了这一方法。中国的小龙虾产业已建构起完整的产业链，符合中央极力推进的现代农业产业条件，当下已成为第一、二、三产业高度融合发展的农业产业化典范。我们以小龙虾产业发展差异十分显著的两个地区为案例来回应前文提出的问题。

2007—2015 年，湖北小龙虾的产量和出口量均居全国第一，其产业主要集中在素有"鱼米之乡"美誉的江汉平原。20 世纪 90 年代末以来，小龙虾是江汉平原上多数市县几乎同时起步的特色水产业，得天独厚的自然资源为该产业在诸多市县的迅速发展提供了极佳条件。本文的研究案例是同属江汉平原且毗邻的汀市和汉市（均为化名）：前者是"中国小龙虾之乡"和"中国小龙虾加工出口第一市"，形成了"买全国（成虾、虾壳）、卖全球（虾加工产品、甲壳素产品）"的大产业（2015 年该市小龙虾出口创汇 1.4 亿美元，占湖北全省的 81.9%、全国的四成）；后者则获"中国淡水渔业第一市"殊荣，在小龙虾养殖产量上自 2006 年至今稳居全国地级市榜首。2015 年，汀市的 GDP 为 560 亿元，人均 GDP 为 58676 元，常住人口 95.8 万；汉市的 GDP 为 1590.5 亿元，人均 GDP 为 27689 元，常住人口 658 万。

在种养、加工和销售的农业产业化模式中，种养是基础，而加工和销售才是通过农产品的转化增值实现农业产业化的关键。汉市借助养殖面积和规模在成虾产量上一直占据压倒性优势，[②] 可谓具备发展成为小龙虾产业化排头兵的先天条件。然而小龙虾的主要交易市场、产品精深加工、[③] 名优

[①] 阿尔斯通·李：《制度经济学的经验研究：一个概述》，载阿尔斯通·李、思拉恩·埃格特森、道格拉斯·诺思编《制度变革的经验研究》（第二辑），罗仲伟译，北京：经济科学出版社，2003。

[②] 汀市的土地面积仅为汉市的七分之一，因此前者的养殖面积与产量远低于后者。小龙虾的加工和销售高度依赖养殖，因为捕捞后的成虾不易保活保鲜，所以从养殖场所到加工场所的流通运输半径很重要：运输时间越长，死亡率越高，价值越低。就此而言，汉市具备发展小龙虾加工业的良好基础。

[③] 汀市加工企业的数量和加工能力远超汉市，每年都收购了汉市养殖的大量小龙虾。虽然无法考证汀市加工的小龙虾究竟有多大比例来自汉市，不过汉市某企业的董事长曾说道："汀市加工的小龙虾，三年前我去那边数了一下，大概有 70% 是属于我们汉市（提供）的。"（201602-CSN）

323

品牌和出口创汇集聚区却在汀市，而且汀市还主导了养殖模式、种苗繁育、加工和产品创新等诸方面的技术优势。概言之，两地虽然拥有非常相近的自然资源禀赋和同样的宏观政治经济环境，在产业组织形式上实施相同的"公司+基地+农户"及其衍生模式，加工企业采取同样的原材料采购和销售模式，但汀市的行业影响力和辐射力却远大于汉市，[①]产业优势十分明显。因此，汀市和汉市两地的小龙虾产业为我们从比较视角回答本文问题提供了理想案例。笔者于 2015 年 10 月至 2016 年 6 月间多次在汀市、汉市及相关政府部门对小龙虾产业进行实地考察、深入访谈和座谈，实地考察包括企业、养殖基地和合作社等，访谈对象包括企业家、各级政府官员、行业协会负责人、学者和技术专家、养殖户、合作社负责人等 60 余人，并参加了湖北龙虾文化节系列活动。本文的分析资料主要来源于上述调查、参与观察以及相关政府部门和企业提供的资料数据。

四 市场体制与发展理念的差异塑造

（一）塑造市场体制的核心机制

农业产业化对于中国现代农业建设、经济结构调整意义重大，而 21 世纪以来中央关于农业的系列政策文件构成了农业产业化发展的重要制度保障。中央关于农业产业化的重要政策几乎都涉及特色农业或特色农产品。[②]从国家政策中不难看出，"扶优扶强"历来是国家推进农业产业化的重要战略和政策导向，而突出农业产业（农产品）的"特色、规模、品牌、效益"则是从中央到地方政府一以贯之的发展理念。农业政策体现了政府的资源投入如何进行分配的基本方略。国家的发展战略和政策导向则塑造了各级政府抓农业产业化工作的经济理念和产业偏好，决定了政府资源的流向和

---

① 比如，近年来在湖北举办的多场小龙虾全国和国际学术研讨会，以及自 2009 年起每年一届的龙虾文化节都在汀市举办；汀市龙虾职业学院是我国第一所服务小龙虾产业的职教学校，湖北省小龙虾产业技术研究院也落户当地；由当地技术人员总结提炼的《汀市龙虾"虾稻共作"技术规程》作为国家行业标准获公布和实施，农业部将"虾稻共作"模式誉为"现代农业发展的成功典范"向 20 多个省市积极推介，等等。更重要的是，汀市掌控着小龙虾市场定价的话语权：当地企业的收购价信息左右着江汉平原上小龙虾市场的交易价，在国内和国际市场发布的产品售价也直接决定着整个销售市场的价格。

② 《中共中央 国务院关于进一步加强农村工作提高农业综合生产能力若干政策的意见》（中发〔2005〕1 号）；《中共中央 国务院关于积极发展现代农业扎实推进社会主义新农村建设的若干意见》（中发〔2007〕1 号）。

产业扶持的重点，即对特色优势产业予以政策和资源分配上的倾斜。虽然小龙虾产业完全契合中央和地方的诸多规划愿景和政策主张，但在政府资源约束条件下，产业与产业之间实际上也存在激烈竞争。

湖北省是全国淡水渔业第一大省，养殖水产品品种包括鱼类、甲壳类、贝类等，涵盖数十个种类。小龙虾作为甲壳类的一种得以在省级层面被甄选成为重点扶持的特色产业，并获得超常规的政府投入，主要源于小龙虾产业已形成的巨大规模、经济社会效益以及在全国同产业领域的重要地位。近年来湖北小龙虾综合产值持续高速增长，2015 年达 603.1 亿元，占全省渔业经济总产值的 28%。从加工出口来看，湖北小龙虾出口量自 2007 年起居全国第一，2010 年后开始稳占全国一半以上份额，2014 年更是占到七成。从养殖来看，湖北小龙虾养殖产量从 2007 年开始占据全国第一（当年占 48.9%），除 2011 年占比 47.5% 以外，近十年来产量一直都占全国一半以上。在养殖、加工、流通、餐饮等产业链上，该产业解决了农村大量剩余劳动力的就业问题。小龙虾产业不仅具备经济效益和社会效益（增加就业），地方政府所关注的生态效益（绿色环保）与政治效益（保障粮食产量）同样显著。小龙虾产业能在省级层面从水产业的众多种类中被识别和遴选出来并成为重点扶持产业，正因为其契合国家的发展战略和政府的产业偏好。问题在于，中央和省级政府的各种扶持项目和政府资源，是如何流向更低一级的地区和企业的？尽管湖北水产界上下都形成了小龙虾是全省重点支持产业的共识，然而扶持产业发展的各种资源却不可能均衡地流向省级以下的诸多市县和企业。

"抓典型"作为政府促进产业发展、实现产业目标而采取的一种正式的行为手段和发展策略，与作为一种潜在的组织运作机制的"会意"机制一起，在上级资源的向下分配过程中起到重要作用。能够获得更多资源支持的下级行政区域或企业，首先要能起到作为典型的示范效应。"树典型"和"抓典型"是政府推动某项工作的惯常激励方式。以往的研究认为，企业有各种机会获得来自政府"条条块块"以专项资金项目形式提供的实质支持，政府为表明项目"绩效"往往将项目投向"亮点工程"[1]。而"典型"被认为是地方简洁而形象地展示政绩的方式[2]。这种观点从结果来推断很难辨别

---

[1] 史普原：《政府组织间的权责配置——兼论"项目制"》，《社会学研究》2016 年第 2 期；渠敬东：《项目制：一种新的国家治理体制》，《中国社会科学》2012 年第 5 期。

[2] 冯仕政：《典型：一个政治社会学的研究》，《学海》2003 年第 3 期。

的行为动机，并不一定符合客观现实。"抓典型"实质上是政府的产业发展策略，其目的是通过典型的示范效应为其他地区或企业提供学习样板，通过典型带动整体发展。如主管湖北省水产业的主要官员所说：

> （对于小龙虾产业发展）政府首先规划引领，起到一个引导作用。再就是典型引路，典型带动、部门联动，起到示范效应……从产业发展的态势上，树一个典型，带动一片，示范一片，形成规模效应，出发点就在这里。小龙虾产业布局，通过政府来协调、部门联动来加强基础设施建设，改进生产的基础设施。比如说在这个区域范围内，有不同的生产主体，那么根据他们的发展情况，重点扶持几家具有引领带动作用的典型。（201603-LSQ）

政府的产业规划布局借助"典型"这一发展手段塑造了地方产业的影响力大小，同时政府组织内部的"会意"机制又影响到不同地方的政府和企业对其在该产业中自身地位和利益的理解及发展策略。会意是指在科层组织内部，下级对上级战略、政策导向及偏好的识别和领会，并在这一过程中界定自身利益，建构其与上级的相互关系，采取于己而言较为合适的行为策略。将自身利益界定为符合上级战略、政策导向及偏好范围的下级，会全力贯彻甚至放大落实上级意愿，即所谓的"上有好者，下必甚焉"；而在相反情况下，下级则倾向于采取消极的应对策略和形式主义行为。在会意机制的作用下，经济社会效益突出且产业专业化程度较高的特色优势产业区，要么已属于该产业的"典型"范畴，要么具备成为"典型"的条件，因而对上级战略的反应和实施更积极，来自中央和省级政府的资源于是更为集中地流向这样的产业区；在其他也具备一定产业优势和效益的地区，如果地方政府和企业自知不属于或难以进入产业发展和扶持的"典型"范畴，其争取资源的动力以及做大做强产业的激励都相对较弱。如此，不同地方的市场体制便朝差异性方向发展，各地方政府和企业在该产业领域里的发展动力和目标追求也会很不一样。

会意机制与政府产业发展战略的相互配合，是促成不同地区的市场体制趋异的原因。一旦地方产业被确立为典型，官员会从中获得制度上的激励，政府各部门对共同扶持该产业的集体意愿便容易形成。引领体制常常在这种条件下与之伴生。与此同时，会意机制使没被树为典型的地方政府洞悉到上级意图和上级政府的产业布局，因自知自身及辖区内企业无获重视和扶持的希望，会选择退出对外部资源的竞争（其注意力可能转向其他产业）。① 自发体制由此形成。汀市的小龙虾产业在过去十年间一直都是中央部委和省级政府树立的典型样板和明星产业，科技部、农业部等中央部门领导以及 21 世纪以来历任湖北省委和省政府的主要领导都曾视察过当地的龙头企业，对汀市的小龙虾产业给予了充分肯定，而其他地区的小龙虾产业却未曾受到过高层如此强烈的关注。因此，汀市作为小龙虾产业发展的"典型"地区和领头雁地位对包括汉市在内的省内其他地区来说是毋庸置疑的。在这样的背景下，会意机制进一步削弱了汉市在小龙虾领域"争当典型"的动力，致使其在该产业中的市场体制逐渐往自发体制的方向上发展。

（二）差异性的发展理念

由于"典型"不是正式制度的操作对象，典型的遴选没有制度化标准，但也并非毫无章法可循。特定地区的特色产业要成为被上级政府甚至国家认可的"典型"，除要具备规模经济和社会效益以外，专业化程度较高的龙头企业也十分重要。对龙头企业的扶持是"抓典型"工作方法的一种具体体现，从中央到各级地方政府也都会分级评定农业产业化龙头企业。而龙头企业最有可能同时提高农户收入和市场效益，带动农业产业化的整体发展。由于评定出来的龙头企业相对普通企业有更多机会获得政策倾斜和专项资金支持，发生在典型企业上的马太效应难以避免。

特定的产业发展理念作为一种经济意识形态，是区分市场体制的重要维度，也标示了市场体制的核心特征。汀市正是在会意机制和抓典型的产业发展策略下具备了小龙虾产业领域的引领体制，成了典型地区和农业产业化的学习样板。这进一步强化了当地从上至下将小龙虾产业做大做强的意识——当地政府部门的官方说法是"全市形成了'兴特色农业、抓龙虾产业'的共识"，产生了推动产业往纵深发展的强大动力：一方面，各级政府的分管领导和主管部门领导经常深入现场视察或调研，以召开现场办公会、指示、批示等形式支持小龙虾产业发展，并要求下级部门主动与市场主体打交道，协助解决存在的困难和问题；另一方面，水产和农业部门之外的其他政府部门也都在主动寻找各自能为推动小龙虾产业更好发展所做

---

① 有研究揭示一些地区的农业结构调整陷入"新产业-低效运作-新产业"的重复低效怪圈（参见刘军强、鲁宇、李振《积极的惰性——基层政府产业结构调整的运作机制分析》，《社会学研究》2007 年第 5 期。），在一定程度上当属此种行为选择结果的另一种表现形式。

的工作，创造产业纵向一体化和转型升级所需的各种条件。可以说，引领体制让当地自上而下都笃信"小龙虾、大产业"的产业构想，并积极付诸实际行动。

地方政府官员对政策导向和政治运作机制的"会意"，塑造了其产业发展理念。当意识到本地区及所辖企业很难获得上级的资源投入时，地方官员会倾向于相信并要求企业自己解决发展中的问题。这也就意味着政府官员不会将企业发展所需的平台和资源供给当作政府的职责。这种"市场自由竞争"的产业发展理念或有可能是地方政府为自身的行为策略而构建的正当性依据。尽管理念和行为动机无法证实，自发体制对产业发展的影响仍可从现实中的政府与企业关系及其后果中辨别出来。汉市水产局主要领导的说法在很大程度上反映了自发体制的市场理念："我很佩服李总（当地某小龙虾企业董事长）那种'只找市场，不找市长'的精神，这样的企业才经受得起各种危机。尽找市长的企业都不会长久，很多都垮了。"（201602-ZWY）

自发体制的政府官员认为企业需要依靠自己打拼市场，地方政府与企业之间形成的是松散关系。引领体制中的地方政府与此不同，在某种意义上已成了特定产业特别是龙头企业的项目业务代理者，积极为企业争取资源。汀市某龙头企业的副总经理说道："（市）水产局好像成了我们公司的一个部门，经常通知我们申报什么项目，帮我们一起做材料，替我们包装。"（201510-XQ）

总之，政府的产业发展战略连同前述的会意机制和抓典型发展策略，导致两地在小龙虾产业领域的市场体制差异，也使多部门的资源和政策集聚到汀市的小龙虾产业中。由于从中央到地方的条条块块都有资源投入，以至于没有一个部门掌握汀市小龙虾产业所获支持项目的全面信息。通过上述机制，扶优扶强的国家战略和各级政府共同的产业偏好使高层对农业优势特色产业的重视转化为对典型地区和企业越来越多的政策支持和项目资源的集聚。

五　优势建构与发展趋异：市场体制的影响机制及效用

（一）市场结构与产业链建构

如果市场结构的其他特征差异不明显，纵向一体化和产品差异化程度就会是影响市场绩效的主要因素。尽管汀市和汉市的小龙虾产业都具备完整的产业链，但加工环节的纵向一体化和产品差异化程度却极为不同，主要体现为汀市的专业化程度和产品差异化程度非常高，形成了纵向一体化式产业链；汉市的专业化程度低，产品不仅同质度高且种类单一，形成的是市场交易式产业链，面临的本地竞争更激烈。根据前文所述，引领体制相比自发体制更注重农业产业化龙头企业的典型示范效应，龙头企业也是当地产业获得外部资源的重要途径。在"树典型"策略的作用下，各级政府资源在龙头企业高度集中，产生了巨大的集聚效应，使当地加工产品市场整体呈现出"非巨人即侏儒"的市场结构。

分地区来看企业的加工规模，近十多年来汀市一直拥有两家大企业主导、众多小企业并存的市场结构，而汉市则经历了由一家独大到企业普遍规模较小的转变。在 2009 年前，汉市规模最大的加工企业 DY 与汀市最大的企业 LK 和 HS 在加工量和出口量上的差距并不大，这三家企业也都是国家认定的"农业产业化国家重点龙头企业"。但到 2015 年，三家企业在小龙虾加工出口量上对比悬殊，DY 仅为 LK 的 12.9%、HS 的 40.0%。[①] 两地市场结构的变和不变都是市场体制及其运行机制的结果。

虽然中央和地方政府都对农业产业化经营有诸多扶持举措，不过真正有机会获得政府大力扶持的往往是龙头企业，且国家重点龙头企业的资源获取机会和能力要远高于普通企业。在政府组织内部，上级"抓典型"的对象包括下级行政区域和龙头企业，下级"抓典型"的对象则主要是龙头企业，因而引领体制里的龙头企业比自发体制里的龙头企业获得扶持的资源和机会要更多。不同的市场体制还影响着龙头企业的专业化程度和公司战略，而专业化程度又是企业能否获得更多政府扶持的重要条件。汀市企业 LK 和 HS 在各级政府的支持和协调下，一直采取专业化的发展战略，不断研发和推出新的加工产品，致力于产业链的延伸和拓展。企业 DY 早年在小龙虾加工出口上占有很大优势，但由于该企业采取的是多元化发展战略，小龙虾后来未成为企业发展的主要方向（该企业的主要产品有包括多种鱼类和特色水产在内的九大系列，小龙虾只是诸多产品系列中的一个种类）。因此，市场体制和企业战略都不利于汉市的小龙虾加工企业获得优势。

过度竞争往往是降低经济绩效、导致优势产业没落的重要原因[②]。如何

---

① 湖北的小龙虾加工品属于出口导向型产品，因此对加工出口的分析能在较大程度上反映企业在加工上的规模和实力。

② 刘志坚：《产业集中及其绩效》，《管理世界》2007 年第 3 期；魏后凯：《市场竞争、经济绩效与产业集中》，北京：经济管理出版社，2003。

避免原子化的过度竞争给产业造成的损害，是地方政府和企业共同面临的问题。对于资源高度集聚、企业高度集中的汀市而言，保持市场竞争活力的同时又避免过度竞争，是维系当地产业优势的重要条件。以往的研究揭示，地方政府对少数企业的"重点扶持"会导致产业内部过度竞争①。然而汀市的小龙虾产业反而借此规避了这种产业困局。在地方政府的直接介入和政策引导下，当地最大的两家龙头企业形成了互补的专业化战略和分立的竞争优势，从而避免了原初因为产品高度一致而存在的过度竞争。在加工领域，两家企业 HS 和 LK 从产品销售到政府扶持项目都面临直接竞争。在产业发展之初，这种竞争关系十分激烈。正是地方政府的介入促使两家龙头企业在产业链上形成不同的发展战略，这是地方政府促进产业良性发展所采取的关键策略。汀市水产局前任局长表示，当年为避免过度竞争，他提出了小龙虾产业的龙头龙尾关系，大宗的政府资源以企业所处产业链的位置为依据定向分配给两家企业。

> （政府资源和项目等）给了 LK，HS 有意见。给了 HS，LK 有意见。我当局长的时候，我说你们不要每个项目都争，市里也不好摆平。这样吧，如果是小龙虾上游这块，苗种选育繁育的，就给 LK……要是搞深加工的，LK 不要想着，就是 HS 的。后来就把它上升到产业链的龙头龙尾，现在就很明确了。两家（公司）发展方向不同，产业布局分开以后，就是龙头和龙尾的关系。（我）就给他们分死，都不要争了，要争就争属于你的那一块去。（201510-WBY）

在地方政府的强介入下，两家龙头企业朝产业链的首末两端发展，形成的核心产业优势各有不同：企业 LK 是全国规模最大的小龙虾苗种选育和繁育中心，主要获利途径是龙虾成品出口和苗种销售；企业 HS 则是全国规模最大、产品最全的甲壳素深加工示范园区，利用废弃虾壳加工而成的甲壳素及衍生制品成为企业越来越重要的获利来源。

苗种繁育基地通过提高养殖产量增加了企业的原料供应。甲壳素深加工则不仅使"虾壳危机"变成了"虾壳商机"，而且正如一位甲壳素研究的权威学者所言，"可避免小龙虾产业越来越严重的产品同质化竞争"（201606-DYM）。由于育种技术和甲壳素深加工技术是汀市的先机优势和比较优势，

---

① 汪和建：《自我行动的逻辑：当代中国人的市场实践》，北京：北京大学出版社，2013。

所以两家企业都获得了来自中央和地方政府的诸多扶持项目。互补的技术优势构成了两家企业协同发展的动力，而仍然存在的竞争则维系了市场的活力。因为两者同属全国农产品加工示范企业，又都从事小龙虾产品的苗种选育、养殖、加工和出口（这些都是两家企业创始至今的传统项目），所以政府介入并没有彻底消除它们在产业链条上的竞争。

可见，引领体制里的地方政府形塑了主要企业基于不同核心技术的竞争优势，主要企业的优势分立创建了错位竞争的市场格局和纵向一体化的产业链，从而使其产业的市场结构朝着同时有利于企业和产业的方向上发展。其他市场主体也不同程度地从引领体制创造的大市场、资源（产业）集聚的溢出效应以及当地的产业政策中受益。在汉市的自发体制里，地方政府限于职能范围内的业务服务，造成企业加工能力普遍较弱的市场结构特征，且没有任何一家企业在产业链的某个环节具备独特优势，市场主体的利润预期也随之降低。总之，市场体制通过塑造不同的市场结构和产业链特征对产业发展结果施加了极大影响。

（二）市场体制与产业政策利用

从宏观上来说，国家治理模式和治理体系影响政商关系的发展[①]，而中观层面上不同的市场体制亦通过不同的产业治理模型形塑着微观层面具体的政商关系互动，并直接影响企业对产业政策的利用和资源获取。上级政府倾斜扶持典型地区，其他地区能获得的资源就会减少。被扶持地区的企业借助各种扶持政策和项目资源而降低了经营成本、提升了竞争优势并能扩大市场份额，其他地区的企业则会陷入竞争劣势。引领体制中的地方政府会对被上级树为典型的地方产业或支柱型产业投入更多的资源，但对其他产业却可能倾向于要求企业依靠市场机制和自身实力做强做大，不会主动、积极地替企业争取来自中央和省级政府部门的扶持项目。结果是，非典型地区的普通企业，尤其是专业化程度低的企业很难成为产业政策的重点扶持对象。

比如，湖北省于 2009 年启动实施了"农产品加工业'四个一批'工程"，扶持政策涉及财政、税收、金融、土地和服务环境等诸多方面[②]。汀

---

① 杨典：《政商关系与国家治理体系现代化》，《国家行政学院学报》2017 年第 2 期。
② 《中共湖北省委湖北省人民政府关于实施农产品加工业"四个一批"工程的意见》（鄂发〔2009〕27 号）。

331

市的 LK 和 HS 是水产品加工领域仅有的两家直接被写入了文件发展重点的企业，受此政策扶持较大。在汉市的田野调查中，几乎所有小龙虾加工企业都表示从政府那里获得的帮助很少，而这不仅影响了小龙虾第二产业和第三产业发展，也波及养殖业。汉市的养殖户对政府也有怨言，因为当地大型加工企业的稀少导致他们的小龙虾在收获高峰期的销售变得困难起来。当地一家小龙虾专业合作社的负责人说道：

> 虾稻连作季节性非常强，产量高峰期不能消化，为什么我们县不能建一个大型的加工厂，解决高峰期老百姓卖虾难的问题……对于市场销售方面，为什么我们的龙虾加工企业不能做大？大家都牢骚满腹，就是政府的扶持力度不够，没有重视小龙虾深加工产业。(201602-LHW)

同时，从加工企业的董事长、总经理到政府水产部门的负责人，都在表达对小龙虾产业竞争不公平的看法。在他们看来，不公平竞争最突出地体现在加工企业获得政府资源的机会上。当地一家小龙虾加工企业的董事长表示：

> （我们企业）资金不够，省里的钱、国家的钱都点缀在这些大企业上，大企业不缺钱……为什么我们这边龙虾（养殖）这么多，而汀市那边加工那么好，实际上也就是一个投入的问题。每年政府支持他们很多钱，我们还要去他那里借钱。他们补贴太多，我们基本没有补贴。(201602-CSN)

政府与企业之间普遍存在信息不对称和信息交流机制不健全的现象。对于大多数企业来说，他们往往并不清楚可以申请哪些来自中央和省市的项目支持和优惠政策。项目和政策信息即使最终传达到了企业，也仍然存在获取不及时的问题。有些专项信息下发后需要企业在较短时间内备齐各种材料后申请，这时政府服务企业的沟通渠道和行政效率便很重要。在引领体制里，政府积极将各种政策信息及时知会相关企业，并竭力帮助符合条件的企业"用足"上级政策和项目资源。

政府对民营企业的扶持可以分为常规性扶持和非常规性扶持两种基本类型。常规性扶持主要包括项目资金类、人才技术类、优惠政策类以及政府机构对企业金融贷款的担保。对于来自上级部门的常规扶持项目，虽然引领体制的地区会获得更多，但其他地区也会有所收获。比如，2010年省政府决定从省级财政中新增6000万元作为小龙虾专项发展基金。由于这批扶持资金约三分之二用于良种选育中心、养殖基地建设、资源保护、病害防治、环境监测以及科技培训推广等公共物品供给，因此分配上虽对不同地区有所侧重，但仍属基本均衡。

然而，也有很多竞争性的常规项目是自发体制的地区和一般企业很难争取到的。以一项对缓解企业融资难、融资贵极为有效的扶持政策为例，2008年湖北省为应对金融危机对实体经济的影响设立了县域经济发展调度资金（简称"调度资金"）。省级财政利用财政间歇资金，于年初通过调度方式借给市县财政，市县财政再借给重点企业短期周转，年底收回[①]。因为原料市场是个卖方市场，加工企业在每年4—8月需要大量流动资金收购小龙虾，故流动资金的多寡直接决定了当年的加工量（事实上多数企业每年都没有达到其最大加工能力）。调度资金实行的零费制对企业来说是零成本借款，因此相对于高融资成本而言，调度资金显然能极大地降低企业的生产成本。引领体制有助于当地产业及其龙头企业充分利用这个政策。比如，汀市2013年争取到调度资金1.8亿元，统筹用于支持小龙虾等产业发展，汉市则无；LK在2012年成功申请并使用了调度资金1200万元，主要用于夏季收购小龙虾。而汉市企业YS虽然从2003年起便从事小龙虾加工出口（几乎与LK同步），但十多年来从未获得过包括调度资金在内的政府扶持。这方面的巨大差异导致企业间能力及绩效的差距越来越悬殊。2015年YS的出口量才825吨，仅为LK的16%。YS公司总经理在访谈中表示，在遭遇融资困难时，政企关系决定了企业获得政府帮助的可能性大小。

非常规性的政府扶持不存在竞争，但往往支持力度更大，会迅速拉开企业之间的差距。在汀市政府的倾力支持下，龙头企业，特别是国家重点龙头企业往往既能从常规性扶持中受益，又有很大机会获得来自中央和地方以专项形式助力企业发展的政府扶持。[②] 会意机制在企业的政治资本和引领体制的调节作用下，增加了特色产业典型地区的龙头企业提升竞争优势的资本来源（非常规支持）。而企业获得非常规支持则通常以企业负责人的

---

① 《湖北省县域经济发展调度资金管理暂行办法》（鄂财企发〔2010〕10号）。

② 比如汀市某龙头企业近年来便获得诸多来自中央的专项项目支持，包括国家富民强县项目"汀市小龙虾高效养殖及深加工技术集成与产业化示范"、国家星火计划项目"克氏原螯虾优质苗种繁育技术推广与示范"、国际科技合作专项"克氏原螯虾原种育种技术联合研发"、国家资源枯竭城市产业转型项目等。

政治身份和引领体制为条件。

在汉市，虽然 DY 的董事长曾担任过省政协委员，但因缺乏地方政府的辅导支持或有意识的引导，企业采取的多元化发展战略导致其在小龙虾产业中的专业化程度很低，因此国家重点龙头企业的荣誉并未使其获得发展小龙虾的特殊支持。2010 年到 2015 年间，DY 仅获得的一个专项也是与汀市 LK 等公司共同分享的中央财政支持现代农业资金。在汀市，LK 的董事长是省人大代表，HS 的董事长是省政协委员。他们的政治身份对企业获得非常规的政府扶持具有明显的正向意义。当地官员表示，这两家本土企业享受了原本只有外商才能享受的土地优惠政策，地方公安局将其列为治安重点保护企业，银行贷款不是企业找银行，而是银行倒过来找企业。两家企业的专业化发展战略、董事长的政治身份与引领体制相得益彰，为其从省级财政获得最大笔的非常规性扶持项目创造了充分条件（两家企业于 2010 年、2013 年各获 1 亿元的省财政支持，其中一家另获市政府以土地作价的资金支持 1 亿元）。

政府依靠极强的资源组织和动员能力，通过诱致性和强制性制度安排的方式来主导、实现和推动与企业组织的行为互动，是中国经济发展的重要背景①。政府的这种能力对特定产业的发展结果能施加极大影响。不过，针对特定产业，基层政府的资源组织和动员能力会呈现较大差异，引领体制中的地方政府能力显著强于自发体制，这也使前者的龙头企业有机会享受到更多非市场性的资源扶持。

（三）产业创新与价值链拓展

推动产业发展的主要动力既来源于市场对外部资源的集聚能力，也在根本上依赖于产业内部企业的创新能力。汀市通过引领体制实现体制构架的创新，促成了当地一系列关键技术创新的持续产生和应用推广，从而拓展了小龙虾产业的价值链和可持续发展空间，是其得以占据产业优势地位的重要原因。② 制度创新通过提供更有效率的组织经济活动的途径而对发展

---

① 李汉林、魏钦恭：《嵌入过程中的主体与结构——对政企关系变迁的社会分析》，北京：中国社会科学出版社，2014。

② 这甚至可以说是湖北的小龙虾产业能够超越江苏后来居上的重要原因之一。在访谈中，不少加工企业的董事长、总经理及政府官员都认为，21 世纪初以来江苏小龙虾产业的没落主要是因为小龙虾的种质资源退化，当地又没有很好地解决这个问题，从而带来养殖产量大幅减少进而影响到加工。比如，江苏的甲壳素产品加工业发展早于湖北，但因为原料虾壳的严重不足、加工企业及加工量的减少而仅是昙花一现。

作出贡献①。引领体制则为汀市的体制机制和产业创新创造了机会。

近十多年来，汀市地方政府持续扩大了对小龙虾产业的扶持、规划和服务功能，为壮大产业不断做出了领导体制和工作推进机制上的创新性改变。在体制架构上，汀市较早设立了称为"虾办"的办公室，2015年成立了由市长任组长、几乎所有市直部门都是成员单位的小龙虾发展领导小组。由市编办核定领导小组办公室这个新设的市一级常设机构的编制，还将龙虾产业发展纳入各区镇处、市直部门年度考核目标。2016年，该市又新成立了龙虾产业发展局，再次提升了小龙虾产业在汀市的战略地位。可以看到，汀市一直在不断增强政府对小龙虾产业的规划、扶持和服务功能。同时，在地方政府的支持下，汀市除了有龙虾产业发展促进会（协会秘书长由前任市水产局局长担任），还在养殖和餐饮等不同产业链条上成立了行业协会。这些社会组织是政府与产业互动的重要纽带。而在汉市，既没有专门针对小龙虾产业的体制机制创新，也没有成立相关的行业协会。

调研表明，小龙虾产业中大量创新行为的发生及其积极效应，都依赖于市场体制所塑造的产业的社会结构。引领体制缔造了加工企业、农户和政府之间更有效率的协调模式，从而为产业技术创新和价值链拓展奠定了基础。汀市小龙虾的养殖经历了从冬季农业到虾稻连作再到共作模式的演变。从发展过程中可以看到其基本线索：农民经验实践的创举"虾稻连作"模式使小龙虾变成了可大规模养殖的产品；政府通过产学研结合的途径推广并改进了养殖技术；激励性的产业政策，如支持农田改造并对符合条件的养殖户进行奖励或补贴，推动了新养殖技术的广泛应用和连片规模养殖。当地的技术专家表示，"政府统一规划、连片规模养殖很重要。否则的话，水源难以保障，并且不同农户之间容易产生矛盾。因为养殖品种要是不一样，小龙虾养殖对其他植物是有危害的"（201606-TZH）。龙头企业通过与科研机构、政府合作创新产业技术，再经过政府对新技术和新知识的推广，使地方产业获得了巨大的发展动力。而汉市仍停留在以野生寄养、粗放养殖为主的模式，采取人放天养的自然繁育方式，虾苗部分依赖从汀市购买。养殖技术的差异也导致汉市在养殖的单位产量上仅为汀市的一半。产业创新的乏力也导致汉市的加工产品较为单一、加工方式相对落后。

不同市场体制对技术创新和专家团队的重视及利用程度明显不同。汀

---

① 尼科尔森：《制度分析与发展的现状》，载《制度分析与发展的反思——问题与抉择》，王诚等译，北京：商务印书馆，1992。

市吸引了来自外地重要研究机构和高校的多位优秀专家，他们通过实验研究和技术突破，帮助当地不断解决小龙虾产业发展中存在的难题。研究表明，在早期发展过程中解决了困难问题的企业通常具有更强的学习能力①。汀市企业竞争优势的获得离不开这种学习能力。就小龙虾产业而言，良种选育繁育是直接影响整个产业是否具有可持续发展空间的重要技术。在地方政府的协调下，该领域多位专家在当地成立了由他们负责的产学研机构、院士工作站，为汀市成为全国最大的小龙虾种苗繁育基地奠定了技术基础。在 21 世纪之初，正是地方政府官员的积极联系、沟通和为专家创造的良好工作条件，使原本要与汉市合作的一位顶尖专家最后选择了汀市。汀市在甲壳素及其衍生产品的精深加工上占据全国领先位置，其技术优势同样是通过主动寻找产学研结合的发展路径而实现的。

创新技术能否应用推广到产业实践，是技术提高产业绩效的前提。汀市政府通过基层农业技术推广体系对农民进行技术培训和实地技术指导，组织集体学习，及时将创新的养殖技术和模式及防病害知识等传递到了养殖户。但对于汉市而言，该市水产局主要领导表示，当地的农技推广站完全是废的（201602-ZWY）。而且，汉市由于在种养环节几无重大技术创新，因此在成虾产量上虽有规模优势，但单位产值和经济效益要低于汀市。对于养殖农户而言，有效技术指导和服务的缺乏导致其成本投入较大，利润相对较低。

由此可见，制度和技术创新在引领体制中以一种多主体协同实践的途径得以持续推进，是地方产业优势形成的重要机制。政企的密切互动提高了地方成功获取上级政府部门常规与非常规扶持的概率，使基于技术创新的产业构想变为现实。地方政府角色在汀市小龙虾产业优势不断提升的过程中显然具有独特意义。由企业、政府、民众、技术专家、合作社等构成的关联网络，使得初级技术不断创新，而政府介入则使创新技术得到普遍的推广应用，创新产品顺利打入国内外市场。在汉市的自发体制里，养殖环节基于自主摸索而实现的初级创新也只是通过农户之间的模仿机制在小范围内扩散，而加工企业由于缺乏创新所需的人力资本和制度支撑，创新能力远不如汀市企业。

六　结论与讨论

21 世纪以来，农业产业化在各级政府的驱动下虽然大大提速，但地区

---

① M. Stan & F. Vermeulen, "Selection at the Gate: Difficult Cases, Spillovers, and Organizational Learning," *Organization Science*, 2013, 24 (3).

间的发展质量和水平并不均衡。是什么原因使特定地方在特定产业上形成了独特优势，或者说为什么有的地方原本具备良好的产业基础却未能实现理想的发展结果？本文研究表明，会意机制与政府产业发展战略的相互配合既促使资源向特色优势产业区和专业化程度高的龙头企业集聚，也导致了市场体制的地方差异。市场体制塑造了农业产业化过程中市场主体与非市场主体的关联形式、政府资源的流向以及非市场治理机制的作用空间，通过建构出明显不同的产业组织过程、市场结构、政策利用机会和创新能力而强有力地塑造了地方产业的竞争力，从而固化并拉大了农业产业化发展的地区间差异。

两地小龙虾产业的比较分析揭示，产业优势是以市场行动者的有效动员和组织为前提，在引领体制的运作过程中逐渐铸造出来的。在引领体制里，地方政府塑造了错位竞争的市场格局，实现了产业链的纵向一体化整合。对产业发展所需条件的积极回应是引领体制的重要特征。自发体制条件下，由于市场行为缺乏组织、市场行动者之间关系疏离且产业创新乏力，产业发展的机会空间被大大压缩，其后果是降低了产业获得外部资源和形成更大市场的可能性。可见，即使农业产业化的制度环境、自然资源禀赋和产业组织形式相同且产业具有潜在扩张前景，市场体制的差异也会导致不同地区的发展结果显著不同。

尽管市场体制决定了地方政府、产业和企业所拥有的资源集聚能力及其能在多大程度上实现创新的优势，然而这种市场体制效应有其前提条件。讨论政府扶持究竟是一种破坏力量还是具有积极效应的问题时，有必要强调若干约束条件，避免从结果上来论证政府扶持和产业政策合理与否的功能主义解释逻辑。同样，分析市场体制之于产业发展的效用，也需对其发挥作用的前提进行探究。市场行动者的密切关联和配合增加了地方产业获得政府扶持的机会，但这实际上只是产业优势形成的充分而非必要条件。尤为重要的是，引领体制通过产业技术和政府治理体系的持续创新而促成的产业链拓展和价值链提升，构成了企业竞争能力提升和地区产业优势形成的关键，也是政府扶持取得积极效应的根本原因。[①]

---

① 一些地方政府单纯地从税收、土地和信贷等方面大力扶持在当地并不具备基础的特定产业从而导致失败的案例屡见不鲜。当产能过剩、重复建设、市场失败和僵尸企业等现象被媒体频繁报道出来时，人们也往往更多的是从中看到政府扶持产生了与其行为和政策目标相背离的结果。本文案例在政策上的启示是政府的产业政策应着眼于带来长远利益的产业创新行为，为推动农业供给侧结构性改革创造良好环境和提供激励机制，以弥补市场失灵的不足。

同时，产业发展周期和产业属性也是影响市场体制效应的重要约束条件。对于具有潜在扩张前景且产业扩张高度依赖非市场的外部资源的产业，在其边际效用递增期，市场体制会极大地改变不同地区产业和企业的发展状况及其轨迹。在这一时期，政府实施不同的发展战略会导致起点相同或接近的产业和企业在某个时间点 a 后开始走向差异化发展之路（见图2）。换言之，这期间政府介入和产业政策能否满足产业需求以及产业和企业获得的政府扶持状况，会显著影响产业的后续发展。当产业需要跨过关键的临界点（critical mass）才能进入更高发展层次时，即拐点 b 没有到来之前，积极且精准的政府扶持对提升产业优势显得尤为重要。因此，尽管汀市获得了相对于外省的后发优势和相对于省内其他地区的先发优势，但在小龙虾产业的拐点到来之前，其他地区通过跨地域的组织学习和制度模仿、企业间共同合作以及基于产业内的技术扩散，在实现追赶型发展的过程中亦有实现其自身优势的可能。

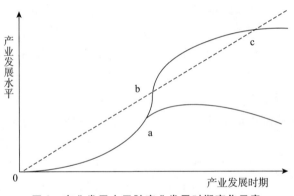

图 2　产业发展水平随产业发展时期变化示意

在 0 到 b 阶段的政府介入可谓"雪中送炭"，而一旦过了临界点 b，进一步的政府扶持只是"锦上添花"。所以在产业的边际效用递增时期，引领体制是帮助产业和企业跨过临界点 b 而实现更大产业优势的重要前提。自发体制下的产业在这个阶段虽然会由于产业红利以及宏观产业政策的溢出效应而仍有所增长，但不仅发展缓慢，且与引领体制助力下的同产业之间的发展差距会越来越大。当然，引领体制也并非总是有助于产业和企业发展，且当产业进入边际效用递减时期后尤其如此。当产业的产能相对过剩、市场进入萎缩期（过了 c 点以后），引领体制会导致资源浪费和"僵尸企业"的产生，所造成的负面后果比自发体制可能要大得多。在这一时期，即使企业因之前的创新占据过领先优势，这也有可能造成企业形成对特定技术和产品的路径依赖，阻碍企业顺应市场变化实现进一步创新突破。一旦对行业和市场发展趋势反应迟钝，或不愿舍弃原先的行业主导地位而故步自封，进一步的资本投资和政府扶持都无法避免企业衰微。换言之，在某个时期有助于地方产业和企业竞争优势形成的市场体制，其促进企业发展的某些机制也有转化为阻碍产业和企业转型发展的力量的可能。

值得反思的是，引领体制之所以能在小龙虾产业领域发挥积极效应，在于小龙虾产业自 21 世纪以来一直处于扩张期，且产业链的延伸和纵向一体化需仰仗非市场的外部资源投入，同时产业精英又大体均衡地分布在政府、企业和科研机构中。除上述因素外，市场体制效应也与地方主要领导人特征、产业精英关系、地域文化等因素相关，需要在进一步的研究中加以关注。

探寻中国人的社会生命[*]

——以《金翼》的社会学研究为例

渠敬东[**]

摘　要：《金翼》是探索中国人社会生命之构造的经典之作。林耀华透过生命传记法，以及内省式的民族志手法，描述了中国地方社会中的两个家庭由亲属关系、地理分布和人际网络所构成的不同的命运轨迹。就中国乡村普通人的社会生命而论，宗族、家族及其中的个人是一而三、三而一的并合逻辑关系。宗族不同于宗法制度。有了宗族组织，才会有家庭本位的社会结构。乡村社区是以家、户、支、房、族的功能单元逐层聚合而成的社会组织。家庭是社会生命之源，土地是家庭之根。家庭与宗族的生命史，是一种传续和裂变的社会历程，需要依靠仪式和信仰来升华。祖先与神明，是乡村社会真正得以凝聚和整合的象征枢纽，亦是对社会生命的护佑。面对世间的变故、命运的流转以及国家的危机，普通人在多重关系格局及其流变中所守持的平衡，才是这个文明得以延续传承的根本。

关键词：《金翼》　家族制度　宗族社会　社会生命　生命传记法

引言　重返我们的生活世界

研究中国社会，必要从人出发；人有其生命，且往往是被社会赋予的。

---

*　本文原载《中国社会科学》2019 年第 4 期。

**　渠敬东，北京大学社会学系教授。

探求人的社会生命，有许多问题值得反省。

首先，是要对行为科学模式下人的预设及制度主义范式做检讨。众所周知，理性选择理论在现代西方有着很深的文明根源，尤其在美国，基于基督新教之信仰而确立的政治原则及其公民宗教体系，后经由实用主义学说的改造，与其市场化资本主义体制相契合。[①] 新教个人主义的理念及生活方式扎根于美国的总体政治文化结构中，与其行为科学的研究策略相适应；无论是实验法、统计学，还是制度主义的分析框架，都集中反映着这种实用主义之实证主义的自由个体精神。[②] 如今，虽然伴随改革开放我们也融入世界经济体系中，但对这样的人性设定仍会感到隔阂，单纯用"方法论的个人主义"原则来测量、解释和评估中国人的社会行为，大有问题。

其实，从 20 世纪 60 年代起，美国社会科学界就展开过自我批判，来检讨行为科学范式的局限。[③] 此后，从欧陆来的现象学和后结构主义的语言、权力和叙事等分析策略，开始与各类社会运动结合起来，形成云涌之势，就像是"知识/权力的毛细血管作用"所刻画的那样，权力与反抗的研究视角也渗透在每个领域；我们的学者也仿效之，拿来便成了上手的时尚工具。事实上，知识/权力的分析策略有其历史和现实中的根由，既与笛卡儿及启蒙运动以降西方对于人的效能预设，即 power 或 faculty 有关，也与理性化的极度扩张所带来的强制支配和精神压抑有关，人性中的能力与社会政治中的权力交错并行。这种由西方文明所独有的特质转化而来的权力关系模式，如何能直接拿来判别我们中国人社会生活的全部？

于是，社会科学的本土化策略应运而生。本土化的分析概念，首先要从日常生活中来找，人情、面子和关系这些常用的说法，自然会蕴藏很多社会运行的机理。从生活感受来说，中国社会确实很讲人情，"脸"的观念对人格评断有着重要意义，"面子"则可以使个人的社会地位超出群伦。[④] 按照滋

① 托克维尔指出，在美国，"宗教认为公民自由是人的权利的高尚行使，而政治世界则是创世主为人智开辟的活动园地……自由视宗教为民情的保卫者，而民情则是法律的保障和使自由持久的保证"。参见托克维尔《论美国的民主》，董果良译，北京：商务印书馆，1988，第 49 页；另见亨廷顿《谁是美国人?》，程克雄译，北京：新华出版社，2010。
② 参见叶启政《实证的迷思：重估社会科学经验研究》，北京：生活·读书·新知三联书店，2018，第 41—52 页。
③ 参见 Alvin W. Gouldner, *The Coming Crisis of Western Sociology*, New York：Basic Books，1970。
④ 胡先缙：《中国人的面子观》，载应星等主编《中国社会学文选》（上），北京：中国人民大学出版社，2011，第 49 页。

贺秀三的说法，所谓"情理"，就是"常识性的正义衡平感觉"，[①] 这意味着，客观的尺度很大程度上要靠主观上拿捏分寸，由此便会造就一个关系性的社会世界，即"社会个体运用行动策略同现存的社会结构相权宜的产物"；[②] 人们习以为常的现象，如权度、变通、摆平等随之而来，终言之，这一本土化论说还是落实在了权力再生产的逻辑上。[③]

人情、面子和关系的说法，只是"表"，不是"里"。人情出于人伦的秩序，关系有分殊差等，各种面子的原理也大有不同，单靠外部分析，社会的内在本体及机理很难呈现出来。潘光旦讲"中和位育"，费孝通讲"差序格局"，都有很本质的逻辑在里面。近年来，一些学者把眼光放在了更原本、更深层的经史传统中，尝试去挖掘中国社会构造的基源。周飞舟等认为，中国社会中的差序格局，与以丧服制度为基础的五服结构是同构的。周代礼制所遵循的"亲亲""尊尊"之道，不仅反映在宗族范围内，亦据此扩展至亲属关系之外的社会政治领域，如爵位、分封和祭祀体系等。丧服制度的基本原则是一种基于自然关系的情感原则；缘情制礼，"既是基于对人在各种关系、情境下所具有的普遍性情感的认识，又是人们将自己个别的、具体的情感表达为这种普遍的、一般性情感的制度性安排"。[④]

概括说来，从行为科学的理性选择论到配置性的权力关系分析，从中国人的脸面观和关系说到以宗法制度为基础的社会文明探源，目前有关中国社会生活的社会学分析，体现出四种研究范式。从理论移植的研究形态向内生性社会研究的视角转化，是理解中国社会不可或缺的自主意识。但中国历史持久绵长，其间往往经历大的曲折变异，况且在当代社会纳入现代世界秩序的过程中，社会的构造亦错综复杂，因而上述诸多讨论还需经验研究来印证。

费孝通晚年就曾对以往的研究做过反思，说自己"还是没有摆脱'只见社会不见人'的缺点"。[⑤] 任何社会生活的逻辑和规则都不会自行空转，

---

① 滋贺秀三：《中国法文化的考察——以诉讼的形态为素材》，载王亚新、梁治平编《明清时期的民事审判与民间契约》，北京：法律出版社，1998，第13页。

② 翟学伟：《个人地位：一个概念及其分析框架——中国日常社会的真实建构》，《中国社会科学》1999年第4期。

③ 参见翟学伟《人情、面子与权力的再生产：情理社会中的社会交换方式》，北京：北京大学出版社，2015。

④ 周飞舟：《差序格局与伦理本位》，《社会》2015年第1期。

⑤ 费孝通：《个人·群体·社会——一生学术历程的自我思考》，载《费孝通文集》第14卷，北京：群言出版社，1999，第487页。

倘若没有人用自己的言行和思想参与其中，没有发生在人与人之间的"事件化"过程将这些逻辑和规则激活，没有人为自身和他人的生命历程加以"叙述转化"和"解释重置"，文化也便无法得到传承和延续。① 只有进入到具体的人的世界中，社会才会敞开、才会获得真正的生命。

一　生命史的白描法

通过返回我们的生活世界来重新发现中国社会，近些年来，社会学家再次表露了这样的心声。有学者认为，社会学家应该借鉴现象学的方法，悬置过度的理论预设，保持"社会"进行自我呈现的自然过程。② 也有学者指出，需要从"国家与社会"的权力关系范畴转向"制度与生活"的视角，对于社会生活本身所蕴含的各种日常诉求、生活技术以及民情和习惯法给予充分重视。③ 更有学者提出，若重返社会世界，就必须重塑社区研究的要义，从地方权力精英、国家、市场、等级、社会流动、宗教—神话—知识等文明整体形态之于局部社会呈现的角度，对生活世界本身做完整的观照。④

上述认识，都来自田野工作中对"社会底蕴"的感受。⑤ 这种感受让我们不会迷失在时下流行的概念和意见里，努力回到最质朴、最亲切的生活世界。不过，人类学家首先会对此提出疑问，就像当初利奇评说费孝通的《江村经济》那样："像中国人类学者那样以自己的社会为研究对象是否可取？"⑥ 西方人类学与生俱来的学科偏好，是指向新大陆或殖民地的"异文化"的，或者像马利诺夫斯基在此书"序言"中所说的那样："人类学，至少对我来说，是对我们过分标准化的文化的一种罗曼蒂克式的逃避。"但中国学者似乎不这样看。费孝通晚年坦陈：如果人类学对于西方学者来说是一个"表演才华的戏台"、一种"智力的操练或游戏"，那么他无法享受这种"悠悠自得的人生"。中国学者探寻自己所属的社会生活，自然少不了传

---

① 渠敬东：《迈向社会全体的个案研究》，《社会》2019 年第 1 期。
② 杨善华、孙飞宇：《作为意义探究的深度访谈》，《社会学研究》2005 年第 5 期。
③ 肖瑛：《从"国家与社会"到"制度与生活"：中国社会变迁研究的视角转换》，《中国社会科学》2014 年第 9 期。
④ 王铭铭：《局部作为整体：从一个案例看社区研究的视野拓展》，《社会学研究》2016 年第 4 期；王铭铭：《社会人类学与中国研究》，北京：生活·读书·新知三联书店，1997。
⑤ 参见杨善华、孙飞宇：《"社会底蕴"：田野经验与思考》，《社会》2015 年第 1 期。
⑥ E. R. Leach, *Social Anthropology*, Oxford：Oxford University Press, 1982, pp. 126-127.

统士大夫的那种同情与关切，"天下兴亡"之际，怎能忘掉"学以致用"的责任？①

　　社会学前辈们是"敢于"承认这样的情怀的。当年燕京大学的学生们追随吴文藻等从事社区研究，便是从物质、社会组织和精神等三个层面入手来构建多层次的文化整体。② 王铭铭将其概括为人、物、神诸"存在体"共处的"社会共同体"，③ 即从"社会生活应研究的各方面"及其历史的内涵出发，与多个外部世界加以完整关联的（跨）文化系统。这一思想反映在燕京学派此后的整体研究和著述之中，而今天看来，其中"既见社会又见人"的代表作，当数林耀华的叙事体著作《金翼》。学界近来对《金翼》文本给予了充分重视，庄孔韶和王建民曾深入讨论过由《金翼》开启的中国田野民族志可持续的工作范式，④ 王铭铭则强调要从吴文藻构建的广义人文关系来理解费孝通、林耀华等所做的社会学中国化尝试，⑤ 赵丙祥提出，《金翼》所采用的生命传记法，将社会学、人类学和历史学传统发展而来的各种叙事方法糅合起来，既有在西方知识社会学思路下与中国传统史学的结合，又有社会结构论与人生史的结合，时至今日仍可谓人文与社会科学相综合的创新策略。⑥ 就社会解释而言，刘志伟将林耀华的系谱性法则与弗里德曼的功能性法则做了对比，指出汉人社会的宗族研究，既要坚持人类学的亲属制度研究传统，尤其是继嗣群的系谱性法则，同时更需要将研究领域深入到家庭、房分、家族这些亲属团体的历史构成中去，在社会具体的衍生和演变过程中给出更多的历史学解释。⑦

　　《金翼》写于 1940 年，是林耀华在哈佛大学获得博士学位后余暇生活中的信手之作，题材取自家乡福建省闽江流域的古田黄村，虽然作者曾于三四年前做过两次田野考察，内容上却更多地融入了自己的生活历程。作者在 40 年后的"著者序"中说：《金翼》不是一般意义上的小说。这部书包含

①　参见费孝通《人的研究在中国：缺席的对话》，载《费孝通文集》第 12 卷，北京：群言出版社，1999。

②　参见吴文藻《论文化表格》，《人类学社会学研究文集》，北京：民族出版社，1990。

③　王铭铭：《民族志：一种广义人文关系学的界定》，《学术月刊》2015 年第 3 期。

④　庄孔韶：《金翼家族沉浮的诠释》，《广西民族学院学报》2004 年第 1 期；王建民：《田野民族志与中国人类学的发展》，《中南民族大学学报》2010 年第 6 期。

⑤　王铭铭：《局部作为整体：从一个案例看社区研究的视野拓展》，《社会学研究》2016 年第 4 期。

⑥　赵丙祥：《将生命还给社会：传记法作为一种总体叙事方式》，《社会》2019 年第 1 期。

⑦　刘志伟：《宗族研究的人类学取径——从弗里德曼批评林耀华的宗族研究说开去》，《南国学术》2017 年第 1 期。

着我的亲身经历、我的家乡、我的家族的历史。它是真实的，是东方乡村社会与家族体系的缩影。"① 此书 1944 年首版，② 腊斯克（G. Lasker）作序，题为"隐然浮现的伟大目标"。从此标题可以看出，腊斯克始终在努力把握此书隐而未彰的意图和风格，他说道："假如从事社会研究的西方学者希望明了究竟是何种力量在维系着中国社会并使之运转，就必须学会正确理解如权威和责任这类关键性的概念，使其脱却众多西方人习以为常的看法和实践"，作者所运用的"非正统方法具有特殊的价值，可以使我们直接了解中国家庭的日常生活"。③ 腊斯克隐约地意识到，林耀华采用的叙事策略，不仅没有照抄照搬西方人类学的规范方法，也有意躲避掉了一些学科既定的描述和分析概念，甚至平铺直叙的文风，像是在尽力避免情节上的跌宕起伏；似乎这样的风格不再是基于科学叙事的要求，而是中国人之社会生活的本质呈现。

首版《金翼》副标题为"一部家族编年史"。④ 编年史（chronicle）的方法，本就是民族志（ethnography）的要求，即对一种社会历程之详细完整的描绘。1932 年秋，林耀华在燕京大学曾选修派克（Robert E. Park）教授开设的"集体行为"课程，深受影响，尝引述道："如果个人在社会中之关系为形式的，如果社会不止各分子总和，此种关系，应以互动或历程解释之"；"盖人有社会嗣业，从交通（communication）造就而成，又从交通传递而来；社会之生命及其连续，全视乎前代之民风（folkways）、教化（mores）、技术（techniques）与理想（ideals）能否传于后代"。⑤ 显然，民族志所理解社区意义上的社会，首先是一种时间性的生成、演化和流变过程，是一种动态的机制化和结构化形式。社区亦是一种空间性的关联形态，通

---

① 林耀华：《金翼：中国家族制度的社会学研究》，庄孔韶、林宗成译，香港：香港三联书店（香港）有限公司，1990，第ii页。本文引用所依据的即此中文译本，文中简称《金翼》。

② Lin Yueh-Hwa, *The Golden Wing : A Family Chronicle*, New York：International Secretariat, Institute of Pacific Relations，1944.

③ 腊斯克：《隐然浮现的伟大目标——1944 年首版〈金翼〉序言》，载庄孔韶主编《汇聚学术情缘——林耀华先生纪念文集》，北京：民族出版社，2005，第 153—155 页。

④ 本书后经修订，1948 年于纽约和伦敦面世，副标题改为"中国家族制度的社会学研究"（*The Golden Wing, A Sociological Study of Chinese Familism*）。有关 1944 年和 1948 年两个版本的对比考证及作者的一些修订考虑，参见庄孔韶《前言：〈金翼〉两个版本的差异》，载林耀华《金翼：一个中国家族的史记》，庄孔韶、方静文译，北京：生活·读书·新知三联书店，2015，第 i—vii 页。

⑤ 参见 R. E. Park and E. W. Burgess, *Introduction to the Science of Sociology*, Chicago：University of Chicago Press，1969，pp. 211，163。

过交往或传播的方式与其他社区乃至国家不断形成一种多向度传递的关系，进而形成弥漫或扩展性的文化网络。虽然学界对于华南地区之宗族社会素有研究，后来亦对《金翼》多有评价，① 但《金翼》采用的所谓编年史手法，即在特定的时空关系中追踪全面社会关联的方法，将"社会"的自然展开作为其构造的环节和脉络，则独具一格。

不过，编年史的呈现并非仅是一种单纯的线性时间过程。一个社会周期，常常伴随着竞争、冲突、调协和同化四个阶段而展开，其中，竞争最为根本且普遍。林耀华借用齐美尔的说法，认为人们之间的互动常因情势的变迁，伴有无意识的、难捉摸的和未预料的情况发生，短兵相接，危机难以避免；可随着时过境迁，也往往会调协成就，达以和解，由此形成的新秩序渐渐深入人们的习惯风俗，传递后代，便又形成新的均衡态势。②

《金翼》就是循着这样的节奏和过程来写的，可以说它是受了派克、库利等人的影响，但作者借由亲历的经验书写的毕竟是中国人的故事。社会之为社会，是因为以"文"化人，人在其中。社会研究失了人，便只剩下空荡荡的躯壳，没了生命及精神。林耀华说，他是用生命传记法（life biography）来研究社会的，即通过生活中人的生命历程来承载社会的生命历程。具体来说，是用黄张两家姻亲的生活流变，来呈现一个社会的生命周期。他在"英文版前言"中说："在谈到帝国、家庭或个人的命运时，我们探索的是人际关系"。③ 在另一处，他也曾说："研究个人生命，同时也就是研究家族社会。个人生命的变迁，自出生至老死，恰好绕成一个圆圈，在这圆圈之内，每个人生命必需依赖他人而生活，上连下继，循环递嬗，由个人圆圈积成家族生活的大圆圈。"④ 社会中的人、人与人的关系，抑或是作为国家的公民，在生命传记的意义上是一体的关系，不是概念上的逐级递进

---

① 参见葛学溥（Daniel Kulp）《华南的乡村生活：广东凤凰村的家族主义社会学研究》，周大鸣等译，北京：知识产权出版社，2012；莫里斯·弗里德曼：《中国东南的宗族组织》，刘晓春译，上海：上海人民出版社，2000；施坚雅（G. William Skinner）：《中国农村的市场和社会结构》，史建云、徐秀丽译，北京：中国社会科学出版社，1998；Steven Harrell, "Geography, Demography, and Family Composition in Three Southwestern Villages," In Deborah Davis and Stevan Harrellk, eds., *Chinese Families in the Post-Mao Era*, Berkeley: University of California Press, 1993, pp. 77-102.

② 林耀华：《社会历程之分析》，载《从书斋到田野》，北京：中央民族大学出版社，2000，第189—190、200—201页。

③ 林耀华：《金翼：中国家族制度的社会学研究》，庄孔韶、林宗成译，香港：香港三联书店（香港）有限公司，1990，第 v 页。

④ 林耀华：《从书斋到田野》，北京：中央民族大学出版社，2000，第 167 页。

关系。人与物、人与人、人与祖先或神明的关系，也非各自分立，而是化育在每个具体的人的生活之流中，连同各种偶然和机缘，彼此交错，共存一处，呈现为社会的样貌。

从社会中见人，就要有特别的叙事方式。一方面，要完整描述个人的生命周期，"把个人生命按时代描叙，观察时代的变迁及他与众人关系的变迁"，将个人传记中的生命历程，如"出生、三旦、满月、周岁、断乳、入学、冠笄、婚嫁、寿长、死丧、葬祭等等"关键节点和重要转变逐一揭示出来；另一方面，正因为个人总是在事件化的过程里，需要用反常的形式来激活存于其身心之中的社会内容，因而"最好能够如影片般活跃地描写"，像小说家或戏剧家那样，"染着作者的性格和观点的颜色"。社会中的各个主体，都不是死寂的陈设，而是"心身功能所凑成的有机历程"，因而传记法不是解剖术，不是用死人的躯体来解析活人的生命，就像库利那样，"以其洞察行为之深，在形式上虽为非戏剧的，而实质上却是戏剧的"。[①]

中国人讲一个社会的生命历程，没有亲身体验，不能娓娓道来，便不会有气息和血色。"未知生，焉知死"，燕京学派所说的社会学"中国化"，乃是由西方来的新科学向自身社会生命体验的内向转化：不理解自己的此生，就不能理解自己的过往和来世。"生生之为易"，中国人的生命存于连绵不绝的世代相继之中；现世而非彼岸，天伦而非异域，才是"生生之学"的起点。因此之故，这样的学问也是从"内省"和"内观"入手的，必带入一种"投入感"：对于生活中那些命运捉弄、悲喜交加的故事，谁会不挂心动情呢？即便是一个所谓客观的观察者，也会生出"将心比心"的同情来。林耀华说："我们日常所认识一个人的行为，莫不从视觉听觉以及在背后心理历程中的想像，拢合起来而成就的。假如没有这种想像，我们绝对不能够注意那个人，脑子里也失掉他的影迹。"[②]

不过，研究者也要有所自律，正因为逼近真实是他的职责所在，他须得根据扎实的田野工作反复琢磨，依照民族志的严格要求行事，一方面，"如非用活泼的文笔来描叙生活，则不能使读者感到兴趣"；另一方面，则"不要希望做出光辉灿烂的文词，以致分散作者或读者的注意力于庄严的真

---

① 林耀华：《柯莱论生活研究法与农村社会研究》，载《从书斋到田野》，北京：中央民族大学出版社，2000，第211—212页。

② 林耀华：《柯莱论生活研究法与农村社会研究》，载《从书斋到田野》，北京：中央民族大学出版社，2000，第214页。

理之外"。①《金翼》所讲的编年史，刻画的虽是平常人的生活，却也将这种"平常"放在了编年史的传统笔法中。腊斯克的感觉是对的，林耀华对于平常人的生活世界的书写，常常不温不火，倒不是因为他们没有辗转动荡的经历，而在于社会生命的奥秘并不在跌宕起伏的情节中。"微而显"，"志而晦"，行文不见起义，故事言简意赅，不讲大道理却能够见微知著，是作者追求的境界，却也是平常人的生命活动本身使然。民族志本来要求如实的记述，可作者的叙事却藏着是非曲直，黄张两家之兴衰沉浮，既是自然的社会轮转，也有褒贬于其中，隐而不露，宛若平常人能够体会到的"命运"一般。②

"相由心生"，中国人讲"真相"，不是在模仿论意义上的。《金翼》用的"白描法"，不事雕饰，不加渲染，不重形似而求神似，仅用朴素简练的墨线来勾勒人物和场景。也像是中国传统绘画中的长卷，空间随着时间而展开，时放时收，如一幅幅连环画，每段故事的开始，都是上段故事的收尾，彼此接连呼应，时而平缓、时而舒展、时而高潮、时而辗转……观者只有在一瞥之间领略其中的故事，却永远被置于无限的时间中，等待下一个场景的临现。"生生不息"，亦"逝者如斯"，人世间的兴盛与颓败，无非前后相继的两幅图景而已；"天道有常"，所谓"四时更变化，天道有亏盈"，难道不意味着人的社会生命也如同这长卷的收与放那样，无论怎样地升降与更替，仍是世代相续、无始无终？

二　扩展的社会生命

林耀华的白描法，既是对中国人特有的生命历程之绵延性的时间暗示，也是有别于归纳和演绎之常规研究方法的学术探索。"科学有叙述，和戏剧一般，不能屡入浮泛而繁杂事物，用审慎的笔法描写之。"③ 只是这样的科学，与以往基于观察、测量和统计的形相主义不同，而是着重于用心来体

---

① 林耀华：《柯莱论生活研究法与农村社会研究》，载《从书斋到田野》，北京：中央民族大学出版社，2000，第 211、214 页。

② 如弗思所说，本书像竹叶画一样，"其朴素的形式掩映着高水平的艺术"。参见弗思《英文版导言》，载林耀华《金翼：中国家族制度的社会学研究》，庄孔韶、林宗成译，香港：香港三联书店（香港）有限公司，1990，第 ix 页。

③ 林耀华：《柯莱论生活研究法与农村社会研究》，载《从书斋到田野》，北京：中央民族大学出版社，2000，第 212 页。

验，靠"心灵交通或精神接触"而来的学问，通过直觉、同情和内省，"才能认识社会的真相，才能抓着生命的价值"。[①] 借白描法来绘制编年史，就是要削去那些用来烘托和粉饰社会生活的成分，用最精练且精致的笔触，勾画出最能表现社会生命之律动的线索，虽着墨不多，却余味无穷，让人与人之间互动、互构的生活机理，都能够转化成为内心里的印迹。也正是在这样的社会生命轨迹中，让每个有心之人，都能感受和意识到自己从来都不是纯粹的个体："思想是社会性的，社会是在心灵之中。"[②]

《金翼》开篇，就用这样的笔法，讲出黄东林这位故事的主人公，于时空中的关系构成。首先，是家系的历史维度：东林的祖父是个地道的农民，育有三子，东林的父亲排行老大，却在东林四岁那年早逝，母亲则未改嫁，抚养两男两女，三代同堂过活；东林 14 岁时，祖父过世。不过，这一身世非仅是人类学上的亲属表，还是家族文化的基因延续。东林父亲死得早，从小便同爷爷相依相伴；爷爷勤劳，脾气强，常领着他访亲会友，也常给他讲神话和民间故事听，有时候会领着同族人与外人争斗。血脉的传承自然带着性格的痕迹，东林从祖父那里得到了最早也最自然的教育，既学了处世之道，也知道了不少此地的历史传说，甚至"精明、机敏又有些严厉"的品性渐渐成了他的脸相和样貌。"祖父的死使他哀伤一年有余"，而这样的哀伤却真正使他长大成人，家道的中落，则给了他寻找新世界的动力。

人的命运也与地理空间有着密切关联。"蛮村"坐落于金鸡山麓，山间林地下方有条通商大道，向西是湖口镇码头，顺流而下可达海滨城市福州；向东通往古田，再由此延至内陆。从此看出，由东林家乡延展开的地理分布，便注定了东林离乡的生命轨迹：一是由河流伸向海洋，一是由内地折返家乡。[③]

就像鲁滨逊出海去寻找新世界一样，从东林"开始同那些在商道上开茶馆和歇脚的人混在一起"的那一刻始，就随着河流的方向开展他的生命了。他先是与芬洲合股，在湖口镇开了店铺，做起酒馆的买卖，而后借着闽江航运的机会，在湖口与福州之间来回贩卖稻米和咸鱼，后来又添上了

---

① 林耀华：《社会研究方法上的形相主义与体验主义》，载《从书斋到田野》，北京：中央民族大学出版社，2000，第 209 页。

② 林耀华：《生物历程与社会历程》，载《从书斋到田野》，北京：中央民族大学出版社，2000，第 204 页。

③ 有关闽江流域的河口经济与宗族聚落的人文地理形态，参见阮云星《宗族风土的地域与心性：近世福建义序黄氏的历史人类学考察》，载《中国社会历史评论》第 9 卷，天津：天津古籍出版社，2008，第 1—32 页。

药材的生意……再后来的故事里，随着芬洲的落败和离世，东林的生意越做越大，不仅采用了红股制，还一度垄断了食盐的买卖，成了商会会长。

东林的生活轨迹，是随地理上的扩展而带来的交往圈子的扩大过程。农民种地，多的是与农民交道，而生意范围的扩张，却要搭建起各种不同的人际关系。最早的店铺营生，需要雇用记账和学徒；第一次去福州结识的两位朋友，把他引荐给了鱼店老板，才有了贩卖的生意；东林在福州住了一年，不仅往来钱庄，长了见识，又结交船主和搬运夫，才有了买卖与交通互为依赖的生意保障。再后来，合股制形成的股东集体，以及联合会带来的公共事务上的社会圈子，都使得一个人的社会构造像动态的网点结构那样层层扩散开去，随着他的业务经营而不断发生串联，构成了资源、信息和机会流动的通道，以他为中心往来聚散。

然而，一个人的地理学生命不仅是经济意义上的，还脱离不开政治的影响。东林的命运起伏，除了闽江流域所提供的生计线路，也取决于从内陆而来的外部影响。起先是山里来的土匪，绑架了小哥；后来是古田的地方驻军来村里；再后则是战争，闽江上游直至古田县区都处于军事战备阶段中，东林全家转入深山；最后，九一八事变东北沦陷，国共两党于此地周旋；直到20世纪40年代，日军屡占福州，金翼之家的人们再度背井离乡……

林耀华说："一个人为了要在这个世界上生存，必须与不同圈子中的人们发生多种联系。"① 中国乡间的普通百姓，大概不是基于自我意识（self-consciousness）来理解自己的，韦伯讲的社会行动及其意义筹划，行为科学中的理性选择，也不是他们构建社会生活的出发点。他们总是在具体的时间和空间中，在逐次发生和扩展的人际关系里，才会渐渐知道自己的位置和角色、身世和遭遇，从"不同的圈子"和"多种的联系"中来把握自己。

龚自珍作《农宗》说："农之始，仁孝弟义之极，礼之备，智之所自出，宗为之也。"② 若明确人在社会中的位置，必先要考察他的家系与宗亲，所谓"明人伦"者，首先是从"至亲"的角度生发的。③《金翼》开篇伊始即说明东林在"一体之亲"中的结构关系，便是要明确他一生的生命历程都将会在这样的人伦秩序之基本格局里发生。他对于自身的定义，就是靠这样的至亲关系及其延展出来的社会关联来确定的，无须一种抽象个体的

① 林耀华：《金翼：中国家族制度的社会学研究》，庄孔韶、林宗成译，香港：香港三联书店（香港）有限公司，1990，第 133 页。
② 参见龚自珍《农宗》，载《龚自珍全集》，上海：上海人民出版社，1975。
③ 周飞舟：《差序格局与伦理本位》，《社会》2015 年第 1 期。

假定。本质而言，人的存在是一种"格局存在"，这种格局是差序的，依照父子和夫妻关系的双系两轴来规定，其中，父子兄弟之伦最为基本。在这个意义上，人的历史维度，即依照家族谱系而确立的人伦关系，便是人的本身的优先规定，是其他社会关联的先行前提。

不过，仅用五服制结构来说明人之社会定位，还显得过于抽象，不能等同于他的社会历程之分析。一个人的生命在空间上是开放的。对乡民来说，若无其他向上社会流动的途径，那么地理上的空间位置及外延的可能性，也就决定了他的生活扩展的可能性。东林的情况便是如此，流向海洋的水路就是他的生存发展之道，也是他横向交往的异质性社会网络得以拓展的通道。然而，这种地理分布不仅具有资源流动的意义，也同样会带来外部历史的入侵：在东林的生命历程中，"兴"源于此，"衰"也源于此，一个人为家族事业的奋斗与外部政治情势的摆布并行交错，几起几落，才是具体社会关联最真实的写照。

林耀华说："我们日常交往的圈子就像是一个由用有弹性的橡皮带紧紧连在一起的竹竿构成的网，这个网精心保持着平衡。拼命拉断一根橡皮带，整个网就散了。每一根紧紧连在一起的竹竿就是我们生活中所交往的一个人，如抽出一根竹竿，我们也会痛苦地跌倒，整个网便立刻松弛"。[1] 就存在论来说，中国人原不是个体本位的，无论君亲师友，还是天地族群，都是人依社会连带关联而实现的自我构成。人因伦常关系由里而外、由近及远地加以扩展；"推己及人"，情感秩序与社会规范皆由此而来，也形成了自然、人际与天道之整全世界的关联。就此而言，每个人不是社会世界构造的原点，而是关系点，是联络点，依照相对应的亲疏远近来确定不同程度的关联，逐次外推。[2] 正因如此，那些在最里、最近、最亲、最尊的人的离世或关系上的断绝，就会产生最强的崩解效应。对东林来说，祖父的过世，会使他的"生活模式被全盘打乱"；兄长东明之死，他的生活格局"再

---

① 林耀华：《金翼：中国家族制度的社会学研究》，庄孔韶、林宗成译，香港：香港三联书店（香港）有限公司，1990，第2页。

② 正如林耀华所说，生命史的方法，虽以个人生命为主体，然同时也就是表示众人或社会的过程。"个人的关系，从亲至疏，从小团体到大团体，好比一人出生，就有父母子女的关系，父母再生子女，就有兄弟姊妹的关系；兄弟姊妹各自成婚，就有夫妇、叔嫂、妯娌等的关系，并外戚的关系；兄弟成家传代，就有叔侄的关系、祖孙的关系。各代支分派衍，就有同户同支同房的关系，最后到达同族同宗、异族异宗的关系。"参见林耀华《从人类学的观点考察中国宗族乡村》，载《从书斋到田野》，北京：中央民族大学出版社，2000，第167页；林耀华：《义序的宗族研究》，北京：生活·读书·新知三联书店，2000，第108页。

次被硬性改变"，他不得不挑起整个家族的重担。

一个人的生命，是一家人的生命，也是同族同宗的世代生命。上至祖先，下至后人，也都在这恒常的生命谱系中，绵延相续不绝。所以，家族的维系至关重要，上有祠堂，下有家塾，祭祀、生存和发展，是永远不变的生活主题。时间上，崇宗祀祖，香火不断，是家族兴旺的前提保证；空间上，上风上水，好的地相形势，可聚拢山川气象，预示着家族的美好未来。

此外，人的社会生命当然也要在现实中发展延续，东林在由乡入城、由农转商的历程中，不仅要层层构建同侪关系的格局，甚至以他整体社会的基本构型作为模板，来确定家中各子的行业分布结构。在故事后来的发展中，东林作为商会会长，传统上负责管理镇上的公共事务，如征税以及同政府和军事部门的联系。因而在他的庇护下，五哥在当地维持乡里的治安；小哥去北平的一所大学念书后，成为地方绅士代表之一，操持着镇上的公共事务；三哥留学国外，归国后在名牌学院教书；四哥留在身边，雇了一些雇工种家里的田地，也帮着父亲打理店铺。"东林很满意听到镇上和村里人谈论他的四个有志向的儿子在不同领域中取得的进步，一个在商业方面，一个在政治方面，一个在知识界，还有一个在军界"。[①]家族的兴旺和绵延，也是将一个人的社会生命通过后代向诸社会领域不断扩展的过程，如同东林自己的生命史一样，从大哥到小哥的社会身份的培育和分配，本身就是这一生命史的延续，层层累积和推进，一个家族才会成为一种构成性的有机整体，成为一个活的社会体。

《金翼》要说的事情，并非只是诸如社会历程、文化周期或均衡论这些学说从中国经验中取得的一个论证，也不是遍布于世界的民族志个案中的一个，而是从社会学之新视角出发来重新发现中国社会的一种努力，即吴文藻所倡行的社会学"中国化"之要旨。林耀华早在1931年发表的《拜祖》一文中指出："自从欧风美雨东渐以来，国内学者以趋新潮为荣者已大有其人。……但翻身一顾，所谓思想落后而研究国学者则寥寥无几；所以在中国算是最重要的，而影响到社会、政治、经济等组织最有力的拜祖思想竟置之一旁无人过问。"[②]中国人社会生命的底色，不是靠移植来的思想和制度便可以一蹴而就地加以改变，时下时髦的各色说法，反而是一种有

---

① 林耀华：《金翼：中国家族制度的社会学研究》，庄孔韶、林宗成译，香港：香港三联书店（香港）有限公司，1990，第153页。

② 林耀华：《拜祖》，载《义序的宗族研究》，北京：生活·读书·新知三联书店，2000，第231页。

色的障目。同样，任何世变与情势也非转换社会生命的根本理由；恰恰在思想激荡、世事纷扰的年代，才要重返社会生命的文明内核中，来探寻未来之路。

三　家族本位的社会格局

1935 年 10 月，拉德克利夫-布朗（A. R. Radcliffe-Brown）于燕京大学讲学三个月，林耀华任助教"日夕追随左右"，并写下了《从人类学的观点考察中国宗族乡村》一文，以示纪念。该文中，他就明确了这样的思想：无论是以宗族、家族或个人为叙述的起点，都不过是透视宗族社会各部分之互相关系的整体。[①] 这里的意思是说，就中国乡村普通人的社会生命而论，宗族、家族及其中的个人是一而三、三而一的并合逻辑关系，从未有单独存在的宗族、家族或个人。《金翼》虽以中国家族制度为题，当然也是对宗族及其之内的每个人的刻画，无有其外。相对而言，《义序的宗族研究》则从宗族分析起步，恰是《金翼》的前奏，[②] 两部作品互文相映，同出一解。

《金翼》所呈现的是社会生命的有机活态，不是从宗族到家族的结构解析路径。但故事开场不久，便有了"事件化"的过程，成为全书的情节枢纽。芬洲和东林两位姻亲兄弟是湖口店铺的合伙人，攒下了不少钱，准备起新居。风水先生在金鸡山和龙头山一带发现了宝地，称之为"龙吐珠"，芬洲瞒着东林盖起了房子。东林失望至极，只能另选别处。建房需有木材，可当帮工们来到花桥这个地方伐树时，却与欧家发生了激烈的械斗。这场争端的种子早在 20 世纪中叶东林祖父在世时就种下了。东林祖父的母亲是欧家的女儿，她的兄弟很喜欢东林的祖父，曾出于好意，让他到花桥边的山坡上种树。这本是欧家的地界，但当过了两代，如今木已成材之时，因木材归属问题，却与他的舅舅阿水，即欧家的族长发生了上述争执。

这场械斗相当惨烈，欧阿水率领族人"手握长柄大刀"冲进东林的家。林木争端发生时，"欧家正值人丁兴旺，财源茂盛"，东林祖父的舅舅共有四房子孙，族长阿水有钱有势，刚刚落成新宅，显赫发达，当然瞧不上东

---

①　林耀华：《拜祖》，载《义序的宗族研究》，北京：生活·读书·新知三联书店，2000，第168 页。

②　庄孔韶：《林耀华早期学术作品之思路转换》，载林耀华《义序的宗族研究》，北京：生活·读书·新知三联书店，2000，第 260 页。

林这样的"花生小贩"。但东林虽在"财富、声誉、经验、年纪和家族的阵容都比他低一头",却毫不示弱,将一纸状子呈送古田地方法院。地方官吏想要渔翁得利,判阿水入狱以敲诈欧家,可不料新官又来上任,放了阿水,又将东林和叔父拘押起来。与万众一心的欧家相比,黄家却四分五裂,不仅其他两房的长辈撤了诉,还因阿水的女婿本是东林的堂兄,暗地里将黄家的所有秘密都报告给了欧家。此刻偏又祸不单行,店里的账房被土匪绑了票,张黄两家慌做一团。在所有的重压下,这个家族就要解体了,"注定离倾家荡产不远了"。

就在此时,正在福州英华书院上学的三哥出现了,他赶回家乡,带领全家向省最高法院上诉。案子的焦点是当初欧姓族长所写的一份山地租让契约。阿水依据族谱记载,咬定这份文件是伪造的,订立契约时这位族长已经过世。就在此时,东林幸运地发现一张土地转让契约,比那份租让契约晚了两年,还有这位族长的签字画押。这样,经法院鉴定核准,证明山地租让契约有效,东林打赢了这场官司,重获自由。对于黄家来说,这场胜利是决定性的,不仅为村民、族人和过客广为传诵,而且也为店铺争取到了以往的债主和顾客的信任。最后,东林率一众家人,举行了乔迁新居的盛大仪式,来纪念这场胜利,宣告家族振兴的时代来临。行文到此,作者不吝笔墨,细致生动地刻画了这一拿破仑凯旋般的场景:东林走在最前面,手里的秤象征着丰收和地租,祖母捧着的香炉象征着家族香火不绝,黄家的六个儿子分别拿着不同的物件,象征着整个家族未来向着农耕、商业、学界、政界方面的发展,女人们手里的物件,则象征着家族的富足和睦,队伍的末尾,是扛着老式长枪的长工,俨然是家族的保卫者……

不厌其烦地复述书中的故事,一是要说明,普通人的社会生命全部都寄托于他的家族之中:"家庭就是这样一种生活圈子,是围绕着一个由习俗、责任、感情和欲望所精心平衡的人编织的强有力的网。"① 抽掉其中的任何一员,扯断他们之间得以维系的任何纽带,家庭便会面临着解体的危机。二是要说明,理解家庭的生命和命运,必须将考察的范围拓展至宗族乃至更为广阔的关系系统之中,才能把握其中的要害和意味;东林与阿水之间的争斗,非是两家间的较量,而是两族间的比拼,这需要从整体的乡村结构出发来理解。

---

① 林耀华:《金翼:中国家族制度的社会学研究》,庄孔韶、林宗成译,香港:香港三联书店(香港)有限公司,1990,第16页。

林耀华指出，在中国乡村社会中，普遍存在着宗族与家庭的连锁体系。但搞清楚这样的问题，就必须首先在理论上明确，宗族与宗法不可混为一谈。宗法是周代以来一种极精密宏大的制度体系，"与封建相互实行固结不解"，五服制与五等制并行不悖。其中，大宗小宗制度为其主轴，大宗为始封一系，百代相传，本为"收族"。《丧服小记》先言宗法而归结于庶子不祭，由此可见宗法之成立乃托始于祭祖，因而大宗宗子祭始祖，其庙百世不迁，小宗宗子祭及父祖曾高四代，其庙五世则迁。相比来说，宗族的不同之处在于：其一，封建时代有井田之制，共耕公田，而宗族族内各自拥有私田，大小不一，贫富悬殊，即便是祖产祭田，也专在祭祀，轮换耕作。其二，与祀先庙制不同，宗族拜祖，乃是"祠堂合祀历代宗祖"，"以始迁者当之，与古义又相去甚远"。其三，宗法制度以大小宗为基本，宗族组织则以族房长为中心，前者"皆嫡长相继，父子相承，生来而身份定"，而对于宗族来说，族房长的产生，则以辈数和年龄为标准，"祭非长子专职，所以无宗可言"。其四，就宗族立后之制来说，"古者只大宗无子可以立后，今则无论何人，无子皆可立后。……表面上虽以宗祧继承为名义，实际上则以继承财产为目的"。因此，就今人来说，"宗指祖先，族指族属，宗族合称，是为同一祖先传衍下来，而聚居于一个地域，而以父系相承的血缘团体"。①

宗族与宗法之别，对于理解中国乡土社会的构成相当重要。首先，正因为宗族不再依照大宗的原理"收族"，不再循着等级制的封建体系施以分茅胙土制度，才会出现广泛存在的私田制度，以及形成社会分化和流动的机制；其次，宗族虽然在亲属制度上延续了五服制，却在祭祀上弱化了"五世则迁"的原理，扩大了族属的范围，万斯大有关"谱法和宗法原不相谋"的说法，便揭示了族谱相连的道理："宗者，统族人以奉祀也，祭以往之祖，而收见在之族，祖分而祭亦分；故一族不止一宗。谱者，志族人之世次也，追以往之祖，而收见在之祖，祖分而族不分；故一族可同一谱。"②最后，基于上述原则，通过围绕着祠堂来合祭历代宗祖，宗族在更宽泛的意义上得以构成，与此同时，家庭也被解放出来，成了社会组织的真正单位，承担起最基本的社会功能。

由此，社会构成的整体结构不再严格依照"别子为祖，继别为宗，继祢者为小宗"的规则，来确立一种宗法意义上的身份等级体系，而是依据

---

① 林耀华：《义序的宗族研究》，北京：生活·读书·新知三联书店，2000，第71—73页。
② 参见万斯大《学礼质疑》，《万斯大集》，杭州：浙江古籍出版社，2016。

从家庭到宗族的组织等级体系加以社会化。所谓"社区",便是根据逐层聚合的方式来构建的,即以家、户、支、房、族的功能单元依次扩展为更大规模的社会组织。其中,家为共灶合炊的经济单位,以男子的辈数与年龄最长者为家长;户以住屋计,从诸家长中推最年长者为户长;支以支派计,支上有支,从祖父到高祖,直到房分为止;"房"通"旁",即后代子孙以自始祖以下分成的支派,并划地域为界,常以居地名而房分,乃为祠堂组织的中心;诸房长中再推年长者一人,便是全族的族长了。从乡村社区的总体结构来说:家是经济单位,户是社会交往单位,支是宗教祭祀单位,而族房长,亦即祠堂会,乃是上述功能的综合单位。① 从这一社会秩序看,东林最多不过是个户长或一个支派的代表,能与阿水这位族长争出高下,在乡里人看来恐怕是天底下最了不起的人了。东林的胜利,是以一己之家而胜欧氏全族的胜利,自然也是他自己所属的全族人的胜利,无论怎样评估它的意义都不为过。从此,东林既获得了全族的支持,也将这样的声誉扩散开去,宛若打赢了一场事关全局的战役。

有了宗族组织,才会有家庭本位的社会结构,规模较小的自然家庭便会发挥更大的作用。由于宗族社会广泛实行族外婚制(exogamy),因而中表婚就成了最受族人欢迎的婚姻形式。② 上文的故事中,东林祖父的舅舅和东林的舅舅都是欧姓族人,舅舅的女婿也是东林的堂兄,由此可推断,中表婚广泛存在于乡里社会,亲上加亲,才容易出现"新仇旧恩"的场景;也正是因为有了亲上加亲,方能达成和解,泯了恩仇,社会均衡论才会有真正的题中之义。基于此理,正因为家庭成了社会的基本单位,亲属关系便会按照族内的血缘次序以及族外的姻亲次序来搭建。前者依据族谱或家谱构成极为清晰的我族体系;后者中,祖母的兄弟,即"舅公"地位最高,"颇有左右议案的势力"。

林耀华认为,"亲属关系包括父系亲属和婚姻相连的戚属,父系亲属就是家族团体。家族团体是由于父子、夫妇、婆媳、兄弟以及其他近亲所形成的。"③ 依照亲疏远近的规则,这些不同层级的亲属关系之性质及其伦理要求也就得到了界定。比如说,父子关系中,"教育上父为子的指导者,经济上父为子的赡养者,生活上父为子的保护者,宗教上父为主祭者,子为

① 林耀华:《义序的宗族研究》,北京:生活·读书·新知三联书店,2000,第74页。
② 即姑舅两姨兄弟姊妹相互为婚。参见林耀华《义序的宗族研究》,北京:生活·读书·新知三联书店,2000,第82—83页。
③ 林耀华:《义序的宗族研究》,北京:生活·读书·新知三联书店,2000,第95页。

承继者。"家族内，一个"孝"字，即可代表父子间的伦理情感原则。夫妇关系中，婚姻的目的，"一为继先人血食，二为合两家之好"，从"父母之命、媒妁之言"，当以"节"字为先。婆媳关系或妻妾关系中，"忍"字必不可少。兄弟关系中，则突出一个"弟"（悌）字，但因分家析产的平均制度存在，兄弟之间已不再像宗法制度那样严格循着"以兄统弟"的原则了。①

中国的家族制度中，"人"是第一位的，即按上述血亲和姻亲的亲疏关系而界定的人伦秩序及功能作用。但"地"的地位也尤为重要，既然家以灶计，是一个独立的经济体，生活维计所需住屋、工具、家当等一系列物质条件皆要以田地为依托。"人生不可无田"，"一抔也而千年永守"，是中国人固守的乡土观念。"稍有田土的小户以田产为衣食之源；作官为宦者，认为有田'则仕宦出处自如，可以行志'；而行商坐贾则视田土为'不忧水货，不忧盗贼'的财富，故而信守'以末致富，以本守之'的信条。"② 土地既是营生，也是家业，所谓恒产与恒心的关系，道理就在这里。费孝通也讲，"土"是农民的命根，是最近于人性的神。③"地"是家族的依托和人的归宿，因为有了自己的土地，离家的人也总要想着回家和归乡。

《金翼》故事的开始，便刻画了这样的场景：东林虽在城里做了生意人，可无时无刻不与自家的兄弟"谈起季节性雨水与灌溉，筹划犁田锄地、播种收获和交租纳税"的事情。"离家乡几年之后，他现在开始怀着一种至爱的心情看着葱茏的田野。林鸟啾啾，涧水潺潺……在一派宁静的气氛中他漫步的田间小路，远离喧嚣繁忙的市镇生活，他感到完全摆脱了心理上的负担"。④ 可东林的这种心情并不好理解，因为黄家兄弟只是佃户，不像地主那样占有田地的"底盘"，是土地的合法主人，有权征收地租。在中国特有的一田二主或一田三主的土地制度下，⑤"田底权"归地主所有，而"田面权"，即文中所说的"根的占有者"归土地耕作者所有，这种"自佃

---

① 林耀华：《义序的宗族研究》，北京：生活·读书·新知三联书店，2000，第95—98页。
② 周绍泉：《试论明代徽州土地买卖的发展趋势——兼论徽商与徽州土地买卖的关系》，《中国经济史研究》1990年第4期。
③ 费孝通：《乡土中国》，载《费孝通文集》第5卷，北京：群言出版社，1999，第317页。
④ 林耀华：《金翼：中国家族制度的社会学研究》，庄孔韶、林宗成译，香港：香港三联书店（香港）有限公司，1990，第11页。
⑤ 参见傅衣凌《明清农村社会经济》，北京：中华书局，2007，第49页；仁井田陞：《明清时代的一田两主习惯及其成立》，载刘俊文主编《日本学者研究中国史论著选译》第8卷，北京：中华书局，1992，第411页。

农"，也可以将永久租用的土地出租给其他农人暂时耕种。当地人把这种土地租佃制度称为"底—根租佃制"，"底盘"占有者，即地主通常收取产品的一半算作地租，"根的占有者"得到收益的四分之一，实际劳作的农民只能得到剩余的四分之一。

黄家兄弟虽是"自佃农"，不占有"底盘"，却对土地有着这样的依恋感，是因为有"根"，这当然应归于永佃制的遗续。正因为他拥有永久的土地使用权，因而也常常对住在城里和镇上派来的收租管家"彬彬有礼"，使他们不再有颐指气使的样子。最重要的，莫过于有"地"即有"家"，因为只有在老家，才会有稳定的收成，有添丁进口的家庭生活。东林常往来于店铺与家乡之间："生辰葬仪、年节假日、进香拜佛都成了他回家的藉口。和家人在一起为他的生意注入了新的力量。家庭与商店、乡村与城镇、田园生活与商业事务，简言之，宁静与争斗的交替是东林享受到的最好的平衡"。① 人们生于斯长于斯，土地就是他们的生命之本，这是"首要而又持久的生计"。

林耀华说，一个家族的生命史，是一种传续和裂变的社会历程。家庭是保存并传递文化的单位，父子相传是家族的实际制度，兄弟继承总是暂时的，因而必要分家。家内崇祀，只能父子相承，弟不能祀兄；"嗣父立后，目的在于继续奉祀祖先，在于宗祧并财产继承；惟为人后者，目的在于遗产，无遗产则多不为之嗣"。② 比如，在义序族内，大体上为五口之家，由分家而分营经济，是一种自然的趋势。若父母在，分家常采用平均分配财产的形式，若父不在，则根据立嘱或由近亲长者来主持。林耀华指出，分家中财产的分配大概分为四项：③ 一是留出祭田，兄弟轮流耕作；父母在，需另划养老金或田地，赡养老人，死后则归并于祭田；二是长子可享有一定的特权，另获一份财产；三是所有动产和不动产，依具体情形由中人衡平，兄弟按长幼秩序抓阄均分；四是住屋按长幼秩序划分，依兄左弟右的次序居住。分家必择个黄道吉日，敦请族房长、支长及中人到场，待中人公亲在阄书上签字后，兄弟几人各自保存，最后在家祠的"公婆龛"前供奉"饭甑"，焚香燃烛，"祝告宗祖，自是枝分派衍，发展无穷"。

---

① 林耀华：《金翼：中国家族制度的社会学研究》，庄孔韶、林宗成译，香港：香港三联书店（香港）有限公司，1990，第 12 页。

② 林耀华：《义序的宗族研究》，北京：生活·读书·新知三联书店，2000，第 77 页。

③ 原书误为五项，参见林耀华《义序的宗族研究》，北京：生活·读书·新知三联书店，2000，第 78 页。

　　分家，如细胞分裂般，是家族的社会生命的自然过程，也是兄弟之间由竞争冲突再到协调和解的过程。分家总会产生生命的剧痛，金翼之家亦如此。起先，大哥总是敦促四哥多干农活，来填补三哥求学的亏空；五哥到了种地的年龄，却常常偷懒。后来，大哥因有长子继承的特权，强烈要求分家，由此引发一连串争执：一是大哥想将祭祀东林父母的那块土地占为己有，二是有关为五哥、六哥将来结婚预留的费用，三是关于家中的存款是留是分的问题，后来就如何处理湖口店铺的股份问题而闹得意见不合。由此看来，分家在所难免，于是黄家便选个吉日举行分家仪式，诸位长者和中人都聚集在金翼之家的正厅里，叔父玉衡拟好分家契约，为两个新的家庭各取了名号，东明一支为"文房"，东林一支为"武房"，并在文件开头写明，分家不过如同源异流之水，自然为之，随后列出经抓阄均分的田产、山地、树木、森林、池塘及道路，以及房屋、厨房、餐厅、谷仓和仓库等，最后双方签字画押，中人公亲也例行签字。最后，在祖先的牌位前，东林和大哥作为两个分支平等世系的家长，供奉"饭瓮"，再回到各自的厨房，算是各烧各的饭，立灶分家了。老祖母潘氏则轮流在两家得以奉养。不过，没隔多久，"文房"内大哥又闹着跟二哥分家，甚至大打出手，最终各起炉灶，分裂为二。此情此景，东林不禁暗自思忖："家庭的历史恐怕就是这样周而复始的循环"。[1]

　　一个家族的生命史总是由柴米油盐、家长里短写就，但这日常世界的背后，却是经由几千年、几百年层层累积和变换的社会构造之传统底色。这种叠合着多种格局的人际关系的体系，规定着社会生活中的每个人，也为每个人赋予了社会生命。许多体系之间存在着内部的相互关系，无论是像店铺与家庭这种具有共同成员而并列共存的体系，还是像家庭、世系和宗族那样具有从纵面关联的体系，皆表明体系之间具有本质上的内在相互关系。[2]

　　说林耀华是功能论者，倒也没错，不过这功能论是末，不是根本。学界总喜欢讨论弗里德曼（Maurice Freedman）的宗族研究与林耀华的关系，其实两者间的差别很简单。弗里德曼关于中国宗族的"非对称分支"（asymmetrical segmentation）的发现，针对的当然是由埃文思－普里查德《努尔

---

①　林耀华：《金翼：中国家族制度的社会学研究》，庄孔韶、林宗成译，香港：香港三联书店（香港）有限公司，1990，第110页。

②　林耀华：《金翼：中国家族制度的社会学研究》，庄孔韶、林宗成译，香港：香港三联书店（香港）有限公司，1990，第204页。

人》以降的田野考察而生发的人类学经典理论：即相比于非洲"对称分支"的均衡模式而言，中国宗族由于资源配置的不均等而导致的内部分化，使得不同支派出现差异化的形态，大宗族祠堂广布，公产丰厚，小宗族则所辖分支稀少，甚至完全萎缩。[①] 虽说弗里德曼的诸多发现从林耀华的研究中汲取了很多营养，但终究只是功能论的遗续，王铭铭称之为"汉学人类学的概化困境"。[②] 相比而言，林耀华的宗族研究是要回到中国社会的本体论中去，回到中国文明的基质里来考察宗族组织的构成问题。他尽管对于宗法与宗族做了区分，但也始终强调，在祭祖、继嗣以及家族公产等方面，宗族制度中无不有宗法制度的痕迹，而且，中国的宗族制度也从未像非洲的社会分支那样，处于一种非国家、无政府的形态中。[③] 林耀华要做的，不是为一般人类学的功能论提供一种中国范例，而是要从中国文明本位出发，来揭示宗族制度所内生的功能和均衡效应，以及中国人独有的社会生命的基本结构和存在方式。

四 祖先与神明：生命的护佑

前文所讲的分家故事，先是黄家分了两支，后东明一支又闹着分家，两兄弟打得不可开交。不过，一个戏剧性的场面出现了：祖母潘氏病倒，她知道自己活不久了，把攒下的私房钱全数给了二哥，大哥得知此事，竟在祖母的病榻前再度与二哥争吵，在一片打砸吵闹声中，老祖母终于咽了气。金翼之家只能搁置争端，为老人筹办葬仪。所有出门的女儿陆续回来，远近的亲戚邻居都来吊唁，潘氏家族的人该来的也都来了。黄家以东林为首，披麻戴孝，为祖母举办了隆重盛大的丧礼。虽然这场仪式与家族矛盾并无关系，却产生了相当神奇的效果，之后兄弟几人就此休战。林耀华是这样描述的："在祖母潘氏的丧礼中，金翼之家的生活与往常完全不同。这

---

① 莫里斯·弗里德曼：《中国东南的宗族组织》，刘晓春译，上海：上海人民出版社，2000，第62—65页。

② 王铭铭认为，弗里德曼没有逃脱20世纪上半叶功能主义方法的局限。"弗里德曼的困境在于：他一方面强调无政府的裂变社会不能解释中国宗族，另一方面却把中国宗族当成自在的社会现象加以分析。"参见王铭铭《宗族、社会与国家——对弗里德曼理论的再思考》，《中国社会科学季刊》（香港）2005年总第16卷。有关讨论，亦参见陈其南《汉人宗族制度的研究——弗里德曼宗族理论的批判》，《考古人类学刊》1991年第47期。

③ 参见科大卫、刘志伟《宗族与地方社会的国家认同——明清华南地区宗族发展的意识形态基础》，《历史研究》2000年第3期。

个仪式持续了许多天，举丧的人家与吊唁的客人们藉此重新加强了旧有的关系。在死亡所带来的危机打破了生活的常规之后，丧典仪式再一次成为一种团结的力量，重新建立起人们之间共同的感情。"①

在世俗世界的纷纷扰扰中，社会生命是要靠仪式和信仰来升华的。这就是老祖母的葬仪能够搁置争议、抹平争端的真正原因，两者看似无关，却是圣俗两界发生关联的真相。林耀华说，乡村生活中的祠堂与牌位，宫庙与神龛，都是涂尔干意义上的集体表象（collective representation），祖先与神明，才是宗族或家族真正得以凝聚和整合的象征枢纽。② 写在一个人身上的社会生命史，"自出生至于老死，恰好绕转一个圆圈"，恰如阿诺德·范·杰内（A. Van Gennep）所说，人的生命总要经历从摇篮到坟墓等几个重要转变，人生过程，当以生命的转变为集中点；在转变的时期，必有隆重的宗教仪式，即"过程的仪式"（Rites de passage），没有经过这种仪式，就不能前进于人生的道途。③

在《义序的宗族研究》之"个人生命史总结"的部分里，林耀华从义序地区的田野出发，依照个人在家庭中的地位，以及与家族、宗族及亲属的关系，制成一张生命史的仪节总表，分列出人在一生中的几个重要转变期所必经的过程仪式。在出生、童年、婚嫁、寿辰、死丧、死葬、祭祀的七个时期中，所要经历的重要仪式便约有 24 项，而其中具体的仪轨则有 100 种左右。④当然，这还不包括家族内诸如新居落成、分灶分家等各种仪式，以及在宗族层面举行的各类周期性的祀祖、拜神和节庆活动。总而言之，我们可以想见，与今天的城里人相比，乡里人的社会生命是极其发达丰富的，无论就个人的生命历程，还是族内的集体生活来说，他们在社会的意涵上是富庶的，始终伴随着家人的关照、族人的保护，以及祖先与神明的护佑。

从一个人生命传记的角度来看，他的出生期，以及婚嫁和丧祭是最重要的。拿出生期的各类仪式来说：孩子尚未出生，便有了祈子的仪式，娘家送灯，以求子息；新娘求子，也要去"奶娘庙"烧香膜拜；怀孕的妇女有很多禁忌，分娩前，要将"临水夫人"的神像请到产房内；生下孩子，也必须敦

① 林耀华：《金翼：中国家族制度的社会学研究》，庄孔韶、林宗成译，香港：香港三联书店（香港）有限公司，1990，第 113 页。
② 林耀华：《义序的宗族研究》，北京：生活·读书·新知三联书店，2000，第 28 页。
③ 林耀华：《义序的宗族研究》，北京：生活·读书·新知三联书店，2000，第 107 页。
④ "个人生命圈"的总表，参见林耀华《义序的宗族研究》，北京：生活·读书·新知三联书店，2000，第 173—177 页。

请神像"回銮";孩子生下三日,要请稳婆给孩子洗澡,叫"洗三旦",也要供奉陈夫人保佑孩子安康,叫"开冲";孩子满月要办酒,洁月(满四个月)要在祖龛前布席;周岁"抓晬",必须办喜挂灯;长到五六岁,则一定要请道士和女巫来"过关""收惊",确保孩子度过安煞,平顺成长……

《金翼》用最浓重的墨彩完整描述了红白两事的仪式过程。先有芬洲的三子茂德王家惠兰的婚事,后有芬洲妻子黄氏的丧礼,都记述得面面俱到。婚嫁是乡里人的一桩大事,从"请媒"到"合婚",算命先生测生辰八字,到两家"交换大帖",举办"定聘礼",就足足花了一年多的时间。待到婚礼仪式进行时,从"筛鬼"的仪式始,直到"闹房"的仪式终,大概要履行 20 多道程序,将敬亲、生子、拜祖、驱魔、祭灶、祈福等社会构成的方方面面都囊括其中。婚礼作为一种复合性的仪式,意味着"一求子嗣,永继先人血食;一合两姓之好,彼此庆相贺凶相吊"。[1] 照此理解,维系先人血脉,延续家族生命,是婚姻的本务,这不是个人的选择问题,而是集体义务的问题。同样,两家联姻,亦是两族的结合,彼此频繁换帖,赠礼与回礼,交换聘金与嫁妆,乃至婚后"回门"和"二跆"(女家备席请新郎),便有莫斯(Marcel Mauss)所说的总体性的"交换"或"呈献"之义。《中庸》说"君子之道,造端乎夫妇",说明夫妇关系才是人伦之始,故"成男女之别而立夫妇之义",人由此才能成为所有社会关联的肇端。

《礼记·昏义》中讲:"夫礼始于冠,本于昏,重于丧祭"。《金翼》对于丧礼的记述尤为详尽,在另一处也曾谈到过墓祭仪式。林耀华说:"丧葬祭祀乃子女对父母应尽的责任,孝道所系,稍有疏忽,不但被人窃笑悭吝,而且被讥为大逆不孝。"单就丧礼而言,便相当复杂:"初丧到终丧,历时三年,经过礼仪,大小三十余节,葬毕乃止。"[2] 为何如此?周飞舟这样解释:"丧服制度虽然只是人们在面对亲友死亡时的服制,但由于其高度符号化和结构化的特点,因此成为人们分辨人际关系中的亲疏厚薄、尊卑高低的基本制度"。[3] 丧葬仪式首先是生者在对死者的服丧和祭奠中辨识人伦、调节情感、习得规范等一系列伦理教化的过程。《拜祖》一文中说:"亡何,迁尸于袭床,越日小殓,三日大殓。是日成服,五服各以亲疏为等。……子弟设颒水帨巾于灵床侧殓枕衾,奉魂帛出就灵座设奠;焚香点酒,朝夕

---

① 林耀华:《义序的宗族研究》,北京:生活·读书·新知三联书店,2000,第 126 页。

② 林耀华:《义序的宗族研究》,北京:生活·读书·新知三联书店,2000,第 151、189 页。

③ 周飞舟:《差序格局与伦理本位》,《社会》2015 年第 1 期。

如是，以至于虞，谓之朝夕奠。"① 丧礼中的此类繁琐仪轨，都是本于日常人伦的原理来设定并通过具体仪式加以升华的。

丧葬仪节，前后相连，丧葬之后，又有祭祀。个中的原因还在于："此时已由生人而入鬼域，居灵龛以享祭祀；初死为鬼，久而成神；祖宗充为家神，子孙日夜祀奉；数世之后，其神主迁往支祠，或宗祠，得享全族的祭祀"。② 因此，葬祭的核心，是处理生冥两界、人鬼两造的关系问题，死者的亡灵由"鬼"演化为"神"，需要经过重重关卡，是落入地狱，还是逃出地狱、重回人间，对于家族来说是至关重要的事情。因此，从"头七"到"七七"，丧家逢"七"就要延请僧人打斋设醮，做佛事超度亡人，拯救灵魂。据《金翼》的描述，张家在人死后的第六天便举行"报亡"仪式，向阴间报告死者的情况，此后每"七"道士和尚都要到场，通过诵经超度亡魂，"六七"当晚要举行"鸭母渡江"礼，由道士作法，推鸭母护送亡灵过渡。直到第四十九天"断七"之日，还要举行一系列仪式，通过"破地狱"礼让亡魂脱罪升天，通过"过桥"礼打败妖魔鬼怪，通过"收箱"礼供给亡者钱财……入葬后，每逢除夕、元宵、孝九、端阳、中元和冬至，以及死者的忌辰，都要进行家祭或庙祭，每逢清明和重九，则要进行春秋墓祭。

可以说，丧礼、葬礼与祭礼，既代表着生命循环的周期性完成，也是家族凝集和规制情感关系、整饬人伦秩序的契机，借此连同生者与死者的社会生命得以敞开，人际关系的差异性和普遍性原则得以展开。同样重要的是，上述仪式也突破了"人间"的界限，将人世与神鬼两界连通起来，通过生者操持亡灵的升降，来确立圣俗二分的纵向格局，从而融合了儒释道三教的因子，在最具体的仪式实践中确立了长辈和先祖的神圣地位，为社会生命赋予了真正的超越性的精神意涵。③ 个人的生命有限，但可以通过缔结婚姻来维续家族的生生血脉，并扩展家族的社会联系，而通过丧葬祭祀，超度亡灵，却可以使一家一户一宗一族拥有不死的祖先，不朽的灵魂，而代代得以护佑。④ 唯有如此，个人的生命不仅可以成为家族的生命来延

---

① 林耀华:《拜祖》，载《义序的宗族研究》，北京：生活·读书·新知三联书店，2000，第238页。

② 林耀华:《义序的宗族研究》，北京：生活·读书·新知三联书店，2000，第167页。

③ 德格鲁特很早发现，闽南地区的丧礼，具有中国古代丧服制度和佛教信仰的超度仪式相互杂糅的特征。参见 J. J. M. De Groot, *Buddhist Masses for the Dead at Amoy*, Leyde: Brill, 1884。

④ 参见费孝通《试谈扩展社会学的传统界限》，《北京大学学报》2003年第3期。

续，也可以成为宗族的生命而永生；他可以超越日常的世俗域，借由各种信仰和仪式与祖先进行精神上的沟通，得以安慰、保护和心灵的提升，将自身的生命扩展至最广阔的世界里。

父母之灵，先是奉于支祠或神龛，待数世之后，神主迁往宗祠，便会得到全族的祭祀了。《金翼》虽以家族制度的研究为主题，但社会生命并非仅限于这一范围。家族于社会中的位置由宗族来确定，而家族的生命也必会延伸到宗族的范围里。林耀华说，祠堂为宗族团体生活的中心，就"义山黄氏宗祠"来说，"尊祖敬宗、光前裕后、孝悌忠信、睦里收族"是其社会文化的体现。明清以来的祠堂合祀历代宗祖，神龛供奉祖宗神主牌位，昭穆排列；宗祠后进，左为厨房，右为议厅。有了祠堂，族规家训便起了作用。族房长和乡长，以及地方上的绅衿遗老组成的祠堂会，则担负起统管宗族的公共责任。"祠堂之于宗族，差不多变成一个万能的团体，一切功能都可行使"：诸如宗祠祭祀、迎神赛会、族政设施以及族外交涉，皆于祠堂中施行。① 此外，在祠堂中，"公众意见由此产生，村规族训由此滋长，全族子孙皆以宗祠的教义信条奉为圭臬"。②

林耀华认为，宗族举办的节期、迎会、社戏、祭祖、上坟等庆祝或娱乐活动，往往在一年之中会使日常规定的家族生活"有好几十度的突变"，平常单纯而机械的生活，会突然"改换方式，重振精神"，大家"聚会欢乐，彼此联络，重温感情，加重团结"。③ 这颇类似于涂尔干所刻画的西方中世纪时期围绕法团建立的公共生活，集体意识形成于此，社会团结也凝结于此。④ 只是这种公共生活之基础，中国人是基于宗祠而展开的。宗祠的公共性，既体现为祠堂公所、桥梁河道、族谱文件等为全族人所有，也体现为诸如祭田、园林、屋宇、祠堂、蚬埕等可以带来持续收益的公产。但所有这些，根本目的就是祭祀祖先。林耀华指出，拜祖的意义对于死者和生人的意义是双向的："在死人方面说，灵魂和生人一样的需要衣食住行，

① 林耀华：《义序的宗族研究》，北京：生活·读书·新知三联书店，2000，第48页。除祖宗祭祀和迎神赛会外，祠堂对于本族的日常生活而言，常设有乡塾、书田、义庄等公共制度，同时也作为宗族的最高司法机关，具有公议公判的职能。此外，祠堂也有协助官府征收粮税、管理契事、认宗联姻甚至拼乡械斗的功能。

② 林耀华：《宗法与家族》，载《从书斋到田野》，北京：中央民族大学出版社，2000，第242页。

③ 林耀华：《从人类学的观点考察中国宗族乡村》，载《从书斋到田野》，北京：中央民族大学出版社，2000，第166页。

④ 参见涂尔干《职业伦理与公民道德》，渠敬东译，北京：商务印书馆，2017，第1—3章。

所以生人务必尽力供给；在生人方面说，死灵仍旧继续保护照荫子孙，治理教导后代，以是拜奉祖宗乃求获福利。"① 不过，"中国人尝信人死后有三个灵魂：一个住于神主牌上，一个在坟墓里，一个到另一世界——所谓阴间——去"。② 由于鬼神无所不在，又随便来去，民间常有这样的信仰，认为祖灵是天帝与其子孙的中人，有降福和降祸之权，所以若子孙不祭，必遭遣罚。因此，祠堂中的祭祖仪式常在四时举行。正月初五为"乐筋开堂"，族长与各房长，以及绅衿合祀；元宵点灯，族人"伴夜"合祭；另在清明、中元和冬至各节，都会有隆重热闹的合祭合宴的仪式。

对族人来说，祖先是他们的超验世界的构成，但神明也是这个世界的一部分。祖先被供奉在祠堂里，神明则居住在庙宇里；祖先是族内的象征性权威，神明则是族外的英雄偶像；祖灵附于神主牌位，神灵则化身于神像之中。③ 在这个意义上，祠堂会或是族房长的责任便不止于尊祖敬宗了，敬神迎会也是他们分内的职责。④ 广义来说，民间信仰和宗教在闽粤地区是非常发达的，根据林耀华 1936 年完成的田野报告《闽村通讯》⑤ 的记载，义序及周边地区所崇奉的神为数甚多，庙宇大小计有 20 余所。⑥ 其中，义序人合族供奉的主要为大王宫和将军庙二神。大王宫的主人是法师大王、水陆大王及夫人，相传为本地社稷之神，管理土地、山水、出产、五谷和农事等；而将军庙所奉的，是宋末三位荩臣，曾先后殉难，尽忠报国，族人称之为"地头神"。⑦

在每年的固定时间里，族人都要举行"祭神迎会"，由祠堂会依据房分户数划分出来的"福首"或祠堂会成员轮流担任的"会首"，来分别主持这两种仪式。每种仪式的具体过程都相当繁复，常伴有接神、巡游等人山人

---

① 林耀华：《义序的宗族研究》，北京：生活·读书·新知三联书店，2000，第 50 页。

② 林耀华：《拜祖》，载《义序的宗族研究》，北京：生活·读书·新知三联书店，2000，第 232—233 页。

③ Daniel H. Kulp, *Country Life in South China：The Sociology of Familism*, New York：Columbia University, 1925.

④ 有关里社制度与地方神庙系统的关系，可参见郑振满在莆田平原的相关研究。（郑振满：《莆田平原的宗族与宗教——福建兴化府历代碑铭解析》，《历史人类学学刊》2006 年第 1 期，第 1—28 页。）

⑤ 林耀华：《闽村通讯》，载《从书斋到田野》，北京：中央民族大学出版社，2000，第 267—295 页。

⑥ 亦可参见林宗成对于闽江流域地区民间神话传说的详细考察。（林宗成：《樟湖人的"精神社区"：福建闽江流域的民间信仰解析》，载庄孔韶主编《汇聚学术情缘——林耀华先生纪念文集》，民族出版社，2005，第 316—332 页。）

⑦ 林耀华：《义序的宗族研究》，北京：生活·读书·新知三联书店，2000，第 32—33 页。

海的热闹场面，大王可降福，将军能祛祸，迎会期间，社戏日夜不绝，祠堂大开筵宴，仿若涂尔干所说的那种集体欢腾的场面。可以说，民间宗教的信仰和仪式，使得人们的神圣交往领域扩展到了宗族之外，与外族、与国家、与历史以及物质与自然之间构成了多重交错的崇拜体系，进而将社会生命扩展到更为广阔和纵深的时空之中，成为极为混杂的多元的宇宙论系统。①

从组织社会学的角度看，所有这些超大规模的仪式活动，都需要有超出祠堂制度之外的公共参与性组织来筹划实施。事实上，这一地区诸如"加会"或"把社"之类的自愿性团体，往往采取会员制，通过集款、竞标、配股等方式来盘活乡间资源，具有相当强大的集体动员和运行能力。或者说，从祭祖到敬神，从祠堂到庙宇，神圣仪式的扩展，不仅构建了从族内到族外来营造更为广布的神灵交通的世界，社会生命由此得到了更多的护佑，同时也刺激了宗族及其之外的社会参与和组织的范围。文化精神的领域总是与社会经济的领域互构和互为补充，宗教活动的外延，往往是宗族内生社会组织不断制度化和机制化的动力。

结语　作为社会的命运

人类学家雷蒙德·弗思（Raymond Firth）在为《金翼》撰写的"导言"中，重点引用了林耀华的一句话："我们今天可以将'上苍'理解为人类本身，把'命运'理解为人类社会。"② 这里，所谓"上苍"，即中国人先天被赋予的东西，是人类本身先天注定拥有的属性。对于一个最典型的普通人来说，他的父母和兄弟姊妹、他的家人和亲戚、他的同宗同族、他的祖先，以及各种各样的神灵，都是既存既有的，连生他养他的地方，他的土

---

① 近来一些研究对此问题有很大推进。郑振满从聚落关系与仪式联盟的角度，将宗族秩序与神明信仰之关系，拓展到更广的地理空间和社会生态中，从而发现庙宇和仪式系统构建了一种地区性甚至可以扩展到海外世界的更为庞大的社会网络。（郑振满：《莆田平原的聚落形态与仪式联盟》，载《地理学评论》第 2 辑，北京：商务印书馆，2010，第 25—37 页。）而王铭铭通过对安溪溪村的研究认为，如果说神诞仪式的"社祭"可以由内而外地联系着社区和超社区世界，那么另一种"会盟"仪式，则可以自外而内地产生联结作用。年度周期中这两种看似相反的仪式，共同构成将社区与外界、主人与客人、近土和远山联结起来的世界观，包含着一种内外互利的观念。（王铭铭：《局部作为整体：从一个案例看社区研究的视野拓展》，《社会学研究》2016 年第 4 期。）

② 林耀华：《金翼：中国家族制度的社会学研究》，庄孔韶、林宗成译，香港：香港三联书店（香港）有限公司，1990，第 ix—x、28 页。

地及土地之上的风俗人情，也皆是养育。他个人的生命，自然有这社会生命的结构，这既是他的生长点，也是他的归宿地。不过，《金翼》所讲的故事却还有一层：黄张两家的不同命运，看似早就注定了的，却与一个人怎样活出自己的社会生命有关。

弗思曾拿《金翼》的故事与欧里庇得斯的戏剧和陀思妥耶夫斯基的小说做比附，他说：本书"以偶然事件的形式所表现出的机遇：如突然死亡，与旧时学友的重逢，幸运地发现一份文件从而赢得了一场官司等，虽说发挥了一定的作用，但真正的命运存在于各个人的心中……一个人选择善或恶、聪明或愚蠢，确实不取决于兴之所至或偶然的机遇，而是由他本人或他人那些本来具备的爱好和习惯所决定"。① 的确，一个人的社会生命是由既有的结构孕育的，但它并不是黑格尔所说的那种"静止的历史"，这生命虽然像是一个轮回的圆圈，却不是不运动的，正像熊十力对《礼记·天道》所做的解释："天道之运，新新而不守其故。才起便灭，方始即成终。才灭便起，方终即成始。始无端而终无尽。"② 起灭终始虽在一点上，却也可以无限。

一个人在他最基本的人伦关系中有着非常明确的位置，因而在日常性的家庭生活与仪式性的祭祀活动中都有明确的规范。他必须首先成为一种同亲同族的共在，去履行在家族和宗族中的义务，才会成为自己。他也必须通过祭祖和敬神的崇拜活动，才会懂得自己的生命是一种神圣的社会生命。任何社会生命的成长都无法靠人生设计和努力来保证，特别是在大的时代背景下，强大的政治经济力量影响着中国人本有的社会生命的塑造。东林的一生几起几落，便是写照。不过，中国人在自己的生命圆圈里，本就有这样的体会，如林耀华所说："人类生活螺旋式发展，诸如我们在黄家简要了解到的出生、教育、成婚、死亡等等，是一些总是会使生活脱离常规的阶段。每一个阶段引起一场危机，每场危机都激起变化，并伴随着一个把生活从偏离拉回到常规的仪式。"③ 在另一处，他也说起："人类的生活有如起伏的海潮，时而平静，时而峥嵘。没有人能平顺、单调地度过一生。生活时时有变化，即使最平顺的日子也会在新的刺激和新的环境下发生变

① 林耀华：《金翼：中国家族制度的社会学研究》，庄孔韶、林宗成译，香港：香港三联书店（香港）有限公司，1990，第 ix 页。
② 参见熊十力《读经示要》，长沙：岳麓书社，2013。
③ 林耀华：《金翼：中国家族制度的社会学研究》，庄孔韶、林宗成译，香港：香港三联书店（香港）有限公司，1990，第 20 页。

迁。危机来去无常，有时简单，有时复杂，但每次都必然被人们征服以便从新建立起一个相对稳定的局面。东林的一生交织着平静与困扰的不同过程，有如一幅浪涛起伏的画卷。"①

人生犹如一幅画卷，平顺而危机四伏，紧张而坦坦荡荡。只有在多重的社会世界的构造中，在一生的每个关口，无论是自然的历程，还是外界的纷扰，都有亲人在旁，有各种仪式活动给人的升华和超拔，有祖先和神明的护佑，就不会孤单害怕。《金翼》讲的只是福建某地农村的故事，但故事所展开的画卷，却是中国文明由古至今所塑造的普通人的社会生命历程。本文无意美化这样的生命方式，只是提醒今人，我们对此遗忘得过久了。

林耀华曾说："中国人最言实际，而尝把实际忽略。"② 在他的年代，所有人都追赶着新潮新风，他却在吴文藻等的教诲下，同费孝通等同辈学人一起扎根田野，深入普通人的实际。当所有人迷恋于技术方法，以为靠明证的科学就可探究到社会的真相时，他却主张用同情的、内省的、直觉的办法切入人性的深处，去把握社会生命的气息和脉动。"假若没有同情的自省的洞察，人性真理就不可得而知。"③

中国人所要的社会科学，一定是基于体验的、反躬自省的、将心比心的科学，而不是所谓功能论、协调论或是均衡论这样的概念空壳。燕京学派从西方学到的，是返于自身、归于自身的自觉反省的认识。因为中国社会之生命本源，就来自"人和人的心灵交通或精神接触"，就像东林依赖于他的土地、依恋于他的家族那样，任何世间的变故、命运的流转以及国破家亡的危险，都无法割掉他的生命之根。

故事的结尾，年迈的东林依然奋力锄地，一架敌机从头顶掠过，孙儿们仇恨地仰视天空，而老人却平静地对他们说：

"别忘了把种子埋入土里。"

① 林耀华：《金翼：中国家族制度的社会学研究》，庄孔韶、林宗成译，香港：香港三联书店（香港）有限公司，1990，第 148 页。

② 林耀华：《拜祖》，载《义序的宗族研究》，北京：生活·读书·新知三联书店，2000，第 231 页。

③ 林耀华：《社会研究方法上的形相主义与体验主义》，载《从书斋到田野》，北京：中央民族大学出版社，2000，第 209 页。

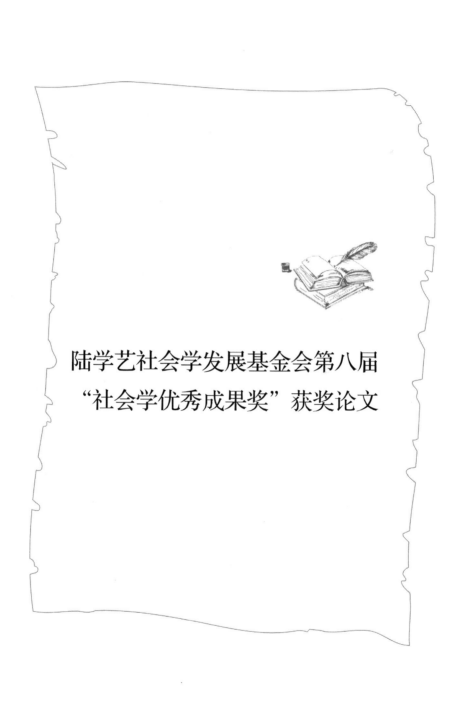

陆学艺社会学发展基金会第八届

"社会学优秀成果奖"获奖论文

从父职工资溢价到母职工资惩罚[*]

——生育对我国男女工资收入的影响
及其变动趋势研究（1989—2015）

许　琪

摘　要： 研究生育对我国男女工资收入的影响及其变动趋势，对于理解和应对不断扩大的男女工资差距和持续下降的生育率都有重要意义。通过对 1989—2015 年 CHNS 数据的深入分析，本研究发现，在 20 世纪 80 年代末，生育对我国男性工资有显著的积极影响，而对女性工资的负面影响却并不显著。随着时间的推移，生育对男性的工资溢价效应不断减小，对女性的工资惩罚则以更快的速度加大，男女工资差距不断拉大。1992 年深化改革以来市场部门的扩大是导致生育对女性的工资惩罚随时间快速加大的重要原因。

关键词： 父职工资溢价　母职工资惩罚　男女工资差距　生育

一　引言

近半个世纪以来，随着世界范围内妇女解放运动的蓬勃发展，女性在教育和劳动参与等方面相对男性取得了长足进步，但在很多国家，收入的性别差距依然存在，甚至有所扩大[①]。一些经典理论，如人力资本理论、职

---

[*]　本文原载《社会学研究》2021 年第 5 期。非常感谢两位匿名评审专家提出的修改意见，受益良多，文责自负。

①　Doris Weichselbaumer & Rudolf Winter-Ebmer, "A Meta-Analysis of the International Gender Wage Gap," *Journal of Economic Surveys*, 2005, 19 (3).

业性别隔离和雇主歧视等试图从工作领域寻找男女收入差距产生的原因，但成效有限①。在这一背景下，很多学者开始将关注点从工作转向家庭，认为收入的性别不平等在很大程度上是由男女不同的家庭角色导致的②。特别是在生育子女之后，传统的性别角色观念要求女性将更多的时间和精力投入子女照料，这会降低她们在劳动力市场的表现，导致"母职工资惩罚"（motherhood wage penalty）；而男性的收入不仅不会受到生育的负面影响，反而会因传统家庭角色赋予的养家需要而更加努力地工作，出现"父职工资溢价"（fatherhood wage premium）。目前，已有很多来自西方国家的实证研究发现了生育对男女工资收入的不同影响，但关于中国的研究却非常匮乏。我们认为，在中国的背景下研究这一问题是非常重要和必要的，这主要有以下三个原因。

首先，中国是一个深受父权制家庭观念影响的国家，"男主外、女主内"的传统性别观念对中国人的行为有非常深刻的影响③。如果说传统性别角色观念影响下的性别分工是导致生育对男女工资收入产生不同影响的主要原因，那么我们预计，这种性别差异将在中国的背景下表现得尤为突出。因此，研究生育对我国男女工资收入的影响对理解当代中国的性别关系具有重要意义。

其次，新中国自成立以来，在促进性别平等方面取得了长足进步，但收入的性别差距一直存在，且在 1992 年深化改革之后呈扩大趋势④。对此，学界进行了很多讨论，但目前还很少有研究从生育的角度去解释男女收入差距产生和扩大的原因。因此，研究生育对男女工资收入的影响可以为我们理解收入的性别不平等提供一个全新的观察视角。

最后，自 20 世纪 70 年代计划生育政策执行以来，中国的生育率开始迅速下降⑤。与理论预期相反，生育率的下降与男女工资差距的扩大在中国同

---

① Francine D. Blau & Lawrence M. Kahn, "The Gender Wage Gap: Extent, Trends, and Explanations," *Journal of Economic Literature*, 2017, 55 (3).

② Shelly Lundberg & Elaina Rose, "Parenthood and the Earnings of Married Men and Women," *Labour Economics*, 2000, 7 (6); Michelle J. Budig & Paula England, "The Wage Penalty for Motherhood," *American Sociological Review*, 2001, 66 (2).

③ 刘爱玉、佟新：《性别观念现状及其影响因素——基于第三期全国妇女地位调查》，《中国社会科学》2014 年第 2 期；杨菊华：《近 20 年中国人性别观念的延续与变迁》，《山东社会科学》2017 年第 11 期。

④ 李实、宋锦、刘小川：《中国城镇职工性别工资差距的演变》，《管理世界》2014 年第 3 期。

⑤ 郭志刚：《中国的低生育水平及其影响因素》，《人口研究》2008 年第 4 期。

时发生。一般认为，生育率下降有助于缓解女性的工作-家庭冲突，进而缩小男女工资差距。但在中国，这两个似乎相悖的宏观趋势同时发生，意味着生育对男女工资收入的影响发生了一些不同寻常的变化。因此，探明这背后的复杂过程对于理解收入的性别差距和低生育率的成因均有重要意义。

综合以上三点，我们认为，在中国研究生育对男女工资收入的影响具有非常重要的理论意义和现实意义。本文将使用 1989—2015 年"中国健康与营养调查"（China Health and Nutrition Survey，以下简称 CHNS）数据研究以下两个问题：第一，生育对我国男性和女性的工资收入有何影响；第二，这种影响如何随时间发生变化。基于对这两个问题的回答，我们将讨论近几十年来中国的收入性别差距不断扩大和生育率持续走低的原因，并提出相应的对策建议。

二 文献回顾

（一）国外研究综述

生育对男女工资收入的影响是学术界高度关注的热点问题。国外的大量研究发现，生育之后女性的工资收入会有显著下降，即遭遇"工资惩罚"；而男性的工资收入却有适度提升，即享受"工资溢价"。以美国为例，基于不同数据的多项研究结果显示，每生育一个子女会使女性工资下降 5%至 20%[1]；但成为父亲之后，男性的工资收入却会上升 3%至 10%[2]。因为生育对男女工资的影响完全相反，所以，收入的性别差距在生育之后会迅速扩大。此外，生育对女性工资收入的负面影响也会降低她们的生育意愿。在女性的教育程度和劳动参与率不断提高的背景下，因生育引发的工作-家庭冲突已成为越来越多的女性选择少生甚至不生的重要原因[3]。

---

[1] Michelle J. Budig & Paula England, "The Wage Penalty for Motherhood," *American Sociological Review*, 2001, 66 (2); Rebecca Glauber, "Marriage and the Motherhood Wage Penalty among African Americans, Hispanics, and Whites," *Journal of Marriage and Family*, 2007, 69 (4).

[2] Shelly Lundberg & Elaina Rose, "Parenthood and the Earnings of Married Men and Women," *Labour Economics*, 2000, 7 (6); Melissa J. Hodges & Michelle J. Budig, "Who Gets the Daddy Bonus? Organizational Hegemonic Masculinity and the Impact of Fatherhood on Earnings," *Gender and Society*, 2010, 24 (6).

[3] Peter McDonald, "Gender Equity in Theories of Fertility Transition," *Population and Development Review*, 2000, 26 (3).

因为研究生育对男女工资收入的影响对于理解收入的性别不平等和低生育率的成因都有重要意义，近年来，国外学者对这一问题的讨论日趋热烈。研究发现，生育会通过四种途径影响工资收入。一是人力资本积累。该理论认为，女性在生育之后往往会因家庭原因中断工作或从事兼职工作，这会妨碍她们人力资本的积累，而男性的人力资本则很少受到生育的负面影响[1]。二是工作投入。该理论认为，女性在生育之后会将主要精力用于照顾子女，这会降低她们的劳动生产率，进而导致工资收入下降。而男性在生育之后则会将主要精力用于工作，因而他们的劳动生产率和工资收入都会有所提升[2]。三是补偿性工资差异。该理论认为，有孩子的女性会倾向于选择对母亲比较"友善"的工作，如工作时间灵活、体力消耗小等，而这些工作的工资往往较低。而有孩子的男性则通常不会有这方面的顾虑，甚至会反过来刻意选择那些劳动强度大、条件艰苦的工作，以获取补偿性工资收入[3]。四是雇主歧视。该理论认为，雇主会根据以往经验或刻板印象对有孩子的女性施加"统计歧视"。父亲的遭遇与之相反，不但很少遭遇雇主歧视，反而会因为社会对父亲的刻板印象认为男性在有孩子之后会拥有很多优秀的品质，获得更好的工资待遇[4]。

除了研究生育对男女工资收入产生不同影响的原因之外，国外学者现阶段对该问题的研究还朝着两个方向在推进：一是研究生育对男女工资收入的影响是否存在群体差异，二是研究这种影响是否会随时间发生变化。

首先，对于第一个问题，很多研究发现生育对男女工资收入的影响确实会因社会经济特征和家庭人口特征的不同而有明显差异。以美国为例，研究发现，白人、已婚和子女年龄较小的母亲会遭遇更大程度的工资惩罚[5]。对男性而言，工资溢价主要针对已婚、与子女同住且与子女有血缘关

---

[1] Michelle J. Budig & Paula England, "The Wage Penalty for Motherhood," *American Sociological Review*, 2001, 66 (2).

[2] Alexandra Killewald, "A Reconsideration of the Fatherhood Premium: Marriage, Coresidence, Biology, and Fathers' Wages," *American Sociological Review*, 2013, 78 (1).

[3] Michelle J. Budig & Paula England, "The Wage Penalty for Motherhood," *American Sociological Review*, 2001, 66 (2).

[4] Shelley J. Correll, Stephen Benard & In Paik, "Getting a Job: Is There a Motherhood Penalty?" *American Journal of Sociology*, 2007, 112 (5).

[5] Michelle J. Budig & Paula England, "The Wage Penalty for Motherhood," *American Sociological Review*, 2001, 66 (2); Rebecca Glauber, "Marriage and the Motherhood Wage Penalty among African Americans, Hispanics, and Whites," *Journal of Marriage and Family*, 2007, 69 (4).

系的父亲①。在社会经济特征方面，多项研究发现，男性的教育程度、职业地位和收入与所能获得的工资溢价正相关②。对女性来说，目前的研究尚存在争议。有研究发现，低收入女性和教育程度较低的女性在生育之后的工资收入会有较大幅度的下降③；但也有研究发现，教育程度较高的女性会遭遇更大程度的工资惩罚④。

其次，对于第二个问题，现有研究发现，生育对男女工资收入的影响会随时间的推移不断发生变化，但变动趋势在不同国家有不同的表现。对美国的多项研究发现，生育对女性工资的负面影响在 20 世纪 90 年代以后逐渐削弱，而对男性工资的积极影响则不断提升⑤。对挪威的一项研究也发现，生育对女性工资的惩罚效应随时间的推移不断减小，但父职工资溢价却没有随时间发生明显变化⑥。对德国和英国的一项研究结论与之不同，父职工资溢价效应随时间的推移呈减小趋势⑦。

（二）对中国的研究

与国外学者非常丰富的研究成果相比，国内学者对相关问题的研究还非常有限。目前仅有少数学者研究了生育对女性工资收入的影响，但不同学者得到的估计结果差异很大。例如，贾男等⑧使用 1991—2009 年 CHNS 数据发现，生育会使女性的小时工资下降 18%。同样是使用该数据，於嘉和

① Alexandra Killewald, "A Reconsideration of the Fatherhood Premium: Marriage, Coresidence, Biology, and Fathers Wages," *American Sociological Review*, 2013, 78 (1).

② Melissa J. Hodges & Michelle J. Budig, "Who Gets the Daddy Bonus? Organizational Hegemonic Masculinity and the Impact of Fatherhood on Earnings," *Gender and Society*, 2010, 24 (6).

③ Paula England, Jonathan Bearak, Michelle J. Budig & Melissa J. Hodges, "Do Highly Paid, Highly Skilled Women Experience the Largest Motherhood Penalty?" *American Sociological Review*, 2016, 81 (6).

④ Catalina Amuedo-Dorantes & Jean Kimmel, "The Motherhood Wage Gap for Women in the United States: The Importance of College and Fertility Delay," *Review of Economics of the Household*, 2005, 3 (1).

⑤ Rebecca Glauber, "Trends in the Motherhood Wage Penalty and Fatherhood Wage Premium for Low, Middle, and High Earners," *Demography*, 2018, 55 (5).

⑥ Trond Petersen, Andrew M. Penner & Geir Høgsnes, "From Motherhood Penalties to Husband Premia: The New Challenge for Gender Equality and Family Policy, Lessons from Norway," *American Journal of Sociology*, 2014, 119 (5).

⑦ Gabriele Mari, "Is There a Fatherhood Wage Premium? A Reassessment in Societies with Strong Male-Breadwinner Legacies," *Journal of Marriage and Family*, 2019, 81 (5).

⑧ 贾男、甘犁、张劼：《工资率、"生育陷阱"与不可观测类型》，《经济研究》2013 年第 5 期。

谢宇[1]发现，生育对女性小时工资的惩罚效应仅为7%，而张川川[2]却发现该效应高达76%。不同估计结果之间的巨大差异可能源于学者们使用了不同的估计方法。例如，贾男等学者使用夫妻不同年龄段的不孕比作为工具变量来估计生育对女性工资收入的影响，张川川使用第一个孩子的性别作为工具变量来估计，而於嘉和谢宇使用的是固定效应模型。这些方法间的差异导致估计结果不可比，而且也无法与国外同类研究进行比较。

除了研究生育对女性工资的平均影响之外，一些学者还分析了这种影响的异质性。有研究发现，当女性与公婆同住时，生育对工资的惩罚效应最大，与丈夫独立居住时其次，而与自己父母同住时最小[3]。还有研究发现，生育对居住在城镇、受过高等教育、职业地位较高的女性具有更大的负面影响[4]。不过，现有研究对就业部门的影响没有达成一致，既有研究发现市场部门对女性工资的惩罚效应更大[5]，也有研究发现国有部门对女性工资的惩罚效应更大[6]。

综上所述，国内学者已经就生育对女性工资收入的影响问题进行了很多有益的探索，并得到了一些初步的研究结论，但现有研究在以下三个方面依然存在明显缺陷。首先，现有研究仅分析了生育对女性工资收入的影响，而没有研究男性。然而，根据国外的相关研究，生育对男女工资差距的影响是通过母职工资惩罚和父职工资溢价两个途径实现的，且家庭的生育决策也会同时受母亲和父亲两方面的影响。因此，忽视生育对男性工资收入的影响会使我们无法全面研究生育和收入性别差距之间的关系，也无法全面理解微观的家庭生育决策以及宏观层面生育率持续走低的原因。其次，现有研究在一些关键问题上依然存在争议。例如，国有部门和市场部门哪个对女性工资收入的惩罚效应更大尚不明确。考虑到改革开放以来我国市场部门的扩大是导致男女收入差距扩大的一个重要因素[7]，辨明国有部

[1] 於嘉、谢宇：《生育对我国女性工资率的影响》，《人口研究》2014年第1期。
[2] 张川川：《子女数量对已婚女性劳动供给和工资的影响》，《人口与经济》2011年第5期。
[3] Jia Yu & Yu Xie, "Motherhood Penalties and Living Arrangements in China," *Journal of Marriage and Family*, 2018, 80 (5).
[4] 於嘉、谢宇：《生育对我国女性工资率的影响》，《人口研究》2014年第1期。
[5] Nan Jia & Xiaoyuan Dong, "Economic Transition and the Motherhood Wage Penalty in Urban China: Investigation using Panel Data," *Cambridge Journal of Economics*, 2013, 37 (4).
[6] 於嘉、谢宇：《生育对我国女性工资率的影响》，《人口研究》2014年第1期。
[7] 贺光烨、吴晓刚：《市场化、经济发展与中国城市中的性别收入不平等》，《社会学研究》2015年第1期。

门和市场部门对女性工资收入的惩罚效应对于理解市场化改革与男女收入差距扩大之间的关系具有重要意义。最后，现有的研究也没有分析生育对我国男女工资收入的影响如何随时间推移发生变化。众所周知，自1978年改革开放以来，中国发生了非常快速的变迁，宏观层面的社会变迁是否以及如何影响生育和男女工资收入之间的关系是一个非常重要的问题。在本文接下来的部分，我们将首先简要回顾中国的社会变迁历程；然后从理论上分析社会变迁对母职工资惩罚和父职工资溢价的影响；最后，我们将使用1989—2015年CHNS数据对理论分析的结果进行检验。

三　中国的社会变迁与生育对男女工资收入的影响

自1978年改革开放以来，中国社会发生了翻天覆地的变化。近年来关于性别关系的很多理论研究已经关注到这些变化对工作与家庭两个领域性别平等的影响[①]。在这一部分，我们将结合性别理论，从单位制解体、市场部门扩大和子女养育方式变迁三个方面来探讨社会变迁背景下生育对我国男女工资收入的影响如何随时间推移发生变化。

（一）单位制解体

在改革开放之前以及改革开放之后相当长一段历史时期内，中国的城市社会是通过单位组织起来的。对职工来说，单位不仅是一个工作场所，也是获取生育、住房、养老等基本社会福利和保障的机构[②]。在婴幼儿照顾方面，很多机关和企事业单位都配有托儿所或幼儿园，为学龄前的职工子女提供近乎免费的婴幼儿照料服务[③]。这种服务虽然并不完备，但它在很大程度上减轻了家庭特别是母亲的照料负担，因而为夫妻双方全身心投入工作提供了有力保障[④]。

---

① Yingchun Ji, Xiaogang Wu, Shengwei Sun & Guangye He, "Unequal Care, Unequal Work: Toward a More Comprehensive Understanding of Gender Inequality in Post-Reform Urban China," *Sex Roles*, 2017, 77 (11-12).

② 郑功成：《从国家-单位保障制走向国家-社会保障制——30年来中国社会保障改革与制度变迁》，《社会保障研究》2008年第2期。

③ 岳经纶、范昕：《中国儿童照顾政策体系：回顾、反思与重构》，《中国社会科学》2018年第9期。

④ 佟新、陈玉佩：《中国城镇学龄前儿童抚育政策的嵌入性变迁——兼论中国城镇女性社会角色的变化》，《山东社会科学》2019年第10期。

但是随着时间的推移，这种由"单位包办社会"的弊端也逐渐显现。很多企业因为社会福利方面的开支过大而经营不善，有些甚至濒临倒闭。为了使企业恢复生产经营的活力，中国政府在20世纪90年代末对国有企业进行了大刀阔斧的改革，改革的一个重点就是给企业"减负"，将原本由企业承担的社会保障功能剥离出去。在这一背景下，那些原本由机关和企事业单位提供的婴幼儿托育服务纷纷退出历史舞台。但与此同时，中国并未建立起一套有效的社会化的婴幼儿照料体系，导致学龄前儿童的照料责任不得不重新回归家庭。

在婴幼儿的照料责任重回家庭之后，父母的照料压力空前增加，这无疑会对他们的工作和收入造成负面影响。因此我们预计，在1992年以后，随着单位制的解体，生育对男性工资收入的积极影响将越来越小，而对女性工资收入的负面影响将越来越大。此外，考虑到母亲往往需要承担更多的照料责任，我们预计，生育对女性工资收入的惩罚效应将以更快的速度发生变化。

（二）市场部门扩大

除了对计划经济时期遗留下来的单位制进行改革之外，中国经济改革的另一个重点是确立市场在资源配置中的决定性作用，建立并完善社会主义市场经济体制。随着市场经济逐渐取代计划经济，个体、私营和外资等非公有制经济快速发展，城市劳动力在市场部门就业的比重不断扩大。一些研究指出，市场部门完全以利益为导向，强调竞争，坚持效率优先，但较少兼顾公平，因而在用工和工资待遇方面更可能对女性劳动者施加歧视；而国有部门对女性劳动者的就业保护更多，在落实男女平等和同工同酬方面也做得更好[1]。因此，很多研究认为，市场化改革之后我国市场部门的扩大是导致男女工资差距不断扩大的一个重要原因[2]。

现有的研究虽然指出市场部门相对国有部门更可能歧视女性，但有一个问题依然没有厘清：市场部门为何要歧视女性？特别是在女性的教育程度已经赶上甚至超过男性的情况下，中国的企业为何还要对女性职工区别对待？我们认为，这很有可能与女性在生育之后需要承担更多的照料责任

---

[1]　Junsen Zhang, Jun Han, Pak-Wai Liu & Yaohui Zhao, "Trends in the Gender Earnings Differential in Urban China, 1988-2004," *Industrial and Labor Relations Review*, 2008, 61（2）.

[2]　贺光烨、吴晓刚:《市场化、经济发展与中国城市中的性别收入不平等》,《社会学研究》2015年第1期。

有关。针对西方国家的研究已经发现，女性在生育之后更可能发生职业中断，更可能因为照顾子女而无法全身心投入工作[1]。在中国这样一个传统性别观念特别浓厚的国家，这种情况可能更加普遍。因此我们认为，雇主给女性劳动者支付较低的工资实际上是对生育的一种"惩罚"。而且，这种惩罚将在利益导向的市场部门表现得更加明显。随着中国市场化改革的深入，越来越多的女性开始在工资惩罚更为严重的市场部门工作。因此我们预计，生育对女性工资收入的惩罚效应将随着时间的推移不断加重。对男性来说，市场化改革的影响并不明显，因此生育对男性的工资溢价不会随时间发生变化。

（三）子女养育方式变迁

最后，中国自改革开放以来的社会变迁还体现为计划生育政策施行以后家庭生育水平的下降以及由此引发的子女养育方式的变迁。在 20 世纪 60 年代末，中国的总和生育率约在 6。然而，自计划生育政策执行以来，中国的生育水平迅速下降[2]。2015 年，未调整的总和生育率只有 1.05，远低于国际公认的 1.3 的极低生育水平[3]。

从理论上说，在家庭生育数量减少之后，父母的养育负担也会减轻，但事实并非如此。很多研究发现，随着生育数量的下降，中国父母变得比以往更加注重子女质量的培养，养育子女的方式也开始从"粗放型"不断向"科学化"和"精细化"的方向发展[4]。具体来说，这种"科学化"和"精细化"的育儿方式体现在多个方面。比如为子女精心安排每一顿饮食，挑选合适的玩具、衣物和生活用品，提前规划各阶段的教育，陪同玩耍和参加各种课外培训等[5]。这些活动不仅要花费大量的金钱，而且更重要的是，会耗费父母大量的精力和时间。因此，随着"科学育儿"和"精细化育儿"的观念逐渐成为一种社会潮流并为家长们普遍接受，父母抚养每个子女的负担也变得越来越重。在这一背景下，受影响最大的无疑是母亲。

---

① Michelle J. Budig & Paula England, "The Wage Penalty for Motherhood," *American Sociological Review*, 2001, 66 (2).

② 郭志刚:《中国的低生育水平及其影响因素》,《人口研究》2008 年第 4 期。

③ 《中国统计年鉴 2016》,北京:中国统计出版社,2016。

④ 郑杨:《社会变迁中的育儿模式变化与"母职"重构——对微信育儿群的观察》,《贵州社会科学》2019 年第 7 期。

⑤ 景军:《喂养中国小皇帝》,上海:华东师范大学出版社,2017;杨可:《母职的经纪人化——教育市场化背景下的母职变迁》,《妇女研究论丛》2018 年第 2 期。

因此我们预计，随着时间的推移，生育对母亲工资的惩罚效应将变得越来越明显，而以往在育儿中扮演配角的父亲也很难幸免。可以预测，随着时间的推移，生育对父亲的工资溢价将逐渐消失。

综上所述，单位制解体、市场部门扩大和子女养育方式的变迁都会导致生育对男女工资收入的影响随时间发生变化，且相对而言，这三方面的变化都对女性更加不利。近年来，对中国性别关系的一些理论研究已经关注到，自改革开放以来，中国在工作与家庭两个领域的性别不平等都呈扩大趋势。例如，左际平和蒋永萍[1]认为，中国的经济改革使得国家与家庭的关系开始从"家国同构"走向"家国分离"，随着国家不断削减对家庭的公共服务支出并减少对女性的就业保护，工作和家庭两个领域的性别不平等程度都有所扩大。与之类似，宋少鹏[2]指出，中国在计划经济时期试图建立一种"公私相嵌"型的社会结构，且一度提供了一种制度性地缓解女性工作-家庭冲突的办法（如依托单位的育儿机构等），但是"以生产为中心"的集体主义大生产体制依然有意识地维持了父权制家庭遗留下来的性别分工模式，且这种刻意保留为市场化改革中女性在劳动力市场的不利地位埋下了伏笔。此外，吴小英[3]深入分析了市场化改革前后国家性别话语体系的转型。她认为，改革开放以后，由国家主导的强调男女平等的话语模型开始转变为由市场主导的强调自由竞争的话语模型。市场化不仅改变了国家话语的叙述方式和内容，而且导致市场话语和传统话语结盟，"男主外、女主内"的传统性别观念再次甚嚣尘上，性别观念和性别关系都开始向传统倒退。最后，计迎春等[4]在结合前人观点的基础上，提出了一个更加综合性的分析框架。他们认为，中国的市场化改革对性别关系产生了两个方面的重要影响。一是单位制的解体导致公私领域出现分离，原先由单位承担的照料责任日益市场化并逐渐转移到家庭和女性身上，这加重了女性的家庭负担，损害了女性的劳动力市场地位，并加大了性别差距。二是性别平等的意识形态出现退化，导致传统性别观念回潮，并为工作和家庭领域不断加深的性别不平等提供了合法性依据。

---

[1] 左际平、蒋永萍：《社会转型中城镇妇女的工作和家庭》，北京：当代中国出版社，2009。

[2] 宋少鹏：《从彰显到消失：集体主义时期的家庭劳动（1949—1966）》，《江苏社会科学》2012年第 1 期。

[3] 吴小英：《市场化背景下性别话语的转型》，《中国社会科学》2009 年第 2 期。

[4] Yingchun Ji, Xiaogang Wu, Shengwei Sun & Guangye He, "Unequal Care, Unequal Work: Toward a More Comprehensive Understanding of Gender Inequality in Post-Reform Urban China," *Sex Roles*, 2017, 77 (11-12).

我们认为，上述关于中国社会性别关系的理论观察与本文的基本观点是高度一致的。只不过在这些研究中，学者们更加强调社会变迁对女性劳动力市场地位和家庭地位的不利影响，而本文认为，社会变迁对男性的负面影响也同样不容忽视。随着单位制的解体与子女养育方式精细化发展，家庭的照料压力空前增加，社会对父亲的角色期待和父亲的育儿参与度也在潜移默化中发生了变化。徐安琪和张亮①基于上海的一项抽样调查数据发现，上海男性对父职角色具有较强的认同感和责任心，且妻子也大多对丈夫的育儿参与情况表示满意。此外，许琪和王金水②基于 2014—2015 年中国教育追踪调查数据发现，父亲参与照顾子女日常生活、辅导子女功课学习、陪同子女娱乐玩耍的百分比均较高，父亲的育儿参与已不容忽视。基于这些调查发现和本文的理论分析，我们认为，单位制解体、市场部门扩大和子女养育方式的变迁不仅显著增加了母亲的育儿负担，导致她们越来越难以平衡工作和家庭；而且将父亲也裹挟进来，导致生育对父亲工资的溢价效应随时间的推移不断被削弱。不过，考虑到育儿责任依然主要由母亲承担的现实，我们认为，社会变迁对母亲的影响更大。因此与父亲相比，生育对母亲工资收入的惩罚效应将以更快的速度发生变化。接下来，我们将通过严谨的数据分析对上述理论分析结果进行检验。

四　数据、变量和分析方法

（一）数据

本文将使用 1989—2015 年 CHNS 数据进行研究。CHNS 是中国疾病预防控制中心和美国北卡罗来纳大学共同设计与执行的一项大型全国性追踪调查。该调查从 1989 年正式启动，此后在 1991 年、1993 年、1997 年、2000 年、2004 年、2006 年、2009 年、2011 年和 2015 年进行了 9 轮追踪调查，调查范围包括黑龙江、辽宁、江苏、山东、河南、湖北、湖南、广西、贵州、北京、上海和重庆 12 个省/直辖市。与其他同类调查相比，CHNS 在以下三个方面具有明显优势。

首先，CHNS 是中国开始最早、时间跨度最大的追踪调查项目，使用该

---

① 徐安琪、张亮：《父亲参与：和谐家庭建设中的上海城乡比较》，《青年研究》2007 年第 4 期。
② 许琪、王金水：《爸爸去哪儿？父亲育儿投入及其对中国青少年发展的影响》，《社会发展研究》2019 年第 1 期。

数据可以很好地分析中国自 1992 年深化改革以来的社会变迁。其次，CHNS 对家庭中的所有成员都进行了访问，因此我们可以将夫妻匹配起来进行分析，这就大大拓展了变量的范围。最后，CHNS 是一个追踪调查项目，与横截面数据相比，在分析变量间的因果关系方面具有明显优势。

在具体分析时，我们根据研究问题的需要，对 CHNS 数据进行了四个方面的限定。第一，考虑到在中国结婚是生育的前提，且 50 岁以上的受访者生育的可能性很小，我们将样本限定为 50 岁及以下的在婚者。第二，为了在模型分析时同时纳入夫妻双方的特征，我们将样本进一步限定为夫妻双方同时接受调查的受访者。第三，出于研究问题的需要，我们删除了调查时没有回答工资收入的受访者。第四，考虑到固定效应模型需要使用至少两期调查数据，我们只保留了接受过两次及以上访问的受访者。经过上述限定之后，进入最终分析的样本量为 4887 人，其中男性 2909 人，女性 1978 人。

（二）变量

本文的因变量有两个，分别是受访者的年工资收入和小时工资收入。小时工资收入也称作工资率，可通过月工资收入除以每月工作小时数得到。考虑到不同年份的收入因物价不同而不具有可比性，我们根据 2015 年的不变价格对收入进行了调整。此外，考虑到很多自变量与收入对数之间的关系更接近线性，在模型分析时我们对这两个因变量进行了对数变换。

分析的核心自变量是受访者的存活子女数。CHNS 详细询问了已婚女性的生育史，因而女性样本的存活子女数可直接从数据中得到。对于男性样本，我们通过夫妻匹配，以其配偶回答的存活子女数作为自变量。

在控制变量方面，我们纳入了三组随时间变化的变量。第一组是受访者本人及其配偶的工作特征，包括每月的工作时长、职业类型、工作单位类型和是否有第二职业。第二组是受访者及其配偶的家庭特征，包括每天用于家务劳动和子女照料的时间以及是否与本人父母和配偶父母同住。第三组控制变量是与年龄和时间相关的变量，包括受访者的年龄、年龄平方和调查年份。

（三）统计模型

本文使用的统计方法是固定效应模型。与多元线性回归等其他统计方法相比，固定效应模型可以控制所有不随时间变化的个体特征，因而能够有效避免个体层面的"忽略变量偏差"。以本研究的问题为例，对任意调查时点 t 上的个体 i 来说，其工资收入的对数 $\ln(wage)_{it}$ 可以用如下表达式表示出来：

$$
\begin{aligned}
\ln(wage)_{it} &= \beta_1 birth_{it} + \beta_2 (jobcontrols)_{it} \\
&+ \beta_3 (family\ controls) it + \beta_4 (other\ controls)_{it} \\
&+ \alpha_i + \varepsilon_{it}
\end{aligned}
$$

该表达式中，存活子女数 $birth_{it}$ 是核心自变量，β_1 是其回归系数。为了得到 β_1 的一致估计，我们在模型中控制了受访者随时间变化的工作特征、家庭特征和其他特征，它们对因变量的影响分别用 β_2、β_3、β_4 表示。此外，模型还包含 i 个固定系数 α_i，以代表那些不随时间变化的个体特征对因变量的影响，而未包含在模型中的随时间变化的个体特征的影响则通过误差项 ε_{it} 表示。

在使用固定效应模型进行估计的时候，我们可以先对每个个体计算各变量的均值，然后进行均值差分。因为 α_i 不随时间变化，均值差分之后将从上述表达式中消除。因此，通过固定效应模型可以排除所有不随时间变化的个体特征对估计 β_1 的干扰。因为这一优势，固定效应模型已成为国外学者研究生育对男女工资收入影响时最常使用的统计分析方法。

五 分析结果

（一）生育对男女工资收入的影响

在进入模型分析之前，我们首先分性别和是否生育对本研究将使用的所有变量进行了统计描述，结果如表 1 所示。从表 1 可以发现，生育过的男性年平均工资为 1.8 万元，小时工资为 109.9 元，这两项分别比未生育的男性高出 0.2 万元和 19.4 元。对女性来说，生育过的女性年平均工资比未生育的女性低 0.5 万元，此外，小时工资也要低 24.1 元。因此，从简单的统计描述来看，女性遭遇了工资惩罚，而男性享受了工资溢价。不过，从表 1 还可以发现，生育和未生育的样本在工作特征、家庭特征和其他特征上也存在非常明显的差异，再加上未观测到的个体特征可能产生的干扰，仅从表 1 我们还无法得到生育对我国男女工资收入的因果影响。

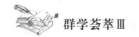

表1　分性别和是否生育对所有变量的描述性统计

	男性		女性	
	未生育	生育	未生育	生育
年工资收入（万元）	1.6 (1.9)	1.8 (3.6)	2.0 (6.5)	1.5 (3.5)
小时工资（元）	90.5 (117.9)	109.9 (323.8)	111.0 (377.2)	86.9 (238.9)
存活子女数（人）	— —	1.5 (0.8)	— —	1.3 (0.6)
存活子女数（%）				
1个	—	61.5	—	73.4
2个	—	28.0	—	22.1
3个及以上	—	10.5	—	4.5
年龄（岁）	31.2 (7.5)	38.4 (6.9)	29.2 (7.2)	36.5 (6.6)
职业类型（%）				
专业技术人员和管理人员	18.0	27.4	27.8	25.1
商业服务业人员	25.1	21.5	40.1	31.2
农业生产人员	5.0	8.8	0.4	4.5
生产工人	44.5	37.6	28.2	35.4
其他	7.4	4.7	3.5	3.9
工作时长（小时/月）	197.6 (51.2)	199.0 (57.2)	200.0 (42.8)	195.9 (50.7)
工作单位类型（%）				
国有部门	79.4	76.8	80.6	77.2
市场部门	20.7	23.2	19.4	22.8
是否有第二职业（%）				
否	92.6	86.9	96.5	93.5
是	7.4	13.1	3.5	6.5
配偶职业类型（%）				
专业技术人员和管理人员	18.6	15.4	21.6	29.1
商业服务业人员	24.5	21.7	26.4	22.1
农业生产人员	11.2	20.5	3.5	5.7
生产工人	23.3	22.3	33.5	32.9
其他	5.3	4.4	8.4	5.6

续表

	男性		女性	
	未生育	生育	未生育	生育
无业	17.1	15.7	6.6	4.7
配偶工作单位类型（%）				
国有部门	68.4	62.0	71.8	73.8
市场部门	14.5	22.4	21.6	21.6
无业	17.1	15.7	6.6	4.7
配偶是否兼职（%）				
否	96.2	95.2	98.7	93.5
是	3.8	4.8	1.3	6.5
家务和照料时间（小时/天）	0.5 (0.8)	0.8 (1.5)	1.3 (1.0)	2.7 (2.5)
配偶家务和照料时间（小时/天）	1.5 (1.3)	3.2 (3.1)	0.6 (0.9)	1.0 (1.7)
是否与父母同住（%）				
否	95.8	74.0	97.8	95.7
是	4.2	26.0	2.2	4.3
是否与配偶父母同住（%）				
否	95.0	96.1	44.1	70.9
是	5.0	3.9	56.0	29.2
家务和照料时间是否缺失（%）				
否	87.9	85.9	89.9	88.9
是	12.1	14.1	10.1	11.1
配偶家务和照料时间是否缺失（%）				
否	91.7	89.5	85.9	86.7
是	8.3	10.5	14.1	13.4
调查年份（%）				
1989	15.9	12.9	14.1	11.9
1991	12.1	13.1	11.5	12.9
1993	7.4	11.9	8.8	11.9
1997	13.0	9.5	10.1	9.3
2000	10.9	10.4	5.3	10.1
2004	6.5	7.0	8.4	7.0

续表

	男性		女性	
	未生育	生育	未生育	生育
2006	7.4	8.6	7.9	8.0
2009	7.4	8.7	7.9	8.5
2011	12.1	10.5	15.4	11.6
2015	7.4	7.4	10.6	8.8
人年数（人年）	339	8767	227	5812

注：对于连续变量，括号中给出了标准差。

为了获得生育对男女工资收入的因果影响，我们使用了固定效应模型。对男性工资的模型分析结果见表2，对女性工资的模型分析结果见表3。

从表2可以发现，在控制了受访者及其配偶的工作特征、家庭特征、其他特征以及所有不随时间变化的个体特征之后，生育仅对男性工资收入表现出非常微弱的积极影响。无论是以年工资对数作为因变量还是以小时工资对数作为因变量，无论将子女数以连续变量的形式纳入模型还是以分类变量的形式纳入模型，生育对男性工资收入的影响都不具有统计显著性。基于这个结果，我们可以认为，在1989—2015年这长达26年的时间跨度内，平均而言生育没有对我国男性的工资收入产生显著影响。

表2　生育对男性工资收入的影响　　　　N = 2909

	年工资对数		小时工资对数	
	模型1	模型2	模型3	模型4
子女数	0.050 (0.033)		0.039 (0.034)	
子女数（无子女 = 0)				
1个		0.080 (0.057)		0.073 (0.059)
2个		0.147 (0.076)		0.152 (0.078)
3个及以上		0.110 (0.129)		0.014 (0.132)
控制变量	已控制	已控制	已控制	已控制
截距	6.668*** (0.949)	6.674*** (0.950)	2.881** (0.971)	2.902** (0.972)

续表

	年工资对数		小时工资对数	
	模型 1	模型 2	模型 3	模型 4
R^2	0.391	0.391	0.455	0.455
人年数	9106	9106	9106	9106

注：（1）$^*p<0.05$，$^{**}p<0.01$，$^{***}p<0.001$。（2）模型分析时已纳入了所有控制变量，受篇幅限制，此处没有报告控制变量的输出结果。

然而，从表 3 对女性的分析结果可以发现，在控制其他变量以后，生育对女性工资收入的负面影响是非常显著的。分析结果显示，每生育 1 个子女会使女性的年工资收入下降 17.0%，小时工资下降 17.4%。分孩次来看，生育对女性工资收入的负面影响主要表现在二孩及以上的生育上。与未生育时相比，生育第一个子女之后，女性的年工资收入和小时工资的下降幅度都不到 4%，且在统计上都不显著。然而，在生育第二个子女之后，女性的年工资收入和小时工资会分别下降 25.8% 和 26.9%，而在生育第三个或更多子女之后，女性年工资收入和小时工资的下降幅度则高达 87.5% 和 86.0%。由此可见，生育（特别是生育多个子女）会对我国女性的工资收入产生非常显著的负面影响，这与对男性有微弱积极影响的研究结果存在明显不同。

表 3　生育对女性工资收入的影响　　　　　　　　N = 1978

	年工资对数		小时工资对数	
	模型 5	模型 6	模型 7	模型 8
子女数	-0.170^{***} (0.051)		-0.174^{***} (0.052)	
子女数（无子女 = 0）				
1 个		-0.036 (0.076)		-0.038 (0.078)
2 个		-0.258^* (0.105)		-0.269^* (0.109)
3 个及以上		-0.875^{***} (0.233)		-0.860^{***} (0.240)
控制变量	已控制	已控制	已控制	已控制
截距	4.771^{***} (0.996)	4.779^{***} (0.996)	1.642 (1.027)	1.652 (1.026)

续表

	年工资对数		小时工资对数	
	模型 5	模型 6	模型 7	模型 8
R^2	0.389	0.390	0.447	0.448
人年数	6039	6039	6039	6039

注：（1）* $p<0.05$，** $p<0.01$，*** $p<0.001$。（2）受篇幅限制，此处未报告控制变量的系数。

（二）生育的影响随时间的变动趋势

通过表 2 和表 3，我们发现生育对我国女性的工资收入具有非常明显的惩罚效应，但并未发现生育对男性工资的溢价效应。不过，上述研究分析的只是在 1989—2015 年生育对我国男女工资收入的平均影响，而这种影响能否产生变化以及如何随时间发生变化，值得进一步研究。

前文的理论分析认为，随着单位制解体、市场部门扩大和家庭养育子女方式的变迁，生育对我国男性工资的积极影响将逐渐消失，而对女性工资的负面影响将不断增强。为了验证这一假设，我们采用了两种方法分析子女数的影响随时间的变动趋势。一是将调查年份作为分类变量纳入模型（在表 4 和表 5 中标记为离散趋势），采用这种方法的好处是不需要对时间变动趋势做任何限定（如线性下降或上升等），其缺陷是需要纳入多个调查年份与子女数的交互项，并估计多个系数。由于各年份调查数据的样本量有限，其估计结果会呈现一定程度的波动性。第二种方法是将调查年份作为连续变量纳入模型（在表 4 和表 5 中标记为线性趋势），这种方法的好处是只需要纳入一个交互项，其缺陷是需要做出线性假定，即需要假定生育的影响随时间呈线性递增或递减变化。

为了更加全面也更加稳健地分析生育对男女工资收入的影响随时间变化的变动趋势，我们同时汇报了基于这两种分析策略得到的结果。从表 4 中可以发现，如果我们将调查年份作为分类变量纳入模型，子女数对男性工资收入的影响在 2000 年之前都是正值，且统计显著。然而，随着时间的推移，生育对男性工资收入的积极影响逐渐减小，并在 2000 年以后变得不再显著，且在 2009 年以后表现出一定程度的负面影响。如果我们用线性趋势来描述这一变动过程，可以发现，生育对我国男性工资收入的积极影响在 1989 年约为 13%，但随着时间的推移，该效应会以每年约 0.008 的速度下降。按照这一趋势，该效应约在 2007 年下降到 0，此后由正转负。这种由正逐渐变为 0 最终再转负的过程导致我们在表 2 中没有发现生育对我国男性的工资收入产生显著影响。

表 4　生育对男性工资收入的影响随时间的变动趋势　　N = 2909

	年工资对数		小时工资对数	
	离散趋势	线性趋势	离散趋势	线性趋势
子女数		0.144 *** (0.040)		0.131 ** (0.041)
子女数 × （调查年份 -1989）		-0.008 *** (0.002)		-0.008 *** (0.002)
子女数				
1989	0.137 ** (0.042)		0.125 ** (0.043)	
1991	0.130 ** (0.042)		0.104 * (0.043)	
1993	0.111 ** (0.043)		0.109 * (0.044)	
1997	0.075 + (0.042)		0.069 (0.043)	
2000	0.035 (0.043)		0.029 (0.044)	
2004	0.071 (0.051)		0.066 (0.052)	
2006	0.007 (0.047)		-0.005 (0.049)	
2009	-0.028 (0.050)		-0.046 (0.051)	
2011	-0.111 * (0.052)		-0.129 * (0.053)	
2015	0.008 (0.062)		-0.003 (0.063)	
控制变量	已控制	已控制	已控制	已控制
截距	7.337 *** (0.960)	7.100 *** (0.947)	3.549 *** (0.983)	3.289 *** (0.970)
R^2	0.396	0.393	0.459	0.457
人年数	9106	9106	9106	9106

注：（1）* $p<0.05$，** $p<0.01$，*** $p<0.001$。（2）受篇幅限制，表中未报告控制变量的系数。

对女性样本的分析结果显示，生育对我国女性工资收入的负面影响在

2000 年以前都很小，且在统计上不显著。随着时间的推移，生育的负面影响不断增强，且在 2000 年以后变得非常显著。如果用线性趋势来描述这一过程，可以发现，从 1989 年到 2015 年，生育对女性工资的惩罚效应平均每年增加约 0.013。按照这一趋势，到 2015 年，生育对女性工资的惩罚效应将达到 35% 左右。

表5　生育对女性工资收入的影响随时间的变动趋势　　　　　　　N＝1978

	年工资对数		小时工资对数	
	离散趋势	线性趋势	离散趋势	线性趋势
子女数		−0.008 (0.062)		−0.020 (0.064)
子女数×（调查年份−1989）		−0.013 *** (0.003)		−0.013 *** (0.003)
子女数				
1989	−0.056 (0.065)		−0.068 (0.067)	
1991	−0.074 (0.065)		−0.081 (0.067)	
1993	−0.104 (0.065)		−0.111 (0.067)	
1997	−0.050 (0.065)		−0.046 (0.067)	
2000	−0.087 (0.070)		−0.091 (0.072)	
2004	−0.224 ** (0.076)		−0.240 ** (0.078)	
2006	−0.343 *** (0.072)		−0.355 *** (0.074)	
2009	−0.445 *** (0.073)		−0.434 *** (0.076)	
2011	−0.360 *** (0.072)		−0.330 *** (0.074)	
2015	−0.240 ** (0.081)		−0.238 ** (0.084)	
控制变量	已控制	已控制	已控制	已控制
截距	6.030 *** (1.007)	5.463 *** (0.994)	2.807 ** (1.039)	2.289 * (1.024)

续表

	年工资对数		小时工资对数	
	离散趋势	线性趋势	离散趋势	线性趋势
R²	0.402	0.392	0.458	0.450
人年数	6039	6039	6039	6039

注：（1）* $p<0.05$，** $p<0.01$，*** $p<0.001$。（2）受篇幅限制，此处未报告控制变量的系数。

（三）市场部门扩大及其影响

综上所述，从 1989 年至 2015 年，生育对我国男女工资收入的影响发生了非常明显的变化，且女性的变动幅度超过男性。前文分析指出，单位制解体、市场部门扩大和家庭养育方式的变迁是导致这一结果的三个主要因素。但因为单位制解体和家庭养育方式变迁的影响很难通过 CHNS 数据进行检验，在这一部分，我们将重点考察市场部门扩大与上述变动之间的关系。

从表 6 可以发现，从 1989 年到 2015 年，CHNS 数据中男性和女性在市场部门就业的比重不断上升。在 1989 年，样本中男性和女性在市场部门就业的比重只有 3.3% 和 3.5%，然而到 2015 年，该比重已上升到 52.2% 和 51.5%。那么这种上升是否会导致生育对男女工资收入的影响发生变化呢？

表 6　分性别和调查年份在市场部门就业的比重

单位：%

	1989	1991	1993	1997	2000	2004	2006	2009	2011	2015
男性	3.3	2.9	2.5	3.3	4.2	37.1	50.8	54.6	54.0	52.2
女性	3.5	3.3	2.1	3.0	5.9	33.6	46.0	51.4	48.9	51.5

为了研究这一问题，我们首先比较了市场部门和国有部门中生育对男女工资收入的影响。从表 7 可以发现，对男性来说，子女数和市场部门之间的交互项在两个模型中都不显著。这说明，无论在市场部门还是国有部门，生育对男性工资收入的影响是一样的。但是对女性来说，市场部门与国有部门之间的差异却非常显著。在国有部门，平均每生育 1 个子女，女性的年工资收入和小时工资将下降 12.2% 和 12.7%；但是在市场部门，生育对女性年工资收入和小时工资的惩罚效应则高达 29.1% 和 29.3%。因为市场部门对女性生育的工资惩罚更大，所以，随着市场化改革以来我国市场部门的扩大，生育对女性工资的惩罚效应将越来越强。但是对男性来说，因为

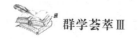

在市场部门和国有部门工作的差异不大，市场部门扩大不会导致生育对其工资收入的影响发生明显变化。

表 7　生育对男女工资收入的影响在工作部门之间的差异性

	年工资对数		小时工资对数	
	男性	女性	男性	女性
子女数	0.063 (0.034)	-0.122* (0.052)	0.053 (0.035)	-0.127* (0.054)
市场部门	-0.071 (0.055)	0.117 (0.067)	-0.041 (0.056)	0.148* (0.069)
子女数×市场部门	-0.051 (0.031)	-0.169*** (0.046)	-0.052 (0.032)	-0.166*** (0.047)
控制变量	已控制	已控制	已控制	已控制
截距	6.945*** (0.948)	5.353*** (0.994)	3.137** (0.971)	2.183* (1.025)
R^2	0.391	0.391	0.455	0.449
样本量	2909	1978	2909	1978
人年数	9106	6039	9106	6039

注：（1）$*p<0.05$，$**p<0.01$，$***p<0.001$。（2）受篇幅限制，此处未报告控制变量的系数。

　　为了分析市场部门扩大能在多大程度上解释生育对男女工资收入的影响随时间推移而变动的趋势，我们在表4和表5的基础上纳入了市场部门与子女数的交互项，结果如表8所示。对比表4、表5和表8的分析结果可以发现，纳入子女数与市场部门的交互项之后，在男性样本中，子女数与调查年份的交互项的回归系数没有发生任何变化。这说明，市场部门的扩大不能解释生育对男性的工资溢价的下降趋势。但是，对女性样本的分析结果却显示，在纳入子女数与市场部门的交互项之后，子女数与调查年份的交互项的回归系数从之前的-0.013变为-0.010，变动速度缩小了0.003。这说明，母职工资惩罚随时间变化不断增强的趋势中有一部分（约23.1%）可以由市场部门的扩大来解释。此外，在纳入子女数与市场部门的交互项之后，父职工资溢价和母职工资惩罚在变动速度上的差异也从之前的0.005下降到0.002。这说明，生育之后男女工资差距不断扩大的趋势中有大约60%的部分可以由市场部门的扩大来解释。

表 8　市场部门扩大与生育对男女工资收入的影响

	年工资对数		小时工资对数	
	男性	女性	男性	女性
子女数	0.144 ***	-0.012	0.131 **	-0.024
	(0.040)	(0.062)	(0.041)	(0.064)
市场部门	-0.154 **	0.034	-0.121 *	0.070
	(0.059)	(0.072)	(0.060)	(0.074)
调查年份-1989	0.075 *	0.026	0.085 *	0.054
	(0.034)	(0.038)	(0.035)	(0.040)
子女数×市场部门	0.009	-0.102 *	0.006	-0.103 *
	(0.035)	(0.050)	(0.035)	(0.052)
子女数×（调查年份-1989）	-0.008 ***	-0.010 **	-0.008 ***	-0.010 **
	(0.002)	(0.003)	(0.002)	(0.003)
控制变量	已控制	已控制	已控制	已控制
截距	7.110 ***	5.420 ***	3.296 ***	2.246 *
	(0.948)	(0.993)	(0.970)	(1.024)
R^2	0.393	0.392	0.457	0.450
样本量	2909	1978	2909	1978
人年数	9106	6039	9106	6039

注：（1）* $p<0.05$，** $p<0.01$，*** $p<0.001$。（2）受篇幅限制，此处未报告控制变量的系数。

六　结论与讨论

本文使用 1989—2015 年 CHNS 数据研究了生育对我国男女工资收入的影响及其随时间的变动趋势。研究发现，在 20 世纪 80 年代末，生育对我国男性的工资收入有显著的积极影响，而对女性工资的惩罚效应很小，接近于 0。随着时间的推移，生育对男性的工资溢价不断下降，对女性的工资惩罚则以更快的速度上升，男女工资差距不断拉大。中国自 1992 年深化改革以来市场部门的扩大是导致母职工资惩罚随时间推移快速增大的重要原因。分析结果显示，生育对女性工资的惩罚效应在市场部门表现得更加明显。随着时间的推移，在市场部门就业的劳动者比重快速上升，导致母职工资惩罚迅速增大，且在生育之后，男女之间的工资差距不断扩大。

上述研究发现充分说明，母职工资惩罚和父职工资溢价是影响男女工资差距随时间变动的两个重要因素。在 20 世纪 80 年代末，我国城市中大规模的市场化改革尚未开始，单位制依旧稳固，绝大多数机关和企事业单位都向职工子女提供了育儿服务，再加上"科学育儿"和"精细化育儿"的观念尚未流行，因而在这一时期，家庭养育子女的负担较轻。在这种情况下，生育没有对女性的工资收入产生显著的负面影响。虽然男女之间的工资差距依旧存在，但差距并不大，且这种差距主要是由父职工资溢价导致的。

然而，在1992年深化改革之后，中国的单位制开始解体，过去由单位提供的免费育儿服务逐渐退出历史舞台。与此同时，随着市场部门在整个国民经济中所占比重的扩大，女性也变得比以往更难兼顾工作和家庭。再加上"科学育儿"和"精细化育儿"的养育观念逐渐成为一种社会潮流，家庭的育儿负担也越发沉重。在这一背景下，生育对男女工资收入的影响都开始发生明显变化。对男性来说，生育对工资的溢价效应逐渐消失。对女性来说，因生育导致的工资惩罚则变得越来越重。而且，因为传统的性别角色观念使得女性在生育之后需要承担更多的育儿责任，生育对她们的惩罚效应在以更快的速度发生变化，导致男女之间的工资差距不断拉大。随着时间的推移，母职工资惩罚也逐渐取代父职工资溢价，成为影响男女工资差距的主要因素。

综上所述，本文的分析结果很好地验证了国内外学者对中国性别关系的理论观察①。随着单位制解体、市场部门扩大和家庭养育方式的变迁，中国的公私领域出现分离，女性的家庭照料负担空前增加，性别话语和性别观念也出现向传统回归的趋势，这在很大程度上损害了女性的劳动力市场地位，并导致生育对她们的工资收入产生越来越重的惩罚。

与此同时，本文也将以往性别研究中有所忽视的男性视角引入进来，发现在剧烈的社会变迁过程中，生育对男性工资收入的积极影响也已趋于消失。这一发现有助于我们更加全面地理解我国男女收入差距不断扩大和生育率持续走低的原因。我们认为，单位制解体和子女养育方式向精细化转变是导致父职工资溢价逐渐消失的两个重要因素。在子女养育责任回归家庭，且养育的经济成本和时间成本不断上升的背景下，男性已不能完全置身事外，他们也不得不分担一部分照料工作，这导致他们很难像以往那

---

① Yingchun Ji, Xiaogang Wu, Shengwei Sun & Guangye He, "Unequal Care, Unequal Work: Toward a More Comprehensive Understanding of Gender Inequality in Post-Reform Urban China," *Sex Roles*, 2017, 77 (11-12).

样享受生育红利。近年来，关于父亲参与育儿的一些调查研究已经发现，中国父亲的育儿投入水平随时间逐渐提升①。这在一定程度上为本文的观点提供了佐证。不过，囿于 CHNS 数据的限制，我们目前还无法对导致父职工资溢价消失的因果机制进行严格的数据分析，这是本文的一个缺陷，后续的研究需要在数据支持的条件下对上述观点进行检验。

此外，本文的研究发现也有助于理解生育率下降与性别收入差距扩大这两个看似相悖的宏观现象为何会在中国同时发生。通常认为，生育率下降有助于缓解女性的工作－家庭冲突，进而缩小男女工资差距。但这一论断背后有两个隐含假定。首先，该论断假定单个子女的照料成本不随子女数量的下降发生变化，但这个假定过于理想化。在现实中，随着生育数量的下降，父母在每个子女身上的投入会快速上升，即存在贝克尔②所说的生育质量对数量的替代。在中国，这种替代关系的一个典型表现就是生育率下降之后，子女养育方式开始从"粗放型"向"精细化"和"科学化"方向发展。因此，虽然生育数量少了，但养育每个子女的负担反而加重了，这导致额外生育一个子女对女性的工资收入产生了更大的负面影响。

其次，上述论断成立还需假定在生育率下降的过程中社会的宏观环境没有发生太大变化。因为如果宏观环境发生较大变化，那么就可能出现其他因素同时作用于生育率和男女工资差距，进而导致统计上的虚假相关。在中国的背景下，单位制解体和市场部门扩大是两个不可忽视的宏观层面的重大变化，前文已详尽论述了这两方面的变化如何导致男女工资差距扩大。实际上，这两方面的变化也对生育率的下降有重大影响。因为在单位制解体以后，原本由单位承担的育儿工作转入家庭，这导致家庭的照料成本大幅增加，进而导致家庭生育意愿下降。市场化改革也会产生类似影响，因为在市场部门工作会增加女性平衡工作和家庭的难度，进而导致她们减少生育。总而言之，单位制解体和市场部门的扩大不仅会导致男女工资差距扩大，而且会导致生育率下降。所以，生育率下降和男女工资差距扩大之所以会同时发生，在一定程度上可以说是这两个因素（可能还有其他未考虑到的因素）共同促成的。

---

① 徐安琪、张亮：《父亲参与：和谐家庭建设中的上海城乡比较》，《青年研究》2007 年第 4 期；许琪、王金水：《爸爸去哪儿？父亲育儿投入及其对中国青少年发展的影响》，《社会发展研究》2019 年第 1 期。

② Gary S. , Becker. *A Treatise on the Family*, Cambridge Massachusetts: Harvard University Press, 1991.

最后，本文的分析结果也有助于理解中国日益严重的低生育率问题。随着生育对男性的工资溢价逐渐消失、对女性的工资惩罚不断增大，无论对男性还是女性来说，生育的意愿都会出现下降。因此，从这个角度来说，我国自 20 世纪 90 年代以来持续多年的低生育率与生育之后父职溢价消失和母职惩罚加重有非常大的关系。2013 年，我国推出了"单独二孩"政策，并在 2015 年推出了更加宽松的"全面二孩"政策，但两次生育政策调整之后生育率反弹的幅度都远低于预期，这也在一定程度上说明，单纯依靠生育政策的调整并不能从根本上扭转我国生育率持续走低的趋势。在生育政策调整的同时，出台更加积极的就业政策和家庭政策，缓解日益沉重的育儿负担，减轻生育对女性工作和收入的负面影响，对于提高家庭的生育意愿和整个社会的生育水平都有重要意义。考虑到现阶段，生育对女性的工资惩罚是导致男女工资差距的主要因素，也是导致家庭生育意愿不高的主要原因，我们认为，今后在制定公共政策的时候应当更加关注女性，特别是那些在市场部门工作的女性。为缓解女性所面对的日益严重的工作-家庭冲突，如何在制度层面保障女性的合法权益，并通过积极的社会舆论引导性别观念往男女平等的方向发展，是今后需要着重研究的重要议题。

中国民营企业成长路径与机制[*]

朱　斌　吕　鹏[**]

摘　要：改革开放 40 多年来，中国经济发展取得了举世瞩目的成就，民营经济部门的成长尤为引人关注。其中，创业者是我国民营经济发展的重要参与者。将创业的组织过程引入新兴市场的精英流动研究，进而探究创业者的社会出身与其创业结果之间的关系。研究发现，初始企业规模与企业成长本质上是资源汇聚与整合的结果，而这取决于创业者特征。精英型创业者的初始企业规模、企业成长速度以及当前企业规模均要高于草根型创业者。随着经济改革的深入和民营经济的增长，大企业主的社会来源总体上趋于精英化，精英型创业者特别是内源型创业者的企业规模优势越来越突出。这种优势的扩大主要是因为其企业的初始规模优势在扩大，而创业以后的企业成长速度优势并未同步扩大。政府在民营企业发展中发挥重要作用，为促进民营经济进一步发展，释放其创新潜力，需发挥政府监督市场运行与纠正市场失灵的职能，积极创造良好的营商环境。

关键词：创业者　企业成长　企业规模　市场转型

---

[*]　本文原载《中国社会科学》2020 年第 4 期。本文为北京市社会科学界联合会青年社科人才资助项目"改革开放以来创业成功者的社会来源研究"（2018QNRC20）阶段性成果。

[**]　朱斌，中国人民大学社会学理论与方法研究中心副教授；吕鹏，中国社会科学院社会学研究所研究员。

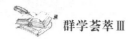

一 问题的提出

改革开放 40 多年来，中国经济发展取得了举世瞩目的成就，民营经济部门的成长尤为引人关注。截至 2017 年底，我国民营企业数量超过 2700 万家，个体工商户超过 6500 万户，注册资本超过 165 万亿元。民营经济贡献了 50% 以上的税收，60% 以上的国内生产总值，70% 以上的技术创新成果，80% 以上的城镇劳动就业，90% 以上的企业数量。[①]《中共中央 国务院关于营造更好发展环境支持民营企业改革发展的意见》指出："改革开放 40 多年来，民营企业在推动发展、促进创新、增加就业、改善民生和扩大开放等方面发挥了不可替代的作用。民营经济已经成为我国公有制为主体多种所有制经济共同发展的重要组成部分。"那么，是谁推动了我国民营经济从小到大、从弱到强，不断发展壮大的呢？

"国家中心论"的观点认为，国家与政府发挥了重要作用。因为国家具有制定法律与政策的权力，同时国家在改革初期也掌握了绝大多数的社会资源，正是由于国家的支持与推动，民营经济才有了发展空间。[②]"企业家中心论"者则强调：那些极具企业家精神的创业者同样是不可忽视的。[③] 我们认为，中国民营经济和民营企业的发展离不开国家的支持，也是广大民营企业家创业的结果，广大劳动者都参与了财富的生产与创造。

当前中国经济发展进入新时期，面临新挑战，国家再次强调进一步"激发民营企业活力和创造力，充分发挥民营经济在推进供给侧结构性改革、推动高质量发展、建设现代化经济体系中的重要作用"，[④] 并出台了一系列政策改善发展环境、鼓励人们创业。改革开放以来，创业活动持续不

[①] 参见习近平《在民营企业座谈会上的讲话》，2018 年 11 月 1 日，http://www.gov.cn/xinwen/2018-11/01/content_5336616.htm，最后访问日期：2020 年 1 月 3 日。

[②] Jean C. Qi, "The Role of the Local State in China's Transitional Economy," *The China Quarterly*, No. 144, 1995, pp. 1132-1149; Y. Y. Qian and Barry R. Weingast, "Federalism as a Commitment to Reserving Market Incentives," *Journal of Economic Perspectives*, Vol. 11, No. 4, 1997, pp. 83-92.

[③] 参见倪志伟、欧索菲《自下而上的变革：中国的市场化转型》，阎海峰、尤树洋译，北京：北京大学出版社，2016；蔡欣怡：《后街金融：中国的私营企业主》，何大明、湾志宏译，杭州：浙江大学出版社，2013。

[④]《中共中央 国务院关于营造更好发展环境支持民营企业改革发展的意见》，2019 年 12 月 22 日，http://www.gov.cn/zhengce/2019-12/22/content_5463137.htm，最后访问日期：2020 年 1 月 3 日。

断，人们利用当下快速发展的互联网技术，使创业变得越来越容易。然而，并不是所有人都能够创业成功，那么，谁能够创业成功，谁能够将企业做大做强？本文从当代中国民营企业成长路径中选择创业及创业者的视角展开分析。

在社会学研究中，大多数学者从精英流动的视角，关注创业者过去的社会经济地位对其成为新兴市场精英是否有影响，或新兴市场精英与改革之前的社会精英是什么关系，是"精英循环"还是"精英再生产"。对此，市场转型理论认为：随着经济体制的转型，制度结构的变迁将导致社会结构，特别是精英阶层的更替或循环，新的精英阶层将成为市场转型的"赢家"和未来转型的主要推动力。[1] 然而该理论引发了许多争议，经验研究结果也不支持市场转型理论的预测，"精英再生产"似乎更符合现实。

已有研究还有许多讨论空间：其一，大多数研究都聚焦于谁更可能进入市场创业，仅有少数研究分析了大企业主的社会来源，[2] 但这些研究并没有具体分析创业成功的过程。其二，已有研究往往忽视了精英群体内部的异质性，即不同精英出身的创业者创业结果是否一样呢？其三，现有经验研究使用的数据往往是特定时期的，或反映的仅是改革初期的变化，而那时的经济改革才刚刚开始，其对社会结构的影响具有延期效应。如今中国市场经济改革已经40余年，其对社会结构的影响已经越来越清晰，国内也积累了丰富的经验材料，可以用此重新审视各种争议。

本文将创业的组织过程引入新兴市场的精英流动研究中，进而探究创业者的社会出身与其创业结果之间的关系及其具体过程。大企业的形成包括两个过程：一是创业时的企业初始规模，二是创业以后的企业成长。在这两个过程中，创业者都发挥着不可忽视的作用。通过分析创业者的社会出身在上述两个过程中的作用，进而探讨大企业主的社会来源及其变迁。

二 社会学视野下的创业与企业成长研究回顾

围绕市场转型理论，研究者将创业者看作新兴市场精英，探讨他们与

---

① Victor Nee, "A Theory of Market Transition: From Redistribution to Markets in State Socialism," *American Sociological Review*, Vol. 54, No. 5, 1989, pp. 663-681.
② 参见李路路《私营企业主的个人背景与企业"成功"》，《中国社会科学》1997年第2期；吕鹏：《新古典社会学中的"阿尔吉之谜"：中国第一代最富有私营企业家的社会起源》，《学海》2013年第3期。

原再分配精英的关系，目前存在三种理论观点：第一种是"精英循环论"，强调原再分配精英已经习惯于再分配经济体制下的权力秩序，难以适应新的市场规则，故而在市场竞争过程中不占有优势。[①] 第二种是"精英再生产论"，认为原再分配精英不仅掌握更多人力资本，同时能通过体制内的关系网络获得更多市场信息与稀缺资源，他们更有可能成为新兴市场精英。[②] 第三种则是"精英分化论"，它注意到精英内部的异质性，认为只有部分再分配精英顺利实现了"精英再生产"。伊亚尔等人的研究发现，只有那些同时拥有政治资本和文化资本的技术型再分配精英，积极参与并主导了体制变革，并在市场改革过程中成功转型为新的市场精英。[③]

对中国的研究大多支持"精英再生产论"，相对于一般生产者，原再分配精英更有可能"下海"创业。[④] 然而，直接将创业者看作市场精英，这在创业较少的改革初期或许合适，随着创业者越来越多，创业者内部的异质性也越来越大，此时只有那些创业成功的大企业主才被视为真正的市场精英。而创业者能否成为大企业主是与企业组织的成长高度重合的，因此，要详细考察市场精英的流动过程，需引入组织研究视角。

大企业的形成包括创业初始的企业规模与企业成长两个过程。就创业初始规模而言，一些经验观察发现，在我国民营企业外部融资难度较大的条件下，创业者的资金往往来自家庭与非正式金融业，而后者通常又取决于创业者个人的社会关系。[⑤] 相比之下，关于企业成长的研究更为丰富，现有的组织研究大概存在三种观点："内部资源成长"、"网络化成长"与"合法化成长"。

---

① Victor Nee, "A Theory of Market Transition: From Redistribution to Markets in State Socialism," *American Sociological Review*, Vol. 54, No. 5, 1989, pp. 663-681.

② Akos Rona-Tas, "The First Shall Be Last? Entrepreneurship and Communist Cadres in the Transition from Socialism," *American Journal of Sociology*, Vol. 100, No. 1, 1994, pp. 40-69; Y. J. Bian and John R. Logan, "Market Transition and the Persistence of Power: The Changing Stratification System in Urban China," *American Sociological Review*, Vol. 61, No. 5, 1996, pp. 739-758.

③ 吉尔·伊亚尔等：《无须资本家打造资本主义》，吕佳龄、吕鹏译，北京：社会科学文献出版社，2008，第37—42页。

④ 参见宋时歌《权力转换的延迟效应》，《社会学研究》1998年第3期；吴晓刚：《"下海"：中国城乡劳动力市场转型中的自雇活动与社会分层（1978—1996）》，《社会学研究》2006年第6期。

⑤ 参见边燕杰《网络脱生：创业过程的社会学分析》，《社会学研究》2006年第6期；蔡欣怡：《后街金融：中国的私营企业主》，何大明、湾志宏译，杭州：浙江大学出版社，2013。

"内部资源成长理论"最早由彭罗斯提出，她认为，企业内部资源是企业成长的基本条件，如何最有效地利用企业所拥有的各种资源取决于企业能力，尤其是企业家的管理能力。① 在此基础上形成的资源基础理论强调，企业内部的资源是企业制定及实施战略的基础，那些掌握有价值的、稀少的、不可模仿以及不可替代的资源的企业更容易获得持久的竞争优势和超额利润，进而为企业提供不断成长的机会。② 近年来，针对新创企业面临的资源约束，又有学者提出资源拼凑理论，认为通过手头现有而常被忽视的实物资源、社会资源、制度资源进行创造性利用，就会产生前所未有的新价值，这是突破新创企业资源约束、推动企业成长的有效途径。③

然而，企业内的资源毕竟是有限的，要保证企业持续不断成长，获得企业外部环境的资源很重要。"网络化成长理论"强调，单个企业通过与其他企业、组织建立正式的或非正式的合作关系，借助这些网络关系迅速获取和共享网络资源，从而促进企业成长。④ 创业网络中的资源往往取决于网络结构特征与关系质量，如创业网络的规模、中心度、网络位置、关系强度等特征对新创企业的资源获取具有重要影响。⑤

与社会网络分析视角不同，新制度主义学派强调新创企业的合法性是获取外部资源的主要约束。在新制度主义学派看来，企业组织同时面对技术环境和制度环境，制度因素作为一种"理性神话"对企业具有强大的约束力量。⑥ 齐默曼和蔡茨两人结合新制度主义理论与资源基础理论形成了"合法性—资源—成长"的"合法化成长理论"，在他们看来，新企业成长

---

① 参见 E. Penrose, *The Theory of the Growth of the Firm*, Oxford：Oxford University Press, 1959。

② Jay Barney, "Firm Resources and Sustained Competitive Advantage," *Journal of Management*, Vol. 17, No. 1, 1991, pp. 99−120.

③ Ted Baker and R. E. Nelson, "Creating Something from Nothing：Resource Construction through Entrepreneurial Bricolage," *Administrative Science Quarterly*, Vol. 50, No. 3, 2005, pp. 329−366.

④ Mike W. Peng and P. S. Heath, "The Growth of the Firm in Planned Economies in Transition：Institutions, Organizations, and Strategic Choice," *The Academy of Management Review*, Vol. 21, No. 2, 1996, pp. 492−528；邬爱其：《企业网络化成长：国外企业成长研究新领域》，《外国经济与管理》2005 年第 10 期。

⑤ W. Stam and T. Elfring, "Entrepreneurial Orientation and New Venture Performance：The Moderating Role of Intra − and Extraindustry Social Capital," *The Academy of Management Journal*, Vol. 51, No. 1, 2008, pp. 97−111；朱秀梅、李明芳：《创业网络特征对资源获取的动态影响——基于中国转型经济的证据》，《管理世界》2011 年第 6 期。

⑥ J. W. Meyer and B. Rowan, "Institutionalized Organizations：Formal Structure as Myth and Ceremony," *American Journal of Sociology*, Vol. 83, No. 2, 1977, pp. 340−363.

的本质是通过合法化战略选择、克服"合法性门槛",获取资源。[1] 后续的许多经验研究也发现,拥有合法性的企业更有可能获得外部资源,从而支持企业成长。[2]

上述三种理论实际上都基于一个基本假设,即企业成长的基础在于资源的汇聚与整合。三者之间的关键差异在于如何获取资源,"内部资源成长理论"强调对于企业内部既有资源的优化配置,让无用的资源发挥作用,相当于获取了新的资源;而"网络化成长理论"与"合法化成长理论"则聚焦于从企业外部获取资源,前者认为企业所处的关系网是获取资源的重要渠道,后者则认为企业所具有的合法性对其外部资源获得具有重要影响。围绕这三种企业成长理论,已经产生了大量经验研究,但这些经验研究很少把创业者的社会出身与企业成长联系起来,也很少在中国经济改革的背景下讨论三种企业成长路径的变化。

综上,精英流动研究关心创业者的社会来源与其创业结果的关系,组织研究则关心企业发展的过程。在我们看来,无论是企业创立还是企业成长,基础都在于资源的汇聚与整合。创业者之所以重要,就在于他们是企业资源汇聚与整合的主体。在中国,早期的创业者中大多数都不是直接创业,而是有了一定的工作经历后才开始创业的,这些工作经历可能对他们的管理能力、社会关系网络、合法性认知产生重要影响,从而使得不同社会来源的创业者具有不同的连接、动员、获取、整合资源的能力。因此,创业者的社会来源将会影响企业创立时的规模和创立后的成长,最终影响企业的规模。因此,一个问题是:何种社会出身的创业者更可能成为大企业主?其背后的组织过程是怎样的?是因为创立时期企业规模更大,还是因为企业成长更快?

在"精英分化论"的影响下,许多代际精英流动研究已经注意到不同精英的代际继承存在分化,[3] 但在创业者研究中,精英型创业者的内部异质

---

[1]　M. A. Zimmerman and G. J. Zeitz, "Beyond Survival: Achieving New Venture Growth by Building Legitimacy," *Academy of Management Review*, Vol. 27, No. 3, 2002, pp. 414-431.

[2]　Lounsbury Michael and M. A. Glynn, "Cultural Entrepreneurship: Stories, Legitimacy, and the Acquisition of Resources," *Strategic Management Journal*, Vol. 22, No. 6-7, 2001, pp. 545-564;郭海等:《组织合法性对企业成长的"双刃剑"效应研究》,《南开管理评论》2018年第5期。

[3]　参见郑辉、李路路《中国城市的精英代际转化与阶层再生产》,《社会学研究》2009年第6期;吕鹏、范晓光:《中国精英地位代际再生产的双轨路径(1978—2010)》,《社会学研究》2016年第5期。

性往往被忽视。这可能是因为市场转型理论从一开始就把焦点放在了再分配精英与一般生产者身上，二者对应的是再分配权力与市场权力，然而，这两种社会权力的载体可能不是社会精英与一般生产者之别，而是不同类型的社会精英，因此要检验社会权力是否转移，更重要的是比较不同社会精英的相对创业优势。

中国的经济改革使得创业与企业成长的经济环境发生了重要变化，民营经济的制度合法性得到确认并巩固，国家逐渐收缩了资源控制的范围，许多资源转由市场自由协调交换。从合法性逻辑来看，这种变化大大降低了创业门槛，使得成功创业者的社会来源趋于多元化。资源竞争逻辑认为，随着民营企业数量的大幅增加，市场竞争将会越来越激烈，资源获得越来越困难，社会精英的优势可能反而扩大，也就意味着成功创业者的社会来源将趋于精英化。上述两种理论逻辑导出不一样的流动结果，何种逻辑更适用于改革中的中国呢？即大企业主的社会来源是趋向于"精英化"还是"多元化"？背后的过程又是怎样的呢？这一结果也反映出我国社会流动机会结构的变化，即精英流动机会日益固化还是日益开放。

综上，本文将把创业与企业成长视为一种组织现象，从资源获取角度分析创业者的社会来源对企业规模的影响，并在宏观经济环境变迁的大背景下观察这一影响的变化。

三　研究假设：经济改革与大企业主的社会来源变迁

（一）创业者的分化与企业规模

参照以往研究，根据创业者的工作经历将其分为三类。①

1. 草根型创业者：主要包括工人、农民以及无业人员出身的创业者，他们自身所携带的资源相对较少。

2. 市场型创业者：主要包括三部分成员。一是创业前在非国有单位从事管理或专业技术工作的人。二是个体户，个体户是中国最早进入市场、经历市场洗礼的人，称得上是中国市场经济最早的"弄潮儿"。三是创业前在国有单位从事专业技术和供销工作的人，尽管他们是在体制内工作，但并没有或仅掌握少量的国家再分配权力，反而由于其直接参与了本单位的

① 李路路、朱斌：《中国经济改革与民营企业家竞争格局的演变》，《社会发展研究》2014年第1期。

对外经济交易，或者因为专业技能能够向单位外的机构、个体提供服务，从而能够在再分配体制下培养企业家精神。[1] 虽然这三类人之间存在各种差别，但相对于其他创业者的共同特点是：他们在创业前已经积累了较多与企业经营相关的企业家精神，对市场运行有一定了解，而且与市场中的供应商、消费者建立了一定的关系网络，在必要时能够相互支持。

3. 内源型创业者[2]：创业前一般是机关干部或国有企业管理者，他们具有一定的管理能力，而且与国有单位内的其他管理者具有密切联系，即使他们个人走出体制创业，这种联系也能为其企业带来更多合法性与资源。

相对于草根型创业者，市场型创业者与内源型创业者可以看作精英型创业者。一方面，就初始企业规模而言，创业者的家庭网络与外部关系网是其获取资源的重要渠道。[3] 一般认为，社会地位越高的人，社会资本同样越高。[4] 因此，家庭网络中的资源往往取决于家庭成员的社会地位，而外部关系网的资源则取决于创业者创业前的社会地位。与草根型创业者相比，精英型创业者在创业前就处于较高的社会地位，具有更丰富的外部关系网。与此同时，精英型创业者通常也来自精英家庭，[5] 能从家庭网络中获取更多资源。因此，可以得到假设1.1：相比于草根型创业者，精英型创业者的初始企业规模更大。

另一方面，就企业成长而言，"内部资源成长理论"强调较强的企业管理能力与创新能力有助于创业者整合、重构企业内部各种资源，使得那些看似无用的资源变成新的有用资源。相比于草根型创业者，精英型创业者往往具有更强的管理能力与创新能力，这是因为：他们接受过更多教育，现代社会中，企业经营与管理的许多知识都是通过教育传递的，而且教育也是提高个人创新能力的最重要方式；[6] 而且，他们在创业前往往从事管理、创新、销售等与企业经营密切相关的工作，由此也积累了许多管理与创新经验。

---

[1] Y. J. Bian and John R. Logan, "Market Transition and the Persistence of Power: The Changing Stratification System in Urban China," *American Sociological Review*, Vol. 61, No. 5, 1996, pp. 739-758.

[2] 内源型创业者概念，是强调该类型创业者与体制内的联系，一方面，他们来自体制内的管理岗位；另一方面，他们"下海"后仍然与体制内再分配者具有重要联系。

[3] 参见边燕杰《网络脱生：创业过程的社会学分析》，《社会学研究》2006年第6期。

[4] 张文宏：《城市居民社会网络资本的阶层差异》，《社会学研究》2005年第4期。

[5] 参见范晓光、吕鹏《中国私营企业主的社会构成：阶层与同期群差异》，《中国社会科学》2017年第7期。

[6] 吴长征：《创业者受教育水平影响新创企业成长吗？——地区市场化水平的调节效应》，《中山大学学报》2019年第1期。

"网络化成长理论"认为当创业者与其他企业、机构、个人建立了丰富的关系网后，就能获取或共享网络中的资源。正如前文所述，精英型创业者具有更丰富的社会关系网。

"合法化成长理论"则强调，创业者选择的组织结构与战略行为如果符合社会共同规范与认知，那么其企业就会赢得大家的信任，就能以更小成本获取外部资源。在中国，民营经济的合法性很大程度上是由国家决定的，民营企业能否获得合法性通常取决于企业结构与行为是否合乎国家需求。许多研究都显示，民营企业是否采纳公司制、工会、多元化战略等行为，很多时候不是效率决定的，而是为了满足国家合法性。[1] 精英型创业者因为掌握了更多市场运行的知识与信息，往往更了解国家对民营企业的要求，并按照这种要求来经营企业。

综上，由于精英型创业者的管理能力、社会关系网、企业合法性都要强于草根型创业者，在经营企业过程中，能够获取、整合更多资源，他们的企业成长必然也会快于后者。由此得到假设1.2：相比于草根型创业者，精英型创业者的企业成长速度更快。

基于假设1.1与假设1.2，可以得到假设1.3：相比于草根型创业者，精英型创业者的当前企业规模更大。

（二）宏观经济环境与大企业主社会来源的变迁

经济改革以来，创业活动持续不断，不过宏观经济环境也发生了重要变化。首先，在制度环境上，国家对创业活动的态度发生了重要转变，民营经济的合法性不断得到巩固。在经济改革的前10年，国家对小规模的创业活动抱着容忍的态度，直到1988年，《中华人民共和国宪法修正案》规定"国家允许私营经济在法律规定的范围内存在和发展……国家保护私营经济的合法权利和利益，对私营经济实行引导、监督和管理"，同年6月，颁布了《中华人民共和国私营企业暂行条例》，允许民营企业在工商行政管理部门登记和注册。1992年以后，民营经济的合法性越来越巩固，创业活动越来越频繁，非公有制企业的数量自1992年以后迅速增加，我国民营企业数量从1992年的13.96万增长到2018年的3143.26万。[2]

---

[1]　杨典：《国家、资本市场与多元化战略在中国的兴衰——一个新制度主义的公司战略解释框架》，《社会学研究》2011年第6期；李路路、朱斌：《效率逻辑还是合法性逻辑？——现代企业制度在中国私营企业中扩散的社会学解释》，《社会学评论》2014年第2期。

[2]　数据来自国家统计局官方网站（http://data.stats.gov.cn/easyquery.htm?cn=C01）。

其次，市场环境也发生了重要转变。在经济改革初期，商品市场和劳动力市场虽有所松动，但规模受到明显限制，此时国家掌控各种社会资源，并通过行政手段直接协调经济活动。1992 年以后，由于市场扩张带来的经济发展符合国家利益，国家开始主动推动各种市场的发展，[①] 通过市场协调的社会资源越来越多。例如，城镇国有单位就业人数比例从 1978 年的 78.32%下降到 2017 年的 14.28%；全社会固定资产投资中，公有制经济的投资比例从 1980 年的 86.94%下降到 2017 年的 22.89%。[②]

总的来说，民营经济的合法性不断巩固，政府在政策执行上降低了企业注册与经营的各种成本，社会资源的分配从原来行政分配为主转向了市场分配为主。此外，随着创业活动越来越频繁，各种企业不断增加，市场竞争的激烈程度也越来越强。随着环境的变化，创业者获取资源的机会、途径、作用可能都会发生改变，那么这种改变更有利于社会一般成员还是更有利于社会精英呢？

新制度主义理论认为，所有的创业活动都是高风险行为，在一个新兴行业中尤其如此。对于一个新兴行业，面临着两种合法性的不足，一是认知合法性不足，也就是说关于行业内的运作、生产商品与服务的知识并不普及：消费者对其商品或服务抱有怀疑与不信任的态度，投资者也不确定投资的风险，创业者也不知道如何运作企业、培训员工等。[③] 二是政策合法性不足，即法律制度与社会政策不一定认可该行业，创业者必须依靠他们的个人声誉，以及与其他重要企业或知名人物的联系，来增加自己创业活动的合法性。[④] 随着行业的发展与成熟，其合法性不断得到巩固，直到被社会广泛认可，此时新创企业在招募雇员、获取资源、拓展销售等方面都将更加容易，创业与企业成长对于创业者的要求变得更低了。[⑤]

---

① X. G. Zhou, "Economic Transformation and Income Inequality in Urban China: Evidence from a Panel Data," *American Journal of Sociology*, Vol. 105, No. 4, 2000, pp. 1135-1174.

② 相关数据参见《中国统计年鉴 2018》，北京：中国统计出版社，2018 年；《中国统计年鉴 1981》，北京：中国统计出版社，1982。

③ Howard E. Aldrich and C. Marlene Fiol, "Fools Rush in? The Institutional Context of Industry Creation," *The Academy of Management Review*, Vol. 19, No. 4, 1994, pp. 645-670.

④ Robert J. David, Wesley D. Sine and Heather A. Haveman, "Seizing Opportunity in Emerging Fields: How Institutional Entrepreneurs Legitimated the Professional form of Management Consulting," *Organization Science*, Vol. 24, No. 2, 2013, pp. 356-377.

⑤ Heather A. Haveman, Jacob Habinek and Leo A. Goodman, "How Entrepreneurship Evolves: The Founders of New Magazines in America, 1741-1860," *Administrative Science Quarterly*, Vol. 57, No. 4, 2012, pp. 585-624.

然而，组织生态学理论提出了另一种观点。它认为，组织的成立与生存，受到其种群规模与密度的强烈影响。随着种群规模的扩大，种群密度的增加，种群内的资源越来越稀缺，种群内的竞争越来越激烈，将有越来越少的新组织成立，越来越多的组织消亡。[1] 就企业的创业活动而言，许多研究指出，当一个行业刚刚起步时，其中大多数都是新成立的小规模企业，既没有知名度也缺乏资源，对外部的创业者而言，进入门槛相对较低，此时将有更加多元化的创业者加入这个行业。但随着一个行业的发展日趋成熟，这个行业内部往往会形成一些历史悠久的大企业，而新创企业很难与他们竞争，一方面是因为这些大企业具有资源优势、规模效益，能够持续投入研发创新并在必要时发动价格战，这是新创企业难以承受的；另一方面，这些大企业已经与消费者和供应商建立了牢固的信任与交换关系，一般的新创企业难以介入，使得新创业的需求与供给受到很大限制。此时的创业活动将面临更大的失败风险，除非那些创业者本身具有大量财富与资源，否则新创企业难以成长。[2]

上述两种观点具有一定的张力。在中国是哪种情况呢？首先，就初始企业规模而言，即使民营经济合法性有所提高，新创企业从正式金融渠道融资的困难依然很大，家庭网络与非正式金融依然是创业者获取创业资金的主要渠道。[3] 随着竞争者的增加，这些网络对创业者来说甚至更加重要。与此同时，中国社会结构的不平等日益扩大，[4] 社会资源的分布差距越来越大，社会精英掌握越来越多的资源。这意味着精英型创业者创业时从关系网中所能动员的资源越来越多，他们所创企业的初始规模越来越大。因此，可以得到假设2.1：随着经济改革的深入，精英型创业者的初始企业规模优势有所扩大。

其次，制度环境与市场环境的变化可能会使得不同企业成长路径的相对重要性发生变化。一方面，随着民营经济日益得到国家肯定甚至鼓励和

---

[1] Michael T. Hannan and John Freeman, "The Population Ecology of Organizations," *American Journal of Sociology*, Vol. 82, No. 5, 1977, pp. 929-964.

[2] Heather A. Haveman, Jacob Habinek and Leo A. Goodman, "How Entrepreneurship Evolves: The Founders of New Magazines in America, 1741-1860," *Administrative Science Quarterly*, Vol. 57, No. 4, 2012, pp. 585-624.

[3] 胡金焱、张博：《社会网络、民间融资与家庭创业——基于中国城乡差异的实证分析》，《金融研究》2014年第10期；张龙耀、张海宁：《金融约束与家庭创业——中国的城乡差异》，《金融研究》2013年第9期。

[4] X. G. Zhou, "Increasing Returns to Education, Changing Labor Force Structure, and the Rise of Earnings Inequality in Urban China, 1996-2010," *Social Forces*, Vol. 93, No. 2, 2014, pp. 429-455.

支持，其即使采纳了国家认可的组织结构与行为，所带来的收益可能也会下降，这意味着企业合法性对于企业资源获取的作用可能会有所下降。另一方面，企业成长所需的资源如资金、生产资料、信息乃至政策优惠将越来越多，随着市场中相似企业数量的增多，企业之间的竞争日益激烈，此时通过一般的市场渠道引入资源的难度将越来越大，因此，创业者的管理能力与关系网络等特征对其资源获取的影响可能越来越重要。有研究发现，社会资本的作用随着市场竞争程度的增加而强化，[1] 这就意味着精英型创业者在经营企业过程中具有更大优势，企业成长得更快。

总的来说，宏观经济环境的变化一方面使得"合法化成长"路径的重要性下降，另一方面加强了"内部资源成长"路径与"网络化成长"路径的重要性。因此，精英型创业者的企业成长优势在不同改革时期可能不会发生太大变化。由此得到：

假设2.2：随着经济改革的深入，"合法化成长"路径的重要性下降；"内部资源成长"路径和"网络化成长"路径的重要性上升。

假设2.3：随着经济改革的深入，精英型创业者的企业成长优势保持相对稳定。

精英型创业者的企业成长优势保持稳定，且他们的初始企业规模优势不断扩大，因此其当前企业规模的优势也将随之扩大，故大企业主的社会来源总体上将遵循资源竞争逻辑而趋于精英化，从精英流动的角度看，这意味着向市场精英的流动趋于固化。一些经验研究也支持上述观点：在经济改革的早期，民营经济的合法性还未得到确定，进入市场创业的往往是那些再分配经济中的边缘者，他们希望通过市场经营来获得更多经济回报，而那些再分配经济中的精英们则因为在体制内具有收入优势，故不会冒险创业；但随着经济改革的深入，民营经济的合法性得到确认，有越来越多的社会精英开始进入市场创业，并利用自己的资源优势，迅速成为市场竞争中的赢家。[2] 由此得到假

---

① 梁玉成：《求职过程的宏观—微观分析：多层次模型》，《社会》2012年第3期。

② Akos Rona-Tas, "The First Shall Be Last? Entrepreneurship and Communist Cadres in the Transition from Socialism," *American Journal of Sociology*, Vol. 100, No. 1, 1994, pp. 40-69; Ivan Szeleny and Eric Kostello, "The Market Transition Debate: Toward a Synthesis?" *American Journal of Sociology*, Vol. 101, No. 4, 1996, pp. 1082-1096; 吴晓刚：《"下海"：中国城乡劳动力市场转型中的自雇活动与社会分层 (1978—1996)》，《社会学研究》2006年第6期。

设 2.4：随着经济改革的深入，精英型创业者的当前企业规模优势将扩大。

（三）精英型创业者的分化

精英型创业者分为市场型创业者与内源型创业者，二者的主要区别在于：第一，二者的关系网性质不一样，内源型创业者创业前主要是国有单位的管理者，他们的工作、交往通常是在国有单位的科层制中，故关系网更可能局限于体制内。与之不同，虽然很多市场型创业者也在体制内工作，但他们经常参与本单位的对外经济交易，或者向单位外的机构、个体提供服务，故在创业前能够建立更多的市场网络。[①]

第二，内源型创业者因出身于国有单位，经过几十年的习惯化和制度化，国有单位的组织结构与行为逐渐内化为一种组织印记，[②]并在创业时将这种印记投射在新创立的民营企业中。因此，相比于市场型创业者，内源型创业者的企业组织结构与行为通常具有更高合法性。

那么，谁的发展优势更明显呢？在经济改革初期，企业发展同时面临着制度合法性与资源稀缺的限制，因此，内源型创业者具有更大优势，他们与国家具有密切联系，这本身增强了企业合法性，通过这种联系还能从政府或国有企业获得很多市场中难以获取的资源。不过，随着创业环境的优化，合法性对于企业成长的重要性可能有所下降，而且市场中流动的资源越来越多，市场关系网的作用也会上升，这可能意味着内源型创业者的规模优势趋于下降。由此，可以得到假设 3：在改革初期，相对于市场型创业者，内源型创业者的企业规模更大；这种优势在改革深入期趋于下降。

四　研究设计

（一）研究数据

本文使用的数据来自"私营企业研究课题组"[③]的全国民营企业抽样调

---

① Y. J. Bian and John R. Logan，"Market Transition and the Persistence of Power：The Changing Stratification System in Urban China," *American Sociological Review*，Vol. 61，No. 5，1996，pp. 739-758.

② C. Marquis and A. Tilcsik，"Imprinting：Toward a Multilevel Theory," *The Academy of Management Annals*，Vol. 7，No. 1，2013，pp. 195-245；李路路、朱斌：《效率逻辑还是合法性逻辑？——现代企业制度在中国私营企业中扩散的社会学解释》，《社会学评论》2014 年第 2 期。

③ 该课题组由中共中央统战部、中华全国工商业联合会、国家市场监管总局、中国社会科学院、中国民营经济研究会组成。

查。该调查首先根据中国统计年鉴上民营企业的规模结构和行业结构选取民营企业样本，再通过各地工商联和工商局展开调查，调查对象为民营企业的法人代表。该调查范围涵盖我国境内 31 个省、自治区和直辖市的各个行业、各种规模和类型的民营企业，因而本研究的样本相对于其他民营企业调查样本具有较好的代表性。该调查始于 1993 年，至今已经进行 12 次。考虑到第一次（1993 年）调查和最近一次（2016 年）调查都缺乏部分变量，本文选择 1995 年和 2014 年两次调查数据作为研究样本。

同时，本文需要比较精英型创业者的初始企业规模优势在不同历史时期的变化，而 2014 年调查样本包括 1995 年以前开业的企业，为更好地比较 1995 年前后初始企业规模的变化，对 2014 年的调查样本，本文仅选择 1995 年以后开业的企业作为分析样本。在确定分析样本并删除各变量的缺失值后，两次调查最后进入模型的样本数分别为 2364 和 2731。

（二）变量选取

1. 因变量

因变量包括三个内容：创业时的初始企业规模、当前企业规模以及企业规模的年均增长率。企业规模综合体现了一个企业发展的程度，能够较好地反映创业者的成功与否。衡量企业规模最常用的三个指标是：企业净资产、企业雇员数与企业销售额，本文选择企业净资产作为企业规模的指标，因为这两次调查中均询问了创业时的企业净资产与企业调查前一年的净资产。由于企业净资产与净资产年均增长率并非正态分布，按照惯例，企业净资产取对数进入模型，净资产年均增长率转化为百分比后取对数进入模型。

2. 自变量

（1）创业者类型

本文的主要自变量是创业者的社会来源，1995 年和 2014 年调查中均询问了创业者创业前的职业与工作单位性质，按照前述分类，根据创业者创业前的工作经历可以将创业者分为三类：草根型创业者、市场型创业者和内源型创业者。

（2）企业成长的影响因素变量

"内部资源成长理论"强调创业者整合内部资源能力对企业成长的作用，本文使用创业者的受教育程度作为该能力的测量指标，如前所述，教育已成为现代社会培养人力资本和专业知识（包括企业经营与管理知识）

的主要渠道，因此，教育程度更高的人总体上具有更强的资源整合能力。创业者受教育程度分为四类：初中及以下、高中、大专、本科及以上，以初中及以下为参照组。

"网络化成长理论"强调创业者的关系网对企业成长的影响。这里使用创业者的人大代表或政协委员身份作为其关系网指标。如果创业者具有这种政治身份，那么通过这些组织，其更有可能和政府以及其他企业建立更多联系。该变量设置为虚拟变量，是为1，否为0。

"合法化成长理论"认为企业的某些组织特征将会提高企业的合法性，从而吸引更多外部社会资源，尽管这些特征并不一定会提高经营绩效。考虑到我国民营经济的合法性很大程度上来自国家，因此这里主要从企业组织特征是否符合国家要求来衡量其合法性。本文选择两个指标来衡量企业合法性，一是该企业是否为改制企业，改制企业是由原来的公有制企业转变为私有制企业，国家既然同意改制，某种程度上也就认同了改制后的私有制企业。二是企业是否设立了党组织，党组织作为一种组织嵌入的方式，是国家统合民营企业的重要手段，一旦企业设立了党组织，就能通过正式组织渠道与国家沟通，从而增强其合法性。[1] 上述两个指标均设置为虚拟变量。

3. 控制变量

控制变量主要包括创业者个人特征和企业特征。就创业者个人特征而言，本文对创业者的性别与年龄予以控制，创业者性别设置为虚拟变量，以女性为参照组；创业者年龄分为创业者创业时年龄与现在年龄，根据不同的因变量使用不同年龄变量，均为连续变量。对于企业特征，控制企业生存时间、企业所在行业及企业所在地域。两次调查都询问了企业创业年份，企业生存时间用调查年份减去企业创业年份得到。企业所在行业用两个指标来测量：一是企业经营的主要行业，分为五个主要行业：第一产业、制造业、其他第二产业、商业餐饮业、其他第三产业。二是企业经营的多元化，即是否涉及多个行业，设置为虚拟变量，1为是，0为否。企业所在地则分为东部、中部与西部，以东部为参照组。表1为各变量分时期的描述统计。

---

① 何轩、马骏：《执政党对私营企业的统合策略及其效应分析：基于中国私营企业调查数据的实证研究》，《社会》2016年第5期。

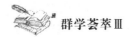

表 1 变量简单描述统计

	1995 年	2014 年
企业初始净资产（对数）	3.01 (1.69)	5.64 (1.92)
企业调查时净资产（对数）	4.70 (1.70)	6.23 (2.32)
净资产年均增长率（对数）	3.58 (1.69)	1.50 (1.53)
创业者类型（%）		
草根型创业者	33.21	15.05
内源型创业者	24.62	31.64
市场型创业者	42.17	53.31
性别（男,%）	90.06	85.68
当前年龄	41.84 (8.96)	46.15 (8.31)
创业时年龄	37.22 (9.00)	36.62 (7.76)
企业生存时间（年）	4.62 (3.87)	9.54 (4.99)
行业（%）		
第一产业	4.31	8.24
制造业	41.50	35.37
其他第二产业	7.61	10.47
商业餐饮业	27.03	31.01
其他第三产业	19.54	14.90
多元化（是，%）	33.25	30.98
区域（%）		
东部	65.19	54.34
中部	21.15	28.38
西部	13.66	17.28
受教育程度（%）		
初中及以下	45.40	7.72
高中	37.64	24.21
大专	12.12	32.49
本科及以上	4.83	35.57

续表

	1995 年	2014 年
政治身份（%）	33.63	36.29
改制（%）	13.04	6.77
党组织（%）	7.19	40.29

注：当变量是连续型变量时，表格内数值为平均值，括号内为标准差。

五 结果分析

（一）创业者的社会来源与企业初始规模

模型 1 的因变量是企业创业时的净资产。可以看到，无论是改革初期，还是改革深入期，市场型创业者与内源型创业者的系数均显著为正，说明二者的初始企业规模显著大于草根型创业者，其中内源型创业者的规模优势更为突出。比较 1995 年与 2014 年的数据结果，虽然市场型创业者的系数有所增加，但不显著；而内源型创业者的系数则显著增加，说明他们的初始企业规模优势有明显扩大。

就控制变量而言，男性创业者的初始企业规模往往高于女性创业者；创业年龄在改革深入期对初始企业规模有显著积极影响；相比第一产业，第三产业企业的初始规模显著更小，但第二产业的初始规模在改革初期更小，改革深入期更大；参与多个行业的初始企业规模往往更大。从地区看，改革初期的东部地区企业初始规模更大，但在改革深入期，这种差异不再明显。

表 2　初始企业规模的优势变化

	模型 1-1（1995）	模型 1-2（2014）	模型 1-2VS 模型 1-1
	B/S. E.	B/S. E.	
性别（1=男）	0.415*** (0.116)	0.344*** (0.099)	-0.070
创业时年龄	0.005 (0.004)	0.010* (0.005)	0.005
行业（参照组：第一产业）			
制造业	-0.453** (0.173)	0.286* (0.134)	0.739**

续表

	模型 1-1（1995）B/S. E.	模型 1-2（2014）B/S. E.	模型 1-2VS 模型 1-1
其他第二产业	-0.236 (0.206)	0.275⁺ (0.160)	0.511⁺
商业餐饮业	-0.661*** (0.178)	-0.959*** (0.135)	-0.297
其他第三产业	-0.755*** (0.182)	-0.573*** (0.148)	0.182
多元化（1=是）	0.323*** (0.073)	0.480*** (0.075)	0.157
地区（参照组：东部地区）			
中部地区	-0.268** (0.086)	0.007 (0.080)	0.276*
西部地区	-0.284** (0.103)	-0.063 (0.095)	0.221
创业者类型（参照组：草根型创业者）			
市场型创业者	0.211** (0.080)	0.277** (0.100)	0.066
内源型创业者	0.348*** (0.093)	0.708*** (0.108)	0.360*
常数项	2.796*** (0.249)	4.717*** (0.239)	
N	2364	2731	
R^2	0.044	0.142	

注：⁺$p<0.1$，*$p<0.05$，**$p<0.01$，***$p<0.001$。

（二）创业者的社会来源与企业成长

模型2的因变量是企业净资产的年均增长率，模型2-1和模型2-2仅加入了控制变量与创业者类型，分别反映的是改革初期与改革深入期的企业成长情况。在这两个模型中，相比于草根型创业者，市场型创业者与内源型创业者的系数均显著为正，说明二者的企业成长速度更快。比较两个模型中创业者类型的系数变化，虽然有差异但经检验都不显著。

在模型2-3和模型2-4中又加入了代表不同成长路径的变量，就创业者的受教育程度而言，无论在哪个时期，受过高等教育创业者的企业成长要明显快于初中及以下创业者企业。创业者政治身份对于企业成长有显著积极影响，具有政治身份的企业成长速度更快，虽然政治身份系数在改革深入期反而减小，但检验不显著。就合法化成长路径而言，在不同时期，不同合法性指标的作用不一样，在改革初期，改制企业的成长速度明显更快，而党组织作用不明显，但到了改革深入期，改制企业的优势不再存在，而党组织作用显著为正。这可能意味着在不同时期，能够提升企业合法性的组织结构也会发生相应变化。加入上述几个变量后，创业者类型系数不再显著。上述结果说明在改革过程中，精英型创业者保持了企业成长优势，三条成长路径的相对重要性保持相对稳定，合法化成长路径的重要性并未下降，假设 2-2 未得到支持。

模型 2-3 和模型 2-4 中的政治身份是指创业者目前的政治身份，可能存在的问题是创业者之所以能够获得政治身份是因为企业经营绩效更好、成长速度更快。2014 年调查进一步询问了创业者担任人大代表或政协委员的时间，因此我们可以区分出创业者创业前是否具有政治身份，模型 2-5 分析了该变量的影响，可以看到，创业前的政治身份对于企业成长同样具有显著正向影响，而且要比目前的政治身份作用更强，这说明模型 2-3 和模型 2-4 某种程度上低估了网络化成长路径的重要性。

表 3　企业成长速度的优势变化

	模型 2-1 （1995） B/S. E.	模型 2-2 （2014） B/S. E.	模型 2-3 （1995） B/S. E.	模型 2-4 （2014） B/S. E.	模型 2-5 （2014） B/S. E.
性别（1=男）	0.033 (0.135)	0.120 (0.087)	0.019 (0.136)	0.025 (0.095)	0.030 (0.095)
创业时年龄	-0.009 * (0.004)	0.001 (0.004)	-0.009 + (0.005)	0.005 (0.004)	0.004 (0.004)
行业（参照组：第一产业）					
制造业	0.313 (0.195)	-0.043 (0.115)	0.282 (0.195)	-0.084 (0.122)	-0.084 (0.122)
其他第二产业	0.012 (0.232)	-0.242 + (0.138)	0.003 (0.232)	-0.319 * (0.145)	-0.332 * (0.145)
商业餐饮业	-0.181 (0.201)	-0.421 *** (0.117)	-0.182 (0.200)	-0.462 *** (0.125)	-0.470 *** (0.125)
其他第三产业	0.169 (0.205)	-0.334 ** (0.129)	0.148 (0.205)	-0.373 ** (0.137)	-0.381 ** (0.137)

续表

	模型 2-1 （1995） B/S.E.	模型 2-2 （2014） B/S.E.	模型 2-3 （1995） B/S.E.	模型 2-4 （2014） B/S.E.	模型 2-5 （2014） B/S.E.
多元化（1=是）	0.263** （0.084）	−0.030 （0.065）	0.201* （0.085）	−0.103 （0.069）	−0.089 （0.069）
地区（参照组：东部地区）					
中部地区	−0.194+ （0.103）	−0.201** （0.070）	−0.185+ （0.102）	−0.186* （0.075）	−0.182* （0.075）
西部地区	0.138 （0.116）	−0.267** （0.083）	0.145 （0.116）	−0.224* （0.088）	−0.211* （0.089）
创业者类型（参照组：草根型创业者）					
市场型创业者	0.206* （0.093）	0.151+ （0.087）	0.140 （0.094）	0.140 （0.094）	0.135 （0.094）
内源型创业者	0.209+ （0.107）	0.226* （0.094）	0.124 （0.110）	0.076 （0.102）	0.082 （0.102）
创业者受教育程度（参照组：初中及以下）					
高中			0.103 （0.089）	−0.046 （0.136）	−0.040 （0.136）
大专			0.280* （0.134）	0.030 （0.132）	0.043 （0.132）
本科及以上			0.523** （0.189）	0.307* （0.133）	0.322* （0.133）
政治身份（1=是）			0.226** （0.084）	0.176* （0.069）	0.253* （0.107）
改制企业（1=是）			0.344* （0.136）	0.035 （0.125）	0.021 （0.124）
党组织（1=是）			0.140 （0.156）	0.164* （0.072）	0.202** （0.069）
常数项	3.566*** （0.287）	1.557*** （0.208）	3.429*** （0.292）	1.346*** （0.255）	1.411*** （0.254）
N	1789	2625	1777	2311	2311
R^2	0.032	0.024	0.046	0.043	0.042

注：$^+p<0.1$，$^*p<0.05$，$^{**}p<0.01$，$^{***}p<0.001$。

（三）创业者社会来源与企业规模

就不同来源创业者在当前企业规模上的差异方面，模型 3-1 和模型 3-2

分别讨论了 1995 年和 2014 年的情况，在这两次调查中，市场型创业者与内源型创业者的系数都显著为正，说明二者的企业规模显著大于草根型创业者。比较两次调查的变化，虽然二者系数在 2014 年均有所增加，但只有内源型创业者的系数差异显著，这意味着内源型创业者的企业规模优势在经济改革过程中有所扩大。

接下来在模型 3-3 和模型 3-4 中又加入了初始企业规模，可以看到，初始企业规模对于当前企业规模具有显著影响，而且这种影响变得更强，说明企业未来发展越来越受企业初始特征的影响。加入初始企业规模以后，创业者类型仍然显著，但两次调查之间的差异变得很小，且不再显著，结合前文的分析结果，说明内源型创业者的企业规模优势之所以在改革过程中有所扩大，主要是因为他们的初始企业规模优势有了明显扩大，企业成长速度优势并未显著增加。

一些控制变量对当前企业规模也具有重要影响。控制企业初始规模后，企业生存时间越长，企业规模就越大。企业行业与企业规模也有密切关系，相比于第一产业，第三产业的规模更小。而企业多元化经营与企业规模有着正向关系，但内部因果难以明确，也有可能是企业规模变大以后才开始多元化经营。当地的经济发展程度也与企业规模明显相关，东部地区企业的平均规模要大于中西部地区。

表 4 当前企业规模的优势变化

	模型 3-1 (1995)	模型 3-2 (2014)	模型 3-2VS 模型 31	模型 3-3 (1995)	模型 3-4 (2014)	模型 3-4VS 模型 3-3
	B/S. E.	B/S. E.		B/S. E.	B/S. E.	
性别 (1=男)	0.533*** (0.110)	0.289* (0.113)	-0.243	0.317*** (0.094)	0.034 (0.081)	-0.283
创业者现在年龄	-0.008* (0.004)	0.016** (0.005)	0.024***	-0.005 (0.003)	0.001 (0.004)	0.006
企业生存时间	0.030*** (0.009)	0.107*** (0.009)	0.077***	0.082*** (0.008)	0.079*** (0.006)	-0.003
行业 (参照组：第一产业)						
制造业	-0.181 (0.165)	0.266+ (0.154)	0.447+	0.050 (0.141)	0.089 (0.110)	0.039
其他第二产业	-0.365+ (0.196)	0.183 (0.183)	0.548+	-0.255 (0.168)	-0.001 (0.131)	0.253

续表

	模型 3-1（1995）	模型 3-2（2014）	模型 3-2VS模型31	模型 3-3（1995）	模型 3-4（2014）	模型 3-4VS模型 3-3
	B/S. E.	B/S. E.		B/S. E.	B/S. E.	
商业餐饮业	-0.955 *** (0.169)	-1.215 *** (0.155)	-0.260	-0.617 *** (0.145)	-0.465 *** (0.111)	0.152
其他第三产业	-0.830 *** (0.173)	-0.747 *** (0.170)	0.084	-0.434 ** (0.149)	-0.311 * (0.122)	0.123
多元化（1＝是）	0.687 *** (0.070)	0.500 *** (0.086)	-0.186 +	0.537 *** (0.060)	0.119 + (0.062)	-0.418
地区（参照组：东部地区）						
中部地区	-0.591 *** (0.082)	-0.142 (0.092)	0.449	-0.425 *** (0.070)	-0.196 ** (0.066)	0.228
西部地区	-0.139 (0.097)	-0.303 ** (0.110)	-0.164	0.006 (0.084)	-0.275 *** (0.078)	-0.282
创业者类型（参照组：草根型创业者）						
市场型创业者	0.220 ** (0.076)	0.407 *** (0.115)	0.187	0.135 * (0.065)	0.144 + (0.082)	0.009
内源型创业者	0.339 *** (0.088)	0.694 *** (0.125)	0.355 *	0.190 * (0.076)	0.180 * (0.090)	-0.010
初始企业规模				0.506 *** (0.017)	0.812 *** (0.016)	0.306 ***
常数项	4.655 *** (0.249)	4.096 *** (0.302)		2.772 *** (0.222)	0.918 *** (0.224)	
N	2364	2731		2364	2731	
R^2	0.138	0.227		0.368	0.607	

注：+ $p<0.1$，* $p<0.05$，** $p<0.01$，*** $p<0.001$。

结论与讨论

改革开放 40 多年以来，民营经济的重要性得到越来越多的承认。民营经济的发展离不开国家与政府的支持，成千上万的创业者或企业家同样是不可或缺的推动力量。创业活动本身存在巨大风险，哪些新创企业能发展成大企业，哪些创业者能成为大企业主呢？以往研究多依据市场转型理论，从精英流动角度讨论上述问题，把创业者的社会出身作为影响创业结果的核心自变量。这些研究往往更关注流动起点与终点的直接关系，忽视了具体过程。创业者的成功与企业发展密切相关，故本文从组织视角对此进行探索。基本假设是，当前企业规模是由初始企业规模与企业成长速度共同决定的，二者本质上是资源汇聚与整合的结果，因此，创业者能否成为大企业主关键在于其能否为企业带来更多资源。依据上述假设，本文对大企业主的社会来源及其变迁进行了经验分析。

首先，相比于草根型创业者，精英型创业者的初始企业规模与企业成长速度均要高于前者，故其企业规模也显著更高，假设 1 获得支持。其次，比较改革初期与改革深入期，大企业主的社会来源总体上遵循资源竞争逻辑而趋于精英化，精英型创业者特别是内源型创业者的规模优势越来越突出。这种优势的扩大主要来源于初始企业规模优势的扩大，而企业成长优势在不同时期并没有明显变化。上述结果与假设 2.1、假设 2.4 相一致，但不支持假设 3。最后，精英型创业者的成长优势之所以未发生明显变化，是因为随着宏观经济环境的变化，不同企业成长路径的相对重要性总体上保持相对稳定，这一结果虽然支持假设 2.3，但不符合假设 2.2 的预测。

本文的经验结果从不同角度回应了已有研究理论。其一，从精英流动角度，本文再次支持了"精英再生产论"，同时也发现精英内部存在分化，不过与基于东欧社会形成的"精英分化论"相反的是，我们发现管理型再分配者创业以后的优势比技术型再分配者更大。这是因为，中国的管理型再分配者的文化资本并不比技术型再分配者更低；而且中国经济改革保持了政治体制的连续性，这使得内源型创业者掌握的丰富政治联系以及合法性得以持续发挥作用。与此同时，精英型创业者的优势越来越大，从另一侧面也支持了"流动固化论"，即随着社会竞争的日益激烈，人们的社会出身对其成为社会精英的影响越来越大。

其二，本文还从组织角度深入探讨了精英流动的具体过程，研究结果在两个方面回应了组织理论。一方面，本文结果支持了组织生态学理论，即使在中国这样强调制度合法性的经济环境下，随着企业种群密度的增加，资源竞争效应最终将超过合法化效应，但这主要体现在创业初期，创业门槛降低以后，创业初期的资源竞争也就愈加激烈，谁能在此时形成优势，往往就能够持续保持优势。另一方面，三条企业成长路径的相对重要性并未像假设预测的那样变化，而是保持相对稳定，这可能说明相比于企业建立，企业成长是一个更加复杂的系统过程，受多种因素的影响，只有宏观环境改变了所有这些因素，企业成长路径才会发生变化，而这往往需要较长时间。

　　其三，本文从精英流动与组织发展两个层面回应了市场转型理论。就精英流动而言，市场转型理论认为社会权力的分配是在再分配者与一般生产者之间进行的，在我们看来，一般生产者不掌握任何社会权力，不同社会权力掌握在不同精英手上，因此要检验社会权力是否发生了转移，需要观察不同精英之间的优势是否发生了变化。从上文结果看，内源型创业者依然保持了优势，也就是说，市场权力并未成为社会分配资源的决定性权力。从组织发展角度也可看出，虽然宏观制度环境承认了民营经济，创业门槛降低，但内源型创业者的初始企业规模的优势反而有所扩大；合法化成长路径的重要性也没有因此下降，合法性依然是影响企业成长的重要因素。这可能是因为，虽然市场协调的资源越来越多，市场中流动的资源主要是一般性的生产要素，一些稀缺的生产要素依然掌握在国家手里，[1] 在市场竞争日益激烈的背景下，这些稀缺资源可能是更具决定性的。

　　综上，随着市场中的资源日益丰富，民营企业的资源来源渠道日益扩大，但市场运行具有自身逻辑，且会产生诸多市场失灵现象，其中一个重要问题就在于市场竞争将会自然促进垄断与马太效应的形成，那些出身草根的创业者的发展空间将越来越小，很容易成为市场竞争的淘汰者。这时，国家与政府的职责应该是平衡市场参与者的竞争力，帮助这些弱小者，激发多元化的活力和创新力。在中国，政府所掌握的资源对于企业发展非常重要，但政府资源的分配却受到很多非市场因素的影响，那些拥有政治联系的企业往往获得了更多资源，尤其在创业初期，他们在创业初期所形成的规模优势会进一步影响后续的企业成长。然而，这些具有政治联系的企业不一定是最需要资源和最有效率的企业，[2] 如果政府把更多资源分配给那些需求更强、效率更高的企业，那么民营经济的发展与创新潜力还会得到进一步释放。

　　从我国大企业主的社会来源变化看，我国的市场经济体制还需要进一步改革。前 40 多年的改革任务是开拓市场，在当年国家掌握绝大多数资源的情况下，开拓市场必须有地方政府的积极参与才能成功；但随着经济市场的逐渐完善，政府需要尊重市场自我运行的特殊逻辑，未来的改革要进

---

[1]　郝大海、李路路：《区域差异改革中的国家垄断与收入不平等——基于 2003 年全国综合社会调查资料》，《中国社会科学》2006 年第 2 期。

[2]　余明桂等：《政治联系、寻租与地方政府财政补贴有效性》，《经济研究》2010 年第 3 期；郭剑花、杜兴强：《政治联系、预算软约束与政府补助的配置效率——基于中国民营上市公司的经验研究》，《金融研究》2011 年第 2 期。

一步加强监督市场运行与纠正市场失灵的职能，积极创造良好的营商环境。营商环境就是生产力，正如习近平总书记强调的："在我国经济发展进程中，我们要不断为民营经济营造更好发展环境，帮助民营经济解决发展中的困难，支持民营企业改革发展，变压力为动力，让民营经济创新源泉充分涌流，让民营经济创造活力充分迸发。"① 《中共中央 国务院关于营造更好发展环境支持民营企业改革发展的意见》也表达了这一意涵。

本文还存在一些不足有待后续研究推进。首先，本文认为创业者的关系网决定了初始企业规模，但由于缺少创业者创业前的关系网数据，我们没有直接检验这一假设。其次，在讨论企业成长路径时，本文使用的指标都是与国家相关，创业者的关系网用政治身份测量，企业合法性某种意义上也指满足国家要求的合法性，之所以未涉及市场关系，以及满足市场或社会要求的合法性，主要原因也是缺乏相关数据。期待未来更好的数据能弥补上述研究不足。

---

① 习近平：《在民营企业座谈会上的讲话》，2018 年 11 月 1 日，http://www.gov.cn/xinwen/2018-11/01/content 5336616.htm，最后访问日期：2020 年 1 月 3 日。

相对贫困与治理的长效机制：从理论到政策[*]

李棉管　岳经纶

摘　要：相对贫困理论与绝对贫困理论经过激烈的争论，开始走向和解。相对贫困研究的最新趋势是走向"双向运动"，一方面持续拓展社会视角的维度，另一方面也将"基本生活需要"纳入分析范畴。"双向运动"影响了相对贫困理论的视角和指标，形成了低线和高线两种类型的相对贫困界定。中国的相对贫困治理积累了一些地方经验，但是由于缺乏社会视角而延续了绝对贫困的治理思路。构建中国相对贫困治理的长效机制，需要综合考虑相对贫困的维度和社会政策的取向。

关键词：相对贫困　双向运动　长效机制　政策框架

改革开放以来，尤其是实施精准扶贫战略以来，中国的反贫困工作取得了历史性成就。2013—2019 年我国农村年均减贫人数为 1300 万人以上，按现行国家农村贫困标准测算，2019 年末全国贫困人口为 551 万人，贫困发生率由 2012 年的 10.2%下降为 2019 年末的 0.6%[①]。截至 2020 年 2 月底，全国 832 个贫困县中已有 601 个县宣布摘帽，另有 179 个县正在进行摘帽退出检查[②]。中国的脱贫攻坚已经取得决定性成就，意味着贫困的性质和状态

---

[*]　本文原载《社会学研究》2020 年第 6 期。本文是国家社会科学基金项目"'社会政策时代'的中国福利体制属性及其发展趋势研究"（16BSH134）和教育部基地重大课题"社会政策创新与共享发展"（16JJD630011）的阶段性成果。

[①]　《2019 年全国农村贫困人口减少 1109 万人》，http://www.stats.gov.cn/tjsj/sjjd/202001/t20200123_1724700.html。

[②]　习近平：《在决战决胜脱贫攻坚座谈会上的讲话》，http://www.cpad.gov.cn/art/2020/3/6/art_624_114021.html。

发生了新变化，反贫困战略需要适时调整。党的十九届四中全会做出了"坚决打赢脱贫攻坚战，巩固脱贫攻坚成果，建立解决相对贫困的长效机制"的总体部署。2020 年后，相对贫困治理成为反贫困的中心工作，建立解决相对贫困的长效机制是决策者和学术界面临的紧迫任务。

党的十九届四中全会前后，一些经济发达地区已开始相对贫困治理的自主探索。但总体而言，我们对以相对贫困治理为目标的政策转向还缺乏必要的经验和准备[①]。自 20 世纪 90 年代起，中国学术界逐步引入了相对贫困的概念[②]，开始在城乡协调发展的意义上讨论相对贫困的治理问题[③]。但是由于我国的反贫困努力长期聚焦在绝对贫困领域，近 30 年来相对贫困研究没有取得相应的学术进展。迄今为止，国内学术界对相对贫困的理解仍然模糊且存在分歧，这将不利于相对贫困治理长效机制的建立。本研究将从学术史的角度澄清相对贫困的实质性含义，借鉴相对贫困治理的国际经验和中国反贫困实践的历史经验，尝试构建中国相对贫困治理的长效机制。

一　争论与和解：相对贫困的历史与趋势

在贫困研究的最初阶段，社会视角占据了重要地位。"现代贫困研究之父"查尔斯·布茨（Charles Booth）将社会不平等引入贫困研究中，并以"社会可接受的生活状态"为贫困的衡量标准[④]。即使是在"绝对贫困"研究的奠基人西伯姆·朗特里（Seebohm Rowntree）的研究中，[⑤]"次级贫困"（secondary poverty）的概念也体现了社会视角[⑥]。随着朗特里转向食物预算研究，社会视角被排斥出贫困研究的视野。他的初级贫困（primary poverty）概念被视为绝对贫困研究的发端。本质上，绝对贫困是一个生理视角的概念，考察的是营养与生存的关系[⑦]。

---

①　王晓毅：《2020 精准扶贫的三大任务与三个转变》，《人民论坛》2020 年第 2 期。

②　李强：《绝对贫困与相对贫困》，《中国社会工作》1996 年第 5 期；周彬彬：《向贫困挑战：国外缓解贫困的理论与实践》，北京：人民出版社，1991。

③　孙立平：《"厨师困境"、"剪刀差"与农民的相对贫困》，《财政研究》2001 年第 1 期。

④　转引自 H. Glennerster, "The Context for Rowntree's Contribution," In H. Glennerster, J. Hills, D. Piachaud & J. Webb（eds.）, *One Hundred Years of Poverty and Policy*, York：Joseph Rowntree Foundation, 2004：18-21。

⑤　实际上，朗特里本人更倾向于使用"初级贫困"这个与绝对贫困类似的概念。

⑥　J. Veit-Wilson, "Paradigms of Poverty：A Rehabilitation of B. S. Rowntree," *Journal of Social Policy*, 1986, 15.

⑦　R. Lister, *Poverty*, Cambridge：Polity Press, 2004：21.

随着相对贫困概念的提出，社会视角被重新带回了贫困研究。彼得·汤森（Peter Townsend）认为，绝对贫困概念忽视了"人类需要"的社会和文化嵌入性，"需要"和"贫困"都是社会建构之物。据此，汤森提出了他具有深刻影响的相对贫困概念①。

> 当人口中的个人、家庭和群体缺乏足够的资源来获得他们所属社会的饮食类型、参加社会公认的活动或拥有得到广泛认可的生活条件和便利设施时，他们可以说是处于贫困之中。他们的资源严重低于一般个人或家庭所支配的资源，实际上，他们被排斥在普通的生活模式和活动之外。

围绕"需要"的生理驱动与社会建构问题，学术界展开了激烈的争论。相对贫困概念的支持者对生理视角的"必需品"进行了解构，论证了这些"必需品"之所以成为必需品往往是基于一种社会建构的"共识"，甚至连"食物都是被'社会化'的"②。所谓的贫困者就是那些"文化上被吸纳进来"而"结构上被排斥出去"的社会成员③。面对相对贫困支持者的质疑，绝对贫困倡导者的立场有所改变。朗特里承认，"基本需要"不仅有生物驱动也有社会基础④，但是在他所处的时代，突出的物质贫困问题掩盖了社会文化驱动的需要⑤。

相对贫困的界定受到绝对贫困概念的深刻影响。阿玛蒂亚·森认为，并非任何社会不平等现象都属于贫困问题，因为"贫困概念存在一个不可还原的绝对内核"，这个"贫困内核"就是饥饿与营养不良⑥。离开了贫困内核，相对贫困研究就容易走向两种形式的悖论。一种是"纳伪悖论"。如果一个社会的不平等并没有影响到任何人的社会参与，这种差距就不会产生相对贫困⑦。另一种是"弃真悖论"。当一个国家经济整体严重下滑时，

---

① P. Townsend, *Poverty in the United Kingdom*, Harmondsworth: Penguin Books, 1979.

② P. Townsend, *The International Analysis of Poverty*, Hemel Hempstead: Harvester Wheatsheaf, 1993: 31.

③ J. Young, *The Exclusive Society*, London: Sage, 1999.

④ J. Veit-Wilson, "Paradigms of Poverty: A Rehabilitation of B. S. Rowntree," *Journal of Social Policy*, 1986, 15.

⑤ R. Lister, *Poverty*, Cambridge: Polity Press, 2004: 27.

⑥ A. Sen, "Poor, Relatively Speaking," *Oxford Economic Papers*, 1983, 35: 159.

⑦ R. Lister, *Poverty*, Cambridge: Polity Press, 2004: 23.

事实上的贫困人口必然会增加，但是收入比例法的计算方式可能会导致真实的贫困无法得到统计①。在贫困内核及相对贫困悖论概念的影响下，相对贫困概念的支持者开始重新思考绝对贫困概念的价值，并对相对贫困测量方法进行了重构。

经过激烈争论之后，两种有关贫困的理解开始走向"和解"②。阿玛蒂亚·森在承认贫困内核的基础上，将社会权利、社会参与机会等维度统一到"可行能力"的理论框架之下，形成对贫困问题的整体理解③。此后，这种和解朝着贫困层次分析和贫困维度分析两个方向发展。多亚尔和高夫④的"中间需要"理论、联合国的"总体贫困"概念和世界银行提出的"社会贫困线"均是贫困层次分析的典范。同时，相对贫困支持者承认，只有将贫困内核与社会不平等结合起来，才能对贫困问题形成全面的认识。"多维贫困"无论是在理论上还是在政策上都获得了越来越多的支持⑤。

这种和解将生理和社会视角结合起来，共同服务于贫困问题研究。在此背景下形成了相对贫困研究的最新趋势，一方面持续拓展社会视角的分析维度，另一方面将贫困内核也纳入分析范畴。这一发展趋势不仅影响了相对贫困研究的维度与指标，而且在事实上形成了对两种类型的相对贫困认识，并对相对贫困治理产生了系统化的政策要求。

二 相对贫困的社会之维：视角与指标

社会视角是相对贫困理论安身立命的根本，是否在社会关系尤其是权力关系的视野中展开对社会不平等及其后果的分析，是相对贫困理论与绝对贫困理论的根本区别⑥。这一社会视角表现为以下三个方面。

首先，相对贫困是社会比较的结果，这种社会比较往往与社会不平等

---

① A. Sen, "Poor, Relatively Speaking," *Oxford Economic Papers*, 1983, 35: 159.

② R. Lister, *Poverty*, Cambridge: Polity Press, 2004: 28-33.

③ A. Sen, *Development as Freedom*, Oxford: Oxford University Press, 1999.

④ L. Doyal & I. Gough, A Theory of Human Need, Basingstoke: Macmillan, 1991: 156-159.

⑤ S. Alkire, J. Roche, M. Santos & S. Seth, *Multidimensional Poverty Index 2011: Brief Methodological Note*, Oxford: Oxford Poverty and Human Development Initiative, 2011; R. Bray, M. De Laat, X. Godinot, A. Ugarte & R. Walker, *The Hidden Dimensions of Poverty*, Montreuil: Fourth World Publications, 2019.

⑥ C. Jones & T. Novak, *Poverty, Welfare and the Disciplinary State*, London/New York: Routledge, 1999.

或相对剥夺高度相关。汤森指出，"相对剥夺是指人们无法得到完全或充分的生活条件，包括饮食、便利设施和服务等，使他们无法发挥作用、无法参与人际关系以及遵循社会成员所期望的习惯行为"[1]。在进行社会比较时，有三点要注意：一是相对贫困的动态性。"体面生活"的界定与总体经济社会状况往往同频变化，社会要特别关注那些跟不上社会发展步伐的人[2]。二是相对贫困的空间性。"社会可接受的生活状态"所说的"社会"往往是指"当地化"的生活空间[3]。三是相对贫困的群体性。性别、种族、年龄、职业等各种维度都可区分出优势群体和相对剥夺群体[4]。

其次，相对贫困与"社会排斥"密切相关。经济不平等是社会不平等的表现，而社会不平等又是社会排斥的结果。社会排斥与贫困之间的关系如此紧密，以至于欧盟直接用"社会排斥"来替代"贫困"概念[5]，这一替代使社会排斥的概念深深嵌入了欧盟一系列的社会政策话语体系中，导致了社会政策的重大转型[6]。需要指出的是，即使是在欧洲国家，学者们对社会排斥的理解也存在分歧。希拉里·西尔维区分出欧洲三种关于社会排斥的政治哲学："社会团结范式"、"专业化范式"与"垄断范式"[7]。

最后，相对贫困可以采取单一维度（如收入）的测量，也可以采取超越物质贫困的多维贫困测量。但是，"需求的社会性"决定了多维贫困测量应当发挥更大的作用。严格来说，多维贫困与相对贫困之间并不能直接画等号。但是，汤森认为，相对贫困是一个典型的多维贫困概念，它几乎包含了社会生活的所有重要方面[8]。就人类的"基本需要"而言，物质满足很重要，但社会性的需要同样重要[9]，且物质性的需要是嵌入在社会语境之中

---

① P. Townsend, *The International Analysis of Poverty*, Hemel Hempstead：Harvester Wheatsheaf, 1993：36.

② D. Donnison, *The Politics of Poverty*, Oxford：Martin Robertson, 1982：226.

③ P. Townsend, *Poverty and Labour in London*, London：Low Pay Unit, 1987：99.

④ R. Lister, *Poverty*, Cambridge：Polity Press, 2004：23.

⑤ J. Berghman, "The Resurgence of Poverty and the Struggle against Social Exclusion," *International Social Security Review*, 1997, 50.

⑥ 杨团：《社会政策研究范式的演化及其启示》，《中国社会科学》2002年第4期。

⑦ H. Silver, "Social Exclusion and Social Solidarity：Three Paradigms," *International Labour Review*, 1994, 133.

⑧ P. Townsend, *The International Analysis of Poverty*, Hemel Hempstead：Harvester Wheatsheaf, 1993：36.

⑨ J. Veit-Wilson, "Poverty and the Adequacy of Social Security," In J. Ditch (ed.), *Introduction to Social Security*, London/New York：Routledge, 1999：85.

的①。测量相对贫困不仅要测量收入，而且还要测量社会参与、公共服务、市场参与和自我认知等维度。

学术界对多维相对贫困的认识是一个持续推进的过程。鲍伯·鲍尔奇有关"贫困金字塔"的学说是一个重要的多维贫困理论②。金字塔的顶点是个人的收入或消费状况，是贫困的外在表现。第二层是公共资源、公共设施、公共服务的可及性，揭示了个人境遇与社会结构之间的关系。金字塔的底部是贫困者的主观体验，包括尊严和自主性等。李斯特的"贫困轮"理论对上述研究进行了拓展③。"贫困轮"的中心是物质短缺，向四周扩散开来，依次涉及"无尊严""污名化""他者化""权利排斥""无话语权"等具体指标。汤姆林森和沃克论证了"经济压力""公共参与不足"和"社会隔离"等维度在贫困测量上拥有各自不同的权重④。十年后，布雷与沃克等人在一项跨国比较研究中对上述指标进行了完善，提出了个体体验、社会关系和生活状况三个方面的九个维度，并命名为"贫困的隐藏维度"⑤。

一些国际组织也提出了各自更易操作的测量指标。国际劳工组织将健康状况、教育与物质贫困作为贫困测量的核心指标。联合国的人类发展指数则将参与社会和市场的机会、过上有尊严的生活、保持健康和生活自主性等要素整合进贫困测量。随后，联合国开发计划署于2010年界定了多维贫困指数（multidimensional poverty index，MPI），该指数由健康状况、教育获得状况和生活标准三个维度构成⑥。

表1　部分国际组织及学者的相对贫困测量指标

	欧盟：收入比例法	世界银行：社会贫困线	国际劳工组织：多维贫困测量	联合国：多维贫困指数	鲍尔奇：贫困金字塔	李斯特：贫困轮	布雷等：贫困的隐藏维度
物质剥夺	√	√	√	√	√	√	√

① P. Townsend, *The International Analysis of Poverty*, Hemel Hempstead：Harvester Wheatsheaf, 1993：31.

② B. Baulch, "Neglected Trade-Off in Poverty Measurement," *IDSBulletin*, 1996, 27.

③ R. Lister, *Poverty*, Cambridge：Polity Press, 2004.

④ M. Tomlinson & R. Walker, *Coping with Complexity：Child and Adult Poverty*, London：CPAG, 2009.

⑤ R. Bray, M. De Laat, X. Godinot, A. Ugarte & R. Walker, *The Hidden Dimensions of Poverty*, Montreuil：Fourth World Publications, 2019.

⑥ S. Alkire, J. Roche, M. Santos & S. Seth, *Multidimensional Poverty Index* 2011：*Brief Methodological Note*, Oxford：Oxford Poverty and Human Development Initiative, 2011.

续表

	欧盟：收入比例法	世界银行：社会贫困线	国际劳工组织：多维贫困测量	联合国：多维贫困指数	鲍尔奇：贫困金字塔	李斯特：贫困轮	布雷等：贫困的隐藏维度
教育机会剥夺			√	√	√	√	√
健康状况			√	√	√	√	√
制度排斥					√	√	√
社会参与					√	√	√
污名化和羞耻感					√	√	√
无话语权						√	√
身心苦难					√	√	√
日常应对							√
社会矮化							√
无体面的工作							√

说明：为了便于比较，我们将比较框架总体上统一到布雷等人的"贫困的隐藏维度"理论框架之下。但是由于国际劳工组织和"多维贫困指数"对"教育"和"健康"进行了特别强调，我们将这两项单列出来。在布雷等人的"贫困的隐藏维度"理论框架中，这两项被包含在"制度排斥"中。

三 低线相对贫困与高线相对贫困

相对贫困研究的最新趋势是走向"双向运动"，在持续拓展社会维度的同时，将"基本生活需要"也纳入进来，形成"双核驱动"的研究格局。双向运动形成了两种认定相对贫困的思路。一种是与绝对贫困比较而言的相对贫困，另一种是与社会一般状况比较而言的相对贫困。我们将其分别称为"低线相对贫困"和"高线相对贫困"。

（一）低线相对贫困

"低线相对贫困"的参照群体是绝对贫困人口。一些社会成员的经济收入比绝对贫困线稍高，但是现有的收入水平不足以支撑"正常"或"体面"的社会生活，由此陷入贫困境地。"低线相对贫困"就是在绝对贫困线的基础上，综合考虑边缘社会群体的其他社会支出而制定的一条与绝对贫困线有关联但又超出绝对贫困线的新贫困线，将那些无法体面参与社会的成员纳入相对贫困的范围。

　　低线相对贫困概念可追溯至朗特里的"次级贫困"概念。朗特里虽然被认定为绝对贫困概念的主要代表者，但是他在学术生涯早期所提出的"次级贫困"概念实际上是一个社会比较的概念。一些社会成员的收入虽然能够满足基本生理生存的需要，但无法恰当地承担社会角色、充分地参与社会，他们仍然是贫困的[①]。

　　正是在朗特里"次级贫困"概念的启发下，相对贫困概念的提出者汤森建议以社会救助标准的 1.4 倍为英国的另一条贫困线。这一标准既满足了贫困者的基本物质生活需要，又考虑了贫困者社会参与的需要[②]。英国政府也曾采纳以社会救助标准的 1.4 倍为英国"低收入家庭"的认定标准[③]。在美国的食品券项目中，联邦贫困线的 130% 是另一条重要的"贫困线"，毛收入低于该线的家庭可获得食品券援助；此外，家庭收入低于联邦贫困线 130% 的儿童可以享受免费早餐和午餐，收入在联邦贫困线 130%—185% 的儿童可享受低价伙食[④]。

　　在中国社会政策史上产生过重要影响的"低收入家庭"或"边缘贫困人口"等概念与"低线相对贫困"概念有着紧密关联。在农村，虽然中央政府在 2011 年通过大幅提高贫困标准的方式将"低收入对象"和"贫困人口"合二为一，但随着精准扶贫政策的推进，实践中在建档立卡贫困户之外又区分了"贫困边缘户"或"边缘易致贫户"，并为他们提供不同的帮扶措施。在城市，"低收入家庭"仍然是民政部门贫困认定的重要标准。在不少城市现有的贫困帮扶框架中，除了不能获取现金救助以外，住房救助、医疗救助和教育救助等其他服务型救助都对低收入家庭开放。这样一种政策历史为我国建立新的"相对贫困线"奠定了一定的政策基础。一些国内学者认为，以绝对贫困线的一定倍数划定相对贫困线，或根据"人的基本需要"来动态调整贫困线，既有历史基础，又符合我国当前的财政现实[⑤]。

　　然而，低线相对贫困也存在一些难以回避的难题。第一，对社会不平等的敏感性不足。低线相对贫困的参照对象是绝对贫困人口而非社会一般

①　H. Glennerster, "The Context for Rowntree's Contribution," In H. Glennerster, J. Hills, D. Piachaud & J. Webb (eds.), *One Hundred Years of Poverty and Policy*, York：Joseph Rowntree Foundation, 2004：23.

②　B. Abel-Smith & P. Townsend, *The Poor and the Poorest*, London：Bell, 1965.

③　R. Walker, *The Shame of Poverty*, Oxford：Oxford University Press, 2014：17.

④　姚建平、朱卫东：《美国儿童福利制度简析》，《青少年犯罪问题》2005 年第 5 期。

⑤　汪三贵、曾小溪：《后 2020 贫困问题初探》，《河海大学学报》（哲学社会科学版）2018 年第 2 期。

生活状况，它本质上仍是"收入维持"的思维逻辑，在一定程度上与当今社会理解相对贫困的社会不平等视角存在差异。第二，各个国家在制定社会救助标准时，除了考虑基本生活需要之外，也可能会纳入财政和政治的考量，社会救助标准的一定倍数不一定能反映相对贫困者社会参与的需要。第三，各个国家或地区的社会救助标准差异较大，社会救助一定倍数基础上的低线相对贫困不易进行国际比较。或许是基于以上原因，英国政府最终放弃了社会救助标准的 1.4 倍这条相对贫困线，转向使用收入中位数的 60% 这一"高线相对贫困"标准。[①]

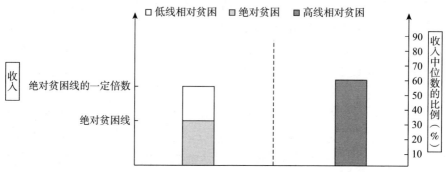

图 1 低线相对贫困与高线相对贫困的认定方式（收入维度）

（二）高线相对贫困

"高线相对贫困"的比较参照系是社会主流生活状况，生活状况低于一般生活水平一定比例的社会成员将被纳入相对贫困范畴。20 世纪 80 年代初，欧盟委员会的一项报告第一次将"中等收入"与"家庭需要"联系起来[②]。后续的研究检验了收入中位数不同比例下的贫困发生率，为欧盟正式提出以收入中位数的 50% 作为相对贫困线奠定了基础[③]。2002 年，欧盟 15 个成员国中有 11 个国家在反贫困行动中以收入中位数的 50% 作为标准[④]。英国从使用收入比例法伊始，采用的便是收入中位数的 60%。可能的原因

---

① 其中的部分原因分析基于对英国数位教授的邮件咨询。

② B. Van Praag, A. Hagenaars & H. Van Weeren, *Poverty in Europe*, Leyden：University of Leyden, 1980.

③ T. Smeeding, M. O'Higgins & L. Rainwater（eds.）, P*overty, Inequality and Income Distribution in Comparative Perspective*, New York：Harvester Wheatsheaf, 1990.

④ A. B. Atkinson, B. Cantillon, E. Marlier & B. Nolan, *Social Indicators：The EU and Social Inclusion*, Oxford：Oxford University Press, 2002：95.

是英国大量人口的收入处于收入中位数的 50%—60%①。收入比例法获得了广泛认同，被称为"国际贫困标准"②。

研究者以家庭收入中位数的 50% 为相对贫困测量标准，对世界上部分国家的相对贫困发生率进行了比较（如图 2 所示）。以家庭收入中位数的 50% 为标准来测量，世界各国的相对贫困发生率呈现出较大差异，总体上呈现出与艾斯平-安德森福利体制分析相一致的聚合特征。北欧、欧洲大陆和自由主义福利体制国家的相对贫困发生率依次增加③。2013 年中国大陆的相对贫困发生率（14.0%）处于中等偏上水平，调节收入不平等是我国相对贫困治理中的重要议题。

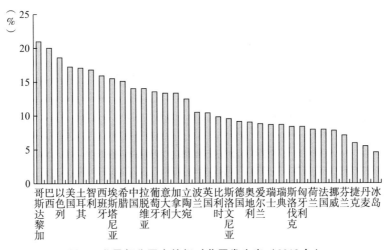

图 2　世界部分国家的相对贫困发生率（2013 年）

资料来源：R. Walker & L. Yang, *Making Poverty Relative：Implications for Chinese Social Protection*, Working Paper, Geneva：ILO, 2020。

学术界对收入比例法也存在一些质疑。一是收入不平等是否能反映贫困的本质。收入比例法是基于社会不平等，而不是基于社会生活的实际需要而设计的，这一标准有可能脱离贫困者的实际生活而转变为一场数字游戏④。

① P. Spicker, "Why Refer to Poverty as a Proportion of Median Income?" *Journal of Poverty and Social Justice*, 2012, 20.

② T. Callan & B. Nolan, "Concepts of Poverty and the Poverty Line," *Journal of Economic Surveys*, 1991, 5.

③ R. Walker & L. Yang, *Making Poverty Relative：Implications for Chinese Social Protection*, Working Paper, Geneva：ILO, 2020.

④ P. Spicker, "Why Refer to Poverty as a Proportion of Median Income?" *Journal of Poverty and Social Justice*, 2012, 20.

二是收入比例法是否能反映贫困的全貌。收入比例法仅仅关注经济不平等，对其他社会维度不加关注，而相对贫困早就超出了单一的收入维度的测量，成为一个多维贫困的概念①。关于多维相对贫困中各维度之间的关系，目前存在三种解决方案：一是针对每一个维度分别设定相对贫困线，只要社会成员在任何一个维度上低于该线，那他就是相对贫困者；二是测量社会成员陷入相对贫困线以下的维度的数量，维度越多贫困程度越深；三是将社会成员在每一个维度上的分布状况进行加权计算获得相对贫困指数②。

（三）两种相对贫困的关系

低线相对贫困与高线相对贫困的差异直观上表现为比较对象的不同，而实际上是反映了两种观察相对贫困的差异性视角。低线相对贫困是一种典型的"收入维持"视角，是在维持"必要（体面）生活水平"的资源需要层面上界定贫困标准；高线相对贫困则是社会不平等视角，阶层差距和社会排斥是其关注的核心。从这个意义上说，低线相对贫困与高线相对贫困是存在本质差异的两种相对贫困标准（见表2）。

表2 低线相对贫困与高线相对贫困的差异

	低线相对贫困	高线相对贫困
贫困理念	体面生活需要（needs）	社会不平等（inequality）
参照对象	绝对（极端）贫困人口	社会一般生活水平
致贫原因	收入不足	收入不平等
缓解方式	收入维持	减少不平等

"体面生活需要"与整体社会经济发展状况高度相关。随着经济社会发展水平的变化，社会对于"体面生活需要"的界定也在发生变化。无论低线相对贫困界定在什么水平，它都一定会在人均收入中占据一定的比例。研究者以英国的贫困标准变化为例，统计了社会救助标准与人均收入的50%这两条贫困线之间的比例关系和共变关系（见图3），低线相对贫困（如社会救助标准的一定倍数）与高线相对贫困（如人均收入50%）之间的

---

① 杨团：《社会政策研究范式的演化及其启示》，《中国社会科学》2002 年第 4 期；P. Spicker, "Why Refer to Poverty as a Proportion of Median Income?" *Journal of Poverty and Social Justice*, 2012, 20。

② 王小林、冯贺霞：《2020 年后中国多维相对贫困标准：国际经验与政策取向》，《中国农村经济》2020 年第 3 期。

数量关系可以从中推算出来。

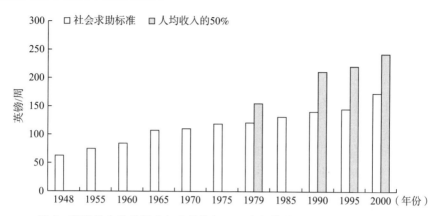

图 3　英国社会救助标准与人均收入 50%之间的关系（1948—2000 年）

说明：图中数据根据 2000 年不变价格计算。资料来源：D. Piachaud & J. Webb（eds.），
One Hundred Years of Poverty and Policy，York：Joseph Rowntree Foundation，2004：38。

如图 3 所示，在有统计的年份中，英国社会救助标准占人均收入 50%的比例从 0.66%（1995 年）到 0.78%（1979 年）不等，但总体变化相对稳定。按照低线相对贫困的界定方法，以社会救助标准的一定倍数（如 1.4 倍或 1.5 倍）作为相对贫困线，低线相对贫困标准与高线相对贫困标准相差无几（如 1990 年和 1995 年），甚至会超过高线相对贫困标准（如 1979 年和 2000 年）。进入 20 世纪后期，英国通过"预算标准法"（如社会救助标准）所确定的贫困标准与收入比例法（如收入中位数的 60%）所确定的贫困标准越来越接近，尽管两者采取的是完全不同的视角和方法[1]。

研究表明，低线相对贫困与高线相对贫困相比较，并不一定表现为贫困标准绝对数值低，从本质上说，这是两种相对贫困对象的比较。两条相对贫困线日趋接近的事实表明，尽管人们从不同角度来评价相对贫困，但一个共识性的"贫困事实"是客观存在的。

在中国，相对贫困治理尚处于探索阶段，针对低线相对贫困和高线相对贫困关系的专门研究还十分少见。有些研究者从全国层面进行了测算。他们认为，如果以国民可支配收入平均数的 40%作为高线相对贫困线，2017 年中国农村贫困标准和城市低保的平均标准应分别相当于当年该线的

---

① 　D. Piachaud & J. Webb（eds.），*One Hundred Years of Poverty and Policy*，York：Joseph Rowntree Foundation，2004：42。

26%和61%①。这意味着如果采纳高线相对贫困标准，原来的贫困标准需要大幅度提升。但是，考虑到我国地区之间和城乡之间经济社会发展水平的巨大差异，用当地可支配收入的中位数与当地的社会救助一定倍数为标准相比会更有意义。

四 相对贫困治理的本土实践：模糊政策目标下的地方探索

虽然在全国层面上我国以前的反贫困主要聚焦在绝对贫困领域，但是部分经济发达地区的反贫困举措已经具有了相对贫困治理色彩。个别地区甚至将相对贫困及其治理写入了地方性文件。总结和反思这些地方实践对即将全面展开的相对贫困治理具有重要意义。

在贫困标准制定和扶贫举措落实过程中，央地关系需要得到重点关注。在扶贫政策落实过程中，央地关系主要表现为中央监控和地方自由裁量权问题；在贫困标准制定方面，央地关系主要表现为国家统一标准与地方经济社会差异的矛盾。事实上，国家统一的贫困标准（如 2011 年的贫困标准为人均年收入 2300 元）对于中西部农村具有普遍意义，但是在经济社会发展条件优越的省份则需要重新划定贫困线才能更切合本地实际。正是在这一探索中，相对贫困治理的雏形在地方实践中开始出现。

与中国学术界对"相对贫困"的知识积累不足形成对照的是，地方政府对相对贫困的认识经过了一个从模糊到逐渐清晰的过程。

在最初的探索实践中，地方政府对相对贫困持有的是朴素的认识，即认为比国家统一贫困标准更高的标准就是相对贫困标准。例如，在第二轮扶贫开发"双到"阶段（2013—2015 年），广东省明确使用了相对贫困的概念，并将农民年人均可支配收入 3480 元作为相对贫困标准，这是一个高出国家贫困线的地方标准；2013 年，浙江省将贫困标准划定为家庭人均年收入 4600 元，相当于国家贫困标准的两倍；江苏省在 2015 年完成 4000 元标准下的低收入人口脱贫工作以后，将贫困标准提升为家庭人均年收入 6000 元。从字面意义上理解，地方政府的上述操作与低线相对贫困的概念较为相符。但是，低线相对贫困是一个科学概念，因为"满足体面生活需要"是要经过科学测量才能界定的范畴。且地方政府界定的"低线相对贫

---

① R. Walker & L. Yang, *Making Poverty Relative：Implications for Chinese Social Protection*, Working Paper, Geneva：ILO, 2020.

困"是与国家统一的绝对贫困标准展开比较，而不是与本地绝对贫困标准展开比较的，这在某种意义上难以反映相对贫困复杂的"空间性"。"低线相对贫困"不仅会影响相对贫困概念的有效性，而且会带来认识上的混乱。

经过短暂的前期探索，收入比例法在某些地区被引入对相对贫困的界定，国内相对贫困治理实践开始具有了较明确的"高线相对贫困"的倾向。2016年广东省出台《中共广东省委广东省人民政府关于新时期精准扶贫精准脱贫三年攻坚的实施意见》（以下简称《意见》），明确采用2014年农村居民年人均可支配收入（12246元）的33%（约4000元）作为相对贫困标准，收入比例法被正式引入对相对贫困的认定。《意见》同时规定，相对贫困的脱贫标准为人均可支配收入不低于当年全省农村居民人均可支配收入的45%，该标准一直沿用至今。与此同时，来自民政部门的"低收入人口"概念也一直在被使用，家庭人均年收入高于低保线但低于低保线1.5倍的人口被纳入"低收入人口"并可获得相应的社会救助，形成了低线相对贫困标准和高线相对贫困标准并存的局面。近两年，广东省在部分地区（如江门市）试点"两线合一"改革，推动低线相对贫困标准和高线相对贫困标准的统一，政策实验的成效有待观察。

在理论上，由于对相对贫困的认识还比较模糊，我国部分地区正在开展的本土性相对贫困治理实践虽然进行了一些自主性探索，但是总体上延续了过往绝对贫困治理的思路和方法，主要从以产业发展为核心的发展取向和社会救助为核心的保护取向两方面进行反贫困干预，从绝对贫困治理阶段延续下来的开发式扶贫在缓解相对贫困过程中仍然是最重要的路径，总体上体现了"在发展中解决贫困问题"的思路和逻辑。产业开发、扶贫搬迁、就业帮扶、资本下乡、小额信贷等扶贫开发方式在各省市的相对贫困治理中居于核心地位①。与此同时，作为我国反贫困战略两大支柱之一的社会保护取向的扶贫模式也在不断推进。总体来看，这些地区通过提高社会救助标准，将"贫困边缘群体"纳入原有的反贫困政策体系并拓展社会救助的服务项目，以此来实现对无劳动能力贫困群体的社会保护②。

我国的反贫困实践已经证明，用发展与保护"两条腿走路"的方式是

---

① 左停、贺莉、刘文靖：《相对贫困治理理论与中国地方实践经验》，《河海大学学报》（哲学社会科学版）2019年第6期。

② 邢成举、李小云：《相对贫困与新时代贫困治理机制的构建》，《改革》2019年第12期；左停、贺莉、刘文靖：《相对贫困治理理论与中国地方实践经验》，《河海大学学报》（哲学社会科学版）2019年第6期。

有效的绝对贫困治理模式，这一经验在相对贫困治理中理应得到借鉴。但是，如果完全忽略绝对贫困与相对贫困的区别，可能会降低相对贫困的治理效率。具体而言，当前开展的地方性实践有两方面问题需要反思。第一，缓解社会不平等尚没有成为明确的政策目标。虽然部分地区的本土实践已经尝试采纳收入比例法，在"高线相对贫困"的意义上来界定贫困群体，但是对于高线相对贫困的核心关切——社会不平等——还没有形成清晰的治理思路。第二，多维贫困仍没有得到足够重视。社会视角下的相对贫困往往是一个多维贫困的概念，物质贫困是相对贫困的重要内容但不是相对贫困的全部含义。公共服务、参与机会、健康获得、自我认知等维度在现有的相对贫困评估与干预中仍然被边缘化。

基于以上认识，我们认为，"后 2020 时代"的相对贫困治理需要跳出绝对贫困的局限来构建系统性、创新性的相对贫困治理机制。

五　2020 年后的相对贫困治理：构建系统化长效机制

对绝对贫困与相对贫困这两种贫困的理解界定了国家在反贫困中的职责，反映了政府在特定时期的执政理念。相对贫困概念意味着国家需要在减少社会不平等和促进社会整合等方面做出更多的努力[①]。

在当前形势下提出建立解决相对贫困的长效机制议题，与我国当前的社会主要矛盾高度相关：相对贫困是不充分的发展和不平衡的发展共同导致的结果。不平衡发展意味着部分社会成员落后于社会整体发展，没能共享经济社会发展的成果；不充分发展意味着部分成员的发展能力没能被激发出来，无论在个体层面还是政策层面都需要赋权。解决相对贫困问题需要在"不平衡"和"不充分"两方面同时发力，还要做好社会保护以及制定有效的社会发展政策。根据贫困认定的维度和反贫困政策的取向，治理相对贫困的社会政策可以被划分为四种类型：物质贫困治理和多维贫困治理、保障性政策和发展性政策。

（一）相对贫困治理中的兜底保障

低线相对贫困的内在含义包含着物质短缺，而高线相对贫困也必然包含了极端贫困人口。因此，在专注于相对贫困治理政策体系的建立过程中，

① R. Lister, *Poverty*, Cambridge：Polity Press, 2004：34-35.

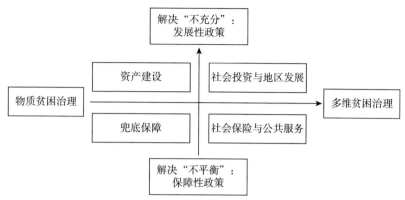

图 4　相对贫困治理的社会政策矩阵

物质保障尤其是社会救助的兜底保障功能不但不应该被放弃，反而应该被强化。

中国的反贫困工作已经取得了重大成就，但是较低标准下的脱贫和运动式资源投入取得的脱贫成效具有容易返贫的脆弱性[1]，这就要求我们要加强和改善社会救助的兜底保障功能。作为最后一张安全网，社会救助是我国精准扶贫中"社会保障兜底一批"的重要组成部分，它与社会保险一起切实发挥了扶贫兜底功能。对于无法参与劳动力市场的特殊困难人群来说，即使在大规模的集中扶贫逐渐退出以后，社会救助仍然是他们最可依赖的兜底保障[2]。但是，我国社会救助制度仍然存在一些需要改善的方面，只有重视这些问题，才能使社会救助更好地发挥兜底功能。

第一，社会救助的瞄准机制问题。随着精准扶贫的推进，我国社会救助的瞄准效率已经有了很大的提高，但是仍有调查显示，瞄准偏差因为瞄准技术、政策执行过程、基层治理环境等原因而广泛存在[3]。如果贫困者不能被纳入社会救助的范围，社会救助的兜底保障功能就根本无从谈起。治理瞄准偏差不仅是一个技术改进问题，更是国家治理体系现代化的过程。

第二，社会救助的保障水平问题。贫困标准随着经济社会发展水平而变动，这是由相对贫困的社会性规定的[4]。世界银行提出的收入贫困标准从

---

① 李小云、许汉泽：《2020 年后扶贫工作的若干思考》，《国家行政学院学报》2018 年第 1 期。

② 邢成举、李小云：《相对贫困与新时代贫困治理机制的构建》，《改革》2019 年第 12 期。

③ 李棉管：《自保式低保执行——精准扶贫背景下石村的低保实践》，《社会学研究》2019 年第 6 期。

④ 李小云、许汉泽：《2020 年后扶贫工作的若干思考》，《国家行政学院学报》2018 年第 1 期。

20 世纪 90 年代的 1.0 美元/天，逐步提升到 1.25 美元/天和 1.9 美元/天，最近又提出中高收入国家 3.2 美元/天和 5.5 美元/天的标准，直观反映了贫困标准的动态变迁。中国目前的贫困标准稍高于 1.9 美元/天，这是一个可以参与国际比较的有效标准①。但是，随着我国进入较高中等收入国家行列，贫困标准和社会救助标准的提高将是一个必然趋势。随着贫困标准的提高，贫困人口的统计数字也会相应增加，这绝不是对中国反贫困成绩的否定，反而反映了中国政府在反贫困过程中的责任担当。

第三，社会救助的制度耦合问题。中国的社会救助已拓展到医疗救助、教育救助和住房救助等多个领域，已经超出了纯粹物质救助的含义，形成了一个政策集合。但是，总体而言，服务型社会救助（如医疗救助、教育救助）仍处于边缘化的状态②。事实上，在阻断"因病致贫"而导致的贫困循环方面，医疗救助可以发挥核心作用；教育更是阻断贫困代际传递的关键机制。在我国的社会救助体系中，加强和改进服务型社会救助对于缓解相对贫困具有重大意义，也在一定程度上体现了"积极社会救助"的政策取向。

2020 年 8 月，中共中央办公厅、国务院办公厅印发了《关于改革完善社会救助制度的意见》，对以上问题进行了集中回应和部署，标志着相对贫困治理中的兜底保障即将开启新局面。

（二）相对贫困治理中的资产建设

传统的社会救助以收入维持为基本目标，这种消极取向在维持贫困者基本生活方面是有效的，但对于缓解和减少贫困的作用有限，甚至事与愿违。传统的"收入为本"的社会救助政策假定只有在贫困者的收入完全不能维持自己的基本生活时，国家才会介入提供"收入维持"，贫困者的资产积累是不被鼓励甚至是不允许的③。相关调查发现，资产的匮乏已经成为阻碍贫困家庭脱贫的核心困扰，绝大多数贫困家庭只能在社会救助制度的帮助下艰难地维持基本生活，遑论利用"剩余资产"把握市场机会。在某种意义上，贫困者被"锁定"在贫困处境中④。改变社会救助的消极取向，赋

---

① 汪三贵：《中国扶贫绩效与精准扶贫》，《政治经济学评论》2020 年第 1 期。
② 林闽钢：《中国社会救助体系的整合》，《学海》2010 年第 4 期。
③ 唐钧：《资产建设与社会保障》，《江苏社会科学》2005 年第 2 期。
④ 迈克尔·谢若登：《资产与穷人——一项新的美国福利政策》，高鉴国译，北京：商务印书馆，2005。

予其社会投资的积极取向可能是改变这一困境的策略。

谢若登（Michael Sherradeu）提出的"资产建设"理论为解决反贫困政策的消极问题提供了新思路，被认为是社会政策发展史上的一次革命①。为了解决贫困者市场参与不足问题，具有投资性质和发展取向的个人发展账户和儿童发展账户可以为贫困者的资产积累发挥积极作用；同样重要的是，个人发展账户还具有人力资本投资的功能，"收入只能维持消费，而资产则能改变人们的思维和互动方式"②。

贫困者也应该有权参与市场和社会，培育相对贫困对象的市场参与能力是治理相对贫困的核心举措之一。与大多数绝对贫困对象缺乏劳动能力不同，绝大多数的相对贫困对象拥有劳动能力，他们之所以贫困，往往是因为"贫困"：贫困导致他们没有足够的资源来把握参与市场和社会的机会。③ 来自中国的经验表明，那些参与金融信贷的相对贫困者并不是将贷款用于攀比式的炫耀性消费，而是用于人力资本投资和微型产业发展，金融信贷对于相对贫困对象具有重要的脱贫效应④。

近年来，金融社会工作在国内外逐渐产生了重要影响。金融社会工作是资产建设理论在社会工作领域的具体应用，其核心要义是帮助服务对象进行资产积累和具有长期发展效应的资产投资。与传统治疗型或帮扶性社会工作比较，金融社会工作的发展取向使其具有显著的长期反贫困效应。但是，金融社会工作毕竟是直接服务，它对制度环境有着较强的依赖性，如果没有强有力的资产建设政策和金融服务政策作为支撑，贫困群体的资产可及性就会成为突出的问题，资产建设的链条就会被打破。在借鉴资产建设理论的过程中，需要充分考虑其适用性，在中国语境下运用金融社会工作既需要在个人层面上进行资产积累，也需要在集体层面上开展资产建设⑤。

（三）相对贫困治理中的社会保险与公共服务

在多维意义上考察相对贫困，贫困就不仅表现为收入低下或物质匮乏。

---

① 杨团、孙炳耀：《资产社会政策与中国社会保障体系重构》，《江苏社会科学》2005 年第 2 期。

② 迈克尔·谢若登：《资产与穷人——一项新的美国福利政策》，高鉴国译，北京：商务印书馆，2005，第 13 页。

③ 迈克尔·谢若登：《资产与穷人——一项新的美国福利政策》，高鉴国译，北京：商务印书馆，2005，第 13 页。

④ L. Li, "Financial Inclusion and Poverty: The Role of Relative Income," *China Economic Review*, 2018, 52.

⑤ 钱宁：《资产建设理论与中国的反贫困》，《社会建设》2019 年第 2 期。

相对贫困在健康、能力、社会参与和个体感受等方面均有所体现，这些风险或剥夺需要通过社会保险和公共服务来化解。

社会保险是一种风险化解和风险分担机制①，一直以来它都被赋予了反贫困的期待。英国之所以能在战后建立起完善的社会保险制度，直接的政策动机就是为了克服社会救助制度的消极性。贝弗里奇宣称，有了社会保险这张预防性的安全网，英国可以"一劳永逸"地解决贫困问题②。事实证明，虽然没能做到"一劳永逸"，但社会保险确实发挥了反贫困作用，朗特里的第三次约克调查证实了这一点③。相反，社会保险体系的功能失效会加剧贫困问题④。我国在治理绝对贫困期间，社会保险也发挥了相应的功效。医疗保险等保障性公共服务的反贫困效应比单纯的物质救助更突出，为贫困对象提供保障性公共服务是缓解贫困的更优选择⑤。

相对贫困的治理要求与绝对贫困的治理要求存在较大差异。在绝对贫困的治理过程中，社会保险的主要功能是"收入维持"⑥。在相对贫困的治理过程中，社会保险需要在收入维持的同时关注收入调节，经济不平等是相对贫困概念关注的焦点之一。学术界对中国社会保险制度的收入调节功能存在着差异化的评价。部分研究证实，社会保险制度在阻滞收入差距进一步扩大方面发挥了作用，是实现社会相对平等的重要手段⑦。然而，也有研究指出，中国多重分割的社会保险制度反而导致贫富差距，风险更高的社会成员所获得的保障反而比那些风险更低的人更少⑧。比较研究发现，虽

---

① R. Walker, *Social Security and Welfare*: *Concepts and Comparisons*, Maidenhead: Open University Press, 2005: 31—32.

② H. Glennerster, "Poverty Policy from 1900 to the 1970s," In H. Glennerster, J. Hills, D. Piachaud & J. Webb (eds.), *One Hundred Years of Poverty and Policy*, York: Joseph Rowntree Foundation, 2004: 79.

③ B. S. Rowntree & G. R. Lavers, *Poverty and the Welfare State*, London: Longmans, 1951.

④ J. Hills, "The Last Quarter Century," In H. Glennerster, J. Hills, D. Piachaud & J. Webb (eds.), *One Hundred Years of Poverty and Policy*, York: Joseph Rowntree Foundation, 2004: 93.

⑤ 卢盛峰、卢洪友：《政府救助能够帮助低收入群体走出贫困吗？——基于1989—2009年CHNS数据的实证研究》，《财经研究》2013年第1期。

⑥ H. Glennerster, "Poverty Policy from 1900 to the 1970s," In H. Glennerster, J. Hills, D. Piachaud & J. Webb (eds.), *One Hundred Years of Poverty and Policy*, York: Joseph Rowntree Foundation, 2004: 79—82.

⑦ 洪岩璧：《再分配与幸福阶层差异的变迁（2005—2013）》，《社会》2017年第2期。

⑧ J. Liu, K. Liu & Y. Huang, "Transferring from the Poor to the Rich," *International Journal of Social Welfare*, 2016, 25.

然社会保险的收入调节功能总体上有效，但是城乡之间、阶层之间差异显著①。打破当前社会保险制度存在的城乡、单位所有制、户籍等多重分割，推进城乡基本公共服务均等化和一体化②，对中国开展相对贫困治理具有重要的意义。

作为一项公共社会服务，社会照顾与社会保险同样重要，但社会照顾在我国社会政策体系中处于边缘地位。国际社会学界在相对贫困研究中早已引入了性别视角，"贫困女性化"是一个热门话题③。为了家庭照料而退出劳动力市场是导致贫困女性化的重要原因④，而由国家出面提供社会照顾可以在一定程度上解决这一问题。艾斯平－安德森⑤的研究发现，尽管"社会公共服务就业"在三种福利体制中差异较大，但是由国家雇用社会成员从事一线社区服务，既能解决就业岗位不足的问题，还能将女性从家庭照顾劳动中解脱出来参与劳动力市场。尽管我国逐步建立起了养老服务、残疾人照料体系，但总体上社会照顾政策长期发展不足，根源在于"家庭是私域不应由公共力量介入"的传统福利观念的影响。西方国家在对"福利国家"的反思中越来越重视社会照顾，"社会服务国家"是对以现金给付为基础的"福利国家"的部分超越⑥。

社会照顾既可以通过直接服务或政府雇佣的方式来落实，也可以通过现金补贴和平衡工作—家庭关系（如带薪休假）的方式来落实。英国在 20 世纪 70 年代引入"家庭收入支持"计划、"行动不便者津贴""出勤津贴""儿童津贴"等政策项目时，正是相对贫困概念初步形成并逐渐流行之时⑦。这些津贴计划的意义是打破国家与家庭的传统边界，在"国家公民"的意义上建构社会保护体系，将家庭的内部照顾纳入国家的职责范畴。

---

① 杨晶、邓大松、申云：《人力资本、社会保障与中国居民收入不平等——基于个体相对剥夺视角》，《保险研究》2019 年第 6 期。

② 吴高辉、岳经纶：《面向 2020 年后的中国贫困治理：一个基于国际贫困理论与中国扶贫实践的分析框架》，《中国公共政策评论》2020 年第 11 期。

③ A. Marcoux, "The Feminization of Poverty," *Population and Development Review*, 1998, 24.

④ S. Duncan & R. Edwards, *Lone Mothers, Paid Work and Gendered Moral Rationalities*, Basingstoke: Macmillan, 1999: 3.

⑤ 考斯塔·艾斯平－安德森：《福利资本主义的三个世界》，郑秉文译，北京：法律出版社，2003，第 178 页。

⑥ 林闽钢：《"社会服务国家"发展论纲》，《南国学术》2020 年第 2 期。

⑦ H. Glennerster, "Poverty Policy from 1900 to the 1970s," In H. Glennerster, J. Hills, D. Piachaud & J. Webb (eds.), *One Hundred Years of Poverty and Policy*, York: Joseph Rowntree Foundation, 2004: 89-90.

(四) 相对贫困治理中的社会投资①与地区发展

发展型社会政策以"社会投资"为核心机制，扭转了传统社会"资源消耗"的消极取向，将经济增长和社会发展融合起来，代表社会政策发展进入了新阶段②。发展型社会政策所倡导的人力资本投资、社会资本投资和市场机会开发等社会投资战略在相对贫困的治理中具有重要的参考价值。

在人力资本投资方面，教育的作用毋庸置疑。在相对贫困治理的过程中，教育的投资功能有两点值得重视。第一，教育投资回报是一个长期的过程，政府和个人都需要保持足够的耐心。教育扩张的反贫困作用只有在长时段才能体现出来，当下国家在教育领域的投入需要十几年甚至几十年后才能见到反贫困的成效③。第二，教育回报的阶层公平性是一个值得重视的问题。国内相关研究表明，高等教育回报率的受益群体出现"倒 U 型"，即中间阶层从高等教育扩招中获益最多，而社会下层尤其是贫困对象从中获益较少④。促进基础教育资源更公平分配可能是解决这一问题的思路。

除了教育之外，其他社会政策也可以发挥促进人力资本投资的作用。目前在欧洲热议的"工作导向型福利"（welfare to work）就是人力资本投资的有效尝试。"工作导向型福利"强调"保护性的再商品化"，对就业能力的提升是这一政策的关键⑤。英国的"青年新政"是该国积极就业策略的重要组成部分，它的基本操作模式是让青年人在提升就业能力的前提下实现稳定就业⑥。20 世纪 70 年代末期以来，英国反贫困的重心已从"满足最低生活标准"转向"消除社会排斥"。1999 年 9 月，新工党政府第一次发布了

---

① 严格来说，资产建设也是发展型社会政策的重要组成部分，米奇利（James Midgley）对此多有引用并大加赞赏。但是出于类型学划分的需要，我们将资产建设单列出来。

② 詹姆斯·米奇利：《社会发展：社会福利视角下的发展观》，苗正民译，上海：上海人民出版社，2009。

③ M. Medeiros, R. Barbosa & F. Carvalhaes, "Educational Expansion, Inequality and Poverty Reduction in Brazil: A Simulation Study," *Research in Social Stratification and Mobility* (https://doi.org/10.1016/j.rssm.2019.100458), 2019.

④ 郭冉、周皓：《高等教育使谁获益更多？——2003—2015 年中国高等教育异质性回报模式演变》，《社会学研究》2020 年第 1 期。

⑤ 帕特丽夏·威奈尔特：《就业能力——从理论到实践》，郭瑞卿译，北京：中国劳动社会保障出版社，2004。

⑥ 肯·贾奇：《对英国从福利到工作制度的评估》，载尼尔·吉尔伯特等编《激活失业者——工作导向型政策跨国比较研究》，王金龙等译，北京：中国劳动社会保障出版社，2004，第 11 页。

贫困与社会排斥的年度报告，从社会排斥的角度对致贫原因进行了详细归纳①。这份报告实际上构成了新工党政府缓解相对贫困的行动纲领，促进就业、建立最低工资标准、扩大公共教育支出等制度都在这一框架下得以建立和完善。

宏观意义上的社会资本是指一个社会的整合程度、参与程度和信任程度。社会政策的社会资本投资需要打破各种社会排斥，促进民众的社会和市场参与。工作贫困（working poverty）是社会排斥的集中体现。工作贫困的根源是劳动力市场分割和社会制度共同导致的社会排斥②。我国的工作贫困问题在农民工群体中表现得尤为突出。农民工长期被排斥在反贫困政策的关注范围之外，但是统计发现，按照人均可支配收入50%的相对贫困标准测算，农民工群体中有26%以上的人口面临贫困风险③。治理工作贫困一方面需要建设更开放和高效的劳动力市场，清理因户籍、地域和身份造成的劳动力市场区隔；另一方面需要从社会权利的赋予入手，在社会保护的各维度上赋予劳动力平等的社会权利。

通过专项或综合的扶贫开发战略，促进贫困地区的产业发展和提升贫困地区的市场参与水平，这是我国贡献给全球反贫困的重要经验④。但是，在我国的扶贫开发或贫困地区发展项目的运作过程中，如何解决"精英俘获""垒大户"和贫困群体参与不足的问题是今后相对贫困治理中的重要议题。

六　结论与讨论

社会视角在贫困研究历史中经历了百年沉浮。经过激烈的争论，相对贫困研究与绝对贫困研究开始走向和解。当前相对贫困研究的总体趋势是"双向运动"。一方面不断拓展社会视角的维度，另一方面又将生理视角的"基本生活需要"纳入分析范畴，形成"双核驱动"的研究态势。社会不平

---

① J. Hills, "The Last Quarter Century," In H. Glennerster, J. Hills, D. Piachaud & J. Webb (eds.), *One Hundred Years of Poverty and Policy*, York: Joseph Rowntree Foundation, 2004: 97-99.

② 齐格蒙特·鲍曼：《工作、消费、新穷人》，仇子明、李兰译，长春：吉林出版集团有限公司，2010，第81—85页。

③ 郭君平、谭清香、曲颂：《进城农民工家庭贫困的测量与分析——基于"收入—消费—多维"视角》，《中国农村经济》2018年第9期。

④ 汪三贵：《中国扶贫绩效与精准扶贫》，《政治经济学评论》2020年第1期。

等、社会排斥和相对剥夺等核心概念的社会视角是相对贫困理论安身立命的根本，它必然被纳入相对贫困的测量之中；同时，"基本生活需要"所指向的物质短缺或物质剥夺也构成相对贫困测量的重要指标。

正是在"双向运动"的影响下，目前形成了"低线相对贫困"和"高线相对贫困"对相对贫困类型的两种界定。低线相对贫困在收入维持的假设下将绝对贫困人口作为参照群体，而高线相对贫困在社会不平等的预设下将社会一般生活水平作为参照标准。低线相对贫困和高线相对贫困的差别不是贫困线的高低，而是背后理念的分殊。

我国本土相对贫困治理的已有探索以低线相对贫困为起点，逐渐具有了高线相对贫困的色彩，但是理论认识的模糊性导致这些本土实践延续了绝对贫困治理的策略，忽视了相对贫困的核心关切。因此，我国 2020 年以后的相对贫困治理需要构建一个体系化的长效机制。

首先，需要在政策权衡的基础上对低线相对贫困和高线相对贫困进行明确的界定。本研究揭示，这两种相对贫困的界定虽然在贫困标准上存在差异，但更突出的是扶贫理念的差异。换言之，选择哪种相对贫困认定标准，不仅涉及财政问题，而且涉及福利价值观问题。政策的"社会合法性"是一个需要考虑的问题。

其次，相对贫困认定指标的建构需要引入贫困对象的声音。"专家—行政视角"虽然易于操作，但容易陷入理论的自我验证和"管理穷人"的陷阱；"大众视角"在某种意义上能摆脱理论预设的先验判断，却存在淹没贫困者声音的风险。"贫困者视角"则直接让贫困者发声，不但能直观获得贫困者的现实体验，而且能观察到贫困与制度排斥之间的关系，它有可能为政策制定和修订提供更现实的依据。

最后，鉴于相对贫困的复杂性，相对贫困的治理需要一个体系化的政策集合。从贫困认定（物质贫困—多维贫困）和反贫困政策取向（保障性政策—发展性政策）两个维度出发，相对贫困治理长效机制的政策集合可划分为四种类型，每种政策类型在中国的应用都有其需要特别关注的焦点。具体而言，第一，需要强化社会救助的兜底功能。在瞄准精度、保障标准和政策耦合等方面，相对贫困治理阶段的社会救助还亟须完善。第二，需要反思社会保险的功能定位。在绝对贫困治理阶段，社会保险的核心功能是收入维持；在相对贫困治理阶段，社会保险的工作重心应当转向缓解社会不平等，这就需要对我国社会保险体系中的多重分割进行反思。第三，社会照顾应当被纳入我国社会政策的主流。我国的社会照顾始终处于社会政策的边缘地位，已有的国际经验充分表明，社会照顾是缓解相对贫困的重要手段。第四，发展取向的社会政策应当被提上日程。相对贫困治理的长期方向是提升相对贫困者的就业能力、促进广泛的社会参与、打破各种形式的制度壁垒、拓展贫困群体的市场机会。

治理相对贫困是一项系统工程。由于学科属性的限制，本文仅讨论了社会政策视野下的相对贫困治理长效机制。财政政策、产业政策等各种其他公共政策在相对贫困治理中理应发挥重要的作用。解决不平衡发展和不充分发展问题需要构建多领域政策协同推进的格局。

"数字控制"下的劳动秩序*

——外卖骑手的劳动控制研究

陈 龙

摘 要：沿着马克思技术控制的思路，本文从组织技术和科学技术视角对外卖骑手的劳动过程进行研究。一方面，经过平台公司对控制权的重新分配，平台系统与消费者取代了平台公司对骑手进行管理。平台公司看似放弃了对骑手的直接控制，实则淡化了雇主责任；劳资冲突也被相应地转嫁到平台系统与消费者之间。另一方面，"数字控制"从实体的机器、计算机设备升级为虚拟的软件和数据，平台系统通过潜移默化地收集、分析骑手数据并将数据结果反作用于骑手而使劳动秩序成为可能。数字控制不仅削弱着骑手的反抗意愿，蚕食着他们发挥自主性的空间，还使他们在不知不觉中参与到对自身的管理过程中。数字控制还表明，资本控制手段不仅正从专制转向霸权，而且正从实体转向虚拟。

关键词：外卖骑手 劳动过程 控制权 数字控制

劳动过程理论的出发点是劳动力的"不确定性"。资本在购买劳动力以后面临的最大挑战是如何将劳动力百分之百地转移到产品或服务中去。这一过程充满了不确定性，因此，对于资本家来说，把劳动过程的控制权从工人手里转移到自己手里非常必要①。但是，资本在控制劳动的过程中也必不可避免地埋下了工人反抗的种子。因此，劳动过程理论所要回应的核心

---

* 本文原载《社会学研究》2020 年第 6 期。本研究受国家社会科学基金青年项目"人工智能时代互联网平台非典型劳动形态研究"（20CSH047）资助。

① 哈里·布雷弗曼：《劳动与垄断资本》，方生、朱基俊、吴忆宣、陈卫、张其骈译，北京：商务印书馆，1979，第 54 页。

议题就是资本如何控制劳动以及工人如何反抗，也即劳动秩序何以可能。"资本如何维系生产现场的秩序是劳动过程理论解释的基本问题"①。

人类社会已从工业化生产时代迈入了互联网时代，从实体经济迈向了虚拟的平台经济，资本的"触角"也不满足于停留在对生产领域的劳动控制上，而是延伸到流通领域（如外卖骑手、网约车司机、快递员等的工作），因此劳动过程理论也要顺应时代变迁。本研究即从劳动过程理论的核心议题出发，关注资本控制劳动的方式在互联网平台经济中发生的改变。与工业化生产时代相比，互联网平台劳动者似乎拥有很大的"自由"和"自主性"。"饿了么"提出，工作"自由"是吸引骑手的重要因素，超过60%的"蜂鸟"骑手最看重自由的工作时间，而近30%的骑手表示喜欢骑车穿梭在城市中的感觉。② 研究者也已经发现，互联网平台对劳动过程的控制与传统雇佣组织存在着巨大差异，"劳动者在平台上接单和工作，可以自由决定工作时间、地点、休息休假，甚至能够决定劳动供给与薪资水平，劳动者拥有工作自主性"③。

那么，我们是否可以认为互联网平台经济中的平台公司已经放松了对劳动的控制？如果回答是肯定的，这就与劳动过程理论的出发点相悖。如果回答是否定的，为什么参与互联网平台的劳动者看起来又非常"自由"，而且在工作中还拥有相当程度的"自主性"？不仅如此，相比于工业化生产时代，"饿了么""美团"等互联网平台的用工规模史无前例，"饿了么"官方网站公布的注册骑手数量为 300 万人，④ "美团"公布的则超过 270 万人。⑤ 规模如此庞大的外卖骑手群体竟可以每天有条不紊地穿梭于中国大大小小的城镇。从劳动过程理论的核心关切出发，本文试图探问：互联网平台控制下的劳动井然有序的原因究竟是什么？

一 劳动过程理论中的技术控制

（一）经典劳动过程理论中的技术控制

马克思揭示出技术的两种类型，一是作为物质人造物的技术，指涉的

---

① 王星：《技术的政治经济学：基于马克思主义劳动过程理论的思考》，《社会》2011 年第 1 期。
② 参见"饿了么"内部发布的《2018 外卖骑手群体洞察报告》。
③ 吴清军、李贞：《分享经济下的劳动控制与工作自主性》，《社会学研究》2018 年第 5 期。
④ 参见"蜂鸟即配"的首页（https://fengniao.ele.me）。
⑤ 参见"美团配送"的首页（https://peisong.meituan.com）。

是人与自然的关系，二是作为社会形式的技术，指涉的是人与人之间的社会关系①。前者指科学技术在劳动过程中的应用，后者指劳动过程中出现的组织技术。在资本主义生产方式中，技术起着提高生产效率的作用，同时也是资本控制劳动的重要手段。自马克思以来，对技术控制的分析基本沿着科学技术控制和组织技术控制两条线索展开。

马克思指出，"生产方式的变革，在工场手工业中以劳动力为起点，在大工业中以劳动资料为起点"②。生产方式的两次变革分别指组织技术与科学技术的革新。首先，工场手工业改进了劳动力组织方式。一方面，分工提高了生产力，制造了"局部工人"；另一方面，劳动力等级制度把工人分为熟练工人和非熟练工人。分工和等级制度共同推动了生产效率的提高，但同时也导致劳动力价值的贬损。随后，工业生产革新了生产技术，将劳动资料从工人手里转移到机器上，并用自然力取代人力。马克思在《资本论》中分析了机器应用对工人的直接影响，指出机器对工人体力的替代消除了工人在性别、年龄上的差别。随着妇女和儿童加入劳动大军，资本获得了更加易于控制的工人；同时，在失业危机下，工人的反抗意愿和能力也被削弱了③。

沿着马克思的分析思路，布雷弗曼（Harry Braverman）在《劳动与垄断资本》中首先分析了泰罗（Frederick Winslow Taylor）的科学管理。在他看来，科学管理与科学技术无关，而属于管理方法和劳动组织的发展④。科学管理的目标是要将劳动过程的控制权转移到经理部门，并把对工人的控制精确到每一操作。泰罗认为，这一目标通过三个步骤即可实现：第一，搜集和发展关于各个劳动过程的知识；第二，将这种知识集中到经理部门；第三，利用对知识的垄断控制劳动过程的每一步骤⑤。最终，科学管理将导致劳动者手与脑的分离和对立，工人的工艺知识与劳动的控制权被剥夺，"工人只起齿轮和杠杆的作用"⑥。紧接着，布雷弗曼分析了科学技术控制对

---

① R. Grundmann, *Marxism and Ecology*, New York: Oxford University Press, 1991: 139.
② 马克思：《资本论》第一卷，北京：人民出版社，2004，第427页。
③ 马克思：《资本论》第一卷，北京：人民出版社，2004，第454—464页。
④ 哈里·布雷弗曼：《劳动与垄断资本》，方生、朱基俊、吴忆宣、陈卫、张其骈译，北京：商务印书馆，1979，第78页。
⑤ 哈里·布雷弗曼：《劳动与垄断资本》，方生、朱基俊、吴忆宣、陈卫、张其骈译，北京：商务印书馆，1979，第110页。
⑥ 哈里·布雷弗曼：《劳动与垄断资本》，方生、朱基俊、吴忆宣、陈卫、张其骈译，北京：商务印书馆，1979，第124页。

工人的影响。他从机器运转的控制方式出发，揭示了"机器的本性以及技术发展的必然结果就是没有必要再让直接操纵机器的人具有对机器的控制力"[1]。他还以车间机床的"数值控制"（numerical control）为例，说明机器是如何根据数字程序按部就班地工作进而降低对机器操作工人的技能要求。相比于泰罗制引发的激烈反抗，工人与机器之间的技术鸿沟更容易使工人屈从于机器的支配。

埃德沃兹（Richard Edwards）在《充满斗争的领域》中同样选择从劳动组织技术开始分析。"控制系统"是他分析的基础。他认为控制系统包含三个要素，即指导工人工作、评估工人工作的表现以及奖惩工人[2]。在竞争资本主义阶段，控制系统完全由雇主一人掌握，先后出现过雇主控制和等级控制两种非结构控制。进入垄断阶段以后，非结构控制继续存在于处在经济边缘地带的中小企业中，而处于经济核心的垄断公司则由于等级控制的失效和大量文职人员的出现不得不采取新的控制手段，即把"控制系统"分别嵌入到公司的技术结构和组织结构中。前者被称为"技术控制"[3]，后者被称为"科层制控制"[4]。尽管埃德沃兹直接使用了"技术控制"一词，但它主要指科学技术控制的一面，即把控制工人（主要是生产线上的蓝领工人）的三要素完全交由技术掌管，比如经理设定流水线的速度后就不再需要领班来指导工人工作。随着"数值控制"设备的引入和计算机在车间中的应用，"计算机向工人发送操作指令，收到反馈信息后，再发布下一道操作指令……计算机逐步控制了工作的全部流程"[5]。"科层制控制"则代表了组织技术控制的革新。相比雇主控制和等级控制的随意性，科层制控制把控制工人（主要是办公室文职员工）的三要素完全交给规章制度，对工作职责、范围、内容、层级都进行详细的规定。随着控制系统的结构化，工人的反抗意愿也被消解。

---

[1] 哈里·布雷弗曼：《劳动与垄断资本》，方生、朱基俊、吴忆宣、陈卫、张其骈译，北京：商务印书馆，1979，第 172 页。

[2] R. Edwards, *Contested Terrain：The Transformation of the Workplace in the Twentieth Century*, New York：Basic Books, 1979：17-18.

[3] R. Edwards, *Contested Terrain：The Transformation of the Workplace in the Twentieth Century*, New York：Basic Books, 1979：110.

[4] R. Edwards, *Contested Terrain：The Transformation of the Workplace in the Twentieth Century*, New York：Basic Books, 1979：131.

[5] R. Edwards, *Contested Terrain：The Transformation of the Workplace in the Twentieth Century*, New York：Basic Books, 1979：123.

布若威（Michael Burawoy）在《制造同意》中没有专门就科学技术控制展开分析。因为在他看来"机器工具技术至少在原理上在过去一个世纪里保持着相对稳定"[①]。但是，布若威的贡献在于将工人的主体性带入了劳动过程理论的分析框架。相比于马克思、布雷弗曼、埃德沃兹所呈现的科学技术控制专制的一面，布若威让我们看到了科学技术控制霸权的一面。在国家通过立法干预劳动过程的背景下，工人重获了对机器的控制。"超额游戏"使工人控制自己的机器而不是被其控制，这提高了他们的自主性，所以"游戏成为获得相对满意，或者马尔库塞所称的压抑满足的一部分……这种需要的满足不仅再生产了'自发的奴役'（同意），也产生了更多的物质财富"[②]。在组织技术控制方面，企业内部的劳动力市场培育了竞争性的个体主义，在减轻工人与管理层之间冲突的同时加剧了工人的内部矛盾，资历的回报则确保了工人对企业的忠诚；而公司内部建立的集体谈判和申诉程序通过把工人培育成具有权利和义务的工业公民而不是阶级的一员，消解了工人作为一个阶级的团结和斗志。

综合来看，在资本主义生产方式下，管理部门一直致力于分解工人所掌握的劳动过程，把它改组为管理部门所掌握的劳动过程；新的生产方法和新机器为这种分解与改组提供了绝佳契机。在组织技术革新方面，劳动的分工与协作、概念与执行的分离、科层制、内部劳动力市场和内部国家不断蚕食着工人的技能与抗争能力；在科学技术迭代方面，劳动过程研究先后揭示了机器、自动化和计算机技术对劳动过程以及劳动者的异化产生的影响。总之，正是在科技革命时代，管理部门才拥有了掌握整个劳动过程并且毫无例外地控制其一切因素的"豪心壮志"。但是，"对于劳动过程怎样由科技革命而发生变化这个问题，始终没有唯一的答案。因为在过去一百年里，科学和管理袭击了劳动过程的各个方面"[③]。随着以人工智能技术为代表的第四次工业革命的兴起[④]，互联网与大数据等技术的应用对人们

---

① 迈克尔·布若威：《制造同意——垄断资本主义劳动过程的变迁》，李荣荣译，北京：商务印书馆，2008，第64页。

② 迈克尔·布若威：《制造同意——垄断资本主义劳动过程的变迁》，李荣荣译，北京：商务印书馆，2008，第89页。

③ 哈里·布雷弗曼：《劳动与垄断资本》，方生、朱基俊、吴忆宣、陈卫、张其骈译，北京：商务印书馆，1979，第150页。

④ 田思路、刘兆光：《人工智能时代劳动形态的演变与法律选择》，《社会科学战线》2019年第2期，第212—213页。

的工作与生活产生了颠覆性的影响①。沿着马克思技术控制的视角，新一轮技术变迁又将对劳动过程产生怎样的影响？

（二）互联网平台中的技术控制

如今，无论国内还是国外，其他产业巨头的风光都已被各类互联网平台企业所掩盖。中国的"ATM"（阿里巴巴、腾讯和美团）和美国的"FLAG"[Facebook（脸书）、Amazon（亚马逊）、LinkedIn（领英）和 Google（谷歌）]都是当下最炙手可热的互联网平台企业。最早的互联网平台源自搜索引擎和社交媒体平台。佩特曼（Dominic Pettman）指出，这类平台营利的关键在于能否获取人们的注意力，即平台要让人的注意力转移到平台上，因为注意力越多，平台才越有可能通过广告营利②。谷歌和脸书的出现颠覆性地改变了纯粹依赖数量的注意力营利模式。它们在网上监控并挖掘个人留下的信息，进而获得精准推送的能力，将广告信息提供给更需要的用户。从粗放的注意力经济到精准的广告推送，"数据"在其中扮演了关键作用。"对广告而言，预测和分析是十分关键的，每一比特的数据不管多琐碎都拥有潜在的价值"③。于是，谷歌、脸书、亚马逊这样的平台企业开始存储用户的每一次搜索、每一条推送和每一次购物记录，通过这些不经意间留下的数据，平台可以更好地控制其用户。

罗森布拉特（Alex Rosenblat）在《优步：算法重新定义工作》中揭示了优步（Uber）如何通过算法控制它的用户——司机。事实上，优步借鉴了谷歌和亚马逊这类平台公司管理和操纵消费者的方法，即追踪消费者的喜好和点击的内容，然后向具有同类偏好特征的用户提供所谓的"个性化定制"。只不过，优步把同样的策略应用到了劳动管理上。作为数据驱动型的互联网平台公司，优步通过详细记录司机行踪的各种细节——从他们手机的震动到乘客对每一趟行程的评分——来量化司机的工作习惯。尽管优步一再宣扬所谓的"放手式"管理给予了司机充分的自由和自主性，但它实际上在实施某种更高级别的监控，因为会记录司机一系列的个人数据，包括评分、接单率、拒单率、在线时长、行程次数以及与其他司机的表现对比等。罗森布拉特指出，在这一切的背后，"优步的算法让公司对司机的

① 贾根良：《第三次工业革命与工业智能化》，《中国社会科学》2016年第6期，第87—106页。
② D. Pettman, *Infinite Distraction*, Cambridge：Polity, 2015：15.
③ S. Levy, "Secret of Googlenomic：Data-Fueled Recipe Brews Profitability," *Wired*, 2009, 17 (6)：108.

工作方式有了极大的掌控权"①。

与国外相比，国内针对互联网平台劳动过程控制的研究日益丰富。吴清军、李贞②从控制视角对网约车司机进行了研究。他们发现，平台对劳动过程的控制和劳动者拥有工作自主性同时并存，这与传统劳动过程控制明显不同。这种新的用工模式以及平台对劳动过程进行控制的策略是平台的三种核心机制发挥作用的结果。工作自主性机制、计薪与激励机制、星级评分机制使网约车司机对平台及其规则产生主动认同与被动接受的主观体验，并最终形成与平台的合作。该研究实际上避开了技术视角，而从劳动者主体性视角对资本控制手段进行分析。庄家炽③在对互联网平台快递员的研究中发现，快递公司延续了工厂管理的模式，快递工人在劳动过程中必须遵循标准化和规范化的操作。与此同时，快递公司建立了一套严密的信息监控系统，通过扫描快递产品的条形码将物流信息和相关责任人记录到计算机中，以供管理者和消费者追踪和查询。延续的工厂管理模式可以被视为一种组织技术控制，而以产品条形码为中心的信息监控系统则是科学技术控制的体现。冯向楠、詹婧④在对外卖平台骑手的研究中发现，在具体的劳动过程中，平台不仅掌握了信息源和骑手数据，更实现了根据骑手个人特征而施行的实时动态化管控；同时，以智能语音助手为代表的人工智能技术的应用导致了骑手的"去技术化"。孙萍⑤也对外卖骑手进行了研究，指出算法逻辑下的劳动具有时间性、情感性和游戏化特征，并认为骑手通过"逆算法"的劳动实践实现了"人的逻辑"与"算法逻辑"的糅合与对抗。两项研究分别从人工智能和算法的角度对互联网平台的科学技术控制进行了探索。

综合来看，针对互联网平台的科学技术控制，国外研究者已指出大数据和算法在其中的应用。尽管算法是互联网平台特有的科学技术控制手段，但它与布雷弗曼、埃德沃兹在 20 世纪 80 年代就已经提出的"数值控制"

---

① 亚历克斯·罗森布拉特：《优步：算法重新定义工作》，郭丹杰译，北京：中信出版集团，2019，第 187 页。
② 吴清军、李贞：《分享经济下的劳动控制与工作自主性》，《社会学研究》2018 年第 5 期。
③ 庄家炽：《资本监管与工人劳动自主性——以快递工人劳动过程为例》，《社会发展研究》2019 年第 2 期。
④ 冯向楠、詹婧：《人工智能时代互联网平台劳动过程研究——以平台外卖骑手为例》，《社会发展研究》2019 年第 3 期。
⑤ 孙萍：《"算法逻辑"下的数字劳动：一项对平台经济下外卖送餐员的研究》，《思想战线》2019 年第 6 期。

一脉相承，归根结底仍涉及数据如何被运用到管理当中，也因此构成理论上的连续性。国内研究者对人工智能、大数据和算法等技术的强调则略过了具体分析。至于技术究竟"如何渗透在控制工人生产活动之中"①，仍有待进一步深入讨论，以更加细致地揭示人工智能、大数据、算法究竟如何被应用到互联网平台的劳动管理中。而针对互联网平台的组织技术控制，国外研究者和国内研究者在很多方面达成了共识，如认为消费者在互联网平台"扮演中层管理者，因为他们负责对员工的表现进行评估"②。但是，仍然缺乏对上述现象的理论分析和总结。

"重返生产的隐秘之处，将被遮蔽了的劳动过程和生产场景暴露在研究者的视野之下，是劳工研究的题中之义"③。遵循劳工研究的这一传统方法，笔者加入了北京中关村的一家外卖骑手团队。④ 从 2018 年 3 月初到 2018 年 8 月中旬，笔者一直以团队骑手⑤的身份送外卖，一边亲身体验骑手的劳动过程，融入骑手的日常工作与生活，一边积累由观察、访谈和日志汇聚成的田野资料。这一长时间的"浸泡"有助于笔者观察外卖平台公司技术控制的变迁过程。同时，外卖平台公司技术团队定期发布的技术博客也成为笔者了解骑手背后的技术世界的重要资源。笔者加入的骑手团队不仅是北京最早出现的团队之一，还有相当程度的代表性。用团队站长的话说，"咱们团队称得上全国单量第一的外卖团队。如果说全国的外卖团队看北京，那么北京的外卖团队就要看咱们了"。

通常情况下，团队骑手要接受所在站点（劳务公司/代理商）的管理，但管理逐步局限在晨会考勤和高峰期人工调单上。因此，与众包骑手一样，外卖平台公司实际上把对团队骑手的管理（包括系统派单、骑手匹配、配

---

① 王星：《技术的政治经济学：基于马克思主义劳动过程理论的思考》，《社会》2011 年第 1 期，第 203 页。

② 亚历克斯·罗森布拉特：《优步：算法重新定义工作》，郭丹杰译，北京：中信出版集团，2019，第 174 页。

③ 闻翔、周潇：《西方劳动过程理论与中国经验：一个批判性的评述》，《中国社会科学》2007 年第 3 期，第 29 页。

④ 文中所出现的人名、地名和团队名称均进行了匿名处理。

⑤ 外卖骑手与外卖平台公司之间先后产生了三种用工模式，即自营、外包和众包。自营骑手与外卖平台公司签订劳动合同，享有法律规定的薪资福利待遇。但是出于成本考虑，平台公司逐步把配送业务外包给第三方劳务公司（也叫代理商/站点），自己只负责平台系统的运营和维护。外包模式下的骑手又称团队骑手，他们以平台公司的名义工作，但受站点招募和管理，与平台公司之间只存在用工关系。众包骑手不受雇于任何单位，只需登录平台、注册账号就可以抢单配送，是外卖配送平台非常重要的社会化补充。

送定价、路线规划、顾客评价、绩效奖惩等）也交给了平台系统。这里所说的平台系统指由外卖平台公司开发并负责运营和维护的配送软件或者应用程序。针对不同用户，它们又被分为客户端（消费者）、商户端（商家）以及配送端（外卖骑手、站点）等。平台系统承揽了大部分的骑手管理任务，因此，研究平台经济劳动过程的关键在于理解平台系统对外卖骑手的管理。

二　组织技术控制：重新分配控制权

从注册到退出，外卖骑手的劳动过程始终围绕着平台系统展开。在通过手机安装外卖平台软件并注册后，外卖骑手就可以经由平台系统接单。由于骑手类型存在差异，骑手接单的方式也各不相同。众包骑手需要在平台系统上抢单。一般来说，经验丰富的众包骑手可以根据订单的重量、距离、价格等因素一眼扫出"性价比"最高的订单，然后果断抢单。团队骑手不需要抢单，因为他们没有挑选订单的权力。在被平台系统派单后，团队骑手必须接受平台系统的派送任务。但是，不同类型的外卖骑手在接单之后的劳动过程是大体一致的。

（一）骑手的劳动过程

从时间上看，骑手的劳动过程分为三个阶段，即到店、取餐和送达；从空间上看，骑手的劳动过程涉及三个地理坐标即等单地、商家和顾客所在地。骑手拿到订单以后，第一步就是根据商家所在位置找到相应店铺，第二步是从商家前台或者后厨取餐，最后一步是根据顾客的位置将订单送达。在这一过程中，骑手每完成一步都需要通过手机向平台系统反馈。平台系统根据骑手反馈时其手机的 GPS 定位和配送时间长短来判断反馈是否属实。通常情况下，骑手反馈时的 GPS 定位与商家或顾客所在位置的直线距离不能超过 500 米，骑手取餐和送达之间的间隔不能少于 5 分钟。如果平台系统判定反馈不属实，那么骑手就无法进行下一步操作。

除了在时空上对外卖骑手的劳动过程进行监管外，平台系统还会在配送的不同环节提供具体指导。例如在接单-到店环节，骑手可以通过平台系统显示的订单热力图查看订单需求的区域分布，然后到订单需求量大的区域等单或抢单，这样接单的概率更高。又如，在到店-取餐环节，骑手可以通过平台系统查看订单的预计出餐时间。当有多个订单要取时，骑手就可以根据订单的预计出餐时间合理规划取餐顺序。再如，在取餐-送达环节，骑手按照平台系统规划的送餐路线和顺序送餐，可以提高送餐的准确率和时效性。

在骑手配送的同时，消费者也参与其中。在骑手向平台系统反馈到店、取餐和送达等操作时，平台系统也会同时将骑手的反馈传递给消费者。不仅如此，消费者还可以在外卖平台软件上实时查看骑手的运动轨迹。从骑手接单的那一刻起，平台系统就通过动态地图将骑手的行踪呈现给了消费者。因此，骑手在配送过程中是否存在拖延、绕路的行为，消费者通过查看动态地图便了如指掌。平台系统通过赋予消费者这种俯视全局的"上帝视野"增加了他们对送餐的控制和预见性，但也在无形中给外卖骑手增加了不小的压力。因为骑手在工作过程中始终明白，有一双甚至好几双眼睛在盯着自己。其结果就是骑手送餐的灵活性大打折扣。团队骑手老梅举例说：

> 按理说我应该先送正方大厦，再去Y大工学院。但是工学院的单子时间紧，要是先送正方大厦的，等到工学院时，单子准超时。你说我怎么办？我看正方大厦的时间也来得及，我就先去了工学院，相当于先送远的再送近的。谁承想，刚到工学院，正方大厦的顾客就给我打电话，问我怎么走过了。我说我先到工学院了，因为这单要超时，还不停地告诉她我马上就到正方大厦，但她听起来就不太高兴，还说就是因为从手机上看到我过来了，才好心好意提前下楼，想给我节省时间。没承想，我倒先去别地儿了，让人家白等了一会儿，我也挺不好意思的。

送餐结束后，结合骑手在配送过程中的表现以及订单送达是否超时、撒漏等标准，平台系统还会要求消费者对骑手的配送服务进行评价，从"非常差"到"一般"再到"超赞"。

最后，平台系统会根据消费者给出的评价对骑手进行奖惩。奖惩分为两种形式，一种是虚拟积分即"蜂值"，另一种是现实奖金。前者关系到骑手的"等级"，[①] 后者则直接关系到骑手的收入。通常情况下，骑手每完成

---

① 以笔者所在的外卖平台公司为例，骑手等级从小到大依次是青铜、白银、黄金、铂金、钻石和王者。每个等级之下又分四个小等级，如青铜1级、2级、3级和4级。随着骑手积累的"蜂值"越来越多，骑手的等级也越来越高。又由于差评、投诉以及缺勤等原因会不停地导致"蜂值"被扣除，骑手的等级是不断变化的。

一个订单的配送,就会获得一个"蜂值"。如果得到好评,会再增加两个"蜂值"。但如果配送超时,骑手就会被扣除四个"蜂值";如果被投诉,被扣除的"蜂值"会更多。平台系统根据骑手的"蜂值"评定骑手等级,"蜂值"越多的骑手等级越高。相比于等级低的骑手,等级高的骑手具有优先获得平台系统派单的特权,每单配送的提成也更多。以笔者所在的外卖团队为例,青铜骑手即最低等级的骑手每单的配送提成是 8 元,而王者骑手即最高等级的骑手每单的配送提成是 8.5 元。此外,骑手如获得好评,会被平台系统直接奖励 1—2 元;如得到差评,会被处罚 10—20 元;如被投诉,则处罚金额更高,一般在 200 元以上。

(二)控制权的重新分配

埃德沃兹在《充满斗争的领域》中对竞争自由主义阶段和垄断资本主义阶段的企业劳动组织形式进行了分析。他从"控制系统"入手,提出控制系统包括三个要素,即指导工人工作、评估工人表现和对工人实施奖惩[1]。埃德沃兹认为,"控制"是"资本家或管理者从工作者身上获得想要的工作行为的能力"[2]。因此,控制系统的三要素实际上代表了三种控制权。在竞争自由主义阶段,大部分企业从小作坊起家,雇主也从技工成长而来。由于企业规模较小,雇主可以监督生产的各个环节并指导具体的生产操作,控制系统也就完全由雇主掌握。埃德沃兹将这种控制称为"雇主控制"[3]。随着企业规模扩大,企业内部出现了垂直的管理体系,每一层对下一层进行控制。埃德沃兹将这种控制称为"等级控制"。对于工人而言,领班(foreman)就是他们的上级,并且掌握控制系统,以至于"领班对工人的权力几乎是绝对的,这导致了管理的专横和徇私"[4]。为了抑制由个人的专横管理引起的激烈反抗,在垄断资本主义阶段,控制系统被嵌入到企业的技术结构和组织结构中。换言之,控制要素改由结构化的技术体系与组织体系所掌握。由于"技术控制"和"科层制控制"使控制系统变得结构化、

① R. Edwards, *Contested Terrain: The Transformation of the Workplace in the Twentieth Century*, New York: Basic Books, 1979: 18.

② R. Edwards, *Contested Terrain: The Transformation of the Workplace in the Twentieth Century*, New York: Basic Books, 1979: 17.

③ R. Edwards, *Contested Terrain: The Transformation of the Workplace in the Twentieth Century*, New York: Basic Books, 1979: 25-27.

④ R. Edwards, *Contested Terrain: The Transformation of the Workplace in the Twentieth Century*, New York: Basic Books, 1979: 63.

制度化，工人对抗雇主的意愿在很大程度上被消解了。例如，在引进流水线生产以后，"工人与老板之间的冲突被技术所调解（mediated），工人反对的是生产线的速度，而不是来自老板的专横"[1]。

以此视角反观外卖骑手的劳动组织过程，本文认为，控制系统的三要素事实上经历了重新分配。在骑手的劳动过程中，负责指导骑手工作的是平台系统，负责对骑手的工作进行评估的是消费者，而最终对骑手进行奖惩的工作再由平台系统完成。上述看似简单的重新分配的结果与平台系统的出现有直接关系。平台系统可以在短时间内将订单分配给骑手、计算预计送达时间、规划配送路线以指导骑手的配送，并在骑手配送过程中提供各种技术协助（如订单热力图、预计出餐时间等），从而提升整体配送效率。而效率提升的背后是强大的计算力的支持。因为如何匹配骑手、如何计算配送时间、如何评估骑手的绩效（包括跑单量、好评、差评和投诉、出勤、累计里程、平均速度、顾客满意度等）以及如何根据绩效奖惩骑手，都离不开平台系统的计算。以线路规划为例，在送餐高峰期，平台系统在0.55毫秒内就可以为骑手规划出配送路径。[2] 此外，消费者对骑手的评估也离不开平台系统。一方面，平台系统对整个流程的各个时间节点均有详细记录。消费者不仅在下单的同时就知道什么时间会收到餐品，而且还能从平台系统中看到整个送餐过程的具体环节。这不仅增强了骑手配送的可预测性，也为消费者提供了评估的参考依据。另一方面，消费者由于可以通过平台系统提供的动态地图实时查看骑手位置，也具备了监控骑手行踪的能力。如果骑手超时或者绕路，消费者就可以通过催单、打电话的方式对配送过程进行干预。综之，平台系统提升了整体配送效率，将劳动过程精确到可计算的程度，实现了对劳动的高度控制和精准预测。也正因如此，平台系统承揽了大部分的骑手管理任务，并使控制权的重新分配成为可能。

（三）劳资冲突转移与雇佣关系弱化

在控制权被重新分配后，劳资冲突的对象首先发生了转移。由于平台系统负责派单、指导以及奖惩骑手，所以即使平台系统并非看得见摸得着的实体，在骑手眼中，它也不是虚拟无情的手机软件，而是实在有情的

---

[1] R. Edwards, *Contested Terrain: The Transformation of the Workplace in the Twentieth Century*, New York: Basic Books, 1979: 118.

[2] 参见《美团外卖：物流科技探索之路》，https://news.qichacha.com/postnews_7643f925549 c86be5f0fec29b2bb8ab4.html。

"管理者"。在没有订单的时候，外卖骑手会在心里不停地恳求平台系统给自己多派单。也由于平台系统充当了"管理者"的身份，骑手会把工作中的不满发泄到平台系统上。又由于"管理者"是无形的，所以骑手多以口头宣泄的方式表达不满。在笔者所在的外卖团队的微信聊天群里，骑手经常会像抱怨真实的管理者那样抱怨平台系统。

> 赵小海：来单，来单，来单，怎么还不给我派单。
> 李化河：你说这个系统，一单一单地给，一下午给了四个甲地的，来回"溜"了我八趟。
> 梅振民：我昨天跑到晚上 10 点，到 9 点多我说我下了班得了，结果突然给我来了一单。我就说我一下午没事，回家呀回家呀，又给了我一单。结果送完都快 10 点了。不送还不行。

另一方面，由于消费者负责评估骑手的工作，因此当消费者给出差评或投诉时，骑手也会把不满发泄到消费者身上。在笔者所在的外卖团队，骑手若得到差评或投诉，除了会被扣奖金以外，还会被要求与新人一起重新参加线下培训。① 没有骑手愿意去参加为期半天的线下培训，因为那意味着这段时间内将没有收入。在解释自己为什么会和一群新人去参加线下培训时，骑手老吴实际上表达的是对给自己差评的消费者的不满。

> Y 大学的学生真是坏，还天之骄子呢。我前两天给 Y 大学的一个女同学送奶茶，那个奶茶的盖子盖得不是很严，等我到了 Y 大学以后，发现那个奶茶顺着杯子外面流出来一点，就那么一点。我和那个女同学说，是奶茶店打包时没有把盖子扣严，我自己也有点责任。所以我就告诉她我给她赔点钱算了。那个女同学拿起杯子看了看，不耐烦地说了句，"算了算了，没事"，就转身回去了。结果等我回去，站里就打电话说刚刚有个顾客给了差评。我一想自己一下午也就送了那一单，所以还不就是那个 Y 大学的姑娘给的差评。

---

① 线下培训通常发生在送餐淡季。线下培训在骑手眼中是一种处罚手段，因为参加培训会耽误送餐时间。不过，在笔者看来，线下培训也是一种调节骑手市场供求的手段，因为淡季时骑手需求量小，而团队又有大量骑手，令其分批参加线下培训的方法可以起到调节市场供求的作用。在三四月的淡季，骑手很有可能因为一周有两个差评就被"请"去参加线下培训，而到了六七月的旺季，就很少听说有人去参加线下培训了。

尽管消费者总有给出差评或投诉的理由，但骑手还是希望能够获得体谅。因为在他们看来，消费者在手机上看到的只是他们作为一个光点在地图上的移动，而他们自己却把送餐过程描述成"九死一生"。由于必须在规定时间内把订单送到，逆行、闯红灯、超速对他们而言是常事。不仅如此，他们一路上还要遭受保安的刁难、警惕交警的处罚，有时还需要给顾客充话费（如顾客停机）、买烟、扔垃圾。而冒着生命危险和辛劳赚取的工资很可能因为消费者的一个差评或投诉就付诸东流。

因此不难理解，在消费者面前毕恭毕敬的骑手得知自己得了差评或投诉后为何会把不满和怨恨记在消费者头上。又由于骑手总是事后才知道消费者给出的评价结果，因此无法当面表达自己的不满。消费者看似获得了监督与评价的"绝对权力"，却在不知不觉中和平台系统扮演的"管理者"角色一样成了劳资冲突的"替罪羊"。更加讽刺的是，在消费者和骑手相互抱怨的时候，外卖平台公司反倒成了他们之间冲突的"调停者"，因为消费者会通过平台系统向公司投诉骑手，而骑手也只能通过平台系统向公司申诉。

控制权重新分配的另一个结果是增加了雇佣关系的认定难度。因为从现有的法律体系来看，平台用工模式既不完全符合"雇佣"范畴，又不完全符合"独立合同工"范畴[①]。2015年加州联邦地区法院判决优步公司与网约车司机之间构成雇佣关系，理由是推定雇主最主要的根据是"对工作细节有控制权"[②]。因此判定雇佣关系的关键在于平台公司是否存在对劳动的控制，或者是否获得了骑手的"劳动"对平台"资本"的"从属"[③]。但由于平台系统和消费者承担了主要的监管任务，控制权的重新分配事实上加剧了雇佣关系认定的难度。因为即便从"工作细节"入手，在骑手的劳动过程中也很难看到平台公司的身影。因此，在遇到工伤、需要找雇主出面时，骑手只能失望而归。骑手申军在S平台工作时就经历了类似遭遇，他向笔者展示了小腿内侧的一道20厘米长的疤痕，说道：

> 我那会儿在S平台送外卖，有一次在路上就被汽车给撞了。不过人

① 王琦、吴清军、杨伟国：《平台企业劳动用工性质研究：基于P网约车平台的案例》，《中国人力资源开发》2018年第8期，第96页。

② 王天玉：《基于互联网平台提供劳务的劳动关系认定——以"e代驾"在京、沪、穗三地法院的判决为切入点》，《法学》2016年第6期，第50页。

③ 常凯：《雇佣还是合作，共享经济依赖何种用工关系》，《人力资源》2016年第11期，第38页。

家车主上了保险，而且愿意赔偿。保险公司那边就要我提供一下收入证明，好给我算误工费。我就去找S平台在北京的办公室，找他们给我开一张收入证明，但他们就是不给我开，说这事儿和他们没关系。我当时一个月有一万左右的收入，在医院躺了三个月，误工费照这个标准能拿不少，结果S平台就是不给我开证明，最后保险公司按北京市最低工资标准给我赔了误工费。说实话，经过那一次，我心都凉了。他们这些公司压根儿就不会管我们死活。

如果说"在建筑工地上，工人和老板之间、工人和工人之间、工人和管理者之间普遍存在着老乡和朋友的关系，这种关系像一层含情脉脉的面纱，遮蔽了劳资雇佣关系"[①]，那么在互联网平台行业，控制权的重新分配带来的平台系统与消费者的介入则使平台公司更加容易摆脱劳资关系和雇主责任。

三　科学技术控制：数字控制

（一）平行的数据收集

在骑手配送的过程中，平台系统除了负责指导、奖惩以外还源源不断地通过骑手随身携带的智能手机以及安装在其中的配送软件收集骑手的数据（如表1所示）。当骑手在户外配送的时候，平台系统通过骑手智能手机中的GPS（global positioning system，全球定位系统）追踪骑手的运动轨迹。当骑手进入室内取餐或送餐的时候，由于室内的GPS信号较差，平台系统转而通过智能手机的Wi-Fi（无线网）和蓝牙继续追踪骑手，并且根据作为传感器的智能手机传输的信息对骑手在室内的行为进行监测，掌握骑手在室内的"一举一动"。因此，除了骑手的运动轨迹以外，平台系统还可以识别骑手的运动状态，包括走路、骑行、奔跑、爬楼梯、乘扶梯、坐电梯等；并且记录骑手生成的历史数据，包括到达商家的时间、在商家停留的时长、顾客住址楼层、通知顾客下楼取餐的时间、等待顾客取餐的时长等。而且，随着更多智能设备即智能语音耳机、智能头盔、室内定位基站等的被启用，平台系统收集到的骑手数据也将更加精准和全面。

[①]　潘毅、卢晖临、张慧鹏：《分包体制下建筑工人的阶级经验和感情》，《中国研究》2011年第2期，第118页。

表1 平台系统在骑手配送过程中的数据收集

骑手配送	接单、商家附近停车、到达取餐点、完成取餐、上车、到达用户附近、完成交付
运动状态	骑行、步行、驻留、步行、骑行、驻留/步行等
基础技术	GPS 的轨迹挖掘 Wi-Fi 和蓝牙的地理围栏技术 手机传感器的运动状态识别
数据采集	GPS 轨迹数据、Wi-Fi 和蓝牙数据、骑手行为数据、订单数据等

资料来源：《机器学习在美团配送系统的实践：用技术还原真实世界》，https://tech.meituan.com/2018/12/13/machine-learning-in-distribution-practice.html。

事实上，除了骑手以外，凡是安装外卖平台软件的终端都是平台系统收集数据的来源。所以，平台系统在收集骑手数据的同时也在收集来自商家和消费者的数据，比如商家地址（包括位置、楼层等）、出餐时长、订单重量、价格、体积、前台的打包速度、订单的挤压情况等，又比如消费者的地址信息（包括是否有门卫、单元楼号、楼层以及门牌号等）、口味偏好、下单时间、等单时长、对超时的忍耐程度以及以往给予好评、差评甚至投诉的比例等。

平台系统的数据不仅来源十分广泛，而且收集过程非常隐秘。平台系统往往是在骑手、消费者和商家不知情的情况下通过智能手机和手机中的软件完成数据收集。尽管大部分软件在使用之前都会有隐私保护提示，但是面对长篇累牍的隐私权政策，没人愿意花时间耐心阅读；而且如果不同意，便无法正常使用外卖平台软件。比如，无论骑手还是消费者，在第一次安装外卖平台软件的时候，手机界面都会跳出一个通知窗口，要求使用者同意分享自己的位置信息，否则将无法使用该软件。尽管介于同意与不同意之间的第三种选择即只在使用平台软件时才分享位置信息的选项在平台软件推广后逐渐普及，但骑手和消费者在打开外卖平台软件的那一刻就在所难免地成了平台系统数据收集的对象。还有证据表明，即使用户删除了手机上的平台软件，平台系统有可能还在继续收集用户的数据。[①]

（二）技术手段升级：数字控制

平台系统收集数据的目的是为平台系统的管理服务。以计算预计送达

---

① 2017年4月23日，《纽约时报》发表了一篇名为《优步的首席执行官在玩火》的深度报道。该报道指出，苹果公司的工程师发现，即便用户在苹果手机上删除了优步的应用软件，优步依然在收集用户信息（参见 https://sspai.com/post/38938）。

时间为例，骑手接单以后，订单信息中就会显示预计送达时间，如 35 分钟。这意味着骑手要在 35 分钟之内将餐品送到消费者手中。[①] 这个时间是平台系统基于大量的特征维度和历史数据进行计算的结果。以骑手为例，骑手的年龄和身高就是非常重要的特征维度，模型可以据此测算出骑手相应的步长和速度；以消费者为例，每个消费者对于超时有着不同程度的容忍限度，而根据同一个消费者以往因超时给出的差评和投诉的历史记录，平台系统可以计算出消费者对送餐超时问题的敏感度；以商户为例，餐厅的楼层、平均出餐速度、订单的挤压情况等都会影响骑手最终的送达时间。此外，商圈的时段、路段、实时天气状况也会影响订单的送达。将这些特征维度和历史数据放入模型并经机器自主学习后，当相同配送情景的订单出现时，平台系统就能以某一置信度（如 95%）预计骑手配送所需要的时间（如 35 分钟）。可以预见，随着平台系统收集到的特征维度和历史数据更加全面和精细，平台系统也将计算出更加精准的预计送达时间。

但从另一方面来看，平台系统在收集数据的同时，也在潜移默化地规制骑手。因为在计算预计送达时间的过程中，平台系统实际上对日常生活中人们不以为意的数据——如骑手的身高、餐厅楼层、消费者偏好、实时天气、路段、时间等——统统加以分析并运用到对骑手劳动时间的管理上。除此之外，平台系统基于收集到的道路信息（红绿灯数、时段、道路拥堵程度等）而规划的配送路线在空间上限定了骑手的劳动过程。由于消费者可以通过手机看到骑手的轨迹数据，当消费者发现骑手绕路或偏离自己的位置时，就可以打电话催促骑手；而当骑手向平台系统反馈订单送达时，如果反馈的地理位置与顾客的住址之间的直线距离大于 500 米或者骑手从取单到送达的时长小于 5 分钟，平台系统就会判定骑手"欺诈"。总之，数据成为平台系统管理骑手的主要依据，平台系统背后的"数字控制"由此初现端倪。

相比于布雷弗曼、埃德沃兹所描述的工业自动化生产中的"数值控制"[②]，平台系统的"数字控制"（digital control）——即利用数据对骑手进

[①] 实际的情况要复杂得多，骑手往往同时配送好几个订单，配送时间重叠，路线各异，而骑手又要在每一订单的规定时间内将餐品送到，平台系统给出的预计送达时间由此必须考虑到多个订单的配送问题。也因此，平台系统在计算预计送达时间上涉及的数据、算法和模型更加复杂。

[②] 哈里·布雷弗曼：《劳动与垄断资本》，方生、朱基俊、吴忆宣、陈卫、张其骈译，北京：商务印书馆，1979，第 175—183 页；R. Edwards, *Contested Terrain: The Transformation of the Workplace in the Twentieth Century*, New York: Basic Books, 1979: 123-125。

行的管理——表现出以下几方面不同。首先，自动化生产中的"数值控制"是让机器按照既有的数字程序工作，因此其控制的对象是机器；平台系统"数字控制"的对象却是人（骑手），而非机器。其次，"数值控制"的中介即数值在自动化生产中没有特别含义；而在大数据与人工智能的背景下，数据则具有了超越其本身的分析价值，并被平台系统运用到匹配骑手、预计时间、规划线路、时空监督、量化绩效等管理行为中。最后，自动化生产中用于"数值控制"的程序仅由数字代码组成；平台系统用于"数字控制"的数据却无处不在，不仅有线上和线下之分，而且骑手、消费者、商家、时段、路段、天气状况等都已经成为维系平台劳动秩序的数据基础。最后，自动化生产中的"数值控制"是公开的，平台系统"数字控制"的过程却是隐秘的，因为其收集数据、运用数据结果的过程是隐秘的。事实上，"数字控制"最大的特点就是隐秘地收集、分析数据并用于管理，使控制走向智能化和隐形化。而且，正是由于平台系统基于无形的数据、算法、模型并打着技术中立的旗号计算送达时间、配送价格以及配送路线，才没有引起骑手对平台系统量化控制的质疑。相反，骑手还把这种量化控制（即预计时间、对路线进行导航）当成督促和协助自己完成配送任务并拿到配送提成的手段。

（三）"数字控制"下的骑手自主性

笔者在所在外卖团队的微信聊天群中看到：

> 李威：@所有人都注意了，系统升级，以后必须按时到店才能报备！
> 赵小海：啥意思？
> 梅振明：按时到店啥意思？
> 李威：自己看一下报备就知道了。
> 邱伟：这整的，单也挂不了了！

骑手口中的"报备"指的是，在配送工作因餐厅出餐慢而被延误时，骑手可以通过"报备"延长送餐时间。"挂单"则是骑手在经年累月地送餐过程中"发明"的一种能够多跑单的策略。原则上，骑手接单以后应该立即前往餐厅取餐。但是，在骑手向平台系统反馈"确认取餐"之前，平台系统如果接到相同去向的新订单，会将新的订单派给同一骑手。是否会有这样的订单完全取决于运气，因此骑手就通过"挂单"即拖着不向平台系

统反馈"确认取餐"的方式来碰运气。"挂单"实际上是以延误送餐时间来换取更多订单的策略。但是，当骑手既想"挂单"又不想因为"挂单"而延误送餐时间时，弥补"挂单"造成的时间损失便成了摆在骑手面前的首要问题。

相应地可以延长送餐时间的方法就是"报备"，但是"报备"需要满足三个前提条件：第一，骑手在餐厅附近；第二，骑手到店已超过5分钟；第三，餐厅没有在预计时间出餐。对于经验丰富的骑手来说，满足"报备"的前提条件是很容易的。首先，骑手等单的地方与大部分餐厅间的直线距离均在500米以内（"餐厅附近"的要求就是直线距离在500米以内）；其次，由于在500米以内，所以骑手在原地就可以点击"确认到店"，这样在原地"挂单"的同时就满足了到店超过5分钟的要求；最后，在忙乱中，即使餐厅已经出餐，骑手也依然可以咬定餐厅没有在预计时间内出餐或者找不到订单。最终，骑手通过"报备"前一订单即假称是餐厅出餐慢而不是自己"挂单"造成送餐延误，就可以延长前一订单的送餐时间。

"报备"存在的这一"漏洞"说明平台系统在管理上并非完美无缺，这也是平台公司不断"打补丁"、升级平台系统的原因。而且，平台系统管理上的"漏洞"通常不是平台系统自主检测出来的，而是得益于骑手的"贡献"。通过"报备"延长"挂单"的送餐时间，实际上是骑手劳动自主性的表现。骑手在既有管理规则中发现了存在的"漏洞"并将其作为利益最大化的窗口。但是，在骑手的劳动过程中，平台系统不停地收集来自骑手的送餐数据。当越来越多的骑手开始跟风效仿通过"报备"去"挂单"的行为时，不仅"报备"的数据量会显著增加，骑手也会因为"挂单"太多而导致超时、差评和投诉的数据显著增加。这种数据异常的情况最终会引导平台系统对自身存在的"漏洞"进行检测，其结果就是系统"漏洞"被修补、平台系统被优化。而平台系统的优化反过来便意味着对骑手控制的强化，因为骑手的自主性空间被进一步蚕食了。

如表2所示，左边是笔者2018年3月做骑手时需要满足的"报备"条件，右边是笔者当年6月做骑手时需要满足的"报备"条件。相比3月的情况，平台系统至6月时增加了具体到店的时间要求，如表2所示的"18∶35前到店"；到店的默认距离也从之前的500米改成了100米。这样一来，在实际操作中，只要满足新的"报备"条件，骑手仍可以因为餐厅出餐慢"报备"延长送餐时间，但没法再通过"报备"延长"挂单"的配送时间。因为，骑手如果没有在规定时间到店，就不具备"报备"的资格；如果在规定时间到店，由于下一个订单在到店时间和距离（小于 100 米）上的限制，骑手也无法故技重演即拖着不向平台系统反馈"确认取餐"，也就因此失去了"挂单"的可能。

表2　骑手"报备"条件的前后变化

3月份骑手"报备"需要满足的条件	6月份骑手"报备"需要满足的条件
1. 在餐厅附近 2. 到店 5 分钟以上 3. 11：36 未出餐	1. 18：35 前到店 2. 在餐厅附近 3. 到店 5 分钟以上 4. 18：40 未出餐
到店默认距离 500 米	到店默认距离 100 米

四　总结与讨论

根据尼克·斯尔尼塞克（Nick Srnicek）的定义，"平台是数字的基础设施，它可以让两个或更多的群组发生互动"[1]。平台就像一个数据终端，将参与市场交易的不同主体连接起来。在外卖平台中，这些主体包括消费者、商家（前台和后厨）、外卖骑手、站点、平台公司等。如果我们将外卖平台经济的劳动秩序看作一张网，那么平台系统就是其网络秩序的核心，商家、消费者、骑手、站点、平台公司等则是网络秩序的节点，外卖骑手正是通过配送行为串联起核心与节点，从而形成这张秩序网络。互联网平台企业的崛起很大程度上有赖于互联网技术和新的组织管理模式的应用，因此沿着马克思的技术分析思路，本文从组织技术和科学技术两个视角对外卖平台的劳动过程进行了研究，试图从中找到平台经济劳动秩序何以可能的答案，同时回应劳动过程理论的核心议题——资本如何控制劳动——在互联网平台经济时代的新变化。

从组织技术来看，重新分配控制权在某种程度上是继分包（如"轻资产运营模式"[2]）和流水线作业[3]之后互联网平台劳动组织和管理模式的又

---

① 尼克·斯尔尼塞克：《平台资本主义》，程水英译，广州：广东人民出版社，2018，第 50 页。

② 参见梁萌《强控制与弱契约：互联网技术影响下的家政业用工模式研究》，《妇女研究论丛》2017 年第 5 期，第 52 页。

③ 庄家炽：《资本监管与工人劳动自主性——以快递工人劳动过程为例》，《社会发展研究》2019 年第 2 期，第 30—31 页；吴清军、李贞：《分享经济下的劳动控制与工作自主性》，《社会学研究》2018 年第 5 期，第 142 页。

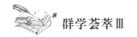

一特点。首先，市场上的外卖平台公司均将劳动力外包给了各地区的代理商。笔者所在的外卖团队实际上就是天津某物流有限公司下的二级分包点。分包之后，外卖平台公司只负责平台系统的运营和维护，将自身定位为科技服务公司而不是外卖配送公司，也就因此不承认与外卖骑手之间存在雇佣关系。而代理商即劳务派遣公司通过与骑手签订劳务派遣合同而不是劳动合同也巧妙地避开了雇佣关系。接着，在招募骑手后的具体管理上，外卖平台公司一方面延续工厂管理模式即流水线作业，将劳动过程不断地拆解、标准化，比如将骑手的配送拆分为三个阶段即到店、取餐、送达并令骑手每完成一个阶段性任务后都要向平台系统反馈；另一方面则借助互联网技术对控制权进行重新分配，由平台系统负责指导、奖惩骑手，由消费者负责监督和评价。控制权的重新分配很大程度上源于平台系统背后的数据、算法和模型的支持。而且由于数据、算法和模型是隐形的，控制权的重新分配进一步加大了雇佣关系判定的难度。

控制权被重新分配以后，外卖骑手承担了维护外卖平台与消费者之间关系的责任。因此，在这份服务性工作中，他们除了付出体力和脑力劳动以外，大量的情感劳动也必不可少，例如要尽力让消费者有良好的体验和感受。但是，即便骑手付出了额外劳动，甚至冒着生命危险，也依然不能确保每次都获得消费者的好评。有时候，消费者的评价本身也未必是客观公允的，这就会让骑手感到委屈与不公。相比于对平台系统派单、指导和奖惩工作的不满，骑手对消费者的不满往往表现得更加激烈。这与控制权重新分配后的格局有很大关系。相比于埃德沃兹划分的非结构控制（"雇主控制"和"等级控制"）和结构控制（"技术控制"与"科层制控制"），骑手劳动过程的组织管理是"半结构"的，其中既有平台系统（技术）"结构控制"的成分，也有消费者"非结构控制"的成分。消费者享有的监督和评价权带有很大的主观色彩，其作为具象化的个体，也让骑手发泄不满有了更加明确的目标。因此，见诸新闻报道的往往是骑手与消费者之间的矛盾与冲突。总之，通过重新分配控制权，平台公司退居幕后，看似放弃了对劳动的直接管理，实则淡化了雇主责任，还把劳资冲突转嫁到平台系统与消费者身上。

从科学技术来看，随着互联网技术尤其是大数据与人工智能技术在互联网平台的应用，平台系统实现了对骑手劳动过程的全程管理。尽管消费者也参与了管理，但其执行的监督和评价权也是通过平台系统实现的。而平台系统对骑手进行管理的依据正来自骑手劳动过程中产生的数据。在骑手配送的过程中，平台系统通过智能手机、平台软件源源不断地收集来自骑手、消费者、商家、商圈等的数据，并将这些数据应用到配送定价、骑手匹配、预计时间、路线规划、全程监控、量化考核等对骑手的管理中。基于此，本文提出了"数字控制"的概念，并将之与布雷弗曼、埃德沃兹提出的工业化生产中的"数值控制"进行了区分。"数字控制"表明，技术控制正从实体的机器、计算机设备转变成虚拟的软件和数据，从有形遁入无形。延续马克思、布雷弗曼、埃德沃兹、布若威等人的研究，本文试图指出资本控制的两种转变趋势，即从"硬控制"（专制控制）向"软控制"（霸权控制）的转变和从"显控制"（实体控制）向"隐控制"（虚拟控制）的转变。

外卖骑手之所以在工作中感觉到"自由"，除了因为上下班时间自由以外，很大程度上就是因为对他们的管理走向了隐形化。在骑手配送以前，平台系统已经通过数据计算出预计送达时间并规划配送路线；在骑手配送过程中，平台系统还会根据实际的配送情况调整时间与路线，骑手要做的是按照平台系统的规划路线尽量实现平台系统的送达时间。因此，对骑手的过程控制更多地被转化成了结果控制。如果骑手没有按照预计的时间和路线配送，来自消费者的督促（通过平台软件"催单"或直接打电话询问骑手迟到或偏移配送路线的原因）会让骑手重新回到平台系统计算的时空规划中。而其他在既定时空规划中劳动的骑手则只会把量化的控制（预计时间、路线导航）当成督促、协助自己完成配送任务、获得配送工资的手段。从这个意义上来说，隐形控制无疑削弱了骑手反抗的意愿。

尽管平台系统实现了对骑手劳动过程的全程管理，但平台系统在管理上并非完美无缺。这也是外卖平台公司要不断升级平台软件的原因。平台系统在管理上的"漏洞"给了骑手"可乘之机"，经验丰富的骑手在经年累月的工作中总能发现平台系统管理中的"漏洞"。通过"报备"延长因"挂单"而延误的配送时间，既是骑手工作自主性的表现，也是骑手反抗平台系统"数字控制"的体现。但就在骑手们纷纷效仿此法时，平台系统也在源源不断地收集来自骑手的数据。"报备"数据和因"挂单"造成的超时、投诉数据的异常引起了平台系统的注意。最终，平台系统升级，骑手"挂单"成为历史。由于平台系统的"漏洞"最初是骑手发现的，因此骑手实际上在不知不觉中参与了平台系统对其自身的管理。而且我们不难预测，"数字控制"与骑手自主性的较量总会以"数字控制"获胜而结束，因为前者通过对后者数据的收集和分析做到了"知己知彼，百战不殆"。因此，

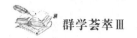

"数字控制"的过程也是骑手自主性空间被不断蚕食的过程。

最后，尽管平台系统用于管理骑手的数据是客观的，但其背后存在利益导向。技术不管再怎么飞跃，本质上依然服务于资本①。而对技术神话的盲目推崇时常让我们放松对幕后操作的警惕。因此，我们应该看到，平台系统并非客观中立的"管理者"，"数字控制"的背后存在着资本操纵的身影。如果说社交媒体、购物网站的内容会根据受众的偏好和习惯进行因人而异地推送已成为公开的秘密，那么我们也有理由相信，互联网平台公司正将他们收集来的数据运用到使其利益最大化的管理中。正如凯西·奥尼尔（Cathy O'Neil）在《算法霸权：数学杀伤性武器的威胁》一书中告诫人们停止对大数据的盲目听从一样，我们必须清醒地认识到，"有些选择无疑是出于好意，但也有许多模型把人类的偏见、误解和偏爱编入了软件系统，而这些系统正日益在更大程度上操控着我们的生活"②。随着人们的日常生活被各种互联网平台包围，无论消费者还是劳动者，要避免自己最终沦为互联网平台下的"数字难民"，就必须看到数据潜在的阴暗面，警惕技术背后的资本操纵，通过反思、批判和行动抵制平台公司的数据侵犯。

① S. Zuboff, "Big Other: Surveillance Capitalismand the Prospects of an Information Civilization," *Journal of Information Technology*, 2015, 30 (1): 75.

② 凯西·奥尼尔：《算法霸权：数学杀伤性武器的威胁》，马青玲译，北京：中信出版社，2018。

"家"作为方法：中国社会理论的一种尝试[*]

肖　瑛[**]

摘　要：现代化是一个"离家出走"的过程，故现代社会科学也表现出远离"家"而拥抱个人主义的倾向。但事实上，"家"从未离开西方的学术和实践。在中国，无论是在传统儒家文明还是在近代以来文明重塑进程中，"家"虽时有变动但亦未脱离其在社会和文化—心理结构中的总体性位置。因此，推进"文化自觉"和社会学中国化，"家"是一个关键的切入点。从"家"出发构建中国社会理论，不仅要将"家"当作实体，更要将其作为"方法"：一方面揭示"家庭隐喻"的多重面向，即基于血缘纽带引申出的自然情感、支配和家政，厘定它们在伦理层面的纠缠及其结果；另一方面运用中外比较、理论与实践结合、古今互鉴的方法，在经验研究和历史研究中，透过"家"来探索中国文明的总体性格、变迁及具体实践形态。

关键词：家庭隐喻　血缘　自然情感　支配　家政

一　问题的提出：把"家"带回来

提供理解中国社会构成和变迁的总体性实质特征的视角和分析框架，回应我国社会亟待厘清的基本问题，是中国社会理论的使命，也是构建中

---

[*] 本文原载《中国社会科学》2020 年第 11 期。本文为国家社会科学基金重大项目"当代中国转型社会学理论范式创新研究"（17ZDA 112）阶段性成果。

[**] 肖瑛，上海大学社会学院教授。

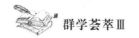

国社会理论的出发点。围绕"家"展开中国社会理论研究,是推展这一学术使命的重要路径。

首先,"家"是中国文明构成的总体性范畴。相比于犹太—基督教文明和古希腊文明从其起点上就不屈不挠地摒斥"家",儒家文明对社会伦理、政治以及经济关系的建构,始终是从"家"出发,形塑家国一体的秩序体系。这一"缘情制礼"的反复努力,不仅构成两千多年来中国文明的大传统,也与民间丰富的小传统若合符节,不仅决定我国传统文明的制度和伦理底色,也是更具坚韧性和独立性的"文化—心理结构"即民情的基础。即使 20 世纪初以来,在个人主义和自由主义思潮影响下,"家庭革命"甚嚣尘上,家庭结构和模式、传统家国关系频受挑战,但作为"文化—心理结构"的"家"并没有被根本撼动,反而自觉不自觉地成为重建舶来的个人主义、自由主义和其他思想的依据。由此可见,不理解"家"的内涵和作用机制,就不可能理解中国文明的实质特点及其构成和变迁。

其次,"家"在中国文明中的上述地位,立足于作为实体的家已成为"中国人的社会生命"之源①的事实。今天,若戴着个人主义和功利主义的眼镜来打量"家",视其为纯粹的权利、利益和权力关系的受体,而忘却其在生活和历史中形成的作为情感和生命意义的承载,甚而忘却其作为现代人之丰富的情感需求(爱情、亲情以及依赖性)的港湾,我们就很难深入把握中国人的日常情感和伦理结构,也难以在不同文明之间开展共情的研究。

再次,"家"在西方自由主义社会理论中仍有位置。启蒙运动以来,家庭主义和个人主义之间的矛盾凸显——"走出家"(leaving home)② 就是现代性,走不出"家"就是传统主义。到今天,在西方自由主义主流政治思想和政策中,公民不再是家庭的成员而是自主的个体,家庭被圈入"私人领域"而与公共领域隔离,"家庭隐喻"(familital/family metaphor)③ 消失,个人和国家的关系取代了家国关系(family-state relationship)。④ 一言以蔽

① 参见渠敬东《探寻中国人的社会生命——以〈金翼〉的社会学研究为例》,《中国社会科学》2019 年第 4 期。

② Robert N. Bellah and R. Madsen, *Habits of the Heart: Individualism and Commitment in American Life*, Berkeley: University of California Press, 1985, p. 56.

③ Matthew Gerber, "Family, the State, and Law in Early Modern and Revolutionary France," *History Compass*, Vol. 7, No. 2, 2009, pp. 474-499.

④ Maxine Eichner, *The Supportive State: Families, Government, and America's Political Ideals*, New York: Oxford University Press, 2010.

之，直观地看，"家"从现代性话语中隐遁了。但事实上，"家"没有真正销声匿迹于西方的社会理论和公共领域。其一，家庭政策依然是资产阶级的"全能政府"敌视"自然家庭"（natural family）、干预家庭内部关系、保护个体权利以迎合现代经济和政治需求的抓手，[①] 家庭从理想的"爱的共同体"沦为资本之载体的"系统"的一部分。[②] 其二，与此对应的是，家庭在现代社会中的主体性依旧显著，"家庭策略"无所不在。哈贝马斯把家庭作为"促成公共领域产生的部分背景"。[③] 布迪厄的经验研究不仅关注强大社会压力下法国不同阶级家庭的"繁殖策略、婚姻策略、继替策略、经济策略，最后还有并非不重要的教育策略"，[④] 而且关注这些策略实践的社会后果："家庭通过社会再生产和生物再生产，在社会秩序维持中扮演着决定性角色。"[⑤] 其三，各种家庭隐喻充斥于西方现代政治想象和实践中。不仅"各种家庭图像和隐喻弥漫于法国大革命政治文化之中"，[⑥] 而且，"家庭修辞"即从家庭情感推扩到国家情感、以家喻国在美国这样的个人主义国家的政治话语中也时有显现。[⑦] 美国人一方面因担心"绝对君主制"和家庭纽带内在的腐败动力而限制家庭，另一方面希冀把家庭建设成限制联邦权力、保卫共和制的堡垒，[⑧] 并认为重塑家庭生活及其与公共生活的联系事关美国自由制度之存亡。[⑨] 其四，在现代西方社会理论中，家庭隐喻依然占据历史主义一隅。现代性早期，反启蒙的思想家们如维柯和赫尔德等人就怀疑个人主义作为现代性之唯一基石的充分性。相比于历史主义的极端取向，黑

---

① Angelo M. Codevilla, *The Character of Nations：How Politics Makes and Breaks Prosperity, Family, and Civility*, New York：Basic Books, 2009, pp. 169-190.

② 参见哈贝马斯《公共领域的结构转型》，曹卫东等译，上海：学林出版社，1999，第50—52页。

③ 查尔斯·泰勒：《现代社会想象》，林曼红译，南京：译林出版社，2014，第92—93页。

④ Pierre Bourdieu, *Practical Reason：On the Theory of Action*, Stanford：Stanford University Press, 1998, p. 19.

⑤ Pierre Bourdieu, *Practical Reason：On the Theory of Action*, Stanford：Stanford University Press, 1998, p. 69.

⑥ Matthew Gerber, "Family, the State, and Law in Early Modern and Revolutionary France," *History Compass*, Vol. 7, No. 2, 2009, pp. 474-499.

⑦ Shirly Samuels, "The Family, the State, and the Novel in the Early Republic," *American Quaterly*, Vol. 38, No. 3, 1986.

⑧ 参见 Mark E. Brandon, "Family at the Birth of American Constitutional Order," *Texas Law Review*, Vol. 77, No. 5, 1999, pp. 1195-1234.

⑨ Robert N. Bellah and R. Madsen, *Habits of the Heart：Individualism and Commitment in American Life*, Berkeley：University of California Press, 1985, p. vii.

格尔承认契约机制的势不可当，但也认识到作为"个人私利的战场"的市民社会的不自足性，故从"家"出发来理解市民社会中的同业公会，并把"国"视为超越"家"和"市民社会"的集体精神，从普遍主义立场同时捍卫"家"的伦理和市民社会的契约逻辑。① 黑格尔的这种设计对后世古典社会理论的影响显而易见，涂尔干和藤尼斯，希望在现代社会中重建共同体，使现代社会同时拥有正义和个人人格与家庭式友爱这双重团结纽带。② 总之，不仅在西方个人主义社会的心脏地带，家和家庭隐喻没有退场，而且，以"家"为中心的现代社会理论建构，虽然脉搏微弱，但源远流长，冀以弥补个人主义社会理论的偏狭。

最后，当前我国家庭的社会科学研究一方面如前所述普遍以个人主义为预设；另一方面过分追求专业化和实证化，急于建立以实体性家庭及其结构为对象、拥有独特中层理论、边界分明的分支学科，放弃了从"家"出发理解整个中国的社会和民情构成及变迁的可能性。

因此，把"家"带回社会理论研究，是从中国自身的历史和现实出发，总体性地理解包括制度和心态在内的中国社会的构成逻辑及其变迁的必经之路。这种理论建构又是以人类最普遍的共同心性为基础，在中外、古今、理论与实践之间比较和穿梭，不仅为理解中国，也为文明比较研究和社会理论研究作出贡献。

二 "家"作为方法的可能性

近年来，"家"出乎意料地进入了中国哲学和社会理论研究者的视野：首先，西方思想史上不同源流的"家"论述被发现，"家"观念的中西比较开始流行。与此同时，一些历史学者和社会学者深入挖掘中国 20 世纪上半叶的"家庭革命"传统，探索个人主义进入中国之际，知识分子对于家庭的本质、结构以及家与个人、国家甚至世界之间关系的想象和期待。此外，对儒家经典的阅读和梳理，更为细致地进入了情与理、亲与敬、礼与法、经与史等儒家伦理建构所关切的具体议题中，丰富了学界对儒家学说有关"家"的理解。

① 参见黑格尔《法哲学原理》，范扬、张企泰译，北京：商务印书馆，1961。
② 参见张巍卓《藤尼斯的"新科学"："1880/1881 年手稿"及其基本问题》，《社会》2016年第 2 期。

上述研究有着共同的关怀和切入点："家"成了影响社会与政治构成和变动的主体；不是孤立地考察家的结构和运行，而是将其同国、信仰、伦理、社会团结纽带等连接，突出家不仅是私人生活的温床，也是承载社会转型和维护社会平衡的核心机制；当"家"进入伦理和社会团结语境时，就从一个个具体的实体性家庭转换为想象社会秩序的"隐喻"和"图像"，成了建构社会制度和伦理的基石。简言之，上述社会理论研究不仅把"家"作为阅读和研究的对象，更将其视为"方法"。沟口雄三曾尝试"以中国为方法"，"透过中国这副眼镜来观察欧洲，批判以往的'世界'"，以终结"通过'世界'来一元地衡量亚洲的时代"。① 同样，以"家"作为方法，就是透过"家"这面多棱镜来理解各种社会组织以及民情的构成和变迁轨迹，洞悉"家"建构社会的机制和效果。

但是，无论是沟口雄三的作为方法的"中国"，还是上述社会理论视野中作为方法的"家"，都停留在尚未分化的"个体"层次，即没能提供具有分析性的多重维度。要把"家"作为方法，就必须在它的"可分析性"上做出努力。事实上，既有的一些社会实践和研究，已经累积了"家"的多种内涵，建构了"家"的多重面孔：物质的家庭空间（the home）；同居于这个物质空间中的亲属关系（the family）；家户（household）则包括那些不论是通过契约或非正式同意而共享住宅的非亲属人士，甚至还将参与家庭事业的人员——无论是否同住——囊括在内；世系（the lineage）指将在世的成员同逝去的祖先以及未曾出生的后代联结在一起的血统群体（descent group）。② "家族的基础也就是'宪法'的基础"、"家庭的精神"是其基本原则、"家庭孝敬"是其道德特性、"家长政治"下皇帝扮演大家长的角色。③ 黑格尔关于中国传统社会的这些想象，也在一定意义上设定了"家"作为中国社会的总体性范畴的位置，并呈现了这个范畴同国家建构的多层次关系，为后世欧洲学者想象和研究中国提供了范本。韦伯就明显受到黑格尔的影响，在其文本中，"家"表现出比黑格尔的哲学想象更为具体和丰富的面向：既指"家"（family）及与之相关的其他建制，如家户、家族（sib）、氏族（clan）、人种（race）、各种拟家的组织，也指家父长制、家

---

① 沟口雄三：《作为方法的中国》，孙军悦译，北京：生活·读书·新知三联书店，2011，第130—133页。

② Mary Elizabeth Berry and Marcia Yonemoto, eds., *What Is a Family? Answers from Early Modern Japan*, Oakland: University of California Press, 2019, "Introduction," pp. 4-5.

③ 参见黑格尔《历史哲学》，王造时译，上海：上海世纪出版集团，2006，第112—119页。

产制和祖先崇拜,还指同胞之爱、以家来想象一个组织、以父权制来形塑一个政体、以父子关系来比拟君臣关系和师生关系等隐喻。韦伯关于"家"的上述分析,为其系统的东西方文明比较研究铺设了通道。[1]

虽然家庭的上述各种关系和隐喻都源于实体性家庭,且在不同文明的起源和演变中,组成实体性家庭的具体关系类型繁多,但一般意义上的家庭都基于共同的原始纽带:血缘(blood)。[2] 当然,血缘关系的前提是姻亲,即夫妻关系。但总体上看,唯当夫妻生儿育女即形塑共同的血缘关系之后,姻亲关系才能稳固,家庭的社会功能和对个人的生命意义才能丰富和持续。这也是将家(family)界定为亲属关系的组织[3]的本质原因。复数形式的家庭隐喻的来源,就是对构成实体性家庭的各种血缘关系的内涵、意义的想象、拟制和扩散。基于"血缘"的各种家庭隐喻可以归结为三个基本维度,即自然情感、支配和家政。这三者确立了以"家"作为方法来建构社会理论的可能性。进一步看,这个三维的家庭隐喻最终都落实于以家为原初形态的"共同体"的组成和现代转型上。下文将把这三个维度放置在具体文明中,分别阐述其内涵和变迁,以及三者之间的结合形态,为中国社会理论的具体构建以及相关的经验研究、历史研究和比较研究提供一个虽非高度系统化但各要素之间有着各种内在关联性的分析框架。

三 自然情感及其推展与转型

无论是家还是构成家的自然情感,虽然有其生物性源泉,但其具体形态是社会实践的产物。不同人群的不同历史实践,创造不同的文明,也创造不同类型和性质的家和自然情感。质言之,自然情感中的"自然",是社会建构的"自然"。

(一)家庭诸关系的轻重之分

"家庭是我们的动物性血缘关系在精神上的反映",[4] 血缘关系以及塑造

---

① 参见肖瑛《从"家"出发:重释韦伯的文明比较研究》,载应星主编《清华社会科学》第 2 卷第 1 辑,北京:商务印书馆,2020,第 41—135 页。

② 参见路易斯·亨利·摩尔根《古代社会》,杨东莼等译,北京:商务印书馆,2009。

③ 参见 Patricia Dutcher-Walls, "The Clarity of Double Visions: Seeing the Family in Sociological and Archaeological Perspective," In *The Family in Life and in Death*, New York: T&T Clark, 2009, p. 1.

④ 鲍桑葵:《关于国家的哲学理论》,汪淑钧译,北京:商务印书馆,1995,第 291 页。

血缘关系的姻亲关系在家庭内部表现为三种自然情感关系:夫妻、父(母)子(女)、兄弟(姐妹)。它们在古希腊和原始儒家中都是基础性的,如亚里士多德从这三重关系出发讨论家庭结构,并阐述不同关系的性质及其在城邦建设中扩散和转化的可能性;① 构成儒家伦理之底色的五伦或七伦中,这三伦是原初性的,是其他"伦"的母体。

对这三重关系及其"隐喻"的不同理解,是考察不同文明以及同一文明之变迁的重要变量。儒家最重视父子关系,从亲亲到尊尊和贤贤,即从父子关系推到君臣关系、师生关系,甚至天人关系。但是,由于这些范畴之间存在有无血缘关系的根本区别,故任何推扩,特别是君臣关系的推扩,都蕴含着难以克服却不得不去尝试克服的障碍和区隔。② 儒家还注重这些关系各自的内部等级性,即父对子、夫对妻、兄对弟的主位和优先性。这三重关系之间以及各自内部的等级性为构建更为复杂的亲疏远近、秩序井然的亲属关系网络奠定了基础。亚里士多德区分这三重关系之主次的依据不纯粹是血缘情感,而是包括血缘关系在内的人们之间共同点的多寡,因为最高境界的"友爱"是"自爱",即从对方身上能找到多少自己的影子。当然,共同的血缘无疑最为关键。是故,父母子女之间的友爱是唯一扎根于自然情感的;夫妻之爱是分工和德性之爱,共同的子女为其提供稳定保障;兄弟之爱则源于共同的父母、成长和教育经历。亚里士多德也强调亲属友爱源于共同的父系血缘,并基于此建构了自然情感的差序分布图式。但是,亚氏更强调血缘情感的平面的"差",而非像儒家那样同时强调"差"和立体的等级性的"序"。对自然情感的这种不同想象,是不同文明中社会和政治伦理构建与分化以及支配形式选择的起点。

(二) 从父亲隐喻到母亲隐喻的现代意义

父权制(patriarchy)③ 在很多文明中都曾占据绝对主导地位,父子关系构成支配、继承和"收养"的依据。虽然儒家声称"缘情制礼",但"礼"的过于苛刻、强大和强制事实上削弱甚至压迫了"情"的自然性。这是鲁迅、巴金等为代表的知识分子反对"礼教"和"大家庭"的直接原因。不

---

① 参见肖瑛《家国之间:柏拉图与亚里士多德的家邦关系论述及其启示》,《中国社会科学》2017 年第 10 期。

② 参见尾形勇《中国古代的"家"与国家》,张鹤泉译,北京:中华书局,2010。

③ 虽然摩尔根等人指出母权制的家长制形态曾存在于某些原始社会,但本文所引文献中,家长制指涉的都是父权制。

仅儒家，欧洲贵族制的这一特征也非常鲜明，以致家庭成员之间虽然彬彬有礼，但其通信中满纸冷漠，缺少心灵的沟通。① 在这个参照系下，对夫妻关系和母亲地位的重新阐释就具有了革命性意义。具体而言，对夫妻关系的重视，在暗示超出血缘纽带构建稳定的、相辅相成的社会关系之可能性的同时，把"契约"抬高到至少同血缘纽带同等重要的地位。这在亚里士多德、奥古斯丁等人的学说中埋下了伏笔，为霍布斯契约论的出炉铺垫了道路。

不止如此，用"母亲"形象代替"父亲"形象实质上具有明确的重新界定"爱"和建立男女平等但分工明确的共和制家庭的启蒙运动效应。如果我们将夫妻关系的演变分成父权制、母亲隐喻凸显、个人主义三个阶段，那么母亲隐喻的这种启蒙效应就显白易懂了。裴斯泰洛齐对父道与母爱的区分及二者各自在现代政治中地位的讨论，细化了家庭的友爱情感类型及其社会适应性。② 洛克用"父母之权"取代菲尔麦的"父权"，潘恩进一步用"母爱"替换"父爱"，使现代国家想象从"祖国"（father country）转向"母国"（mother country），清除了"国家"的父权制意涵，赋予其作为公民的平等的"慈爱"共同体的性格。③ 法国大革命推翻君主专制建立共和制，并非远离家庭，而是凸显家庭中的"兄弟爱"（fraternity）以取代父权制，自由、平等和兄弟爱（博爱）成为共和国的基本原则。革命者试图在这些原则与家庭生活之间建立反哺关系，母亲的使命是为共和国培育合格公民，④ 父亲的角色则从"专制父权"这一充斥男性气质的特性转向具有母性气质的"好父亲"（good fathers）；家庭成员与共和国公民就这样声气相求，彼此呼应，"一个人如果不是一个好儿子、好父亲、好丈夫，就不可能是一个好公民"，当然也就不可能全身心地热爱其祖国。⑤ 法国大革命关于家国关系的上述设计和实践受贵格派注重"家庭生活"（domesticity）的深刻影响。与其他新教教派不同，贵格派剔除了教会、牧师等一切外部信仰

① 参见托克维尔《论美国的民主》，董果良译，北京：商务印书馆，1988，第 736 页。
② 参见渠敬东《父道与母爱——裴斯泰洛齐教育思想中的政治与宗教基础》，《北京大学教育评论》2017 年第 1 期。
③ Mark E. Brandon, "Family at the Birth of American Constitutional Order," *Texas Law Review*, Vol. 77, No. 5, 1999, pp. 1195-1234.
④ Lynn Hunt, *The Family Romance of the French Revolution*, Berkeley: University of California Press, 1992, p. 156.
⑤ Lynn Hunt, *The Family Romance of the French Revolution*, Berkeley: University of California Press, 1992, pp. 163-164.

建制，而把家作为信仰的基本载体，沉醉于形塑共和主义的家庭类型，培育爱情至上、良心自由、知识自由、仁爱、宽容、和平主义以及性别平等等美德，追求体面致富和美德培育的统一，以生产和保护圣洁生活。贵格派的标志性特征是全面提升妇女在圣化"家庭生活"方面的责任和地位，彰显女性的理性化和自我纪律化的能力，设置"妇女集会"（women's meetings）机制，鼓励妇女就"女性事务"（women's matters）如性、生育、抚养展开讨论甚至建立法律。不仅如此，父亲在家庭生活中的位置也从"父权制"转向爱和责任。贵格派虽然在 18 世纪因无法应对北美大陆的复杂社会环境而走向没落，但其"家庭生活"理念和实践通过卢梭、孟德斯鸠、伏尔泰等启蒙思想家的著作进入欧洲现代社会想象，建构了法国大革命的基本理想。贵格派对美国早期政治图景的影响，一方面是通过上述法国思想家的转译，另一方面是通过贵格派信徒自身的实践和富兰克林、爱默生等公众人物以及文学作品如《小妇人》的传播。①

（三）情感的特殊主义与普遍主义

自然情感引出的核心关注点是特殊主义和普遍主义的分野。韦伯就以这一点作为其文明比较研究的基本议题。原始儒家把"人皆有怵惕恻隐之心"的自然情感同"天之生物也，使之一本"即"各本于父母"这一"自然之理"② 结合起来，在"爱有差等"基础上推己及人，建构理想的"差序格局"："儒教的主观性原则，是从仁、智、诚论的。……有远近亲疏之别，所以具有不容忽视的'差别性'（Differentiality）、'特殊性'（Particularity）或者'个别性'（Individuality）"。③ 当然，这一情感结构虽如前所述是出于"缘情制礼"，但并非水到渠成，而需要一套严密的机制，包括"以仁释礼"、④ "义以行之"⑤，以及"以礼入法。"⑥ 由此可见，儒家看到并警惕自然血缘情感内在的"自我主义"，但其策略不是全面驱除"人情"，而是借助"怵惕恻隐之心"，通过制度和文化建构即"礼制"建设，增强"一本"之情，然后促成个人基于"一本"，并从"一本"出发自内向外推

① Barry Lavy, *Quakers and American Family*: *British Settlement in the Delaware Valley*, New York: Oxford University Press, 1988.
② 朱熹:《四书章句集注》，北京：中华书局，2011，第 245 页。
③ 牟宗三:《中国哲学的特质》，上海：上海古籍出版社，2007，第 42 页。
④ 李泽厚:《中国思想史论》，合肥：安徽文艺出版社，1999，第 25—26 页。
⑤ 潘光旦:《儒家的社会思想》，北京：北京大学出版社，2010，第 140—141 页。
⑥ 瞿同祖:《中国法律与中国社会》，北京：商务印书馆，2010，第 348 页。

扩，形塑既巩固"一本"又推己及人的"修齐治平"的情感体系，最终形成家国天下的整体情感格局，克服"自我主义"之"欲"。

在自然情感想象中，涉及情感和亲疏远近之别这两个相互勾连的维度。如果说儒家把这两个维度一并接受作为其情感建构的原点，那么古希腊传统和犹太—基督传统则是想方设法拒斥后者而只接受前者以形塑普遍主义情感结构，后一努力势必消解家庭和家族在公共领域的合法性而在其他社会组织层面重建更大更美好的"家"。柏拉图的"理想国"就是一个人造的大家庭，① 犹太—基督传统中的信仰共同体亦如此，父子隐喻和兄弟隐喻同时横贯其中。当然，从自然情感的特殊主义走向普遍主义，有一个变自然情感为理性主义的巨大跃迁，需要更为艰辛的自我克制和伦理再造，如亚里士多德殚精竭虑于以德性友爱和政治友爱替代家庭友爱，韦伯更认为唯有救赎宗教方能成就"同胞伦理"。而且，这种跃迁的结果很可能不是"无差别主义的爱"，而是"无爱的清明"② 即工具理性主义。这样，东西方不同文明对家庭情感的理解就分道扬镳了：在儒家看来，西方人所谓的普遍主义情感其实是孟子批评的"无父"性质的，与"禽兽"无异，无情的普遍主义行为更是有过之而无不及，真正的普遍主义情感孕育于"一本"，唯有推己及人方可获得。而在古希腊和基督教文明看来，儒家情感始终挣不脱血缘关系的束缚，本质上是特殊主义和传统主义的个别之爱。

（四）现代性下的友爱重构

法国大革命的个人主义的普遍主义与德国的历史主义的特殊主义的对立③是理解黑格尔的"家"和家庭隐喻学说的基本脉络。黑格尔既汲取了赫尔德的一些观点，又不违背大革命原则。黑格尔笔下的"家"依然是社会关系的自然基础，但其边界已缩小为核心家庭而非氏族或部落。这一界定源于组成家的核心机制是夫妻之"爱"而非血缘传承，虽然夫妻之爱唯有通过子女才能确定其"客观性"，④ 但"婚姻是具有法的意义的伦理性的爱"。⑤ 这样，"以自然血统为基础的"宗族和家族对于个人的意义就被放逐

---

① Allan Bloom, *The Republic of Plato*, New York: Basic Books, 1991, p. 385.
② 马克斯·韦伯：《中国的宗教 宗教与世界》，康乐、简惠美译，桂林：广西师范大学出版社，2004，第514、549页。
③ 参见路易·迪蒙《论个体主义》，谷方译，上海：上海人民出版社，2003，第107页。
④ 黑格尔：《法哲学原理》，范扬、张企泰译，北京：商务印书馆，1961，第187页。
⑤ 黑格尔：《法哲学原理》，范扬、张企泰译，北京：商务印书馆，1961，第177页。

了。① 将夫妻情感置于血缘纽带之上，确定了核心家庭作为现代社会的自然基础，为核心家庭的裂变进而讨论市民社会的可能性创造了条件，② 并切断了血缘纽带同作为"绝对精神"的国家的可比性，突出了后者的普遍主义性格。

当然，黑格尔没有隔绝家和国的内在关联：首先，国"以家庭的道德习惯和倾向为全部基础"，"在现代民族国家中，家庭的气氛并不局限于实际的家庭。共同的居住地、共同的历史和传统、共同的语言和文字赋予日常的公民意识以感情的色彩，这对民族国家来说，就像家庭中的亲人的感情一样。"③ 其次，家庭的"长子继承制"使国家拥有一个"不会受外界环境的限制"的群体"毫无阻碍地出来为国家做事"。④ 最后，家庭的道德关系的自然性具有超越家庭的"感染力"，从而"对整个人类有了无与伦比的支配力"。⑤

但家和国在功能上还是有所区分，"国家的显著特征是清醒的理智、明确的法律和体制"，⑥ 而且，"作为一个道德结构的家庭或家庭单位并非先于国家而存在，而是依靠国家的精神和保护发展起来的"。⑦ 更为重要的是，国家是家庭和市民社会的"内在目的"，⑧ 其使命是保护家的伦理性，而非做扩大的家庭。⑨

黑格尔的思想表达了现代社会中家国关系的复杂性，呈现了自然情感在现代社会的存在价值及其边界。梁启超对阳明心学的创造性转化式的诠释也具有黑格尔的意味。他将"家国天下"重释为"爱父母、妻子之良知，即爱国之良知，即爱众生之良知。"⑩ 其中，"国"不再是皇权意义上的一家之私产，而是以欧洲的"现代国家"为模板，⑪ "天下"被佛教的"众生"

---

① 参见黑格尔《法哲学原理》，范扬、张企泰译，北京：商务印书馆，1961，第 186 页。
② 参见黑格尔《法哲学原理》，范扬、张企泰译，北京：商务印书馆，1961，第 195 页。
③ 鲍桑葵：《关于国家的哲学理论》，汪淑钧译，北京：商务印书馆，1995，第 279—280 页。
④ 黑格尔：《法哲学原理》，范扬、张企泰译，北京：商务印书馆，1961，第 324—325 页。
⑤ 鲍桑葵：《关于国家的哲学理论》，汪淑钧译，北京：商务印书馆，1995，第 284—287 页。
⑥ 鲍桑葵：《关于国家的哲学理论》，汪淑钧译，北京：商务印书馆，1995，第 260 页。
⑦ 鲍桑葵：《关于国家的哲学理论》，汪淑钧译，北京：商务印书馆，1995，第 285 页。
⑧ 黑格尔：《法哲学原理》，范扬、张企泰译，北京：商务印书馆，1961，第 261 页。
⑨ 参见鲍桑葵《关于国家的哲学理论》，汪淑钧译，北京：商务印书馆，1995，第 260—280 页。
⑩ 梁启超：《梁启超修身三书·德育鉴》，上海：上海古籍出版社，2018，第 79 页。
⑪ 参见王汎森《中国近代思想与学术的系谱》，长春：吉林出版集团有限责任公司，2011，第 148 页。

取代。经过这一置换，家、国、天下之间的同构型被打破，三者成为不同性质的建制，特别是以"众生"取代"天下"，嵌入了"无差别主义之爱"，从而赋予王阳明的"致良知"以现代意涵。但是，如何从儒家基于"一本"的差序格局式的"推己及人"达到佛教的普遍主义的爱和民族国家的"集体认同"，似乎是一个难题。换言之，当我们既渴望建立普遍主义的人道主义，又试图回到由活生生的家人和亲人构成的"社会生命"时，这一困难就跃然而出了。当然，这个难题不是梁启超个人的，而是人类的，也是儒家能否和怎样实现自身的创造性转化的关键所在，有赖于我们对公私边界和"关系"的重新界定。

四 支配的类型及其转化和限制

（一）父权制

构成家庭的血缘关系，既是友爱的根源，又是支配的起点，从中生长出父权制。柏拉图对洪水之后社会组织构成的想象，暗示人类政治制度是从父权制演化而来的。亚里士多德一方面反对将政治家、君主、家长和主人同一化，[①] 另一方面自相矛盾地将家庭支配与政治支配做类比，断定五种君主制中最集权且无章可循的类型同家长制毫无二致，认为家户统治应被纳入君主制范畴，因为二者都由一个首领支配。[②] 后世思想者普遍接受了这一从父权制来理解君主制的预设。梅因将这一预设扎根于历史研究，发现无论罗马还是希腊抑或以色列，都起源于父权制，国家也是以家族为单位的集合体；[③] 国家从产生到发展并非绝对地立基于共同血缘，而是以"法律拟制"来构建人造家庭。[④] 这一解释为基于血缘纽带的支配模式的扩张和转化提供了依据，使"家"有机会和能力不断再生产新的超家庭组织。韦伯更具经验性的研究表明，父权制发源于家内父子关系，是对父子关系的拟制化，家产制（祖产制）是父权制的变形，是父权分化所形成的支配形

---

① Aristotle, *Politics*, trans. Benjamin Jowett, Mineola: Dover Publications Inc., 2000, 1252a2, p. 25.
② Aristotle, *Politics*, trans. Benjamin Jowett, Mineola: Dover Publications Inc., 2000, 1285b, p. 135.
③ 参见梅因《古代法》，沈景一译，北京：商务印书馆，1959，第82页。
④ 参见梅因《古代法》，沈景一译，北京：商务印书馆，1959，第86页。

式。① 亚当斯接续韦伯的论述，强调"父亲—统治者"（father-ruler）想象是一个符号，在现代早期欧洲的国家形成中发挥关键作用：（1）通过"父子关系"号召"后代为家庭血脉延续而行动"，实现家族血统和利益的纵向传承；（2）通过"父亲—统治者"之间的真正关系实现支配者之间的横向联合如联姻，"即使其家庭血统是虚构的，但只要其他人有将他融入交换圈的意愿，那这个家庭血统就是可行的"；（3）上述两种方式相互依存，共同形塑和拱卫近代国家建制；（4）该符号还穿越性别鸿沟，女性能运用它确立自身合格的父权制代言人的形象。② 确实，在 17 世纪和 18 世纪的欧洲包括英国和法国，"侍君如父"的观念不仅十分普遍而且被不断强化，君主为合法化自身位置，在家庭不断收缩和核心化的背景下还逆历史潮流地加强家庭内部的"父权体制"。③

在中国，父权制不仅贯穿封建和郡县的所有历史时期，也是儒家礼制所竭力捍卫和正当化的，是理解传统中国支配模式的关键。不仅如此，在"皇权不下县"的疏松官僚制下，基层社会的家族自治以及由此形成的乡绅身份团体，也带有父权制的特性。今天，虽然在国家政治层面父权制已经为共和制所取代，但其作为"文化—心理结构"的遗存依然可能以隐喻的方式存续于各种组织和观念中，是我们理解中国的政治和社会构成及其变迁不可忽视的角度。

但在现代社会，父权制终究不具正当性，日本历史就是一个明证。在向西方开放国门后，日本在自我革新中没有将现代化或曰文明社会（civil society）安置在个人主义之上，而是为维护日本社会的道德和秩序，借鉴儒家的"家"学说，重新发明了"家""传统"，"家"观念作为现代西方文明秩序的对立面被写进明治时代创建的《民法典》，成为日本社会特别是"国民国家"建构的基石，家庭义务和家庭组织观念被用以创造"家庭国家主义"（family-state），确立天皇对日本民族的家长地位，以及"忠孝同本"的意识形态和社会伦理，由此形塑出不同于"个人主义文明"（individualist civility）的"家文明"（familial civility）。但这一建构客观上孕育了日本军

① 参见马克斯·韦伯《支配社会学》，康乐、简惠美译，桂林：广西师范大学出版社，2004。
② Julia Adams, "The Rule of the Father: Patriarchy and Patrimonialism in Early Modern Europe," In C. Camic, P. S. Gorski and D. M. Trubek, eds., *Max Weber's Economy and Society: A Critical Companion*, Stanford: Stanford University Press, 2005, pp. 237-266.
③ 劳伦斯·斯通：《英国的家庭、性与婚姻 1500—1800》，刁筱华译，北京：商务印书馆，2011，第 104—105 页。

国主义及其侵略行径并反过来压垮了自身。战后，日本知识分子一面继续支持家庭的文化中心地位，一面清理"家庭国家主义"，提出"人民的家庭"（people's family）等新观念，既作为国家道德力量的源泉又剥离其为强化"道德"而刻意堆积的强制性。①

（二）官僚制中的家庭隐喻

黑格尔构想了世界历史的四种王国类型，从最原始的"东方王国"走向日耳曼王国，是政治远离"家"、从自然整体走向对立统一，从自然走向绝对理性的过程。② 相应地，韦伯为支配模式构建了一条从父权制向家产制再向官僚制转型的线索，这也是政治不断摆脱"家"的羁绊、从实质伦理到工具理性主义，"从'身份到契约'的运动"。③ 在欧洲，这一运动从古希腊时期就开始了。但是，人类本性具有稳定性，历史也不可避免其连续性，④ 血缘纽带在政制上留下的痕迹即使到现代时期依旧清晰。且不说菲尔麦对父权制的重新正当化、赫尔德对"自然政府"的想象、托克维尔对贵族制的怀念、"黑格尔分析的国家形式是一个现代的君主立宪制国家"，⑤ 即使最为理性主义和追求形式正义的官僚制，在关注各种法律形式的司法完美之时，也更关注司法的实质正义（substantive justice），⑥ 具有明显的家产制的父爱主义特色，是现代福利国家的重要文化来源。

家产官僚制是韦伯分析埃及、印度特别是中国传统社会的重要概念。这是一个悖论性的支配模式，一方面是官僚制的理性主义，另一方面是家产制的传统主义，二者在特定历史情境下结合。在中国，家产官僚制通过士人身份团体而同儒教（confucianism）伦理矛盾性地纠缠在一起，也将效率与公道、政统与道统、郡县与封建、集权与分权、皇权与绅权等若干范畴纠结起来，构成秦以来到帝制坍塌两千余年中国社会循环往复的基本结构。具体言之，中国传统社会的家产官僚制除了一般意义上的家产制与官

---

① 参见 Ming-Cheng M. Lo and Christopher P. Pettinger, "The Historical Emergence of 'Familial Society' in Japan," *Theory and Society*, Vol. 30, No. 2, 2001, pp. 237 - 279；上野千鹤子：《近代家庭的形成和终结》，吴咏梅译，北京：商务印书馆，2004，第 69—74 页。

② 参见黑格尔《法哲学原理》，范扬、张企泰译，北京：商务印书馆，1961，第 357—359 页。

③ 梅因：《古代法》，沈景一译，北京：商务印书馆，1959，第 112 页。

④ 参见梅因《古代法》，沈景一译，北京：商务印书馆，1959，第 77 页。

⑤ 鲍桑葵：《关于国家的哲学理论》，汪淑钧译，北京：商务印书馆，1995，第 271 页。

⑥ Max Weber, *The Religion of China: Confucianism and Taoism*, ed. and trans. Hans H. Gerth, Glencoe, Illinois: The Free Press, 1951, p. 150.

僚制的矛盾外，还涉及如下几对张力关系：士人身份团体作为封建制的遗存，表达了追求中央集权与回归宗法制的紧张；士人身份团体作为封建礼仪的担纲者，表达了政统与道统、法与礼的紧张；士人身份团体作为家族凝聚力的产儿，表达了皇族与地方家族的紧张；士人身份团体作为地方治理的主导以及俸禄制的受益者所内在的地方自主倾向，表达了中央与地方的紧张；士人身份团体对"君子不器"的身份认同，表达的是官与吏两种角色的矛盾。"家"以上述多重形式对官僚制的渗透和浸润，不仅塑造了传统中国独特的家产官僚制形式，也使这一制度蜕变为一种"民情"，构成我们千百年来理解、设计和想象自身政治建制的"方法"。近现代中国从帝制向共和国转型时，是如何处理这份遗产以及其处理的效果在制度和实践层面的表现，是中国研究绕不开的重要论题。

（三）从"封建"到"自治"

韦伯关于传统中国的论述，暗含了一条基本线索，即封建与中央集权的紧张。其中，封建制源起于三代，在西周因周礼得以正当化，其正当性基础是宗法制即血缘关系。进入帝制时代后，封建制虽然不再是国家的主要支配方式，但不仅在实践中从未根绝，而且在观念上以各种形式如家族自治、县域自治等争论被间歇性激活，构成封建郡县之辨的核心环节，也构成儒家道统的核心内涵，以及中国人想象理想的支配模式的关键来源。

西学东渐过程中，一些重要的西方观念传入东土，成为想象未来中国社会和政治的重要资源，其中就有"自治"。梁启超和孙中山先后对"自治"做过专门阐发，一些社会和政治改革者亦努力践行之，特别是20世纪二三十年代的乡村建设运动，大多与地方自治这一召唤相呼应。直观地看，这种"自治"典型地来自西方传统，如梁启超的灵感就出于盎格鲁-撒克逊人，"世界中最富于自治力之民族，未有盎格鲁撒逊人若者也"，[1] 但究其根本，依然是对传统的家族自治和封建制的想象，如孙中山说"吾国旧有地方自治……本旧础石而加以新法，自能发挥数千年之美性"，[2] 章炳麟从否定自治的目的出发把自治同历史上的封建制联系起来。[3] 后世学者如秦晖、汪晖、孔飞力也从这些革命者和思想家的字里行间看到了古之"封建"与

---

① 梁启超：《国民自新之路：新民说》，武汉：崇文书局，2019，第71页。
② 孙中山：《三民主义》，北京：中国长安出版社，2011，第257页。
③ 参见孔飞力《中国现代国家的起源》，陈兼、陈之宏译，北京：生活·读书·新知三联书店，2013，第118页。

西之"自治"在当时中国场景的历史性相遇和再生产出的中国式"自治"理念。①

（四）伦理隐喻与权力隐喻的结合

上文的论述暗示了一个观点：权力与伦理的关系，是理解支配形式的关键向度。② 伦理的内涵需要追溯到自然情感及其演变史。源于家的支配关系既是权力的施加也是父爱与子孝的互惠，父亲对子女的支配既是天经地义、无条件的，又隐含深厚的父爱主义，二者的结合所形塑的"命运共同体"③ 为人们提供了绵绵不绝的玫瑰色的父权制想象。亚里士多德据此来界定城邦不同政制的友爱类型，④ 赫尔德强调"国家"（state）和"祖国"（fatherland）之别，认为前者只有冰冷的"权利"而后者内含"温宁高贵的友好行为"，⑤ 黑格尔给现代国家设计的"君主立宪制"的价值基础也来自上述期待。涂尔干分别从个人主义和"政治—家族"、有机团结和机械团结角度区分和联结"国家"与"祖国"，⑥ 亦饱含家庭伦理同权力的辩证法。

原始儒家和宋明理学对于君权的期待同赫尔德的温和父权制想象在突出"原始氏族体制具有的民主型和人道主义"⑦ 方面有一定的相似性。在支配的具体策略上，儒家向来坚持教育和暴力相互配合，既以教启"仁"又"以礼入法"，在支配实践中以"礼"为根据来建构内外之别和文野之别，以此分别为王道和霸道提供合法性依据。韦伯对这一点多有关注，发现谶纬学说、祖先崇拜、君子理想和父爱主义共同构成一股约束皇权的力量，将父权制内在的"宗教的和功利主义的福利国家性格"注入政权，既建构皇帝的卡里斯玛来维护其正当性，又引导其按"君父"的伦理要求来自我修正。这一要求也贯彻在"父母官"等称谓之中，作为"道统"之一部分引导和约束治理实践，塑造家产官僚制的"民本主义"和"父爱主义"情

① 参见秦晖《传统十论：本土社会的制度、文化及其变革》，太原：山西传媒出版集团，2019，第 83 页；汪晖：《现代中国思想的兴起》，北京：生活·读书·新知三联书店，2004，第 936—937 页；孔飞力：《中国现代国家的起源》，陈兼、陈之宏译，北京：生活·读书·新知三联书店，2013，第 117 页。

② 参见李荣山《权力与伦理：韦伯支配社会学中的国家理由问题》，《社会》2020 年第 3 期。

③ Max Weber, *Economy and Society*, Berkeley：University of California Press, 1978, p.1007.

④ Aristotle, *Politics*, trans. Benjamin Jowett, Mineola：Dover Publications Inc., 2000, 1255b, p.37.

⑤ 李荣山：《共同体与道德》，《社会学研究》2018 年第 2 期。

⑥ 魏文一：《国家与祖国：涂尔干论政治社会的两个面向》，《社会》2017 年第 6 期。

⑦ 李泽厚：《中国思想史论》，合肥：安徽文艺出版社，1999，第 27 页。

怀。所有这些成果，如前所述，只有依赖于士人身份团体作为家产官僚制的担纲者方得以实现，是这一身份团体进入官僚制所形塑出的分权效果之外的又一效果，即政治伦理效果。

有意思的是，这一对关系在美国这样以个人主义为基石的国家也有一定的市场，"这些'父亲—统治'（father-rule）隐喻今天……对我们的挑战性更甚于过去。它们确实不只是发生在过去的欧洲和美国的事情。"① 从这一点出发展开比较研究，或许可以管窥中美文明的支配理念和实践的同与异。

五　家政：家庭经济模式的形成、演化和伦理困境

家庭首先是经济单位，这不仅是马克思的观点，也是所有古典社会学家的观点。韦伯将"家户"视为构成家庭的诸"自然"关系的前提，② 涂尔干类似地指出，家首先是经济共同体，无此即无"亲缘关系"。③ 亚里士多德区分了致富术（the art of money-making）与家户管理（the art of household management）即"家政"（economy）。前者是通过自由交换获取暴利（wealth），后者则只是获取必要的生活资料（property）。④ 这种区分，在人类历史上具有一定的普遍性，如儒家就固守这一看法，在家庭经济、道德经济以及自然经济之间画上等号。

（一）家政与共同体经济想象的生产和再生产

家长制是人类的第一种支配模式，家庭公有制即"部落所有制"是人类的第一种所有制形式，第二种是"公社所有制"，⑤ 是家长制家庭的生产形态，"土地的共同占有和共同耕作"是其基本特征。⑥ 一夫一妻制家庭推

---

① 参见 Julia Adams，"The Rule of the Father：Patriarchy and Patrimonialism in Early Modern Europe," In C. Camic，P. S. Gorski and D. M. Trubek，eds.，*Max Weber's Economy and Society：A Critical Companion*，Stanford：Stanford University Press，2005，pp. 237-266。

② Max Weber，*Economy and Society*，Berkeley：University of California Press，1978，pp. 356-357.

③ 涂尔干：《职业伦理与公民道德》，渠东、付德根译，上海：上海人民出版社，2006，第130页。

④ Aristotle，*Politics*，trans. Benjamin Jowett，Mineola：Dover Publications Inc.，2000，1252a2，p. 25.

⑤ 《马克思恩格斯选集》第一卷，北京：人民出版社，2012，第148页。

⑥ 参见《马克思恩格斯选集》第四卷，北京：人民出版社，2012，第69页。

翻了自然成长的公有制，代之以私有制。① 当然，家庭私有制只是相对于更大的共同体而言，家庭内部仍是共产主义。滕尼斯强调共同体在经济上的特性是"对共同财产的占有和享受"，这种共财习俗源于共同体成员在生活上"相互的占有和享受"。②

　　滕尼斯的上述想象，同传统中国社会"产权所属的基本单位是家户（jia），而非个人"③ 一致，更同儒家对井田制的想象异曲同工："方里而井，井九百亩，其中为公田。八家皆私百亩，同养公田。公事毕，然后敢治私事。"④ 这一阐述蕴含多重意味。（1）井田制是从土地制度捍卫封建制即大的家族秩序的一种方式。田地为"天子"所有，"古者井田养民，其田皆上之田也。"⑤ 其中，"公田"属于"天子"，"私田"则为诸侯；"公田"处在井田的中央，为"私田"所环绕，表征了天子相对于诸侯的中心位置，诸侯拱卫天子。（2）公田和私田的关系暗含了公私关系的理想形态，公私分明，先公后私，先君后侯。（3）公私分明而又守望相助正是儒家希冀在"天下为家"背景下通过"大人世及以为礼，城郭沟池以为固，礼义以为纪，以正君臣，以笃父子，以睦兄弟，以和夫妇，以设制度以立田里"，即以礼制恢复"讲信修睦"⑥ 的表征。（4）"井九百亩"平均划分，意味着土地分配的公平和平等，贫富分化的根除。（5）支撑井田制的，是家长制，只有圣人式的有德天子才能做到如此公平和公正，以德服人。

　　井田制因有上述丰富的内涵和极强的伸缩力，在后世儒学的理论建构和实践中，被不断激活，王莽改制、王安石变法都以恢复井田制为目标，朱熹则因无"圣人出"而否认井田制恢复的可能性，黄宗羲现实主义地主张恢复井田制。种种争论和提议，都跟井田制的上述五种意涵中的一种或几种关联，内含着不同的社会改革主张。⑦

---

① 参见《马克思恩格斯选集》第四卷，北京：人民出版社，2012，第86页。
② 斐迪南·滕尼斯：《共同体与社会》，张巍卓译，北京：商务印书馆，2019，第102—103页。
③ Madeleine Zelin, "A Critique of Rights of Property in Prewar China," In M. Zelin, J. K. Ocko and R. Gardella, eds., *Contract and Property in Early Modern China*, Stanford：Stanford University Press, 2004, p. 20.
④ 杨伯峻：《孟子译注》，北京：中华书局，2012，第89页。
⑤ 黄宗羲：《明夷待访录》，北京：中华书局，2011，第93页。
⑥ 王文锦：《礼记译解》，北京：中华书局，2013，第287页。
⑦ 相关争论参见列文森《儒教中国及其现代命运》，郑大华、任菁译，北京：中国社会科学出版社，2000，第287—292页；沟口雄三：《中国思想史：宋代到近代》，龚颖等译，北京：生活·读书·新知三联书店，2014。

　　井田制讨论在清初时接近尾声，[①] 代之而起的是"以族田为基础的家族共有经济"的广泛推展。族田制虽非井田制，却继承了井田制的灵魂，如厘清并协调公私关系、降低贫富分化。而且，共有族产在家族内部的买卖、转让，推动了家族结构和性质的变化，在家族与家族之间的转让，则可能导致更大规模的"乡族共有经济和乡族组织的形成"。[②] 滋贺秀三从理论和经验两个角度将中国的财产制概括为"家族共产制"亦即"着眼于维持家计"的"同居共财"。[③] 这一制度渊源于并反过来强固血缘这一中国式的自然法，"使中国的家成其为家的本质性的要素还是同居共财这样的生活样式"。[④]

　　从太平天国开启的以土地国有实现土地均分的尝试开始，"井田制"想象再度被激活，并潜在地同舶来的自然权利学说、历史发展学说以及社会主义学说相勾连，推动着公有化的土地改革和社会革命，如康有为的《大同书》、具有革命意识的《民报》都主张土地国有化，胡汉民说"惟土地国有，则三代井田之制已见其规模"。[⑤] 沟口雄三由此认为："在清末、在孙文的民生主义开始形成之时即共和革命的初期阶段，中国革命就已经具有了社会主义性质了。"[⑥] 换言之，井田制和家族共有经济相距我们的现实生活以及所有制观念和实践并不遥远，从土地制度、公有制和私有制的搭配结构等方面，都隐约可见远古时代就开始奔涌而后慢慢没入地下的"公"的潜流。

（二）家政的多重经济伦理意涵

　　血缘关系所内在的亲疏远近和内外之别，对于经济伦理有着决定性影响。韦伯对比了基督新教和儒教在经济伦理上的本质区别及其根源。"伦理的宗教——尤其是基督新教的伦理的、禁欲的各教派——之伟大成就，即在于打断氏族的纽带……从经济的角度上来看，这意味着将商业信用的基础建立在个人（于其切实的职业工作上所证明）的伦理资质上。"[⑦] 走出血

---

① 参见沟口雄三《中国思想史：宋代到近代》，龚颖等译，北京：生活·读书·新知三联书店，2014，第140页。

② 郑振满：《明清福建家族组织与社会变迁》，北京：中国人民大学出版社，2010，第195—206页。

③ 滋贺秀三：《中国家族法原理》，张建国、李力译，北京：商务印书馆，2013，第65页。

④ 滋贺秀三：《中国家族法原理》，张建国、李力译，北京：商务印书馆，2013，第77页。

⑤ 汪晖：《现代中国思想的兴起》，北京：生活·读书·新知三联书店，2004，第937页。

⑥ 沟口雄三：《中国思想史：宋代到近代》，龚颖等译，北京：生活·读书·新知三联书店，2014，第142—144页。

⑦ 马克斯·韦伯：《中国的宗教 宗教与世界》，康乐、简惠美译，桂林：广西师范大学出版社，2004，第320页。

缘共同体，即将伦理建立在个人主义基础上，从而为普遍主义的经济伦理标准提供了可能性，为市民社会在欧洲的产生和壮大创造了关键性的精神和心理基础。儒教则从来没有试图也不屑于走出祖先崇拜的血缘联系，"氏族凝聚性在中国之持续不绝，以及政治与经济组织形式之全然固着于个人关系上的性格。它们全都缺乏理性的实事求是，缺乏抽象的、超越个人的、目的团体的性格……所有的共同体行为全都受到纯粹私人的，尤其是亲属的关系，以及职业上的兄弟结盟关系，所涵盖与约制。"① 除了儒教，印度教和古犹太教也未能摒弃内外有别的家庭伦理而进入普遍主义的经济伦理。

经济伦理的这种普遍主义和特殊主义之分别产生的后果，可以从两个角度来理解。从消极角度看，特殊主义带来的是反伦理的经济行为，其轻微表现是因人而异的经济规范和标准，其严重表现则如韦伯笔下的犹太人的做法："若有人作为无神的犹太君主的甚或外国势力的包税者而对自己的族人进行放贷剥削，便会深受拒斥并被拉比视为不净。不过，对于外人，此种赚取钱财的方式，在伦理上是无所谓的"。② 也就是说，对于自家之外的对象进行巧取豪夺并无伦理和法律上的不当。当然，在西风东渐过程中，各种文明受自身家庭底色之独特性的限定，在模仿和实践普遍主义经济伦理的效果上也表现出不同方式和结果，这一点是韦伯留下的未尽论题。

从积极角度看，以"家"为本的特殊主义伦理内含实质正义和"以义为利"取向，同自由交换经济的"以利为利"相对，形塑出实质正义与形式正义、公平与效率等两难困境。在亚当·斯密的设想中，义和利源于人性的不同侧面，在不同社会空间中各自发挥作用，但对于儒家而言，义和利是不可分割的，前者构成后者的前提。在中国历史上，土地买卖和民事或刑事案件处理中对各种在自由主义市场理论看来无关的限制性因素的考虑和平衡；道统与政统、士农与工商等范畴在具体场景下的争论；今天，围绕"社会主义市场经济"的诸种纷争，以及如何解释当下我国普遍存在的现象：在政府按照自由交换的市场规则积极培育有竞争力的商品品牌和市场主体之时，很多经营者和生产者并不接受这一努力，他们商业往来的维持不直接依靠抽象的市场中介，而更多地以家庭式的亲情为纽带，他们对于商品的定价也有明显的互惠制痕迹，共同分担面对抽象的市场变化带

---

① 马克斯·韦伯：《中国的宗教 宗教与世界》，康乐、简惠美译，桂林：广西师范大学出版社，2004，第326页。

② 马克斯·韦伯：《古犹太教》，康乐、简惠美译，桂林：广西师范大学出版社，2007，第429页。

来的风险，都可基于上述伦理范畴作出更为复杂而非非此即彼的解释。进一步看，"以义为利"为人类反思自由交换经济提供了普遍参照系，涂尔干设想重建法人团体来扭转"经济事务主宰了大多数公民的生活"的工商业社会①的去道德化趋势、莫斯等人类学家接续其衣钵对"礼物"的研究，都包含此种取向。他们普遍不相信商业伦理能独立支撑起现代社会的道德，而是从"氏族社会的经验……看到了现代社会重回以礼物精神为基础的道德世界的可能性"。② 但是，这两种伦理在实践中如何分化和结合，包括是用实质正义改变形式正义还是在形式正义之外通过福利制度矫正形式正义的不公结果，依然难有最优的答案。

结论与讨论

人类文明有着共同的生物性和自然主义的起点，因此，越往前溯，其相似性越强。所以，从"家"出发来研究文明个体的起源和开展文明比较就成了学界的共识。但是，家庭诞生之日也是对家庭理解的分化之时，即使是同样以"家"为社会生活秩序构建之枢纽的印度和中国，其文明性格也有天壤之别。症结何在？韦伯的回答是精神气质这一"扳道工"，福山的答案是"思想作为原因"。③ 这就将不同社会理解和处理"家"的方式及其效果推到文明比较的聚光灯下。

近代以来不同文明的互动和碰撞，使非西方文明不得不参照西欧和北美的现代性来反思自身，并不得不接受前者的文明发展预设和目标。相应地，以个人主义为基准来构建社会理论甚至整个社会科学也就成了不仅是西方也是整个世界的共同学术取向。但是，个人主义能否支撑起现代社会？在原本缺乏个人主义传统的社会中，本土观念如何处理同个人主义的关系，其文明重构的效果是什么？

第一个问题的答案显然是否定的，不论维柯和赫尔德早期的反启蒙努力，抑或韦伯发现的"铁笼"，以及从黑格尔、托克维尔、涂尔干和滕尼斯的思想中生发，被泰勒、桑德尔以及贝拉等美国学者弘扬的社群主义，都

① Emile Durkheim, *The Division of Labour in Society*, London：The Macmillan Press Ltd.，1984，p. xxxiii.
② 张亚辉：《道德之债：莫斯对印欧人礼物的研究》，《社会》2020年第3期。
③ 福山：《政治秩序的起源：从前人类时代到法国大革命》，毛俊杰译，桂林：广西师范大学出版社，2014，第399页。

证成了这一答案。一些自由主义者也意识到个人主义的有限性，故要么通过论证个人主义其实有内生社会性的能力来为个人主义正名，要么在个人主义的普遍标准下设计容纳社会性和情感的空间，如罗尔斯将政治正义缩小到尽可能确定的范围而为各种"统合性社会"即原生共同体留足空间。①西方学界的上述对话，表明他们在现代性问题上日益达成一个超越启蒙理性的新共识：个人主义是枢纽性的但不是自足的，需要自然主义载体如"家"的扶助，"家"承托起普通人无以割舍的情感依恋、互惠等自然诉求。而且，不管承不承认，"家"始终以实体或者隐喻形式深藏于现代性内部，作为社会、经济和政治的载体之一，构成人们理解个人主义和现代性的具体制度的"方法"。从这个角度说，本文提出以"家"为方法，尝试构建上述分析架构，对于共处现代性场景下的不同文明的人们而言，具有普遍的意义。

　　但进一步分析，"家"在不同文明中的意义又有本质性差别：如果说西方社会一直不屈不挠地逃离"家"，故而反思现代性的主题是如何"回家"，那么，走在现代性道路上的非西方社会特别是中国，主题就成了如何应对以及应该怎样协调舶来的文明与"家"传统的关系，再造自身文明；如果说西方人的实践意识和无意识主要是从个人主义出发来打量"家"，次要的才是以"家"为方法来反思个人主义传统，这也是"家"在他们的社会理论中始终处于次要和潜在位置的原因，那么，我们对现代性的各种基础和目标的思考，则自觉不自觉的是以"家"为方法的，由此才能理解在经验研究中"家"对于我们而言更为本质和重要的原因。

　　这就进入第二个问题。对这个问题的已有论述大多是在规范层面展开，但同样重要甚至更为重要的，是以上述三个维度为切入点，对文明个体中的关键现象展开历史的与经验的研究。首先，在"家"与中国文明的互鉴中分析"家"及其各种隐喻在中国历史进程中的形成、内涵和演变，以及它们是怎样建构和塑造政治、经济和民情的，由此把握中国传统文明的整体性格。经过历代学者的不懈努力，这方面积累了丰硕的成果，但从经史互动角度看尚需更为扎实的研究。其次，在中西碰撞中把握我们如何引入和理解外来文明，如何设计不同文明路径的关系并重塑新的文明以及家庭隐喻的变更及其在变迁中的文明形态中的实际位置。譬如，自由、权利、

---

① John Rawls, *Justice as Fairness*: *A Restatement*, *Cambridge*: The Belknap Press of Harvard University Press, 2001.

平等、民族国家、民族主义等观念被引入时，我们是如何透过"家庭隐喻"来理解、接受和重建它们的，这些观念又是如何再生产我们对"家"的理解的。这方面的研究虽然如前文所述有所展开，但还是相对零散。再次，通过研究当今经济改革、社会建设、政治建设和日常生活中家庭地位的重新界定和家庭隐喻的具体形态和实际影响，来把握我国文明的新变化。中国的社会转型虽然表面上看是个人主义取向的，但这一取向既非单一的，也非决定性的。这突出表现在中国的改革开放并非步西方之后尘的亦步亦趋，而是有着大量的自觉不自觉的自我再造。具体言之，对市场经济、所有制取向、人权（以发展权和生存权作为首要人权）的理解，以民生为重点的社会建设、基层政府的信访和调解等制度的设计及其实践，都跟本文分析的家庭隐喻有着各种内在关联，其在理论和实践上之所以有效，均在于其同以"家"为核心的民情和伦理取向的内在一致性。换言之，越来越现代的社会治理往往可能服务于用现代话语表达但与传统伦理有着千丝万缕联系的治理目标，其具体的操作也可能只有跟浸透于民情中的"家"逻辑相勾连才能发挥效力。最后，在当代中国的家庭实践中，个人主义取向和家庭主义取向并非绝对对立，而是矛盾性地相互纠缠，因此，有必要从人们对实体家庭的态度的矛盾处入手，以"家"为方法，反身性地检视权力、权利和利益等个人主义观念对于中国人的家庭观念和实践的再生产机制和效果。只有在上述系统检讨历史经验的基础上，才能进一步汲取切合人之内在需求的家庭隐喻养分，为中国文明和价值的更新提供思路。潘光旦不满意于当时甚嚣尘上的平权观念，结合科学理论和中国"家"的传统，提出替代性概念"公道"，[1] 就是在中国语境下重建西方个人主义的平等观念的尝试。

总之，"家"对于中国而言是一种总体性的和"根基性的隐喻"（root metaphor），它曾经"如此强大以致没有给其他隐喻留有空间"，[2] 今天依然没有放弃对人们的思维和行为习惯的支配。以"家"为方法来尝试构建中国社会理论，是探索"中国人社会生命"的根底，整体把握我们文明的性格及其变迁，实现"文化自觉"的关键途径，也是推进社会学中国化、中国学术为世界学术作出贡献的现实选择之一。

---

[1] 潘光旦：《人文史观》，北京：群言出版社，2014，第 74—75、152—154 页。

[2] Jonathan Ocko, "The Missing Metaphor: Applying Western Legal Scholarship to the Study of Contract and Property in Early Modern China," In M. Zelin, J. K. Ocko and R. Gardella, eds., *Contract and Property in Early Modern China*, Stanford: Stanford University Press, 2004, p. 202.

从地缘多元主义走向话语多元主义[*]

谢立中

摘　要："社会（科）学本土化"或"去西方化"思潮反对西方知识霸权，主张社会科学知识的多元性，这种诉求具有正当性。但这种诉求是建立在传统实在论的基础之上的，其立场构成了一种地缘多元主义，这种地缘多元主义在追求知识多元性的同时放弃了知识的普遍性，隐含着使知识碎片化的危险。如果我们从话语建构论的立场出发，就能够建构出一种话语多元主义立场。这种话语多元主义在鼓励解构西方社会科学的知识霸权的同时，又允许追求普适性的社会科学知识。

关键词：社会科学本土化　去西方化　地缘多元主义　话语多元主义　多元普遍主义

一　问题的提出

近年来，社会科学本土化问题再一次受到热切关注。在有关社会（科）学"本土化"或"去西方化"问题的讨论中，出现了两种对立的基本观点。笔者把它们分别称为"强本土派"和"弱本土派"。

持强本土派观点的学者认为西方社会科学主要是以西方社会的经验为基础构建起来的，属于地方性知识，因此只适用于西方社会，不适用于中国这样的非西方社会。非西方社会有自己的特殊性，因此应该建构一种以非西方社会的经验为基础、完全不同于西方社会科学的"非西方社会科

　＊　本文原载《社会学研究》2020 年第 1 期。

学"。这一观点所内含的理论逻辑是：理论是对现实的直接再现；不同时空情境下的现实只有特殊性，没有共同性（或者，虽然有共同性，但对我们认识特殊情境下的现实没有实质意义）。所以，在不同时空情境中形成的、作为对不同时空情境之现实直接再现的理论也只有特殊而无共同的适用性（或者只有那些反映了不同时空情境之特殊性的理论才有实质意义）。持这类观点的学者们认为："世界上没有放之四海和古今皆准的绝对、普适真理。任何理论都有它一定的历史和社会背景，都得通过当时的环境来理解"[①]；"从社会科学理论的知识论的角度而言，社会科学理论永远是局部理论或'在地理论'，它不可能具有全球普适性"[②]；"所谓本土化，在民族国家这个层面上讲，就是对国家这样一个地理和文化空间中社会特殊性的强调"[③]。

与上述观点不同，持弱本土派观点的学者们则主张西方社会科学虽然确实主要是以西方社会的经验为基础构建起来的，带有强烈的地方性色彩，其中有不适用于非西方社会的内容，需要依据非西方社会的经验对其进行补充或修正，但这并不意味着西方社会科学的所有内容都不具有普适性。"本土化"的实质是不断根据不同时空情境下新的实践经验来对既有理论进行补充或修正，使理论日益贴近更广泛的现实，更具普适性（如通过"将马克思主义的普遍真理与中国革命的实践经验相结合"来丰富和发展马克思主义，使之更具普适性，而非完全否定马克思主义在中国的适用性）。显然，这一观点内含一种与上述强本土派不同的理论逻辑，即理论是对现实的直接再现，各国不同社会情境下的现实既具有特殊性也具有共同性。因此，理论既需要反映各国社会现实中的特殊性，也需要反映各国社会现实之间的普适性。我们需要且可以建构起一种跨越各国不同时空情境、适用于各国不同社会情境的社会科学知识系统。针对上述强本土派学者片面突出非西方社会的特殊性可能带来的偏狭性，持这一观点的学者们提醒人们："具有继承性的对中国社会结构或文化的'特殊性'的强调，是很有意义的，但在学术上也是有陷阱的，它有可能使人们把最终将汇入普遍性的特殊性，当作一种持久的特殊性……进而把关于中国社会'特殊性'的命题扩展到中国的研究和学术的'特殊性'上，那就更进入误区了"[④]；"理论研究的重心是发掘具有普遍性意义的概念与命题，最终形成具有普遍性的

---

① 黄宗智：《连接经验与理论：建立中国的现代学术》，《开放时代》2007 年第 4 期。
② 吴重庆：《农村研究与社会科学本土化》，《浙江学刊》2002 年第 3 期。
③ 李宗克：《社会学本土化的理论反思》，《探索与争鸣》2011 年第 11 期。
④ 李培林：《中国早期现代化：社会学思想与方法的导入》，《社会学研究》2000 年第 1 期。

理论或方法论，经验无论具有何种'深刻性'，都不能依照经验的特殊性建构理论"①；"社会学本土化不能仅满足于地方知识的建立，更不能也不会将自己独立于社会学学科之外，而是希望把自己在地方性知识中发现或抽象出的研究成果提供给国际社会学，或融入主流社会学，或提出对社会学研究的新认识与新途径，由此而有机会以一种学派或者理论范式应用于其他社会，以作为普世性的检验"②。如果只看到某个社会的特殊性而忽略其与其他社会之间的共同性，"那这个学术群体就可能缺乏相应的可能性，去真诚理解理论本身的普遍性意义，同时也很难真正去揭示、诠释本土社会的特殊性"③；"社会学本土化既不是用中国的'特殊'来反对西方的'特殊'，也不是让中国社会学共同体'自说自话''自拉自唱'，而是要提出对中国以及世界的现实有解释力、有效度、可被世界社会学同行所理解和接受、在世界的客观知识体系中占据某种位置的理论知识"④。

那么，在这两种不同的理论观点之间，哪一种更为可取呢？本文的目的之一就是寻找一个相对而言令人满意的答案。但笔者的目的不止于此，而是要借助对这一问题的分析来探索社会科学本土化过程中的一个更具深意的问题，即知识多元化的主要根源及其后果。而知识多元化正是社会科学本土化论者的终极追求。

二 社会科学"本土化"的核心议题：不同时空情境下的现实是否具有共同性

从上述两种对立观点所内含的逻辑中可以看到，这两种观点的争议中存在一个核心议题，即不同时空情境下的现实是否具有共同性。围绕这个核心议题，这两派分别做出了不同的回答。强本土派认为不同时空情境下的现实只有特殊性没有共同性。弱本土派的回答则相反：不同时空情境下的现实既有特殊性又有共同性。这两种理论观点之间的分歧主要来自对这一核心议题的不同回答。因此，要想判断这两种本土化观点何者更为可取，

---

① 王处辉、孙晓冬、杨辰：《近三十年社会学学术研究的发展轨迹与本土化反思》，《中共中央党校学报》2017 年第 5 期。
② 翟学伟：《社会学本土化是个伪问题吗》，《探索与争鸣》2018 年第 9 期。
③ 陈映芳：《今天我们怎样实践学术本土化——以国家—社会关系范式的应用为例》，《探索与争鸣》2015 年第 11 期。
④ 王宁：《社会学本土化议题：争辩、症结与出路》，《社会学研究》2017 年第 5 期。

就必须考察它们对上述核心议题的回答何者更为可取。

围绕"普遍"和"特殊"之关系展开的争论由来已久。笔者在此不做重新梳理，而是径直表达自己的观点。从逻辑上看，强本土派学者所持的观点是不可能成立的。理由有以下几点。

第一，如果不同时空情境下的现实只有特殊性而没有共同性，那么，由于现实在时间上和空间上都是无限可分的（例如，从空间上来说，现代人类社会可以分解为以民族国家为界限的各个社会，各个以民族国家为界限的社会可以分解为各个民族国家下属的地方社会，各个地方社会可以进一步分解为更为基层的社会，更为基层的社会可以分解为各个家庭或小群体，各个家庭或小群体可以分解为个人；而上述从空间角度分解出来的每一个层次，甚至每个人，又都可以从时间角度无限分解，成为不同瞬间 T_1、T_2、T_3……T_n 时的存在），我们就无法形成任何概念性的知识，而只能获得一些相互之间毫无关联、碎片化的经验。任何概念性的知识必然是对许多具有丰富特性的经验知识的抽象概括。

实际上，已经有论者意识到强本土派观点可能会面临这一难题，因此提出了要将"本土化"的论题限定在"国家"层面上的建议，暂时忽略掉"在更小地理空间或社会阶层上的差异与分歧"，理由是"民族国家在当今全球秩序中仍然是一个有着实质意义的'利益共同体'，也是知识生产和社会建构最主要的单位和边界。在全球格局中，因为不同的民族国家有着不同的处境，必然会寻求一种反映本土价值关怀的知识体系。这里的'价值'包括实际的经济利益，也包括政治认同和民族精神的建构等，即所谓的文化自觉。社会科学的议题设置、概念构造和事实选择等知识建构活动，都嵌入在特定的历史文化语境中，从而是本土化的"[1]。笔者认为，这种建议只是提出者的一厢情愿，因为事实上并没有理论或实践障碍可以阻止人们将本土化的对象一级级分解下去。

第二，如果接受不同时空情境下的现实只有特殊性没有共同性或共同性对认识现实没有意义的观点，那就需要进一步面对以下问题。

首先，如果没有任何超越特殊性的共性知识，譬如任何个人经验与其他个人经验之间没有共同性，那个体之间如何产生共鸣和理解？人们之间的交流何以可能？或者，如果任何个人的经验都对其他个体没有意义，那是否还有进行知识交流和沟通的必要？

---

① 李宗克：《社会学本土化的理论反思》，《探索与争鸣》2011 年第 11 期。

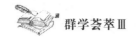

其次，如果每个人在不同时空情境下的经验都只有特殊性没有共同性，那就没有办法对这些碎片化的记忆进行有效的整合，我们的意识活动要承担沉重的负荷，因而会是极其低效的。这样一种生物如何在竞争中存活和延续下来将是一个难题。假如所有以往的经验由于其只有特殊性没有共同性，因而完全不能适用于将来的生活情境，我们甚至可以质疑储存如此多的生活经验记忆的必要性。

如果上述分析可被接受，那么就可以通过逻辑推论得出如下结论。

第一，不同时空情境下的现实既有特殊性又有共同性。因此，假如理论是对现实的再现，对这些不同时空情境下的现实加以再现的理论知识也必然既包含特殊性的内容，又包含普适性的内容。整合这些包含着普适性的内容，就可能形成超越具体时空情境界限的理论知识。

第二，就社会科学而言，无论是西方社会科学还是非西方社会科学，都既包含只适用于自己社会的内容，也包含普遍适用于其他社会的内容，对这些具有普适性的内容加以整合，就有可能形成超越具体时空情境界限的社会科学理论知识。从这个意义上说，普适性社会科学知识的建构是可能的。因此，不同时代、不同社会的"社会科学"知识才获得了相互借鉴、相互交流的可能性和必要性。所谓的"本土化"或"去西方化"，要做的应该是将西方社会科学知识系统中只适用于西方社会、不适合其他社会的内容"去除"掉，同时将可以适用于某个非西方社会的内容补充进去，从而使人们对于"社会"的认知（包括特殊性知识和普适性知识两个方面）不断得以扩展。就此而言，在社会科学本土化问题上，弱本土派的观点是相对更为可以接受的。

但是，到此为止问题并没有完全解决。弱本土派学者还是会面临一些新的重要问题。按照弱本土派学者的观点，西方社会科学虽然是以西方社会的经验为基础构建起来的，但其中应该包含可以适用于所有社会的普遍性内容。只要我们根据不同时空情境下新的实践经验来对它进行补充或修正，就能使它在内容上不断完善，更好地适用于各类社会的描述和解释。这是否意味着，作为一种日趋普遍的知识系统，源起于西方的这套社会科学系统最终将成为所有时代、国家或地区的人们都可以使用的、唯一的社会科学知识系统？若是如此，西方社会科学的知识霸权不就成了所有时代、国家或地区的社会科学学者难以摆脱的宿命？还有可能产生包括社会科学在内的多元的知识世界吗？

不可否认，在弱本土派学者中，确实会有人对于上述问题做出肯定的回答，认为社会科学本土化的最终目的不是要抛弃而是要完善源自西方的社会科学知识体系，因为后者虽然源自西方，但由于含有普适性内容，并非只适用于西方。行文至此，我们似乎还没有适当的理由来反驳这一回答。

笔者认为，承认包括西方社会科学在内的知识系统包含适用于不同时空情境的普适性内容，并不意味着目前源起于西方的这套社会科学系统就是所有时代、国家或地区的人们都必须使用的、唯一的社会科学知识系统。即使我们承认西方社会科学含有可以适用于不同时空情境之下的社会现实的普适性内容，在普适性知识层面上，一个多元的社会科学知识世界也依然是可能的。为了说明这一点，我们需要对另一个重要问题进行讨论，即理论是对现实的直接再现吗？

三　传统实在论与话语建构论之争：理论是不是对现实的直接再现

如前所述，尽管强本土派和弱本土派学者在社会科学本土化问题上存在着分歧，他们实际上却共享一个理论前提，即认为理论是对现实的直接再现。正是这一理论前提才导致弱本土派学者不得不面临理论和实践上的难题。为了寻找破解这些难题的钥匙，我们有必要对这一理论前提进行讨论。

理论真的是对现实的直接再现吗？针对这一问题，在当代的国内外学术界至少存在着两种非常不同，甚至对立的理论立场。笔者把它们分别称为"传统实在论"和"话语建构论"。

在本文中，所谓"传统实在论"指的是这样一种理论观点：认知对象是一种外在、独立于认知结果、纯"自然"的实在；对这一实在展开认知活动的目的是准确、客观地再现这一实在；只有准确、客观地再现了这一实在的认知结果才是可以被接受的认知结果；这样的认知结果只能有一个；这样的认知结果可以积累，通过这类认知结果的积累，我们对这一实在的认知就能不断扩大和深化。

所谓"话语建构论"则是指以下这样一种理论观点：我们的认知对象不是一种外在、独立于认知结果、纯"自然"的实在，而是一种由认知主体在某种话语系统的引导和约束下建构出来的"话语性"实在；对这一"实在"的认知并非对它的直接再现，而是在特定话语系统的引导和约束下完成的一种话语建构；对于"同一"认知对象，处于不同话语系统引导和约束下的认知者完全可以对其做出不同的建构；而对于这样一些不同话语

建构之间的是非对错，我们无法做出终极的判断。因此，认知的结果必然是多元的，而非一元的。这些多元的认知结果既不可比较也不可累积，而只能共存于世，它们之间如果产生竞争，决定胜负的因素只能是认知过程之外的因素而非认知过程本身的因素。

毫无疑问，假如接受传统实在论的立场，就势必接受一元主义知识论的立场。而在普适性知识系统的构建过程中，又势必要面临以下难题：要么认定西方社会科学是唯一能够用来再现不同社会之普遍性的知识系统，从而臣服于其知识霸权之下；要么在西方社会科学之外重新构建一套与之不同的普适性社会科学知识体系，从而违背传统实在论的理论立场（这正是弱本土派学者面临的难题）。但如果我们接受话语建构论的立场，局面就会焕然一新。依据话语建构论的立场，我们可以推导出以下结论：对于任意特定时空情境下的某一现实，必然存在多种不同的话语系统（这些不同的话语系统或者以明确的方式存在，或者以隐含的方式存在），可以用来对其加以描述和理解。因此，我们对其所做的描述和理解也必然是多元的，而非一元的。

以笔者之见，话语建构论比传统实在论更为合理。具体说明如下。

词语是话语最基本的构成元素。对于任一特定时空情境下的现实来说，如果用来对其进行描述的词语在内涵和外延方面有实质性的不同，那么人们对这一特定现实所能够做出的描述和理解就会不同。举例而言，对于中国人日常生活里经常用于喝水的水杯，人们有着很多不同的称呼，有人称其为"茶杯"或"水杯"，也有人称其为"茶缸""把缸""水缸"等。从表面上看，这似乎只是对"同一"物品给出的两类名称而已，但实际上这两类不同的名称从属于两个不同的话语系统，这两个不同的话语系统又进而建构了两个非常不同的生活世界。假设某个老师指令一位学生去从事一项关于"杯子"的研究活动，主题如"'杯子'的一般属性或基本类型"，那么这位学生就需要去广泛地搜集工作和生活中存在的各种类型的"杯子"样本，对它们进行仔细的观察、比较、分析和综合，最终得出结论。当这位学生这样做的时候，也需要且只能将所有被人们称为"杯子"的东西搜集起来加以考察，那些不被人们称为"杯子"的物品则将被排除在研究对象的范围之外。但是，假如现在老师又指令这位学生去从事一项关于"缸"的研究，主题如"'缸'的一般属性或基本类型"，那么虽然研究的基本程序和方法不变，但这位学生需要去搜集然后加以考察的对象范围却发生了变化。因为他将会发现，被人们称为"杯子"的对象与被人们称为"缸"

的对象在范围上虽然有所重合，但也存在较大的差异。例如，在传统中国农民的灶屋里一般都放置着一口容量比较大的水缸，用来盛放家人的饮用水。对于这些农村居民来说，这种用来储水的大"水缸"和用来喝水的"茶缸""把缸"或小"水缸"应该都属于"缸"这样一个物品种类。如果用科学的分类逻辑来表述它们之间的关系，我们就只能说：它们不过是"缸"这样一个"类"下面的"亚类"而已。因此，对于这位学生来说，他在搜集研究对象的样本时，就必须将"把缸"和大"水缸"等都搜集到，否则他的研究就将存在样本类型不够的问题。而在前面那项研究中，他的研究对象只是"杯子"而非"缸"，用来储水的"水缸"由于只属于"缸"而不属于"杯子"，就不应该在他搜集和观察的对象范围之内。毫无疑问，这两项研究最终获得的结果将会大相径庭。在第一项研究中，学生在对"杯子"经过一番仔细研究之后，可能得出如下结论："杯子"这个词语的基本内涵是"一种体积不大、方便携带、主要用于盛装液体物质的容器"。而在第二项研究中，他在以同样的程序和方法对"缸"经过一番研究之后则会发现，对于"缸"这个词语来说，其基本内涵中至少要抹去"体积不大、方便携带"这两点，只能保留是"一种主要用于盛装液体物质的容器"这一点。因此，尽管那些既被称为"杯子"又被称为"茶缸"或"把缸"的样本对象是两个研究项目所用样本的交集，但其在两项研究中归纳得到的性质却是不一样的。那么，这两个研究结论哪个更为正确？按照传统实在论，我们必然会提出这样一个问题。因为我们通常会认为"茶杯"和"茶缸"只是称呼上的不同，并不是两类不同的东西。对于同一个东西，我们只能有一个相对来说比较正确的研究结论。但事实上，我们应该，并且也可以十分肯定地说：这两个研究结论都是正确的，而且是同等正确的。"茶杯"或"茶缸"所属物品类型及其基本特征上的差异其实是由我们通过特定的话语（概念）所建构出来的。不同的话语对"同一"现实做出了不同的分类，如第二种话语体系将第一种话语体系中被称为"杯"类的事项划分到了不同类别——如"缸"类当中，使得这一事项在类别上有了不同归属，从而获得了不同的特征描述。但对于处在不同话语体系下的人来说，"同一"事项的这种不同归属及由此获得的不同特征描述，就意味着它属于不同性质的存在。人们在这两种不同话语体系的引导和约束之下对这表面"同一"事项所做出的描述和分析，在各自所述的话语体系之下都是正确的。

上述例子说明，词语是话语最基本的构成要素，词语的差别会带来陈述和文本的差别。那么，词语是如何形成的呢？在索绪尔之前，人们一般认为，作为"能指"的词语与其"所指"之间存在着必然的联系。然而，索绪尔认为，"能指"与其"所指"之间其实并无必然联系，两者之间的关系具有相当的偶然性①。同一个"所指"，完全可以用另一个"能指"来加以表征；反之，同一个"能指"也可以用来表征不同的"所指"。一个"能指"的词语到底成为哪个"所指"的表征，在很大程度上取决于最初使用这一词语的人将这一"能指"与哪个"所指"相联系。或者反过来说，这取决于人们最初想要对某个对象加以表征的那一瞬间用了哪一个词语作为"能指"。当人们发明一个用来表征某个对象的词语时，可能会去寻找这个词语与其将要加以表征的对象之间的某些联系，但这并非这个词语作为对此一对象之表征所必需的前提，正如一个喝水的"杯子"既可以被称为"杯"，也可以被称为"缸"。

由此可见，词语及其特定能指功能的形成具有一定的偶然性。对于"同一个"需要被表征的对象，不同的人可能会采用不同的词语来作为其能指。这就决定了用来表征"同一个"所指的词语必然具有多元性；词语的多元性又进一步决定了陈述的多元性乃至话语的多元性，正如我们在"茶杯"和"茶缸"两个词语那里所看到的那样。而对于这种通过不同语词来对原本混沌一片的"经验世界"进行"切分"时所产生的多元性，我们无法通过对它们之间的是非对错进行判断的方式来加以清除。从逻辑上说，这种多元性是无法清除的。

为通俗易懂起见，以上我们举的只是一个日常生活中的例子。但我们在对这一案例进行分析时所阐述的基本原理实际上也适用于哲学和科学（包括社会科学）研究中的类似情况。

如果同意上述分析，在理论与现实的关系问题上接受话语建构论的立场，那么就能够比较圆满地回答前面所提出的那个问题，即承认普遍性知识的存在并不必然导致走向一元主义的知识论立场并陷入西方社会科学的知识霸权之中。

四　从地缘多元主义走向话语多元主义

反对西方的知识霸权、倡导社会科学知识的多元化，是社会科学"本土化"或"去西方化"思潮的主要诉求之一。应该说，这一诉求具有合理

---

① 费尔迪南·德·索绪尔：《普通语言学教程》，高名凯译，北京：商务印书馆，1980。

性和正当性。但是，依上所述，对这一诉求之合理性和正当性的理解，却至少可以有两种非常不同的方式。笔者将其中的第一种方式称为"地缘多元主义"，第二种方式称为"话语多元主义"。

所谓"地缘多元主义"，是以"社会科学知识是对特定社会现实的直接反映"这一"传统实在论"和"各个不同地域范围内的特定社会现实之间只具有差异性不具有共同性"这类"地方多元论"两大理论立场为前提建立起来的一种多元主义理论。其理论逻辑简洁明了：因为社会科学知识是对特定社会现实的直接反映，而各个不同地域范围内的特定社会现实之间只具有差异性，不具有普遍性，所以作为对各个不同地域范围内特定社会现实之反映的各种社会科学知识就必然具有差异性而不具有共同性。显然，这一多元主义理论立场的可接受性完全取决于其赖以立论的两大前提的可接受性。只要其赖以立论的两大前提中有一个被认为是不能被接受的，例如，如果认为"社会科学知识"并非对特定社会现实的直接反映，或者认为各个不同地域范围内的特定社会现实之间并非只有差异性而无共同性，那么上述逻辑推论就无法成立。我们在前两节中所做的分析正是对这类多元主义赖以立论的两大前提的质疑。如果我们的分析是可以接受的，那么地缘多元主义这一理论立场就是不可接受的。

所谓"话语多元主义"，则是以"话语建构论"这种理论立场为前提而建构起来的一种多元主义理论立场。如前所述，按照话语建构论，包括社会科学知识话语在内的任何话语都不是对某种现实的直接反映，而是人们在特定话语体系的引导和约束下所完成的话语建构；对于包括社会现实在内的任一现实而言，都必然存在着多种可以用来对其加以描述和再现的不同话语系统。换言之，对于包括社会现实在内的任一现实，用来对其加以描述和理解的话语系统或理论视角都可以是，也必然是多元的，而非一元的。例如，对于19世纪的西方社会，可以用"资本主义社会""工业社会""理性化"等不同的话语体系来进行描述和分析；对于当代西方社会，可以用结构功能主义、冲突理论、法兰克福批判理论、哈贝马斯沟通行动理论、吉登斯结构化理论、布迪厄实践理论、拉什的组织化资本主义理论等多种不同话语体系或理论视角来进行描述和分析；对于20世纪之前的中国社会，可以用"封建社会""乡土社会""伦理社会"等不同话语体系进行描述和分析。当我们在不同话语体系的引导和约束下对特定社会现实进行描述和分析时，自然就会观察到不同的"社会事实"，并形成有关这一特定社会现实的不同知识。由于因此而产生的知识差异主要源于引导和约束我们对

"同一"社会现实进行观察和研究时的那些话语体系之间的差异，又由于引导和约束我们对社会现实进行观察和研究的那些不同话语体系之间本身没有什么是非对错之别，因此我们也就无法对于这"同一"社会现实之不同知识之间的是非对错加以判断。让它们和平共存以及让它们的从属者相互尊重、相互理解，是我们唯一能做的选择。"话语多元主义"正是"话语建构论"的逻辑结果。

和地缘多元主义一样，话语多元主义同样反对一元主义，主张多元主义，但话语多元主义主张多元主义的理由及其造成的理论后果都与地缘多元主义大相径庭。依据地缘多元主义，知识话语是现实的直接反映，知识话语的多元性也正是不同地域范围内现实的多元性的直接反映。对于前文提到的持强本土派观点的学者来说，这种地缘多元主义不会出现理论和实践上的难题。但是，如果在持地缘多元主义立场的人当中有人像前述持弱本土派观点的学者们那样，承认不同地域范围内的现实（譬如社会现实）之间除了差异性还有共同性，就会在理论和实践方面陷入无法解决的困境。一方面，由于承认不同地域范围内的现实（譬如社会现实）之间除了差异性还有共同性，就势必在了解各地的差异性之外，试图进一步寻求对地域间之共同性的认知，这一对地域间之共同性的认知最终必然使其建构起某种具有普适性的知识话语（这种描述和揭示了各地现实之共同性的普适性知识与那些分别描述和揭示了各地现实之差异性的"地方性知识"相互补充，共同构成了我们对于现实的知识整体）。而另一方面，由于地缘多元主义的理论前提之一是"传统实在论"，即认为知识是对现实的直接反映，正确或相对正确反映了现实的理论只能有一个，因此，作为一个地缘多元主义者，对普遍性知识的追寻最终会将其引向某种一元主义的理论立场，即认为对于任一空间范围内的特定现实（包括社会现实）来说，只可能存在唯一普适性的知识系统，而不可能存在多元化的普适性知识系统（尽管在特殊性知识层次上可以存在多元化的知识格局）。因此，对于一个既认同弱本土派观点又属于地缘多元主义的学者来说，要想规避后面这样一种困境，坚持彻底的多元主义立场，就必须同时坚持上述"传统实在论"和"地方多元论"两个理论前提，也就是说成为一个强本土派论者。否则，就可能成为一个不彻底的多元主义者（一方面坚持"地方性"特殊知识的多元性，另一方面在普适性知识层次上不得不放弃多元主义而走向一元主义），最终不得不（在普适性知识层次上）重新陷入霸权之争（当然，如前所述，如果这个弱本土派学者不认同任何多元主义，坚持一元主义立场，那他也不会面临这些困境。不过其结果就是不得不接受西方社会科学知识的霸权地位）。

与地缘多元主义不同，话语多元主义认为知识话语的多元性并非只是来源于其现实对象的特殊性，而更多，甚至主要来源于人们在描述和理解对象时受其引导和约束的话语体系的多元性。因此，无论是在"地方性"特殊知识的层面上，还是在普适性知识的层面上，知识系统都将是，甚至必然是多元的而非一元的。换句话说，对于话语多元主义者而言，不仅存在着多元的"地方性"知识，而且存在着多元的"普适性"知识。在是否存在普适性知识这个问题上，话语多元主义者不仅是多元特殊主义者（认可地方特殊性的多元性），而且是多元普遍主义者（认可普适性知识的存在，但认为普适性知识也是多元的而非一元的）。前者使其和地缘多元主义相一致，后者则使其既与地缘多元主义相区别，又与传统的一元主义知识观相区别，而这种传统的一元主义知识观正是各种知识霸权的理论基石。

地缘多元主义面临的两难困境是：要么彻底否定普适性知识的存在，要么在普适性知识层面上无法摆脱霸权之争。而这种两难困境在话语多元主义这里得到了彻底的消解。对于话语多元主义者来说，既不必否定普适性知识的存在，也无须担心对于普适性知识的认可会使我们不得不接受西方社会科学知识的霸权，或者重陷霸权之争。笔者认为，话语多元主义，而非地缘多元主义，才是我们所需要的理论立场。

毫无疑问，按照上面的分析，在非西方国家或地区社会科学本土化的具体实践过程中，无论是地缘多元主义者还是话语多元主义者，都不会满足于仅仅将研究对象转换为本土社会，也不会满足于仅仅只是以本土经验来对西方的社会科学概念、命题、理论进行补充、修正或整合，而是会期待以一种完全源自本土话语资源的社会科学话语来引导和约束对本土社会的观察和研究。对于地缘多元主义者来说，要求通过一种不同于西方社会科学的本土社会科学话语（如"差序格局""人情""面子""关系""伦理社会""群学"等）来对本土（如中国）社会的特性加以再现，本就是其题中之义。而对于话语多元主义来说，通过本土社会科学话语的建构来增加社会科学话语的多样性，也符合其内在的精神（而且，由于西方社会科学话语已经形成了广泛影响，而本土社会科学话语还处于相对不成熟的阶段，为了打破西方社会科学话语的垄断，应尽快推进本土社会科学话语的形成和发展）。这两种多元主义之间的不同之处是：地缘多元主义者可能会倾向于认为只有本土社会科学话语才是唯一适合于对本土社会进行描述和分析的话语，而话语多元主义者的立场则可能会"温和"一些，认为虽然可以用本土社会科学话语来描述和分析本土社会，但是源自西方的话语经过调适后也可能适用于描述和分析非西方社会。与此相应，地缘多元主义者还倾向于认为源于非西方社会的话语只能适用于描述和分析非西方社会，不适用于描述和分析西方社会；而在话语多元主义者看来，源自非西方社会，如中国社会的那些话语（如"差序格局""人情""面子""关系""气""道"等）不仅适用于描述和分析非西方社会，而且可能适用于描述西方社会①。换句话说，话语多元主义者认为，一种话语的适用性与其原产地之间并没有必然的相关性。无论是原产于何处的话语，都可以尝试被用来描述和分析任一社会现实。一种社会科学话语体系是否适用于某个社会，并不存在先验的结论，而是取决于这一话语体系被尝试使用于描述和分析某个社会的过程后呈现出来的实践结果。因此，社会科学本土化讨论中所涉及的问题，实际上是"理论和实践"之间的关系，而不是西方和非西方（或外域与本土）知识之间的关系。② 对地缘多元主义者来说，在特定的时间、空间范围内只有一种话语体系可资利用；而对于话语多元主义者来说，在任一时间、空间范围内都有无限的话语体系可资利用。与地缘多元主义者相比，话语多元主义者显然拥有更为广博的话语资源和思想空间。对于当今正在尝试从文明古国迈向文明强国的现代中国来说，后一种立场显然更为可取。毕竟，广纳百川方能成大海。

五　结语

通过上述讨论，我们试图说明不同时空情境下的社会现实既有特殊性

---

① 参见杨春宇《文明取向：社会学本土化的普遍性之维》，《社会学评论》2016 年第 6 期；杨春宇：《文明的多重普遍：社会学本土化的主体、方式与对象》，《新视野》2018 年第 4 期；边燕杰：《论社会学本土知识的国际概念化》，《社会学研究》2017 年第 5 期；赵鼎新：《从美国实用主义社会科学到中国特色社会科学》，《社会学研究》2018 年第 1 期；梁玉成：《走出"走出中国社会学本土化讨论的误区"的误区》，《新视野》2018 年第 4 期；刘能、吴苏：《再论作为学术运动的社会学本土化》，《济南大学学报》2019 年第 1 期。

② 这一说法同样适用于社会科学话语中的"古今之争"，即围绕"形成于古代的话语体系是否能够继续适用于今天"这一问题展开的争论，只要稍做改动即可：一种话语体系的适用性与其原产时间之间没有必然的相关性。一种社会科学话语体系是否适用于某个时代的社会现实，也不存在先验的结论，而是取决于这一话语体系被实际用于描述和分析某个时代之社会现实的过程后呈现出来的结果。如前所述，强本土派学者的理论逻辑中隐含的另一个困境是：由于否认不同时空经验之间存在着普遍性或共同性，必然导致古代的话语体系不可能适用于今天的逻辑结论。但事实上，许多强本土派学者却在积极地从事着从本土古代话语中寻找话语资源这样一项值得肯定的工作。

又有共同性，对这些不同时空情境下的现实加以再现的理论知识既包含着特殊性的内容又包含着普适性的内容，整合这些包含着普适性的内容，就有可能形成一些超越具体时空情境界限的理论知识。但这并不意味着我们最终将会，或者应该形成一种具有唯一性或霸权性的普适性社会科学知识系统。由于对于任一特定时空情境下的社会现实都可以从不同的话语系统或理论视角来加以描述和理解，因此，用来对其加以描述和理解的社会科学知识系统可以，也必然是多元而非一元的。社会科学"本土化"或"去西方化"过程中的地缘多元主义思潮反对西方知识霸权，主张社会科学知识的多元性，这种诉求具有合理性和正当性，但这种地缘性多元主义在追求知识多元性的同时，要么放弃了知识的普遍性，隐含着使知识碎片化的危险，要么在追求普遍性知识的同时陷入难以克服的自相矛盾之中。相反，如果我们从话语建构论的立场出发，就能找到一条在追求知识多元性的同时又保留知识普遍性的道路，其结果是形成一种话语多元主义立场。这种话语多元主义既允许解构西方社会科学的知识霸权，又允许追求普适性的社会科学知识。

附录1 北京市陆学艺社会学发展基金会简介

北京市陆学艺社会学发展基金会于 2008 年 11 月 23 日在北京成立。基金会属于非公募基金会。原始资金来源于陆学艺本人、其子女以及其学生、学界朋友的捐赠。基金会正式在北京市民政局登记注册，业务主管单位是北京市社会科学界联合会，基金会的宗旨是：推动社会学的建设与发展。

基金会的公益活动如下。

1. 奖励社会学领域的优秀科研成果。

2. 资助社会学领域的学术研究、人才培养、调研、考察、出版等方面的公益活动。

北京市陆学艺社会学发展基金会于成立之日召开了基金会第一次理事会，投票选举出由 23 人组成的理事会和由 7 人组成的监事会。汝信、丁伟志担任基金会顾问，陆学艺担任基金会名誉理事长，李培林担任基金会理事长，景天魁担任基金会监事长。

北京市陆学艺社会学发展基金会接受关心和支持中国社会学学科发展的社会各界单位和个人的捐赠。基金会接受捐赠的管理机构为本基金会秘书处，基金会配备具有专业资格的会计人员，每年度依据基金会章程向理事会和监事会报告本年度的经费收支情况。

基金会设有秘书处及专职秘书，办公地点设在中国社会科学院社会学研究所，通信地址：北京市建国门内大街 5 号 1033 房间，邮政编码：100732，电话：(010) 85195572，传真：(010) 65138276

电子邮箱：gaoge@ cass. org. cn。

附录 2 "社会学优秀成果奖" 奖项简介

　　"社会学优秀成果奖"是一项旨在推进社会学学科的建设与发展，鼓励创新性成果的涌现，促进中国社会学研究的学术性、公益性的专门奖项。

　　"社会学优秀成果奖"由陆学艺社会学发展基金会为主办单位并组织评奖。

　　"社会学优秀成果奖"拟两年评选一次，主要评选对在我国社会变革中产生重大影响的学术论著和论文；评选将采取聘请社会学专家推荐、基金会的学术委员会审议的方式举行，每届拟评选出优秀学术著作奖 3 本，优秀学术论文奖 6 篇。

附录 3 陆学艺社会学发展基金会第五、六届"社会学优秀成果奖"获奖名单

第五届"社会学优秀成果奖"

优秀著作（以姓氏笔画为序）

王星著《技能形成的社会建构》，北京：社会科学文献出版社，2014 年 11 月。

汪建华著《生活的政治 世界工厂劳资关系转型的新视角》，北京：社会科学 文献出版社，2015 年 1 月。

周晓虹著《文化反哺：变迁社会中的代际革命》，北京：商务印书馆，2015 年 4 月。

优秀论文（以姓氏笔画为序）

王天夫、王飞、唐有财、王阳阳、裴晓梅：《土地集体化与农村传统大家庭 的结构转型》，《中国社会科学》2015 年第 2 期。

田毅鹏：《村落过疏化与乡土公共性的重建》，《社会科学战线》2014 年第 6 期。

吴忠民：《社会矛盾倒逼改革发展的机制分析》，《中国社会科学》2015 年 第 5 期。

周飞舟、王绍琛：《农民上楼与资本下乡：城镇化的社会学研究》，《中国社 会科学》2015 年第 1 期。

黄晓春：《当代中国社会组织的制度环境与发展》，《中国社会科学》2015

年第 9 期。

第六届"社会学优秀成果奖"

优秀著作（以姓氏笔画为序）

张海东等著《中国新社会阶层：基于北京、上海和广州的实证分析》，北京：社会科学文献出版社，2017 年 8 月。

张翔著《民间金融合约的信息机制：来自改革后温台地区民间金融市场的证据》，北京：社会科学文献出版社，2016 年 1 月。

陆益龙著《后乡土中国》，北京：商务印书馆，2017 年 3 月。

优秀论文（以姓氏笔画为序）

王迪、王汉生：《移动互联网的崛起与社会变迁》，《中国社会科学》2016 年第 7 期。

王思斌：《积极托底的社会政策及其建构》，《中国社会科学》2017 年第 6 期。

成伯清、李林艳：《激情与社会——马克思情感社会学初探》，《社会学研究》2017 年第 4 期。

吕鹏、范晓光：《中国精英地位代际再生产的双轨路径（1978—2010）》，《社会学研究》2016 年第 5 期。

关信平：《当前我国社会政策的目标及总体福利水平分析》，《中国社会科学》2017 年第 6 期。

张翼：《当前中国社会各阶层的消费倾向——从生存性消费到发展性消费》，《社会学研究》2016 年第 4 期。

附录4 陆学艺社会学发展基金会第七、八届"社会学优秀成果奖"获奖名单

第七届"社会学优秀成果奖"

优秀著作（以姓氏笔画为序）

传化公益慈善研究院"中国卡车司机调研课题组"著《中国卡车司机调查报告（No.1）：卡车司机的群体特征与劳动过程》，北京：社会科学文献出版社，2018年3月。

李骏著《中国城市劳动力市场的变迁与分层》，北京：社会科学文献出版社，2018年9月。

杨可著《同舟：职业共同体建设与社会群力培育》，北京：社会科学文献出版社，2019年5月。

优秀论文（以姓氏笔画为序）

毛丹：《中国城市基层社会的型构——1949—1954年居委会档案研究》，《社会学研究》2018年第5期。

叶敬忠、贺聪志：《基于小农户生产的扶贫实践与理论探索——以"巢状市场小农扶贫试验"为例》，《中国社会科学》2019年第11期。

刘少杰：《马克思主义社会学的学术地位与理论贡献》，《中国社会科学》2019年第5期。

狄金华：《"权力—利益"与行动伦理：基层政府政策动员的多重逻辑——基于农地确权政策执行的案例分析》，《社会学研究》2019年第4期。

符平：《市场体制与产业优势——农业产业化地区差异形成的社会学研究》，《社会学研究》2018 年第 1 期。

渠敬东：《探寻中国人的社会生命——以〈金翼〉的社会学研究为例》，《中国社会科学》2019 年第 4 期。

第八届"社会学优秀成果奖"

优秀著作（以姓氏笔画为序）

王天夫、肖林著《转型时期的城市空间》，北京：社会科学文献出版社，2021 年 4 月。

付伟著《城乡融合进程中的乡村产业：历史、实践与思考》，北京：社会科学文献出版社，2021 年 5 月。

刘亚秋著《被束缚的过去：记忆伦理中的个人与社会》，北京：商务印书馆，2021 年 3 月。

优秀论文（以姓氏笔画为序）

许琪：《从父职工资溢价到母职工资惩罚——生育对我国男女工资收入的影响及其变动趋势研究（1989—2015）》，《社会学研究》2021 年第 5 期。

朱斌、吕鹏：《中国民营企业成长路径与机制》，《中国社会科学》2020 年第 4 期。

李棉管、岳经纶：《相对贫困与治理的长效机制：从理论到政策》，《社会学研究》2020 年第 6 期。

陈龙：《"数字控制"下的劳动秩序——外卖骑手的劳动控制研究》，《社会学研究》2020 年第 6 期。

肖瑛：《"家"作为方法：中国社会理论的一种尝试》，《中国社会科学》2020 年第 11 期。

谢立中：《从地缘多元主义走向话语多元主义》，《社会学研究》2020 年第 1 期。

附录5 北京市陆学艺社会学发展基金会第一届组织机构

理事会

顾　　　问：汝　信　丁伟志

名誉理事长：陆学艺

理　事　长：李培林

副 理 事 长：汪小熙　陈光金

理事会秘书长：汪小熙

理事会副秘书长：王春光　张林江　樊　平　黎宗剑　高　鸽

理事会秘书处：高　鸽　宋国恺　张林江

理　　　事：（按姓氏笔画排序）

王春光　乐宜仁　苏国勋　杨　团　杨　茹　李培林

何秉孟　邹农俭　汪小熙　沈　原　张大伟　张文敏

张林江　张宛丽　陆　雷　陈光金　单天伦　钱伟量

高　鸽　唐　钧　谢寿光　樊　平　黎宗剑

监事会

监事长：景天魁

监　事：（按姓氏笔画排序）

刘　魁　张厚义　陈婴婴　赵克斌　唐　军　龚维斌　景天魁

学术委员会

主　　任：李培林

副 主 任：王思斌　谢寿光

秘 书 长：谢寿光

副秘书长：陈光金　王春光

委　　员：（按姓氏笔画排序）

王春光　王思斌　孙立平　李友梅　李培林　李　强

李路路　折晓叶　谷迎春　宋林飞　陆学艺　陈光金

周晓虹　赵子祥　曹锦清　谢寿光　蔡　禾　潘允康

戴建中

附录6　北京市陆学艺社会学发展基金会第二届组织机构

理事会

顾　　问：景天魁

理事长：陈光金

常务副理事长：赵克斌

副 理 事 长：张　翼　陆　雷

秘　书　长：高　鸽

副 秘 书 长：王春光　乐宜仁　张林江　胡建国

秘　书　处：高　鸽　张林江　李晓壮　鞠春彦

理　　　事：（按姓氏笔画排序）

王春光　乐宜仁　杨　茹　邹农俭　沈　原　张大伟　张林江

张宛丽　张　翼　陆　雷　陈光金　赵克斌　胡建国　钱伟量

高　鸽　唐　军　龚维斌　谢立中　谢寿光　樊　平　黎宗剑

监事会

监事长：汪小熙

监　　事：（按姓氏笔画排序）

吕红新　李晓壮　汪小熙　宋国恺　陈婴婴

学术委员会

主　任：李培林

副主任：景天魁　王思斌　谢寿光

秘书长：谢寿光

副秘书长：王春光　刁鹏飞　童根兴

委　员：（按姓氏笔画排序）

王春光　王思斌　刘世定　孙立平　李友梅　李培林　李　强

李路路　邴　正　折晓叶　谷迎春　沈　原　宋林飞　张　翼

陈光金　周晓虹　赵子祥　曹锦清　景天魁　谢寿光　蔡　禾

潘允康　戴建中

图书在版编目（CIP）数据

　　群学荟萃：陆学艺社会学发展基金会"社会学优秀
成果奖"获奖论文集．Ⅲ．下卷，第7—8届／中国社会
科学院社会学研究所，北京市陆学艺社会学发展基金会编．
北京：社会科学文献出版社，2025.3. --ISBN 978-7-
5228-5028-3

　　Ⅰ．C53

　中国国家版本馆 CIP 数据核字第 2025WZ2821 号

群学荟萃 Ⅲ

——陆学艺社会学发展基金会"社会学优秀成果奖"获奖论文集(下卷)(第7—8届)

编　　者／中国社会科学院社会学研究所　北京市陆学艺社会学发展基金会

出 版 人／冀祥德
组稿编辑／谢蕊芬
责任编辑／庄士龙
责任印制／岳　阳

出　　版／社会科学文献出版社·群学分社（010）59367002
　　　　　地址：北京市北三环中路甲 29 号院华龙大厦　邮编：100029
　　　　　网址：www.ssap.com.cn
发　　行／社会科学文献出版社（010）59367028
印　　装／三河市龙林印务有限公司

规　　格／开　本：787mm×1092mm　1/16
　　　　　印　张：19.25　字　数：334 千字
版　　次／2025 年 3 月第 1 版　2025 年 3 月第 1 次印刷
书　　号／ISBN 978-7-5228-5028-3
定　　价／198.00 元（上下卷）